김지하와
그의 시대

김지하와 그의 시대

4·19부터 10·26까지 '삶의 관점'에서 기록한
통합의 한국 현대사

허 문 명 ——지음

블루엘리펀트

차례

사진으로 보는 1960-70년대 한국 현대사 **9**
민주화와 산업화, 상생의 통합적 역사 인식 없이 '통일 한국'은 없다 **25**

1 우연의 역사는 없다
4 · 19와 5 · 16은 우리 삶을 어떻게 바꿔놓았나

그 시절, '민주주의'는 목숨과 맞바꾼 갈망이었다! **33**
한국 민주화운동의 태동, 4·19혁명 **37**
분노의 단순폭발에서 시민혁명으로 **42**
'배고픈 자유'만 안겨준 미완의 혁명 4·19 .... **46**
4·19 이후의 김지하 **51**
진정한 진보주의자 죽산 조봉암 **55**
가난했던 청춘들 **59**
새벽을 가른 총성, 5·16군사쿠데타 **63**
얼어붙는 정국 **68**
박정희 정권의 첫 실패작, 화폐개혁 **72**
6·3의 도화선이 된 한일국교정상화 추진 **76**
굴욕 외교인가? 실리 외교인가? **80**
서울대 교정에 울려 퍼진 김지하의 조사 '시체여!' **84**
방관자에서 주모자로! **89**
박정희 정권 첫 계엄령, 한일회담 반대투쟁의 내리막길 **92**
"이 빨갱이야! 다시는 감옥 가지 마라" **97**
삶의 방향도 잃고 건강도 잃고… **100**

2 가난의 시대 닫고 고도성장의 시대 열다
민주화 세력과 산업화 세력의 골 깊은 반목

경제성장의 견인차, 한일협정과 월남 파병 ………………… 107
청와대 기습한 김신조, "박정희 목 따러 왔수다" ……………… 112
아침이슬! 광야로 나설 운명임을 예감하다 …………………… 116
나라 좀먹는 부정부패세력 고발한 〈오적〉 필화사건 ………… 120
법정에 선 저항시 〈오적〉 …………………………………… 125
포항제철 첫 삽 뜨고 경부고속도로 뚫리다 …………………… 128
한국 노동운동의 불쏘시개가 된 그 이름, 전태일 …………… 132
유신의 서막, 3선 개헌 ……………………………………… 136
거물급 야당정치인 김대중의 부상(浮上) ……………………… 140
사법파동, 집권층 심장부에서 정권에 반기를 들다 …………… 144
도시빈민의 피눈물, 8·10 광주대단지 사건 …………………… 149
양극화의 비극은 분노의 불길로 타오르고… ………………… 153
10·5원주시위, 보수 가톨릭 교단마저 일어서다 …………… 157
민주화운동사의 거룩한 영웅, 조영래 ………………………… 161
위수령에 비상사태 선포까지 살얼음판 정국 ………………… 165
북한의 도발, 주한미군 철수… 증폭되는 안보불안 …………… 169
무소불위 권력 앞에 세상도 숨죽이다 ………………………… 173
저항시인과 정보부요원의 아름다운 인연 …………………… 177
"김지하를 사형에 처하면 대사관을 폭파하겠다" …………… 181
김수환 추기경, 김지하에게 '가톨릭의 길'을 묻다 …………… 185
《토지》의 작가 박경리 선생과의 인연 ………………………… 189
온몸으로 '이념시대'를 살아낸 김지하의 장모, 박경리 ……… 193
통일의 희망으로 설렌 7·4남북공동성명 …………………… 197
급변하는 국제정세, 미국도 중국도 더는 못 믿겠다! ………… 201
8·3사채동결 조치, 국민의 돈으로 재벌사채 갚아주기? ……… 205
8·3조치의 최대 수혜자는 기업, 희생자는 중산층 …………… 209

3 유신의 빛과 그늘
경제우위 안보우의의 시대, 신음하는 민주주의

유신의 시작 215

타는 목마름으로 민주의를 쓰다 219

남진 나훈아 노래에 담긴 70년대 정서 223

경제강국을 향한 꿈, "중화학공업을 육성하라!" 227

"무기 만들어야 힘 있는 나라 된다" 232

유신을 바라보는 두 개의 시선 236

박경리 딸 김영주와 결혼하다 240

김대중 납치사건, 흔들리는 박정희 정권 243

의혹의 눈길은 정권의 심장부를 향하고… 247

대학가 반정부 반독재 시위 불붙다 252

DJ 납치, 최종길 교수 고문살해… 중정의 잇단 자충수 ... 255

김옥길 총장, 박 정권에 "중앙정보부 개혁하라" 돌직구 ... 260

유신헌법개정운동, 들불처럼 번지는 시국선언 264

암흑정치에 경제난까지 덧씌운 1차 오일쇼크 268

공포정치의 시작, 긴급조치의 시대 열리다 272

'사형' 포고령, 긴급조치 4호의 선포 276

내란선동 사건으로 비화된 민청학련 사건 281

불안한 도피생활, 다시 영어의 몸이 되다 285

정보부와 가톨릭교단 발칵 뒤집은 김지하의 자백 ... 289

김수환 추기경과 박정희 대통령의 독대 293

육영수 여사 흉탄에 지다 298

청와대 속 야당 자처한 정치 감각의 소유자 302

가뭄에 양수기 끌어안고 울어버린 육영수 여사 ... 306

박근혜 대통령, '나의 어머니 육영수' 310

긴급조치 해제, 사형에서 무기로 감형되다 314

박정희 정권의 언론탄압… 동아일보 '백지광고' 사건 ················· 318

박정희의 폭탄선언 "투표에서 지면 하야하겠다!" ················· 322

유신정권에 면죄부가 되고 만 유신헌법국민투표 ················· 326

그 겨울 교도소 앞 풍경 속의 또 한사람! ················· 330

김지하에 의해 폭로된 인혁당 고문조작 사건 ················· 334

차마 외면할 수 없었던 '고행'의 길 ················· 339

베트남·캄보디아 공산화, 반공 구호에 묻힌 민주화 열기 ·········· 343

민주화운동사의 숨은 조연, 민주교도관들 ················· 346

감옥으로부터의 서신, '양심선언문' 반출작전 ················· 350

종이도, 접견도, 운동도 금지된 처참한 감옥생활 ················· 354

중동특수가 가져다 준 사상최대의 경제호황기 ················· 358

'무작정 상경'한 누이들의 영화 전성시대 ················· 362

개인 취향마저 단속하던 그때 그 시절, 유신의 추억 ········· 366

'재야의 대통령' 장준하 의문사 이후의 민주화운동 ················· 370

최후진술 "박정희와 중정요원들에게도 하늘의 은총을" ················· 374

감옥에서 생명사상을 깨치다 ················· 378

4 반목을 딛고 통합된 미래로!
역사의 주역은 민중이었다

카터 정부 등장 이후 고조되는 한미갈등 ················· 385

역대 최악의 한미 정상회담 ················· 389

수치로만 배부른 고도성장, 인플레이션 ················· 393

박정희와 김영삼의 영수회담 ···················· 397

김재규와 차지철의 첫 갈등 '백두진 파동' ········ 401

취기가 빚은 일화, 동아일보 기자 박치기 사건 ···· 405

제1야당 당수 김영삼의 정면도전 ················ 410

독재정권의 맨얼굴 드러낸 YH 폭력진압 사건 ····· 413

YH 여성노동자, 김경숙의 죽음 ················· 417

김영삼 정계 추방작전 ·························· 421

칼끝대치 속 마침내 닥치고 만 '제명전야' ········ 425

부마항쟁의 도화선, 김영삼 의원직 제명 ········· 428

부산항쟁, 유신의 종말 재촉하다 ··············· 432

부산보다 격렬한 시민혁명, 마산항쟁 ············ 436

파국으로 가는 사다리, 차지철 ················· 440

불길한 갈등의 증폭 ··························· 444

10·26 운명의 그날! ·························· 448

"오늘 차지철을 해치울까요?" ·················· 452

유신의 심장을 겨누다 ························· 456

느닷없는, 그러나 예고된 종말 ················· 460

"총을 맞은 순간 대통령은 체념한 듯 보였다" ······ 464

비밀에 붙여진 대통령 서거소식 ················ 469

누구도 상상 못한 범인의 실체 ················· 473

'인간 박정희'를 보내다 ······················· 477

"안녕히 가십시오. 나도 곧 뒤따라가리다" ········ 481

5년 9개월만의 석방 ·························· 485

그리고 남은 이야기 490

각계인사 반응_김지하와 그의 시대를 읽고… 496

사진으로 보는
1960-70년대 한국 현대사

1959년 7월 31일

이승만 정권은 국민의 신망을 받던 죽산 조봉암을 간첩죄 등의 혐의로 체포해 이날 사형에 처한다.

1960년 4월 19일

1	2
3	4

1 경무대(현 청와대) 앞. 부상당한 시위대를 동료들이 옮기고 있다.
2 거리시위에 나선 시민들. 4·19는 186명의 목숨을 앗아간 피의 항쟁이자 시민혁명이었다.
3 혁명 직후 서울대 재학시절의 김지하(왼쪽에 앉은 이). 뒤에 서 있는 이가 나중에 극작가로 이름을 떨치는 김기팔 씨(작고)다.
4 대학시절 선후배들과 주점에서. 왼쪽 두 번째가 김지하. 가난했던 당시 청춘들에게는 집에서 하숙비 부쳐준 날이 마음껏 먹고 마실 수 있는 유일한 잔칫날이었다.

1961년 5월 16일

|1|2|
|3|4|

1 아침, 서울시청 앞 광장에 진주한 혁명군 소속 공수부대. 전국을 일시에 장악한 군사혁명위원회가 각종 포고령을 쏟아내자 세상은 일시에 얼어붙었다.
2 계엄사무소가 설치된 서울시청 앞의 혁명군 지도부. 육군참모총장 장도영 중장(왼쪽)과 육군 제2군부사령관 박정희 소장이 나란히 서있다.
3 5·16 직후 박정희 최고회의 의장과 호남비료 사장이었던 김재규 준장(오른쪽).
4 가난에 찌든 삶을 조명한 《동아일보》 사회면 사진. 아기를 업은 엄마와 구걸하는 이의 모습에서 당시의 비참한 생활상이 엿보인다.

1962년 6월 9일

화폐개혁이 전격 실시되자 구권을 신권으로 바꾸기 위해 은행 앞에 몰려든 사람들.

11월 12일

김종필 당시 중앙정보부장(왼쪽)과 오히라 마사요시 일본 전 외상과의 회담. '김종필–오히라 메모'로 불리는 이 비밀회담 등이 6·3의 빌미가 됐다.

1964년 3월 24일

서울대의 한일회담 반대시위.
학생들이 허수아비로 만든
이완용과 일본 이케다 수상의 화형식을 하고 있다.

5월 20일

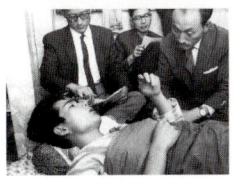

1 '민족적 민주주의 장례식'이라고 명명한 시위에서 학생들이 관을 들고 이끌고 있다.
이날 시위는 박정희 정권을 장례 치르겠다는 선전포고나 다름없었다.
2 5·20시위 이후 서울대 문리대 학생들은 단식농성에 들어간다. 이날 단식농성은
학생운동사상 처음 시도된 새로운 투쟁방식이었다.
3 한일회담 반대시위를 주도하다 5월 22일 체포됐던 송철원이 박한상 인권옹호위원장
(오른쪽)에게 담뱃불 고문을 당한 손을 보이며 중앙정보부의 고문사실을 폭로하고 있다.

6월 3일

1 청와대 앞까지 진출한 한일회담 반대시위대. 산발적이던 시위대가 조직적인 규모를
갖추자 정부는 비상계엄령을 내려 무력으로 진압한다.
2 한일회담 반대시위로 64년 가을을 감옥에서 보내고 출소한 김지하가 그해 겨울,
친구 박재일(왼쪽) 결혼에 함 지러 갔다가 찍은 사진. 구식결혼이라 갓을 썼다.

1966년 10월

1 | 2

1 파병장병들을 격려하기 위해 베트남을 방문한 박정희 대통령.
파병에 따른 외화수입은 1960년대 후반 한국 경제성장의 견인차였다.
2 잦은 음주와 내면적 허무로 폐결핵에 걸려 서대문시립병원에서 요양하던 당시의 김지하.

1968년 1월 21일

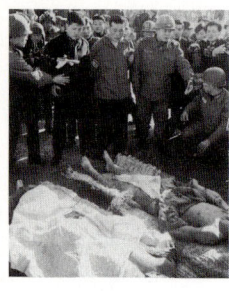

청와대를 기습공격하려다 사살된 무장공비들의
신원을 생포된 김신조(가운데)가 확인하고 있다.

1969년 5월 30일 ⎜ 7월 1일

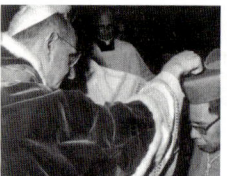 

교황 요한 바오로 6세에
의해 대한민국 최초의
추기경으로 임명된 김수환
추기경(오른쪽).
생전의 추기경은 억압된
시절 국민들의 마음을
어루만져주던 큰 어른이었다.

김수환 추기경이 청와대를 방문해
박근혜 당시 큰 영애(令愛)와 악수하고 있다.

1 국민투표에 부쳐진 3선 개헌안에 투표하는 박정희 대통령과 육영수 여사.
2 박정희 정권의 재집권을 위해 마련된 3선 개헌안에는 공화당 안에서도 반발이 있었다. 사진은 3선 개헌안에 반대한 청람 정구영.

1970년

4월 1일

포항종합제철소 착공식에 참석한 박정희 대통령. 오른쪽이 김학렬 부총리, 왼쪽이 박태준 포항제철 사장이다.

5월

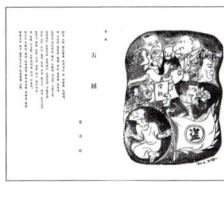

1 김지하의 시 〈오적〉은 《사상계》 5월호에 실린 이후 다양한 유인물로 만들어져 배포됐다. 〈오적〉 전문이 실린 이 책자에는 김지하가 직접 삽화를 그리기도 했다.
2 〈오적〉 필화사건으로 구속됐으나 보석으로 석방된 부완혁 김승균 김지하 김용성(흰 옷차림·왼쪽부터) 등 4명을 유진산 신민당 당수(맨 오른쪽)가 맞고 있다.
3 1970년대 유신정권은 수많은 노래를 금지곡으로 묶었다. 사진은 김민기가 70년 발표한 대표적인 금지곡 〈아침이슬〉을 양희은(오른쪽)과 함께 부르는 모습.

11월 13일

열악한 노동환경 개선을 요구하며 분신한 전태일의 죽음은 한국 노동운동의 전기가 됐다. 사진은 생전의 전태일.

1971년 3월 27일

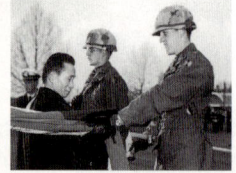

한국정부의 반대에도 불구하고 미국은 주한미군 철수를 강행한다. 사진은 주한 미 제7사단 고별식에서 훈장을 수여하는 박정희 대통령. 도서출판 기파랑 제공.

4월 11일

〈오적〉 필화사건 후 원주로 거처를 옮겨 그해 부활절 영세를 받은 김지하가 지학순 주교(오른쪽)로부터 성체를 받고 있다.

4월 27일

4·27 대통령선거는 야당 신민당의 김대중 후보가 돌풍을 일으켰다. 선거 이틀 전, 대구유세에 구름처럼 몰린 청중의 환호에 답례하는 김대중 후보.

7월 29일

정권에 비협조적인 판사들을 구속하려 하자 판사들이 집단사표로 정권에 저항한 사법파동이 일어났다. 사진은 판사들이 사표철회를 결의한 8월 27일 재경 법관회의 모습.

8월 10일

1 2

1 1969년 5월부터 도시 철거민들을 집단 이주시킨 광주대단지의 천막촌. 자급자족 도시를 만들려던 계획이 엇나가면서 광주대단지는 상하수도와 전기시설은 고사하고 택지조차 조성되지 않은 지옥 같은 도시로 변해버렸다.
2 마침내 분노를 폭발시킨 광주대단지 사건. 성난 군중이 곡괭이, 식칼, 몽둥이 등을 들고 거리를 누비면서 도시는 전쟁터가 됐다. 서울시 제공.

국가비상사태가 선포됐다.
이를 보도한 《조선일보》 호외를 읽고 있는 시민들.
《조선일보》 제공.

1972년 4월   7월 4일

김지하는 〈비어〉 필화사건
으로 수배된다.
사진은 수배 중 설악산에서
찍힌 초췌한 모습의 김지하.

"평양에 다녀왔다"고 전격 발표하고
있는 이후락 중앙정보부장. 7·4 남북
공동선언이 발표되자 국민들은
통일의 희망으로 설레었다.

8월 3일

1 2

1 '8·3 사채동결조치'에 관해 기자회견하는 경제부처 장관들.
왼쪽부터 남덕우 재무부 장관, 태완선 경제기획원 장관, 이낙선 상공부 장관.
도서출판 기파랑 제공
2 8·3 조치 발표 후인 8월 9일 사채신고 마감 날 사채신고를 위해 기업과
사채업자들이 몰려들면서 인산인해를 이룬 세무서 풍경.

9월 11일

'서울대생 내란예비음모사건' 1심
선고공판 법정에 선 조영래 이신범
장기표 심재권(오른쪽부터). 71년 10월
위수령이 나온 지 한 달 만에 발표된
이 사건으로 학생운동은 크게 위축됐다.

11월 3일

2차 남북조절위원회 회의 차 평양을 방문한 이후락 중앙정보부장과
최규하 청와대특별보좌관, 장기영 부총리 등이 김일성 등 북한 요인들과 만났다.

11월 21일　　　　　**12월 2일**

유신헌법에 대한 국민투표를
하는 박정희 대통령과
육영수 여사, 그리고
박근혜 당시 큰 영애.

'10대 가수 청백전'이 열리고 있던
서울시민회관(현 세종문화회관)에
큰 불이 난다. 사진은 당시 연예계를
이끌던 작곡가 박춘석, 가수 남진과
나훈아, 작사가 정두수 씨(왼쪽부터).

12월 27일

중앙청에서 열린 유신헌법 공포식.
이날 박정희 대통령은 중임제한이 철폐된
유신헌법에 의거,
제8대 대통령으로 취임한다.

1973년 8월 13일

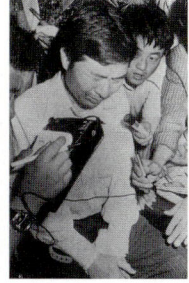

1 **2** **3**

1 도쿄에서 납치됐다 5일 만에 돌아온 DJ가 기자들에게 '피랍 닷새' 동안의 일을 얘기하던 중 눈물을 흘리고 있다.
2 DJ 납치사건에 동원된 선박 '용금호'. DJ는 이 배에서 수장될 위기에 처했다가 극적으로 살아난다.
3 그해 여름휴가지에서 박정희 대통령 내외와 함께 한 박근혜 대통령의 20대 시절.

10월 2일

1 **2**

1 첫 반유신 시위로 기록된 '10·2시위' 중 서울대 교내로 들어온 경찰들에게 마구잡이로 연행되고 있는 문리대생들.
2 서울대 법대 최종길 교수가 중앙정보부에서 조사받다 10월 19일 변사체로 발견된다. 사진은 74년부터 매년 열린 최 교수 추모미사 가운데 1999년 추모미사 장면.

11월 5일

종로 YMCA에서 열린 시국간담회. 왼쪽에 서 있는 이가 함석헌, 옆에 안경 쓰고 앉은 이가 지학순 주교, 그 옆이 소설가 이호철. 오른쪽 아래부터 김지하, 계훈제, 법정스님, 천관우, 태극기 아래 김재준 목사.

1 2

1 73년 겨울은 학생시위로 학원가가 들끓었다. 이화여대 김옥길 총장은 시위의
소용돌이에서 제자들의 안전을 챙긴 참스승이었다. 사진은 동생 김동길 연세대 교수와의
평화로운 한때.
2 그해 겨울 1차 오일쇼크로 석유값이 30%나 오르고 일부 도시에서는 연탄생산과
판매가 제한됐다. 영하의 날씨에 연탄을 나를 대야, 빨래판 등을 이고 연탄가게 앞에
줄지어 선 시민들.

1974년 4월

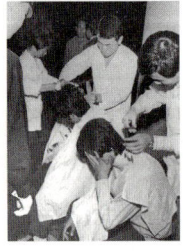

1	2
3	4	5

1 긴급조치 4호가 선포되고 민청학련 관련자들에 대한 수배령이 떨어진다.
사진은 수배생활 중 강릉 경포대에서 임진택과 함께 찍은 사진.
2 개봉되자마자 공전의 히트를 기록한 영화 〈별들의 고향〉. 경제호황으로
향락산업이 번성하면서 '호스티스'를 주인공으로 한 영화가 대거 제작됐다.
3 장발과 미니스커트를 단속하던 유신시대, 단속에 걸린 남자들이 경찰서에서
강제이발을 당하고 있다.
4 수배생활 중 한 사찰에 은신해 있던 김지하.
5 민청학련사건으로 체포되기 직전 외신기자들과 인터뷰하는 김지하.

4월 25일

민청학련 중간수사결과를
발표하고 있는 신직수 중앙정보부장.

5월 27일

정부는 이날 김지하, 장기표 등 민청학련사건 피고인 명단을 발표했다.
이들 중 8명은 인혁당 재건위 사건으로 사형에 처해졌다.

7월 9일　　　　**7월 10일**

민청학련사건으로 지학순 주교가
중앙정보부에 연행되자 김수환 추기경과
박정희 대통령의 독대자리가 마련된다.

민청학련사건 주모자로
법정에 선 심지하.

8월 15일

☐1 ☐2

1 광복절 기념식이 열린 서울 남산 국립극장에서 관중의 박수에 답례하는
박정희 대통령 내외. 10여 분 후 육영사 여사가 총탄에 맞아 숨진다.
2 육영수 여사의 유해를 실은 영구차가 청와대 정문 앞에 이르자 박정희 대통령이
두 손을 얹고 아내에게 작별을 고하고 있다.

박정희 정권의 언론탄압으로 무더기 광고
해약 사태가 발생하자 12월 26일자
광고지면을 백지로 내보낸 《동아일보》.

중동부전선 철원
부근에서 발견된
제2땅굴. 땅굴에서
폭약까지 발견되자
북한의 남침야욕에
국민들은 불안에 떨었다.

1975년 2월

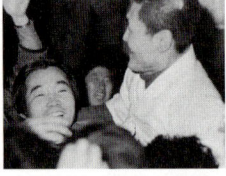

1	2	3
4	5	

1 74년 7월 긴급조치 위반으로 구속됐다가 석방된 지학순 주교가
기자회견을 하고 있다.
2 민청학련사건으로 구속됐다가 서울 영등포교도소에서 출감하며
지지자들로부터 열렬히 환영받고 있는 김지하.
3 김지하의 시 〈타는 목마름으로〉가 게재된 《동아일보》 2월 17일자 지면.
4 출소 후 찾아온 김지하에게 위스키를 따라주고 있는 김수환 추기경.
5 출소 후 김지하가 집에서 아들을 안고 있는 사진. 그러나 인혁당 고문조작
사건을 폭로함으로써 그는 곧 다시 투옥된다.

베트남 공산화는 적화통일에   박정희 대통령(오른쪽)과 영수회담을
대한 공포를 증폭시켰다.   하고 있는 신민당 김영삼 총재.
사진은 그해 5월 13일
부산에 상륙한 베트남 피란민들.

1976년

1 2 **1** 76년부터 시작된 중동특수 효과로 한국경제는 사상 초유의 호황을 구가한다.
사진은 이란 가친 중공업단지 안에 조선소를 건설하고 있는 한국 기술자들.
2 김재규 건설부장관(왼쪽)이 박정희 대통령으로부터 건설공사현장에서 지시
받는 모습. 그해 12월 중앙정보부장에 임명된 김재규는 3년 후 박 대통령을
시해한다.

'3·1간국민주선언' 사건 1회 공판정인
대법정 밖의 연좌시위 장면.
김대중 전 대통령의 부인 이희호 여사(왼쪽)의 모습도 보인다.

1977년

'코리아게이트' 사건과 관련해
미 하원 국제관계 소위원회에서
증언하는 김형욱 전 중앙정보부장.

1978년 12월

한국사회를 강타한 제2차 오일쇼크.
자고 나면 오르는 기름값 때문에
택시회사와 기사들 사이에 지입금 시비가 일어
아예 번호판을 떼고 세무서에 휴업계를 내는
택시가 비일비재했다.

1979년 5월 30일

| 1 | 2 |

1 5·30 신민당 전당대회 전날 열린 대의원 단합대회에서 지지를 호소하고 있는 YS.
왼쪽에는 그를 지지하러 나온 DJ가 앉아있다.
2 5월 어느 날, 신문 방송 통신사 등 언론계 대표들과 환담하는 박정희 대통령.
왼쪽에 박근혜 당시 큰 영애도 보인다.

6월 30일   8월 1일

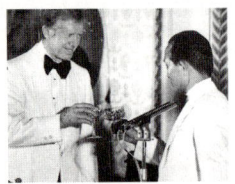 

미국 카터 대통령과 박정희
대통령의 청와대 만찬장면.
표정은 웃고 있지만
주한미군 철수문제로
이날 회담은 역대 최악의
정상회담으로 기록됐다.

장택상(정치가) 추도식에 참석한
윤치영 김영삼 백두진 정일권(왼쪽부터).
백두진은 얼마 후 김영삼 의원직 제명
과정에서 주도적 역할을 하게 된다.

회사의 폐업철회를
요구하며 신민당사에
서 농성을 시작한 YH
무역 여성노동자들.
이들의 저항은 이틀
만에 무참히 진압된다.

새벽, 신민당사로 난입한 경찰들에
의해 끌려나오는 YH 여성노동자들.
이 과정에서 김경숙이 목숨을 잃었다.

10월 4일

1 2

1 김영삼 총재에 대한 직무집행 가처분신청에 항의해
신민당 의원들이 의회단상을 점거한 가운데 YS가
홀로 이 장면을 바라보고 있다.
2 자신에 대한 국회의원직 제명 처리안이 통과된 직후
인 10월 4일 국회본회의장에서 관련기사가 실린
《동아일보》석간을 읽고 있는 YS.

10월 6일

경북 구미 선영을 찾아 성묘한 뒤
생가에서 주민들과 막걸리를
나누는 박정희 대통령. 이날이
마지막 생가 방문이 되고 말았다.

10월 15일

1 2

1 부산에서 유신정권 반대시위가 시작됐다.
사진은 10월 20일 계엄령이 내려진 부산시내 전경.
2 부산항쟁의 불길은 이내 마산으로 옮겨붙었다.
10월 20일 위수령이 떨어진 마산시내에는
M16 소총을 든 계엄군이 진주했다.

1	2	3
4	5	6
7	8	9

1 오전 삽교호 준공식에 참석한 박정희 대통령. 고인의 마지막 공식행사 사진이다.
2 79년 초 박정희 대통령과 차지철 경호실장(왼쪽).
3 10·26 당시 만찬자리였던 궁정동 안가.
4 박정희 대통령이 피격당한 궁정동 중앙정보부 분실. 10·26 다음날인
10월 27일 촬영한 사진이다.
5 김재규는 첫 발사에 박정희 대통령과 차지철 경호실장이 치명상을
입지 않고 권총이 고장 나자 밖으로 뛰어나가 부관인 박흥주 대령(오른쪽)의
권총을 뺏어들었다. 사진은 현장검증 당시 재연 장면.
6 10·26 현장검증에서 김재규 중앙정보부장이 박정희 대통령을 향해
권총을 발사하는 장면을 재연하고 있다.
7 10·26 사건으로 법정에 선 김계원 대통령비서실장. '그 자리'의 유일한
생존자였던 그는 10·26 후 구속되었다가 1982년 5월 형 집행정지로
석방되고 88년 사면 복권되었다.
8 10월 28일 10·26 중간수사결과를 발표하는 계엄사령부 합동수사본부장
전두환 육군소장.
9 건국 이후 최초의 국장. 박정희 대통령의 유해를 실은 영구차 행렬이
서울 거리를 지나고 있다.

5년 9개월 만에 석방된 김지하.
강원도 원주 집 앞에서.

민주화와 산업화, 상생의 통합적 역사 인식 없이 '통일 한국'은 없다

시 〈타는 목마름으로〉를 썼을 때 김지하는 수배 상태였다. 1973년 겨울 어느 날 여관방에서 자고 다음날 새벽 친구 집으로 도피하기 위해 밖으로 나섰을 때, 누군가 벽에 분필로 써놓은 '민주주의 만세'라는 글귀가 눈에 띄었다.

그는 하루 종일 머릿속으로 이 글귀를 읊조리며 시를 지었다고 한다. 시가 일반에 공개된 것은 그가 민청학련 사건으로 사형선고를 받았다가 감형돼 잠시 석방되었던 1975년 2월 17일자 《동아일보》를 통해서였다.

우리는 지금 무감각해질 정도로 민주주의를 향유하고 있지만 한때 '타는 목마름으로' 민주주의를 갈망하던 시절이 있었다. 진실, 자유, 정의, 양심을 발하며 내 생각을 마음대로 표현하고 싶고, 하고 싶은 말도 맘껏 하면서 살고 싶었던 적이 있었다. 그것을 위해 수많은 사람이 붙잡혀 고문을 받고 목숨을 잃었다. 민주화운동을 했다는 이유만으로 삶이 불행의 나락으로 떨어져 지금까지도 고통받는 사람이 많다.

〈김지하와 그의 시대〉 연재는 2012년 대선에서 박근혜 후보를 지지

했던 김지하를 이듬해 1월 인터뷰한 것이 계기가 되었다. 《동아일보》 1월 9일자에 김지하 인터뷰가 2개면에 걸쳐 나가자 '우리가 누리는 경제적 풍요와 민주주의가 수많은 사람의 노력과 희생의 결과라는 것을 너무 쉽게 잊은 것 같다. 그 시대를 더 알고 싶다'는 독자들의 전화와 e메일이 쇄도했다.

이에 따라 1991년 《동아일보》에 연재하다가 중단하고 2000년 출간한 〈김지하 회고록〉을 토대로 그의 증언을 듣기 시작했다. 인터뷰는 2013년 2월, 그가 살고 있는 강원도 원주에서 주로 이뤄졌다. 거의 100시간이 걸린 인터뷰였다. 여기에 각종 자료와 관련자 인터뷰를 더했다.

부끄러운 일이지만 1960년대와 70년대 신문에서 민주화투쟁에 대한 보도는 쉽게 찾아볼 수 없다. 유신정권하 소위 긴급조치 시대(1974~1979년)의 엄격한 보도통제 때문이다. 기자들의 법정 취재조차 큰 사건의 경우에만 가능했다. 우리 정치사에서 가장 역동적인 시대였으며, 반정부 민주화운동이 가열차게 일어났던 그 시대를 우리가 잘 모르는 이유다.

1961년의 군사쿠데타는 산업화의 출발이기도 했지만 민주화투쟁의 출발이기도 하다. 왜? 우리는 지난 1960, 70년대를 다시 보아야 하는

가. 바로 민주화와 산업화 세력의 '통합적 역사인식' 없이는 통일한국으로 나아갈 수 없기 때문이다.

지난 대통령선거에서 국민화합은 최대 이슈였지만 통합의 구체적 내용과 비전은 아직도 제시되지 않고 있다. 호남 출신 인사들을 몇몇 요직에 등용한다고 국민통합이 된다고 생각하는 국민은 별로 없을 것이다.

국민통합은 산업화와 민주화라는 가치통합, 세대통합이 없이는 힘들다. 그동안 두 세력은 서로에 대해 가시 돋친 비난을 해오며 선거 때마다 충돌해왔다. 산업화세력은 민주화세력을 향해 권력 지향적이고 무능하며 무책임하다고, 민주화세력은 산업화세력을 향해 소통능력이 부재하고 부패한 세력이라고 비판해왔다.

하지만 이번 연재를 준비하며 필자가 느낀 것은 산업화와 민주화를 분리하려는 시각으로는 국민들 사이의 갈등만 증폭시킬 뿐이라는 문제의식이었다. '산업화'니 '민주화'라는 말로 세력을 구분하고 때로는 양 세력의 리더가 이를 억지로 통합해보려고 시도하기도 했다. 하지만 이는 역사를 실제 삶이 아닌 관념으로만 해석하거나 정치를 국민 삶과는 동떨어진 공학적 시각으로만 접근하려는 태도라는 점을 깨달았다.

산업화와 민주화의 가치는 머릿속에서는 서로 다를지 몰라도 대한민국 국민의 삶 속에서는 하나의 과정이었다. 이 과정은 한마디로 빈곤으로부터의 해방, 인권, 민주주의의 확대라는 국민적 소망의 실현 과정이었다. 각 분야에서 리더들이 큰 역할을 하긴 했으나 산업화와 민주화의 실제 주역은 어디까지나 국민이었다.

이 책을 통해 하고 싶은 이야기는 지난 시절 우리사회는 정부는 정부대로, 국민은 국민대로 모두 더 나은 삶을 위해 노력했다는 사실이다. 그 결과, 대한민국은 민주화와 산업화를 거의 동시대에 성공시킨 세계에서 몇 안 되는 나라가 될 수 있었다. 미래의 주인인 젊은이들이 이런 우리 역사에 긍지를 갖고, 나아가 통일의 문을 활짝 열어젖히는 세대가 되어주기를 바라는 마음을 이 책에 담았다.

책에 담긴 내용은 연재 당시에도 뜨거운 반응을 낳았다. 동아닷컴(www.donga.com) 누적조회 수는 373만 건을 넘었고 주제에 따라 편차가 있었지만 조회 수 10만 이상을 기록한 글도 여럿 있었다. 특히 마지막 '10·26'을 다룬 연재기사는 연일 10만 건이 넘는 조회 수를 기록했다. 역사에 대해, 무엇보다 최근세사에 대해 이토록 많은 독자들이 관심과 갈증을 갖고 있다는 사실에 새삼 놀랐다.

마침 원고를 마무리 할 때쯤 수능에 한국사를 포함시킨다는 소식을 들었다. 역사과목까지 암기과목으로 만드느냐는 비판도 일리가 있지만 입시과목에 포함돼야만 공부에 열의를 보이는 한국사회의 특성 상 반가운 소식이라고 생각한다. 모쪼록 이 책이 현대사를 보는 관점에 일조하는 계기가 되었으면 한다.

이번 기획은 《동아일보》 최영훈 편집국장이 아니었으면 진행할 수 없었을 것이다. 기획과정에서부터 연재하는 내내 필자를 믿고 맡겨준 최 편집국장에게 다시 한 번 감사의 말씀을 전한다. 또 찾기 어려운 자료까지 열정적으로 찾아주고 독자입장에서 성심껏 조언까지 해준 오피니언팀 김상희 씨는 가장 든든한 조력자였다. 지면을 빌어 그에게도 감사인사를 드린다.

그밖에 원주에서 인터뷰를 도와준 김철주(영화감독)와 간간이 녹취를 도와준 이용우 노지민 오혜진 권소영 등 《동아일보》 인턴기자들에게도 감사의 마음을 전한다. 마지막으로 이 기획을 진행하는 동안 곁에서 격려를 아끼지 않으며 원고구성에서부터 제목 정하기까지 일일이 조언해준 남편 윤태일 님에게도 깊은 감사인사를 전하고 싶다.

2013년 10월 광화문에서
허문명

1

우연의 역사는 없다

4 · 19와 5 · 16은 우리 삶을 어떻게 바꿔놓았나

그 시절, '민주주의'는 목숨과 맞바꾼 갈망이었다!

"이철 사형! 유인태 사형! 김병곤 사형! 나병식 사형! 여정남 사형! 김지하 사형! 이현배 사형!"

침 삼키는 소리조차 들리지 않는 깊은 늪과 같이 적막하던 법정에 검찰관의 긴장된 목소리가 터져 나오자 방청석에서 낮은 비명이 새나왔다.

1974년 7월 9일 서울 용산구 육군본부 건너편 비상군법회의 법정. 유신시절 최대 반독재투쟁사건이라 할 만한 민청학련(전국민주청년학생총연맹) 사건 관련자들에 대한 검찰의 구형이 내려지고 있었다. 재판은 6월 15일부터 진행됐지만 엄격한 보도통제가 취해지고 있었다. 법정은 바깥세상과는 유리되어 밀폐된 진공의 공간이나 다름없었다.

중앙 정면 단상에는 붉게 상기된 얼굴의 재판부가 앉았다. 복도는 물론이요, 법정 안까지 총을 든 헌병들이 늘어섰다. 흉가(凶家) 같은 막사를 개조해 만든 서른 평 남짓 법정 안은 30도가 넘는 바깥의 찌는 듯한 폭염을 비웃기라도 하듯 이상한 한기(寒氣)가 감싸고 있었다. 칼날이 선 것처럼 날카로운 재판정은 살기(殺氣)까지 느끼게 했다. 열어젖힌 창문으로 매미 울음소리만 쏟아져 들어왔다.

흰 죄수복을 입은 피고인들은 오랏줄에 묶이고 두 손에 수갑이 채워진 채 나란히 앉았다. 지난 2개월간 조사를 받으며 몽둥이 고문, 잠 안 재우기 고문, 전기 고문 등 온갖 고문을 다 당해 거의 초주검이 된 모습이었다. 피고인 1인당 가족 1명으로만 제한된 법정에서 그들의 모습을 지켜보고 있던 가족들도 모두 새파랗게 질려 있었다.

이날 재판은 재판이라기보다 사법을 빙자한 '살인'이자 군사작전이나 마찬가지였다. 재판의 피고인들이 민간인이었기 때문에 서울형사지법에서 해야 했으나 박정희 정권은 1974년 1월 8일 발표한 긴급조치 2호에서 긴급조치를 위반한 사람에 대해서는 무조건 비상군법회의에서 재판한다고 적시했다. 죄형법정주의나 형벌불소급의 원칙을 깡그리 무시한 처사였다. 군사재판은 속전속결로 진행돼 적법절차가 보장되지 않았다.

가족면회는 일절 허용되지 않았으며 현장검증은 물론 변호인의 증인채택 요구도 거부됐다. 법정심리나 변호인의 반대신문 같은 것도 없었다. 변호인들은 변론요지서조차 작성할 수 없었다. 피고인의 이름 주소 직업 등 인정신문만 진행됐다. 검찰이 내놓은 증거물이란 것은 트랜지스터라디오, 시중에서 파는 일본책 몇 권, 김지하의 시 〈오적(五賊)〉, 학생선언문 같은 것들이 고작이었다. 유일한 증거라고 하는 것이 수사관들이 부르는 대로 받아썼거나 각본에 따라 써 넣은 '피의자 심문조서'였다.

이날 법정에 선 피고인은 모두 32명. 공소장은 549쪽, 판결문은 423쪽에 달했다. 죄목은 긴급조치 1호 및 4호, 국가보안법, 반공법 위반, 내란예비음모, 내란선동 등이었다. '(유신)헌법을 고치자'고 입만 뻥긋해도 잡아 가둔다는 긴급조치 1호만으로는 국민의 저항을 막을 수 없다고 판단한 박정희 정권은 1974년 4월 3일 긴급조치 4호를 발동했다.

"사형을 주시니 영광입니다"

긴급조치 4호는 '민청학련 사건'이라는 특정 사건 하나만을 겨냥해 만든 법률이라는 점에서 초유의 법령이었다. 우선 수사 대상자가 엄청났다. 중앙정보부는 총 1024명(자수 266명)을 조사했고 이 중 745명을 훈방하고 253명을 비상보통군법회의 검찰부에 송치했다. 그 가운데 기소된 사람은 180명이다. 비상군법회의는 초스피드로 재판을 진행해 첫 공판을 연 지 불과 24일 만인 7월 9일 1심 공판에서 7명에게 사형, 7명에게 무기징역, 12명에게 징역 20년과 15년, 6명에게 징역 15년 등의 중형을 구형했다(《인권변론자료집》).

엄청난 형량에 변호인들이 당황하고 흥분했다. 세 번째로 나선 강신옥 변호사의 목소리는 떨렸지만 단호했다.

"과연, 법은 정치나 권력의 시녀가 아닌가 하고 느낀다. 지금 검찰관들은 나랏일을 걱정하는 애국학생들을 빨갱이로 몰고 사형이니 무기니 하는 형을 구형하고 있다. 이는 사법살인 행위가 될 수가 있고…."

그의 폭탄발언에 법정 안의 긴장은 최고조로 치달았다.

"본 변호인은 기성세대이기 때문에, 그리고 직업상 이 자리에서 변호를 하고 있으나 그렇지 않다면 차라리 피고인들과 뜻을 같이하여 피고인석에 앉아 있겠다."

그의 말이 끝나자마자 변론은 중지 당했고 재판장은 휴정을 선언했다. 결국 강 변호사는 일주일 뒤 법정모욕죄로 구속된다. 변호사가 변론 때문에 구속되는 초유의 사건이 벌어진 것이다. 이 사실은 당시 국내에도 잘 알려지지 않았다. 1974년 7월 19일자 《뉴욕타임스》가 1면 기사로 보도한 뒤 8월 8일 정기국회에서 법무부장관의 답변을 통해서야 국민에게 알려진다. 강 변호사는 14년 뒤인 1988년 3월 대법원의 무죄판결을 받았다.

사형을 구형받은 피고인들의 최후진술이 시작됐다. 모두 비장한 각오가 되어 있었다. 김지하는 이렇게 쏘아붙였다.

"참새도 죽을 때 짹 하는 법이다. 사람이라고 짹 소리 못 할까보냐. 법을 이렇게 끌고 가면 앞으로 어느 미친놈이 법을 지키겠느냐. 법이 없어지면 뭘로 민주주의를 할 거냐. 군인들이 다 할 거냐."

이날 압권은 김병곤이었다. 그는 1971년 서울대 상대에 입학해 3학년 때 민청학련으로 사형선고를 받았다가 석방됐고 민주화 투쟁을 계속하다 1990년 위암으로 숨진다. 김병곤은 최후진술 순서가 되자 재판정 중앙으로 천천히 걸어 나갔다. 그런데 모두 놀라고 말았다. 그의 얼굴에 미소가 가득했던 것이다. 그가 입을 열었다.

"검찰관님, 재판장님, 영광입니다. 감사합니다. 아무것도 한 일이 없는 저에게까지 이렇게 사형이라는 영광스러운 구형을 주시니 정말 감사합니다. 사실 저는 유신치하에서 생명을 잃고 삶의 길을 빼앗긴 이 민생(民生)들에게 줄 것이 아무것도 없어 걱정하던 차였습니다. 그런데 이 젊은 목숨을 기꺼이 바칠 기회를 주시니 고마운 마음 이를 데 없습니다. 감사합니다."

말을 마치고 돌아서는 그의 눈길과 자태에서 속된 삶의 욕구를 훌쩍 뛰어넘은 '무념의 경지'가 느껴졌다. 김지하는 훗날 《동아일보》에 연재한 〈고행〉이라는 제목의 글에서 당시의 목격담을 이렇게 전한다.

"영광입니다!" 아아, 이게 무슨 말인가? 사형을 구형받자마자 "영광입니다"가 도대체 무슨 말인가? 나는 엄청난 충격 속에 휘말려들기 시작했다. 분명히 사형은 죽인다는 말이다. 죽인다는데, 죽는다는데, 목숨이 끝난다는데 일체의 것이 종말이라는데…. 모든 것이 갑자기 자취 없이 사라져 버린다는데, 그런데 "영광입니다"? 우리가 성자(聖者)인가? …그렇다. 확실히 그렇다. 우리는 드디어 죽음을 이긴 것이다. 그 지옥의 나날, 피투성이로 몸부림치며 순간순간을 내내 죽음과 싸워 드디어 그것의 공포를 이겨내 버린 것이다. …죽음을 받아들임으로써 죽음을 이겼고, 죽음을 스스로 선택함으로써 영생(永生)을 얻은 것이다. 그렇다. 그 순간은 무어라고 차마 이름 붙일 수조차 없는, 모든 인간적인 가치와 모든 고상한 것들이 통일되는 빛나는 절정이었다. …엄청난, 엄청난 순간이었다. 나는 그때 혼잣소리로 중얼거렸다. "감사하나이다." 그리고 또한 말할 수 없이 "영광입니다."

한국 민주화운동의 태동, 4 · 19혁명

김지하는 59학번이다. 그는 본래 어렸을 때부터 그림을 그리고 싶었지만 '환쟁이는 가난하다'는 말을 청소년 시절부터 이골이 나게 들어

중동고등학교 재학 시절의 김지하.

그림과 학문의 길을 병행할 수 있는 길이 없을까 고민하다 서울대 미학과에 입학했다고 한다. 그의 꿈은 장차 교수가 되는 것이었다. 그의 말이다.

"그때 미학과는 지금처럼 인문대학 소속이 아니라 미술대학 소속이었다. 집에서는 공대나 의대를 원했는데 어렸을 때부터 그림 그리기가 좋았다. 부모님은 화가가 되는 것을 원하지 않았다. 고민 끝에 대학교수가 되면 안정된 밥벌이도 되고 취미도 살릴 수 있을 것 같았다. (강원 원주)중학교 다닐 땐 여러 번 도(道) 미술전람회 같은 데서 입상도 하고 특선도 했다. 어느 전람회에선가 《미학개론》(김태오)이라는 책을 부상으로 받았는데 중학교 땐 어려워서 읽을 엄두를 못 내고 있다가 (서울 중동)고등학교 때 우연히 집어 들었다. 그때도 뭐가 뭔지는 잘 모르겠는데 미학이란 게 파 보면 재미있는 학문같다는 생각이 들었다. 고3 때이던 어느 날, 고교 1년 선배가 학교로 찾아와 만난 적이 있다. 그가 서울대 미학과를 다니고 있었다. 선배 말이 '미학 공부가 재미있다'면서 나더러 '관심이 있으면 미학과에 들어오라'고 적극 권했다. 그날로 서점에 가서 미학 책을 여러 권 사다 읽었다. 번역서도 별로 없던 시절이라 원서로 읽어야 했다. 점점 공부에 재미가 붙었다."

그러나 김지하는 "대학생활이 별로 재미가 없었다"고 했다. 당시 서울대 미학과는 미술대에서 떨어져 나와 문리대로 편입하는 문제 때문에 시끄러웠다. 공부에만 몰두할 수 있는 분위기가 아니었다. 게다가 어려운 서양철학들만 난무하는 커리큘럼도 신입생인 그에겐 별로 매력이 없어 보였다. 집안의 기대를 온몸에 안고 최고 명문대학에 들어

갔지만 학교생활에 별로 희망을 갖지 못하며 부초(浮草)처럼 떠돌던 그가 본격적으로 학생운동에 관심을 기울이는 계기가 생긴다. 2학년 때 4·19가 터진 것이다.

1960년 4월 19일 화요일. 지금으로부터 53년 전인 그날은, 봄이 오긴 했지만 봄기운을 느낄 수 없을 정도로 쌀쌀했다.

그날 김지하는 새벽 기차를 타고 본가가 있던 원주에서 서울로 올라온 길이었다. 모처럼 주머니에 돈도 두둑해서 서울에 오면 늘 그랬듯 당시 광화문에 있던 범문사로 직행해 책 몇 권을 사들고 외가(外家)로 향했다. 외가는 흑석동 국립묘지 근처에 있었는데 이날이 마침 그가 외가 더부살이를 청산하고 학교 근처인 성북동에 얻어둔 자취방으로 짐을 옮기는 날이었다. 그는 흑석동에서 이불보따리를 들쳐 메고 버스를 탔다.

버스가 중앙대 입구에 멈췄을 때였다. 갑자기 무수한 학생들이 스크럼을 짜고 물결쳐 내려오고 있었다. 하지만 김지하는 놀라지 않았다. 이승만 정권의 독재와 실정, 부패, 부정선거에 저항하는 학생시위가 전국에서 들불처럼 번지고 있다는 것을 이미 알고 있었기 때문이다.

"넌 왜 데모 안 해?"

두 달 전인 2월 28일 경북고 대구고 경북여고 학생 1200여 명이 교내에서 시위를 하다 도청 앞까지 진출한 것(2·28대구학생의거)이 도화선이 된 학생시위는 3월 15일 대통령·부통령 선거가 있던 날, 폭발하고 말았다. 개표 결과는 이승만 대통령 후보가 963만3376표로, 이기붕 부통령 후보가 833만7059표로 당선(《국회보》)이 확정되지만 투표소마다 사전투표, 기권자 대리투표, 투표함 바꿔치기 등 부정선거가 횡행했다. 표의 95~99%까지 조작되어 나온 곳도 속출했다. 당시 집권당인 자유당조차 최인규 내무장관에게 "득표수를 하향 조정하라"고 지시할 정도였다.

이처럼 노골적인 선거부정에 항의하는 규탄시위가 선거날인 3월 15일 저녁, 경남 마산에서 시작됐다. 경찰이 발포까지 해 사상자가 속출했다. 급기야 4월 11일엔 마산시위 때 행방불명됐던 마산상고 김주열 학생의 시신이 실종 27일 만에 바다에서 인양됐다. 뒷머리에 최루탄이 박혀 있었다.

국민의 분노는 4월 19일 크게 폭발했다. 서울 시내 2만여 명의 대학생, 고등학생, 시민들이 현역 정치인들의 불신임과 재선거를 요구하면서 대통령 관저인 경무대(청와대의 옛 명칭)를 향해 행진했다. 고향에서 올라와 성북동 자취방으로 이불 보따리를 옮기던 김지하는 바로 이 시위대와 마주친 것이다. 그는 당시 상황을 어제 일처럼 기억하고 있었다.

"짐을 내팽개치고 시위대에 합류할까 하는 마음이 잠시 들긴 했지만 나는 버스에서 내리지 않았다. 나는 4·19를 '이념도 지도노선도 없는 (단순한) 폭발'이라고 생각하고 있었다."

시위대를 뒤로하고 달리던 버스가 시청 앞까지 왔다. 시청 앞에도 학생들이 구름처럼 모여 있었다. 청사 앞 연단 위에는 학생회장단으로 보이는 사람들이 올라가 선동적인 연설을 하고 있었다. 김지하의 회고다.

"'더 이상 못 간다'는 버스 운전사 말을 듣고 이불 짐을 메고 내렸다. 성북동 집까지 걸어갈 수밖에 없는 상황이었다. 중간 중간 마주치는 시위대들이 보건 말건 나는 땀을 뻘뻘 흘리며 안국동을 지나고 있

었다. 그런데 시위대 중에 내 얼굴을 알아
보고 손짓하는 친구들이 있었다. 미술대
학 친구들이었다. 나는 뚱한 표정으로 인
사도 받지 않고 지나쳤다. '그냥 너희들이
나 (데모)해라'는 마음이었다."

그러다 김지하는 어느 길목에서 미술
대학 회화과 친구와 마주친다. 그는 김지하를 보더니 반갑다며 달려
와 알은체를 하면서 대뜸 "넌 왜 데모 안 하느냐"고 물었다. 김지하는
퉁명스러운 목소리로 이렇게 말했다. "이런 단순한 폭발은 혁명이라
고 할 수 없어. 폭도에 불과해. 이러다 반동이라도 오면 어떻게 할 거
냐?" 그러자 친구는 이렇게 답하는 것 아닌가. "반동이 오면 또 싸워
야지."

김지하는 "'반동이 오면 또 싸운다'는 그 친구의 말이 훗날 내 삶을
평생 따라다닌 화두가 될 줄 그땐 몰랐다"고 한다. 하지만 당시엔 그
말을 듣는 순간, 머릿속에 아버지 얼굴이 스쳤다. 공산주의자였던 아
버지, 혁명에 실패했던 아버지, 국군에 자수하고 굴욕감에 양잿물을
마시고 허연 거품을 뿜으며 헛소리를 하던 아버지…. 아무에게도 이야
기하지 못하고 가슴속에만 묻어 두었던 그 아버지의 얼굴이 그날 김
지하를 짓눌렀다. 4·19와 맞닥뜨린 그날이 김지하의 인생에 얼마나
중요한 순간이었는지 필자는 물어보지 않고도 잘 알 것 같았다.

시위대의 함성을 뒤로하고 착잡한 심경으로 자취방에 도착한 것은
어둠이 내린 저녁이었다. 김지하는 구멍가게에서 사온 빵을 씹어 먹
는 것으로 저녁을 대신하고 자리에 누웠다. 하지만 잠이 오지 않았다.
당시 몰입해있던 월터 페이터(1839~1894·근대 영국의 위대한 비평가 중 한

사람으로 평가받는 문학가 및 평론가. 평생 옥스퍼드대 교수를 지냄)의 《르네 상스》《규범 미학》 같은 책을 집어 들었지만 눈에 들어오지 않았다. 하긴, 마음이 편했을 리 없다. 시위대를 폄하하면서 행동에 나서지 않은 자기 자신을 합리화하긴 했지만 어찌 심적 갈등이 없었겠는가. 밤새 뒤척이다 겨우 잠든 밤, 운명의 폭풍이 빠른 속도로 그의 인생을 향해 덮쳐오고 있었다.

분노의 단순폭발에서 시민혁명으로

이승만 정부는 1960년 4월 19일 오후 3시 전국 주요 도시에 계엄령을 선포했다. 성균관대 3학년생으로 시위에 참가했던 김승균 전 《사상계》 편집장은 이날을 '피의 화요일'이라고 불렀다.

"대학생, 중고교생들이 대통령 관저인 경무대로 몰려가 대통령 면담을 요구하고 김주열의 죽음과 관련해 책임자를 처벌하라고 했다. 그런데 갑자기 경찰 발포가 시작되면서 시위현장은 아수라장이 되었다. 학생들이 피투성이가 되어 쓰러졌다. 지옥도 그런 지옥이 없었다."

이제는 잊었을 법도 할 텐데 당시를 전하는 그의 목소리는 여전히 떨렸다.

"가까운 후배가 총에 맞았다는 소식을 듣고 당시 서울역 앞에 있던 세브란스병원으로 달려갔다. 며칠 밤을 새워 병상을 지키다 옷을 갈아입으러 명륜동 자취방으로 가려고 나왔는데 시위대가 동대문경찰서에 불을 질렀다는 소리가 들려와 달려갔다. 경찰서 앞에 전매청이 있었는데 경찰 총격으로 담벼락에 구멍이 뚫려 있었고 담 아래에는 시체들이 거적으로 덮여 있었다."

시신들 중에는 일반 시민도 있었다. 시민들이 학생들과 함께 "(정부를) 갈아엎어야 한다"는 결의로 한 덩어리가 되었던 것이다. 4·19는 이처럼 학생들의 데모에서 시민혁명으로 발전하고 있었다. 실제로 3, 4월 항쟁 기간을 통해 전국적으로 186명이 목숨을 잃었다. 부상자는 6026명이었다.(민주화운동기념사업회 주최 〈전국 학술토론회 자료집〉) 4·19는 한마디로 피의 항쟁이었다. 김지하도 이것을 곧 깨달았다고 한다.

"다음 날인 20일 점심 무렵이 되어 동숭동 문리대 앞, 당시 문리대생들에게 유명했던 '별장다방'으로 갔다. 착잡한 마음으로 커피를 한 잔 시켜놓고 우두커니 창밖을 내다보고 있었는데 놀랄 만한 광경이 펼쳐졌다. 일군의 사람들이 트럭을 타고 태극기를 흔들며 구호를 외치고 지나가는 것 아닌가. 어제 길에서 만났던 대학생들이 아니었다. 구두닦이나 행상들로 보이는 일반 시민들이었다. 10대 청소년도 있었다. 멀리서 '따다닥 따닥' 총소리까지 들렸다. 전날까지만 해도 학생들의 단순 폭발이라고만 생각하고 있었는데 상황이 달라지고 있었다. 이건 완전히 혁명이 아닌가… 가슴이 두근거렸다."

당장 밖으로 뛰어나가고 싶었지만 귓전에 맴도는 아버지의 목소리가 다시 발목을 잡았다. "영일아(김지하의 본명), 집안을 일으켜야 한다."

가난한 집 외아들을 최고의 대학교에까지 보냈으니 부친이 그에게 거는 기대는 당연한 것이었다. 어떤 면에서 그것은 버거운 기대였다. 전라도(목포) 출신에다 가난뱅이에, 학연도 없고 연고도 없는 서울에서 그가 집안을 일으킨다는 것은 꿈에서나 가능한 일처럼 여겨졌다. 그는 한참을 멍하니 앉아 있다가 노을이 질 무렵 나왔다. 발걸음은 집을 향하고 있었지만 머릿속은 복잡했다.

피의 화요일

 "성북동 간송미술관 앞이었던 것으로 기억한다. 길바닥에 털썩 주저앉아 버렸다. 그래. 아직은 나설 때가 아니다. 그러나⋯ 참가해야 하지 않을까. 조직을 통해서가 아니라 혼자서 '천천히 조금씩'이라도 말이다. 하지만⋯ 아버지, 어머니를 슬프게 해서는 안 된다⋯ 나는 살아야 한다. 냉정한 머리와 뜨거운 가슴으로 조직과는 거리를 두고 참가해야 한다. '조금씩 천천히', 그리고 지혜롭게 시작해야 한다."

 그의 귓전에선 "만세! 만세!"를 부르는 시민들의 외침소리가 울리고 눈에서는 태극기 물결이 아른거렸다. 김지하는 그날 밤 고등학교 때부터 써왔던 철학노트들을 불태워 버렸다. 술 섹스 마약과 자살을 찬미하는 어두운 구절들로 가득했던 노트였다.

 계엄령에 잠시 주춤했던 시위는 시간이 지남에 따라 더 번져갔다. 급기야 4월 23일 장면 부통령이 먼저 사임을 발표했다. 그는 이승만 대통령도 물러나야 한다고 촉구했다. 기자회견에서 밝힌 사퇴의 변은 이랬다

 "3·15 부정선거로 3000만 동포의 울분은 드디어 절정에 달하고 마침내 민족의 정화인 청소년 남녀들이 총탄에 쓰러져 그 고귀한 피가 이 강산을 물들이게 됨을 볼 때 하루라도 이 자리에 머무를 수 없는 비통한 심경에 다다른 것이다. 이 대통령은 3·15 부정선거의 불법과 무효를 솔직히 시인하고 12년간 누적된 비정(秕政)에 책임을 지고 물러서야 한다."

 장면 부통령은 3·15 선거에 출마해 낙선했지만 3대 부통령 임기는 남아있는 상태였다. 이 대통령이 물러나고 선거가 무효 처리되면 자연스럽게 대통령직을 승계하게 되어 있었다. 그는 훗날 회고록에서 "부

통령으로서 당연히 져야 할 책임이기도 했지만 대통령의 하야를 이끌어내기 위해 사퇴했다"고 말했다. 그의 이야기를 곧이곧대로 따르자면, 대통령이 하야하더라도 그 혼란을 틈타 자신이 정권을 잇지 않겠다는 것을 이 대통령에게 보장하고 싶었다는 것이다.

1960년 4월 19일 부상당한 시위대를 옮기는 모습.

실제로 이승만은 당시 장면과 노기남 대주교를 4·19 배후로 지목하고 있었다. 1999년 《대한매일》(현 서울신문)에 연재되어 책으로 묶인 《제2공화국과 장면》(이용원)에는 '정부기록보존소에 소장된, 훗날 공개된 기밀문서를 보면 이승만은 4월 21일 경무대를 방문한 월터 매카너기 주한 미국대사에게 "이 모든 사태는 장 부통령과 노 대주교가 정치적 목적을 달성하려고 가톨릭 세력을 선동해 일어난 것"이라고 주장했다'는 대목이 나온다.

어떻든 장면 부통령 사퇴여파는 컸다. 4월 25일에는 대학교수들까지 시위에 나섰다. 혁명의 불길이 지식인 계층으로까지 확산된 것이다. 법무부장관 권승렬, 신임 외무부장관 허정도 이 대통령에게 하야를 요구했다. 매카너기 대사도 이 대통령을 직접 찾아가 하야를 권했다. 이 대통령의 입지는 좁아지고 있었다. 버틸 수 있는 힘이 다하고 있었다. 결국 4월 26일 오후 1시 라디오 연설을 통해 하야를 발표하고 한 달 뒤인 5월 29일 프란체스카 여사와 미국 하와이로 망명한다.

1인당 국민소득이 고작 50달러였던 세계 최빈국의 나라, 36년간 남의 나라 식민지로 살았던 나라를 이어받은 대한민국 초대 대통령 이승만. 해방되자마자 바로 혹독한 내전(6·25전쟁)을 치르며 전쟁이 끝난 후에야 겨우 정부다운 정부를 꾸릴 수 있었던 비참한 상황에서 12

년을 집권했던 그의 마지막은 비극적이었다.

그러나 그는 북한과 일촉즉발로 대치하며 미국과 소련이 한반도를 좌지우지하고 있던 상황에서 뛰어난 국제 감각과 안목, 인적 네트워크를 갖춘 외교 대통령이었다. 또 6·25 직후 한국의 재건을 돕기 위해 유엔한국위원단 단장으로 방한했던 메논이 "한국에서 경제 발전을 이루는 것은 쓰레기통에서 장미가 피는 것과 같다"고 할 정도로 앞이 캄캄한 상황에서 시장경제를 받아들이며 자본주의의 기초를 닦았다. 반면, 자신을 무지렁이 민중을 개화시켜야 하는 '계몽 군주'라고 생각하고 민주주의를 무시했다. 그래서 독재를 했다.

한편, 우리는 이 대목에서 4·19가 시민혁명으로 발전하게 된 사회경제적 배경을 짚어볼 필요가 있다. 시민들이 목숨까지 내놓고 "못 살겠다, 갈아보자"고 혁명을 할 때에는 반독재 민주화라는 정치적 요인보다는 더 절박한 이유가 있는 법이기 때문이다. 당시 그것은 무엇이었을까. 다름 아닌 '가난'이었다. 그때 우리는 못살아도 너무 못살았다.

'배고픈 자유'만 안겨준 미완의 혁명 4·19

4·19 직후인 1960년 12월 《동아일보》는 '세모비정(歲暮非情)'이란 제목의 12회에 걸친 시리즈물에서 1년 중 가장 살기 힘든 겨울을 힘겹게 이어가는 서민들의 삶을 생생하게 소개하고 있다. '염소장수' '품팔이군' '군밤장수' '빈민굴' '바가지장수' '구두닦이' '노점음식점' '생선장수' '고아' '양로원' '모자원' '지지미 장수'라는 제목의 각각의 글을 읽다

보면 '못살아도 이렇게 못살 수가 있나' 하는 생각이 든다. '산다는 것 자체가 무서워'라는 제목으로 소개된 '품팔이군'의 삶은 이렇다.

'오직 나무로 깎아 엮은 지게와 좀 낫다면 '구루마'가 그들에겐 생명선이다. 생활근거지는 주로 시장주변. …시커멓게 때가 오른 두툼한 방한모. 농사에 지친 나머지 서울 가면 주먹만 갖고도 끼니는 때울 수 있다는 바람에 뛰어올라 왔으나 역시 서울도 바람은 모질다. …허리가 부러지도록 짐을 지고 십리 길을 가도 잘해야 단돈 사, 오백 환. …공(허탕)치고 빈손을 힘없이 걸머쥔 채 허기진 배를 안고 처자식들이 쓰러져 있는 다리 밑 거적대기 집으로 돌아갈 때는 산다는 그 자체에 몸서리가 치고 무서워만 진다.'

그때 우리는 너무 헐벗고 굶주려 지금 기준으로 가늠하는 것 자체가 무리일 정도다. 식민통치에 이은 미 군정, 여기에 3년이나 혹독한 전쟁을 치렀으니 다들 하루하루 입에 풀칠하기가 어려웠다. 오죽했으면 겨우내 묵은 곡식이 다 없어지고 보리는 아직 여물지 않은 매년 음력 4월을 '보릿고개'라고 했을까. 마치 큰 고개를 넘는 것처럼 힘겹게 초근목피로 연명해야 하던 시절이었다. 서민들은 굶어죽는데 부정부패는 극에 달했다. 3·15부정선거는 불에 기름을 부은 격이었다. 갈아 엎지 않고서는 희망이 없다는 분노가 극에 달하자 시민들까지 나선 것이었다.

하지만 4·19는 미완의 혁명이었다. 대통령을 하야시키기는 했지만 준비된 민주정부 플랜도 없었고 비전은 전무했다. 그 결과, 오히려 대통령의 하야는 민주국가의 건설이 아닌 한층 복잡한 혼란을 불러 왔다.

승리의 영광은 기존 정치권으로 고스란히 돌아갔다. 외무부장관이었던 허정이 정권을 이어받았다. 허정 과도내각은 7월 29일 총선을 통해 제2공화국을 출범시켰다. 8월 12일 대통령에 윤보선(1897~1990), 19일 초대 국무총리에 장면이 당선됐다. 의원내각제이다 보니 대통령은 실권이 없는 명목상 대통령이었다. 진정한 정치권력은 장면 총리가 이끄는 내각이 쥐었다. 이들은 기존 부패 정치인들에게 단호한 행동을 취하지 않았다. 국민들의 입장이 아닌 자신들만의 권력과 사리사욕을 위해 일하면서 파벌 싸움에만 몰두했다.

필자는 당시 한국 상황을 생각하며 2012년 5월 취재차 방문했던 '혁명 후 이집트'가 떠올랐다. 무바라크 독재시대가 끝난 이집트가 혼란스러울 것이라 어느 정도 예상은 했지만 실제 현장에 가보니 혼란의 정도가 생각보다 심각했기 때문이다. 규칙과 질서는 무너져 있었고 경제는 악화됐으며 시민들의 삶은 더 피폐해지고 있었다. 국가재정은 바닥나고 관광객의 발길도 끊긴 지 오래였다. 시민들 중에는 "무바라크 시절이 더 나았다"고 말하는 사람도 많았다. 이집트의 혼란은 지금까지도 계속되고 있다. 그런 이집트를 보며 파괴보다 건설이 더 힘들다는 것, 준비 없는 혁명은 혼돈을 부를 수밖에 없다는 것을 절감했다. 끝 모를 혼란과 무질서의 소용돌이… 4·19 직후 대한민국이 바로 그랬다.

자유의 범람, 그러나 준비 없는 혁명이었다!

학생과 시민들은 승리감에 도취됐다. 그동안 억눌려 있던 민중들은 거리로 뛰쳐나와 날이면 날마다 시위를 벌였다. 오죽했으면 '데모로 해가 뜨고 데모로 해가 진다'는 말까지 나왔을까. 책《제2공화국과 장면》에는 당시 상황이 자세히 나와 있다.

'남자나 여자, 노인과 아이 가릴 것 없이 모두들 나서 목청을 높였다. …초등학생들이 '교사전근반대' '어른들은 이제 데모를 그만하라'고 요구하며 데모를 했는가 하면 경찰관들은 '국회의원이 경찰관 따귀를 때렸다'고 시위를 했다. 군인도 예외는 아니었다. 논산훈련소에서는 정훈부 사병들이 '송모 중령이 우리를 머슴처럼 부려먹는다'고 항의데모를 벌이려고 해 장교들이 가까스로 저지한 일도 있었다.'

책에 따르면 실제로 제2공화국 민주당 정권 10개월 동안 일어난 가두데모 건수는 총 2000건이었으며 데모에 참가한 연인원만 100만 명이었다. 서울에서는 하루 평균 7.3건, 3867명이 거리로 나왔다. 노조 활동도 폭발적으로 증가했다. 4·19 직전만 해도 전국에 621곳이던 노동조합은 4·19 직후인 60년 9월 1일 현재 821곳으로 급증했다. 노동쟁의도 58년에 50건, 59년 109건에서 60년 218건으로 두 배로 급증했다.

언론도 마찬가지였다. 4·19 이듬해인 61년 3월 31일 국무원 사무처에 등록된 정기간행물 숫자는 그 변화를 명확하게 보여준다. 일간신문은 4·19 전 41종에서 112종으로, 일간통신은 14가지에서 274가지로, 주간신문은 136종에서 476종으로 급격히 늘었다. 사무실 한 평에 등사판 하나만 갖추면 통신사 간판을, 실업자 서너 명만 모으면 신문사 간판을 내걸 수 있었다.

대학가도 수업이 제대로 될 리 없었다. 소설 《무진기행》으로 한국문학의 감수성을 혁신시켰다는 평을 듣는 소설가 김승옥(서울대 불문학과 60학번)이 2004년 펴낸 산문집 《내가 만난 하나님》에서 밝힌 당시 회고다.

'4·19 후 학교가 다시 문을 연 것은 1960년 5월 1일부터였는데, 수업이 제대로 될 리가 없었다. 열광적인 분위기는 여름방학이 될 때까지 학교 안을 지배했다. 특히 서울대 문리대가 가장 심했다. 정치과, 외교과, 사회학과 고(高)학년생들이 주동이 되어 대강당에서 거의 매일 외부인사, 주로 정치인들을 초청하여 시국 강연회를 열었다. 학생들은 강당으로 구름처럼 모여들었고 교수들은 아주 겨우 학생 몇 명만을 앞혀놓고 강의하거나 그나마도 학생들이 '휴강합시다' 하면 휴강할 수밖에 없었다. '어용 교수' 축출운동을 벌임으로써 실제로 몇몇 교수를 쫓아내기도 했고, 일부 노(老)교수들은 (학생들이 버르장머리가 없다고) 야단을 치기도 했다.'

지식인들도 제2공화국의 상황이 '무정부 상태'라고 걱정하기 시작했다. 정치학자 서석순은 4·19 1주년을 맞아 《사상계》에 쓴 글(이병국 《대통령과 언론》에서 재인용)에서 이렇게 말했다.

"(지금) 국민들 사이에는 배반당한 4·19 자유혁명에 대한 불평과 불만이 만연되고 있다. 잃었던 자유만 도로 찾으면 만사가 해결되고 이 땅에 하루아침에 지상천국이 출현하리라고 국민들은 기대하였다. 자유로이 행사된 투표권에 의해 선출된 정부는 최단시일 내에 혁명과업을 완수하고 현명하고 과감한 지도력으로 국민들이 더 잘살 수 있는 새 질서를 확립해주리라고 기대했다. 그러나 기대와 실현 사이에는 너무나 먼 거리가 있다. 자유? 그렇다. 이 땅에 자유가 범람하고 있다. 그러나 그 자유는 국민들이 (당초) 기대했던 어떤 질서 내에서의 자유가 아니다. 오늘날 이 땅에서 횡행하는 자유는 '배고픈 자유' '실업의 자유' '생명과 재산에 위협을 받는 자유' 그리고 '데모하는 자유'이다. 이러한 자유는 국민들이 기대했던 자유가 아니다."

　4·19는 해방 이후 시민들이 무력을 행사하는 공권력에 맞서 정부를 바꾼 '피플 파워'를 보여주었다는 점에서 한국 사회 최초의 시민혁명이었다.

　사람들은 흔히 산업화가 먼저이고 다음에 민주화가 이뤄졌다고 생각하는데 반드시 그렇지는 않다. 어떤 의미에서는 민주화가 먼저 진행되고 산업화가 시작되었다. 시민의 힘으로 정부를 바꿨다는 자신감, 민주주의를 위해 목숨을 바쳤다는 결연함 등은 이후 국민들의 유전자에 박혀 한국사회를 변혁시키는 동력이 된다. 4·19세대의 주역은 이후 6·3한일회담반대운동, 유신반대운동을 주도적으로 이끌었고 이 힘은 1987년 6월 민주항쟁으로까지 이어진다.

　서울대 불문학과 60학번으로 4·19세대라 할 수 있는 소설가 김승옥의 평가다.《내가 만난 하나님》

　"한 개인의 일생에서 가장 중요한 첫 20년의 기간을 고스란히 동질의 교육을 받고 자란 세대는 4·19세대 이전에는 없었다. (그런 점에서) 4·19세대는 행복한 세대이다. 또 그들이 받았던 교육을 4·19로 구현시켜 볼 수도 있었던 점에서도 행복한 것이었다."

　지금이야 모든 사람이 민주주의를 당연하게 여기지만 우리가 '자유민주주의'를 학교에서 배우기 시작한 것은 불과 50여 년 전의 일이었다. 김승옥의 말대로 4·19세대는 주권재민(主權在民), 삼권분립(三權分立), 정당정치(政黨政治), 페어플레이 정신 같은 것을 학교에서 배운 첫 세대였던 것이다.

　자유의 바람이 불어닥친 대학가에 생기가 돌았다. 서울에서는 학도

호국단이 해체되고 학생회가 조직되었다. 당시 대학가에는 이른바 '농촌계몽운동' 바람이 불고 있었다. 지식인들이 중심이 되어 농촌을 계몽해 시민의식을 높이자는 움직임이 일었던 것이다. 대학마다 학기말 시험이 끝나자 농촌에 가서 농사일도 돕고 농민들에게 정치의식을 불어넣자는 운동이 퍼졌다.

방황하던 청춘, 연극에 마음을 기대다

1960년 7월 서울대 학생들은 '새생활운동반' 결대식을 갖고 국민계몽대 7000여 명을 전국에 파견해 4월 혁명 정신을 보급하고 주권의식을 고양시키자고 결의했다. 이후 전국 대학마다 같은 이름의 계몽대가 만들어졌다(《사월혁명회》·2005년)

이들은 밀짚모자를 쓰고 가슴에 향토 계몽대 마크를 하나씩 달고 학교에서 발행해 준 학생 할인권으로 기차표를 싸게 사서 지방으로 흩어졌다. 도시에서는 수입상품 배격운동을 벌이기도 했다. 양담배 피우지 않기, 커피 마시지 않기 등을 내세우며 '민족기업 일으키자' '민족산업 일으키자' 같은 글귀가 쓰인 완장을 두르고 술집이나 가게를 돌아다녔다.

미제 물건을 팔면 압수해 사람들이 많이 모이는 종로 네거리 한복판 같은 곳에 산더미처럼 쌓아 놓은 뒤 행인들이 보는 앞에서 불태웠다. 자신들은 민족주의 운동이라고 했지만 상인들의 반발이 컸다. 자신들이 주도해서 정부를 바꿨다는 운동권들의 엘리트 의식이 반영된 행동이었다.

서울대 미술대학도 시끄럽긴 마찬가지였다. 미술대학 학장을 맡고 있던 장발교수 퇴진과 미학과의 문리대 이전을 요구하는 학생데모,

그 후 문리대에서 심리학과 종교학과 미학과를 철학과로 통폐합하려는 문교당국의 정책에 항의하며 농성이 벌어졌다.

김지하도 어느새 농성에 가담하고 있었다. 데모는 성공했다. 문제교수 몇 사람이 사퇴했고 미학과는 문리대로 옮겨왔으며 학생과 업무와 커리큘럼 개혁을 시도한다는 내용이 발표됐다. 하지만 농성을 주도했던 선배 예닐곱 명이 퇴학 처분됐다. 김지하는 선배들의 퇴학 처분에 심기가 뒤틀려 1960년 2학년 2학기 등록을 포기하고 휴학했다. 그리고 서울과 원주를 오가며 구름처럼 떠돌기 시작했다.

서울대 재학시절 김지하. 뒤쪽이 극작가 김기팔씨.

그가 당시 마음을 기댔던 것은 연극이었다. 처음으로 참여한 연극작품은 프랑스 티에리 모니에 작 〈암야의 집〉이었다. 수준 높은 반공(反共)작품이었는데 그는 이 연극에서 주인공을 잡으러 가는 보안관 역을 맡았다. 단역이었다.

두 번째 출연작품은 이철향 작 〈달빛 있는 생신〉이었다. 달빛이 비치는 날, 양담배 양주 등 외래물품을 쓰지 말자는 각오를 새롭게 하는 부자(父子)지간의 갈등을 다룬 작품이다. 김지하는 "당시 대학가에 불어 닥친 새생활운동의 일환으로 기획된 연극이었다. 지금은 모두 유명해진 탤런트 최불암 박근형 씨도 함께 출연했다. 나는 잠깐 무대에 등장하는 젊은 대학생 역을 맡았었다"고 전했다.

그의 세 번째 출연작은 정부와 《동아일보》가 지원한 〈인촌 김성수〉였다. 당시 철학과에 재학 중이던 김기팔(1937~1991·서울대 철학과 63학번·'해바라기 가족' '정계야화' 등으로 1970년대 유명했던 극작가)이 각본을 쓰고 동아방송 출신으로 한국방송공사 사장을 지낸 최창봉(전 한국방송 진흥원 이사장)이 연출을 맡았다. 최불암 이로미 등이 출연했다. 김지하는 단역이었지만 독립운동가로 중앙학교 교장, 《동아일보》 사장 및 고문 주필을 역임한 고하 송진우(1889~1945) 역을 맡았다. 김지하는 당시를 이렇게 회고한다.

"중앙학교에서 연습을 하고 인근 동네에서 민박을 하며 합숙을 했는데 매일 술이었다. 나는 그때 잊지 못할 세 가지 기억을 갖게 되었다. 연습이 끝나고 회식을 하면서 당시 《동아일보》 김상만 회장으로부터 고하 송진우 선생의 기행들, 알려지지 않은 사적인 이야기들과 인촌을 비롯한 한민당의 정치사적 의미, 또 인촌의 민족주의 정신과 고하와 설산 장덕수(1895~1947·1920년 《동아일보》 초대주간을 지낸 독립운동가, 사상가)의 삶에 대해 전해 들었다. 내게 역사인식을 가져다준 소중한 체험이었다."

한편, 그는 당시 연극작업을 통해 자신의 성격이 집단예술에 맞지 않다는 것도 깨달았다고 한다.

"연극의 핵심은 '팀워크'인데 게으름을 부리거나 대사를 까먹거나 동작 선(線)을 지키지 못하는 팀원들이 몹시 못마땅했다. 화가 나기 일쑤였다. 오죽했으면 〈인촌 김성수〉 연출을 맡았던 최창봉 선생이 나더러 '미스터 김은 연극과 안 맞아, 개인예술을 해야지 집단예술에는 안 맞아'라고 했을까."

김지하는 이 지적이 정확한 것이었다고 나중에 두고두고 생각했다고 한다.

어떻든, 4·19혁명으로 무엇이든 말할 수 있고 행동할 수 있는 상황이 되자 지식인사회에서도 금기가 모두 무너졌다. 그중에 가장 뜨거웠던 이슈가 통일논쟁이었다. 철저한 반공과 북진통일을 외치던 이승만 대통령이 하야하자 '평화통일론'이 고개를 들었다. 평화통일론은 1959년 7월 진보당 당수였던 죽산 조봉암(竹山 曺奉岩)이 사형당하면서 폐기되어 이후 논의 자체가 금기시됐었다. 잠시, 이 대목에서 짚어야 할 사람이 있다. 바로 죽산이다. 죽산은 누구이며 우리 정치사에서 어떤 의미가 있는 인물인가.

진정한 진보주의자 죽산 조봉암

죽산은 한국에서 '진보'라는 말을 처음 쓴 정치인이라고 할 수 있다. 1956년 11월 진보당 창당대회 개회사에서 이렇게 말한다.

"인간의 존엄성을 무시하는 일을 없애고 모든 사람의 자유가 완전히 보장되고 모든 사람이 착취당하는 것 없이 응분의 노력과 사회적 보장에 의해 다 같이 평화롭고 행복하게 잘살 수 있는 세상, 이것이 한국의 '진보주의'라 해도 좋을 것입니다."

1899년 인천 강화에서 태어난 죽산은 독립운동가 출신으로 일제 때에는 모스크바 동방노력자공산대학(KUTV)을 2년간 수료하고, 모스크바에서 열린 코민테른 총회에 참석하는 등 공산주의자로 활동했다. 하지만 해방 이후 1946년 3월 조선공산당의 실질적 지도자인 박헌영에게 보내는 편지를 통해 공산당과의 결별을 통보했다. 같은 해 6월 22일 인천 도림동 공설운동장에서 열린 '미·소 공위 촉진시민대회'에서 "조선 민중은 공산당을 원치 않는다. 비(非)공산정부를 세우자"는 성명서를 뿌리며 공개적인 전향선언을 한다. 1955년엔 인촌 김성수

의 권유로 공산당과 절연(絶緣)했음을 천명하는 성명도 발표했다. 이듬해 3월 진보당 대표자회의를 통해 대통령 후보로 뽑히자 4월 13일자 《동아일보》에 '평화통일론'을 기반으로 하는 자신의 정견을 기고하기도 했다.

그는 해방 이후 현실정치의 중심부에서 활동했다. 1948년 제헌국회의원에 당선된 후 초대 농림부장관으로 농지개혁을 성공적으로 이끌었다. 이 법을 통해 한국은 단군 이래 수천 년 동안 이어진 소작제를 철폐했다.

'이승만 정부의 농지개혁에 대한 평가는 아직까지도 분분하지만… 한국의 개혁이 대만과 함께 국제적으로 매우 드물게 성공한 사례라는 점에서 이승만 정부의 최대 치적이라는 데에 대부분 동의하고 있다. …만약 (남한에서) 농지개혁이 이뤄지지 않은 채 6·25를 맞았다면 점령군 북한에 대한 남한 농민들의 지지가 훨씬 적극적이었을 테고 전쟁은 북한의 조기 승리로 끝났을지 모른다. (이는) 미국정부도 같은 생각이었다.'(이장규 《대통령의 경제학》)

실제 루이스 이나시우 룰라 다 시우바 전 브라질 대통령은 재임시절인 2004년 8월 당시 《중앙일보》 이장규 대기자와의 인터뷰에서 "한국은 과거 50년대에 농지개혁을 했지만 브라질은 그러지 못했고, 아직도 브라질로서는 그것이 풀어야 할 숙제"라고 말하기도 했다. 노무현 대통령도 2004년 11월 19일 남미 순방 중 칠레 산티아고에서 가진 동포와의 간담회에서 이렇게 말했다.

"(나는 이승만이 이끌던) 자유당 시대를 완전히 독재시대, 암흑시대, 어두컴컴한 시대로 생각했다. 그런데 토지개혁, 농지분배를 했다. 지나고 보면 정말 획기적인 정책이고 역사를 바꾼 사건이 아니었나 생각한다."

"사형 당하더라도 조국을 사랑한다, 구명운동 말라"

다시 죽산 조봉암으로 돌아가자. 죽산은 1949년 2월 농림부장관직을 사임했다가 1950년 5월 무소속으로 2대 총선에 당선되어 6월 국회부의장에 올랐지만 바로 6·25전쟁을 맞는다. 전쟁 중인 1952년 8월 2대 대통령선거에서는 80여만 표를 얻지만 3년 뒤인 1956년 5월 제3대 대통령선거에서는 이승만이 얻은 500만 표의 절반에 가까운 216만 표나 얻어 세상을 깜짝 놀라게 했다. 그는 국민들의 지지를 바탕으로 그해 11월 진보당을 창당한다.

죽산은 이승만 정부가 지향하고 있던 자유민주주의, 자유경제, 친(親)서구주의, 북진통일론에 대항해 '책임정치 수립, 수탈 없는 경제 실현, 평화통일 성취'를 내세웠다. 이승만 정부에는 정면도전이나 마찬가지였다. 한때 이승만을 도왔던 그였지만 어느덧 '실재하는 위협'이 된 것이다.

대가는 컸다. 그는 1958년 1월 13일 진보당 간부 전원과 함께 간첩죄 등의 혐의로 검거되어 이듬해 사형에 처해진다. 죽산은 마지막까지 죽음을 담담하게 받아들였다. 사형수로 형이 확정된 뒤 유일하게 접근이 허용된 김춘봉 변호사에게 이렇게 말했다고 한다.

"판결은 잘됐어요. 무죄가 안 될 바에야 차라리 죽는 게 낫지요. 환갑이 다 된 사람이 징역을 살고 나면 무슨 희망이 있겠어요? 정치란 다 그런 거지요. 이념이 다른 사람이 서로 대립할 때에는 한쪽이 없어

져야 승리가 있는 거고 그럼으로써 중간
에 있는 사람들의 마음이 편안하게 되는
거지요. 정치를 하자면 그런 각오를 해야
해요."(이원규《조봉암 평전》)

사형집행 전날 찾아온 진보당 관계자들
에게는 이렇게 유언한다.

"내가 비록 법에 의해 죽음의 몸이 되었다 해도 조국 대한민국에
대한 충성은 스스로 의심할 수 없다는 것을 밝힙니다. 여러분은 절대
내 구명운동 같은 것은 하지 마세요. 길 가던 사람도 차에 치여 죽고,
자다가도 죽는 사람이 있는데 상심하지 마세요."

죽산은 망우리에 묻혔으나 한동안 비석도 세우지 못하고 매년 기일
에는 경찰이 지켜보는 가운데 제사를 지내야 했다. '간첩의 자식'이 된
자녀들의 고통도 컸다.

'외아들은 …어느 날 학교에서 돌아오니 집 외부가 네 군데 말뚝 박
히고 새끼줄이 쳐져 직방형 울타리가 세워져 있었다. 새끼줄 밖에는
경찰관 두 명이 앉아 있었다. 나중에 안 일이지만 '간첩으로 처형된
자의 집'이라 하여 경찰이 다른 사람의 출입을 막은 것이었다.'《조봉암
평전》)

망자(亡者)와 가족의 한이 풀린 것은 처형 52년 만이었다. 대법원은
2011년 1월 20일 죽산이 받았던 간첩죄와 국가보안법 위반혐의에 대
해 무죄선고를 내리며 이렇게 판결했다.

"조봉암 선생은 독립운동가로서 건국에 참여했고 국회의원, 국회부
의장, 농림부장관으로 재직하며 우리 경제 체제의 기반을 다진 정치
인임에도 잘못된 판결로 사형이 집행됐다. 재심판결로 잘못을 바로잡

는다."

지금은 '진보'라는 말도 너무 흔해졌지만 죽산은 말과 행동이 다른 요즘 진보와 달랐다. 그는 자신이 믿었던 가치(공산주의)가 틀렸다고 생각했을 때 과감하게 '전향'을 선언했다. 옳은 것은 옳다, 아닌 것은 아니다라고 말했던 점에서 진정 용기를 가진 사람이었다. 현실정치를 부정하거나 냉소하지 않고 직접 뛰어들어 큰 업적을 냈으며 대안세력으로서의 실험을 하려고 했다는 점에서도 개혁적이었다. 그리고 억울한 죽음 앞에서도 삶을 구걸하지 않고 담담하게 받아들였다.

지금 한국사회는 이른바 '진보주의자'들이 '입 진보' '생계형 진보' 또는 '종북'으로 종종 비난을 받는 중이다. 조봉암 선생의 삶이 이 시점에서 재조명되어야 할 이유는 여기에 있다.

가난했던 청춘들

지금 청춘들도 아프다고 아우성이지만 1960년대 청춘들은 더했다. 늘 돈이 없어 끼니를 굶을 때도 많았다. 김지하도 대학시절 '거지'였다. 술은 마시고 싶은데 집에서 돈이 오지 않을 때면 마음씨 좋고 여유 있어 보이는 친구들에게 손을 벌리곤 했다고 한다. 당시 캠퍼스엔 이런 거지(?)들이 흔했다. 김지하의 2년 후배인 송철원 현대사기록연구원 이사장(서울대 정치학과 61학번)의 말이다.

"대학다방과 학림다방이 우리의 쉼터였다. 찻값이 없으면 엽차를 홀짝거리면 그만이었다. 계란노른자를 퐁당 넣은 '모닝커피'나 홍차에 '도라지 위스키' 몇 방울을 떨어뜨린 이른바 '위티(위스키 티)'를 시킬 때가 드물게 있었는데 호주머니가 넉넉해져 뭔가 폼 잡을 일이 생겼을 때였다. 문리대와 성균관대 사이에 있던 '명륜시장'에는 펄펄 끓는 맹물에 밀가루 반죽을 떼어 넣고 참기름 한 방울과 간장으로 간을 한 '엉터리 수제비'를 팔았다. 그것도 없어서 못 먹었다. 종로6가엔 동대문극장이 있었는데 '꿀꿀이죽'(미군들이 먹다 버린 찌꺼기들을 모아 끓여낸 잡탕 죽)을 팔았다. 단돈 10환이면 철철 넘게 한 그릇을 주는데 미군들 잇자국이 난 소시지도 맛있는 먹을거리였다. 가끔 담배꽁초가 나오는 경우도 있었다. 과 사무실 앞 게시판에 집에서 하숙비를 보냈다는 등기우편이 왔다는 방이 붙으면 그날은 그 친구를 앞세워 술과 밥을 원 없이 먹을 수 있었다. 하루는 자취하는 친구가 저녁을 해 준다기에 갔더니 반찬이 '샘표 간장' 하나였다. 당시 우리는 벽에다 군대, 취직, 결혼 이렇게 걱정거리를 써놓고 한숨 쉬고 앉아 있다가 시골에서 돈 올라오면 우르르 몰려가 술 먹고 그랬다."

그래도 부모들은 기를 쓰고 자식들을 대학에 보냈다. 소 팔고 논 팔아 대학에 보내다 보니 대학을 소뼈로 만들었다고 해서 '우골탑'이란 말도 유행했다. 그러나 대학을 졸업해봐야 갈 곳이 없었다. 기업이 없었으니 기껏 은행이나 전매청 등 몇 안 되는 국영기업이 진로의 전부였다. 대학졸업 후 취직이 결정되는 사람이 10%가 채 안 되던 시절이었다.

하지만 얼마 후 경제성장이 본격적으로 시작되면서 이 고등실업자들이 큰 기여를 하게 된다. 해외투자자들이 "다른 후진국에서는 공장을 지을 때 대졸기술자가 없어 애를 먹는데 한국엔 좋은 기술자가 넘친다. 매우 우수해서 설계도만 주면 알아서 한다"고 만족스러워했다.

김지하는 취직 같은 것엔 관심도 없었다. 서울대 미학과가 문리대로

편입되면서 김지하와 어울리게 된 송 이사
장은 신입생 시절 김지하의 모습을 이렇
게 기억한다.

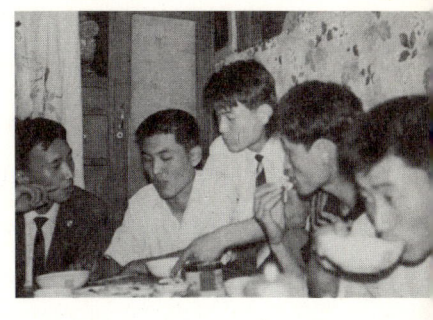

"그때 우리 옷차림이란 게 남대문시장
에서 산 검정 물 들인 군복에 검은색 군
화였는데 김지하는 달랐다. 넥타이를 매
고 반짝반짝 빨간 구두를 신고 연극한다고 돌아다니는 그의 모습은
우리 눈에는 영락없는 부르주아에 날라리였다(웃음). 그러던 사람이
문리대 친구들과 어울려 다니더니 급기야 한일회담 반대데모가 시작
된 1964년엔 맹렬한 투사로 변신하고 박정희 독재 타도의 정신적 선
봉장 역할을 하게 된다."

집에서 하숙비
를 부쳐준 날
은 학생들의
잔칫날이었다.

자유와 낭만의 대학가

김지하도 "만약 미학과가 문리대로 편입되지 않았더라면 내 인생이
달라졌을 것"이라고 했다. 다시 송 이사장의 회고다.

"서울대가 1975년 2월 동숭동에서 관악으로 캠퍼스를 옮기기 전까
지, 문리과대학(文理科大學)에 속하는 인문대와 사회과학대는 문리대
라는 하나의 단과대로 묶였었다. 나 같은 정치학과생들도 20학점 이
상의 외국어 과목을 이수해야 졸업이 되었으니 문리대 체제에서는 그
야말로 요즘 유행하는 '통섭'과 '융합'이 가능했다. 나도 정치학도이긴
했지만 눈동냥 귀동냥으로 문사철(문학·사학·철학) 지식을 얻어들었다.
전공에 상관없이 어울려 토론하고 뒹굴었다. 다른 학과 학생과도 잘
어울렸고 한두 해 학번 차이도 별로 중요하게 생각하지 않았다. 내가
불문과에 다니던 김승옥(소설가)이나 하길종(영화감독), 미학과에 다니

61

던 김지하와 어울릴 수가 있었던 것은 그 때문이었다."

김지하는 또 이렇게 말한다.

"문리대 시절엔 저마다 개성이 다른 온갖 낭만주의자들이 붐볐다. 서로 목청 높여 떠들어대는 토론으로 밤낮이 시끄러웠다. 마르크스 레닌에서부터 동학 창시자 최제우, 실학자 최한기는 물론이요, 단군 석가 공자 노자 장자 예수까지, 또 시인 정지용에서부터 김기림 서정 주 임화, 그뿐인가, 마티스·피카소 샹송 재즈 민요·판소리·무가(巫歌)와 정악(正樂)까지 없는 게 없었다. 돌이켜보면 내 삶에 가장 큰 영향 을 준 사람들은 바로 친구들이었다. 대학교 때 친구들과의 토론이 나 를 지적으로 가장 성장시켰다."

그의 말을 듣다보면 고등학교 시절에는 입시교육에 찌들고 대학에 들어와서는 취업준비로 바쁜 요즘 젊은이들에 비하면 그때는 가난했 지만 대학 다닐 맛이 나던 시절이었다는 생각이 든다. 김지하는 휴학 과 재등록을 반복하며 대학을 다니는 바람에 입학한 지 7년 반 만에 졸업한다.

"1959년 입학하고 1966년 가을에 졸업했다. 그때 학칙에 따르면 총 재학기간 8년까지는 재입학이 가능했고 복학도 가능했다. 꼭 학교를 오래 다녀야겠다고 생각해서 그랬던 것은 아니었다. 그냥 내키는 대로 등록했다 안 했다 그랬다. 휴학을 하고 밖으로 돌다가 다시 학교로 돌 아와서 등록하고, 등록 안 하고도 한 학기 계속 수강한 적도 있고."

대학을 다니면서도 도서관에서 책을 빌려 읽거나 술집에서, 밥집 에서 친구들과 먹고 마시며 떠들어대는 게 일상이던 그가 자칫(?) 당 시 대학가에 불어닥친 통일운동의 리더가 될 뻔한 일이 생긴다. 절친 한 조동일(문학평론가·전 서울대 국문과 교수·현 서울대 명예교수)의 제안 때문이었다. 조동일은 불문과를 졸업하고 다시 국문과에 학사 편입할 정도로 민족문화에 애착이 강했다. 김지하는 "조 형은 '우리문화연구회'를 비롯해 나를 민요, 무속, 판소리, 탈춤의 세계로, 민족과 민중의 전통예술과 문화의 큰 바다로 이끈 사람"이라고 소개했다. 그러면서 이렇게 말했다.

"어느 날 그가 '곧 있을 판문점 남북학생회담에 민족예술과 민족미학 분야에서 나와 함께 남한학생 대표로 참가하자'고 하는 게 아닌가. 북한에서는 김일성대학에서 역시 두 사람이 나온다면서 의제는 '민족예술 및 미의식의 역사적 발견과 외래 식민주의적 예술미학에 대한 비판'이라는 것이었다. 나는 승낙했다. 조직이 아닌 개인이 참가하는 것이라는 게 맘에 들었다."

그런데, 그날은 1961년 5월 15일이었다. 바로 다음 날 한국 현대사는 물론이요, 그의 삶을 송두리째 바꿔버리는 대사건이 일어날 줄을 그때는 까맣게 몰랐다.

새벽을 가른 총성, 5·16군사쿠데타

"땅 땅 따땅"

1961년 5월 16일 새벽, 김지하는 자취방에서 자고 있다가 때 아닌 총소리를 듣고 깼다. 1년 전 4·19 이후 처음 듣는 총소리였다. 불안한 마음으로 뒤척이다 동트자마자 학교로 달려갔다. 교문은 굳게 닫혀 있었다. 시내에는 이미 군(軍)이 진주해 있었다. 5·16이 일어난 것이다.

1961년 5월 16
일 서울시청
광장의 혁명군
공수부대.

이날을 국민들은 어떻게 맞았을까. 마침 당일 자 《경향신문》에 '쿠데타 겪은 전국 치안은 평온, 기자가 본 혁명군 입성'이라는 제목의 기사가 있다. 서병현 기자의 특종기사였다. 야근을 마치고 회사 지프 차를 몰고 집(동작구 흑석동)으로 돌아가던 서 기자는 5월 16일 새벽 2시 50분에 김포 방면에서부터 서울로 입성한 '혁명군'과 이를 저지하려던 헌병들 간에 벌어진 총격전을 목격하게 된다. 기사는 이렇게 시작한다.

'한강 인도교에 다다르자 북한강파출소 남방 5m 지점에 무슨 공사를 하는지 땅이 패어 있고 군인들이 서성거리고 있는 것이 눈에 띄었다. …갑자기 십여 명의 헌병이 뛰어나와 통행을 막으며 "사고가 났으니 되돌아가라"고 말하는 것이었다.

하는 수 없이 차를 돌리는 순간 '팡! 팡!… 팡!' 인도교 남쪽에서 수십 발인지 수백 발인지 총탄이 날아왔다. 헌병들은 이내 몸을 피했다. 나는 다시 속력을 내어 삼각지에까지 다다랐다. 총성은 뒤에서 계속 들렸다. 삼각지파출소에 들어가 무슨 일인지 물었으나 순경들은 자신들도 모른다고 했다. 경비전화로 용산경찰서와 시경 및 북한강파출소에 물었으나 그들도 모른다는 대답이었다. 약 10분 후 200여 명의 해병대원이 헌병들과 충돌한 것이라는 '뉴스'를 경비전화로 입수했다. 잇달아 서울역 쪽에서 완전무장한 군인들이 10여 대 트럭에 분승하여 육군본부 쪽으로 들어갔다. 총성은 남쪽에서 계속 울렸다.'

서 기자는 "군부 '쿠데타'란 것은 염두에도 못 둔 나는 그때까지도 단지 군인들끼리의 싸움을 헌병이 막으려고 시도하는 줄 알았다. 심상치 않은 동태에 놀라 신문사에 조간 개판(改版) 준비를 부탁하는 한편 '데스크'에 연락한 후 곧 용산 경찰서로 차를 몰았다"고 한다. 그러고 용산경찰서에서 '쿠데타군'과 맞닥뜨린다.

'새벽 4시 30분경이 되자 총성이 또 울렸다. 수대의 트럭이 용산서 쪽으로 진격해오는 것 같았다. 이후 급작스런 고함소리와 함께 1개 중대의 해병대원들이 경찰서를 포위하고 문을 박차고 들어왔다. 군인들이 총을 겨누며 몰려왔고 나는 중대장(대위)에게 인도되었다. …그는 나의 웃옷 '포케트'에서 신분증을 꺼내보더니 신문기자임을 알자 "안심하시오. 이젠 다 끝났소. 우리의 행동을 잘 보도해주시오"라고 당부했다.'

서 기자는 '이때서야 쿠데타라는 걸 알았다'며 중대장에게 "사람을 다치지 않게 해 달라"고 부탁하자 그가 쾌히 승낙했다고 전한다. 서 기자는 곧 이 중대장과 짧은 대화를 나눈 뒤 이렇게 썼다.

'이제 30을 갓 넘었을 중대장은 경찰서 내에 있던 모든 인원을 정문 앞에 앉히고 부하들에게 폭행을 하지 말도록 명령했다. 지나가던 차량을 징발하여 경찰서 앞에 '바리케이드'를 쌓았다. 이어 자신들이 취한 행동을 "어떤 정당이나 단체의 조종에 의한 것이 아니고 불안정한 이 나라 정세를 바로잡자는 구국의 일념에서 나온 것"이라고 설명한 후 "우리가 일선에서 여기까지 오는 데 (겨우) 35분 걸렸다. (북한) 괴뢰가 휴전선을 넘어 서울까지 오는 데 30분이면 충분하다. 그런데도 저 썩어빠진 정치인들은 정쟁에만 여념이 없으니 이 나라를 그냥 둘 수 있느냐"고 열변을 토했다. 그러면서 "이 일에 가담, 아니 상부의 지시에 따라 움직였지만 군부가 정권을 잡아 이 나라를 바로잡지 않으면 안 된다"고 주장했다.'

밤사이 뒤집힌 세상, 불안 반 기대 반의 민심

다음은 중대장과 서 기자의 문답이다.

이 일은 해병대 단독인가. 딴 군에서도 가담했는가.

"딴 데서도 가담하고 있다. 조금 후에 항공기가 서울 상공을 날 것이며 오늘 낮에는 인천 앞바다에 함정이 도착할 것이다."(이는 3군이 합동한 것을 뜻한다.)

3군의 고급장성도 이 일을 아는가.

"알고 있다."

한강에서 사상자가 났는가.

"헌병들이 저항해 내 부하가 한 명 사망하고 나는 발뒤꿈치에 총탄을 맞았다."

서 기자의 기사는 이렇게 끝을 맺고 있다.

'그는 병원에 가자는 부하들의 권고를 그럴 시기가 아니라는 이유로 물리쳤다. …헤어질 때 그 중대장은 부상으로 쩔뚝거리는 다리를 끌며 굳게 악수한 후 "우리의 의도를 국민에게 잘 알려 달라"고 거듭 부탁하였다.'

16일 새벽 3시 반을 전후해 서울을 비롯한 전국 주요도시 및 항만지구 접수를 완료한 '군사혁명위원회'는 16일 새벽 5시 방송을 통해 이렇게 밝혔다.

"친애하는 애국 동포 여러분! 은인자중하던 군부는 드디어 오늘 아침 미명을 기해 일제히 행동을 개시하여 국가의 행정, 입법, 사법 3권을 완전히 장악하고 이어 군사혁명위원회를 조직하였습니다."

이어 반공을 제1의 국시로 삼고 유엔헌
장을 중시하며 구악을 일소하고 절망과
기아선상에서 허덕이는 민생고를 해결하
고 경제재건에 주력한다는 '혁명공약'이
발표됐다. '과업이 성취되면 언제든 군 본
연의 임무에 복귀하겠다'는 약속도 했다.
하지만 훗날 이 약속은 지켜지지 않는다.

계엄령이 선포된 대한민국에는 불안과 긴장 그리고 기대가 엇갈렸
다. 1961년 5월 17일자 《동아일보》는 5·16 첫날을 맞은 전국 곳곳의
표정을 자세히 전하고 있다.

'무장 군들이 요소마다 교통차단을 했다. '작전'이란 딱지를 붙인 군
트럭들이 수없이 늘어섰고 '받들어 총' 자세로 총총히 늘어선 군인들
에게 이따금 시민들이 '누구 명령이냐' 묻는 말에도 일체 입을 열지
않았다. 도심은 물론 변두리까지 파출소가 일제히 문을 닫았다. 16일
부터 서울시내 은행과 일부 상점들은 문을 닫고 각급 학교들도 오후
부터는 수업을 중단했다. 그러나 명동은 여전히 인파가 들끓고 긴박
한 정세에 아랑곳없는 '호사'를 구가하고 있다. 시장 시세는 쌀, 콩 등
이 조금 올랐다.'

지방 표정을 전하는 기사들에는 쿠데타를 적극 환영하는 시민들의
모습도 보여 주목된다.

'광주 시내 숭의고등학교 학생 1000여 명은 '쿠데타'를 환영하는 데
모를 했는데 이로 인해 교장이 '옥외집회위반' 혐의로 계엄사령부에
구금되었다. 전주 시민들은 모두 거리로 뛰어나와 인산인해를 이루고
있으며 이제는 모두 잘살 수 있을 것이라는 희망에 잠겨있고 부패한

장면 정권은 잘 넘어갔다고 말하는 사람들도 있어 어수선하다.'

《동아일보》는 5·16 직후 시민들의 심경을 한마디로 '어리둥절… 불안 반 기대 반이었다'고 전한다. 다음은 기사의 일부다.

'광화문네거리에서 직업이 없다는 40대 한 신사는 "좌우간 이 무위무능한 (장면) 정권 아래서 굶어죽을 수는 없지 않습니까?"라며 결과야 어떻든 군대의 행동이 시원하다는 태도를 보였다. …(그러나) 한국은행 앞에 모인 군중 가운데 한 사람(운전수)은 "뭔가 불안해서 못 견디겠다"는 태도였다.'

지금까지 한 번도 겪어보지 않은 격변의 소용돌이가 대한민국을 뒤덮고 있었다.

얼어붙는 정국

5·16 다음 날인 1961년 5월 17일 《동아일보》는 '당면중대국면(當面重大局面)을 수습(收拾)하는 길'이란 제목으로 긴 사설을 싣는다. 5·16을 '쿠데타'라고 적시하면서 무엇보다 이런 사태가 일어난 배경으로 장면 정권의 무능을 질타하고 있다. 당시 민심을 반영한 것으로 보여 문장을 약간 현대식으로 바꿔 요약 인용해본다.

'미명을 기해 난데없이 일어난 요란스러운 총성에 전 시민은 4·19를 연상할 정도로 불안과 공포에 빠졌었다. 이것이 곧 군의 '쿠데타'에 의한 장면 정권 타도의 신호였으니 놀라움을 금할 수가 없다. 4·19 학생혁명의 산물인 장면 정권은 집권 아홉 달을 넘도록 그 빈곤하고 우유부단한 정치역량이 이승만 시대에 못지않게 부패성을 내포(內包),

국민의 혐기(嫌忌·싫어서 꺼림)와 반발의 대상이 되었다. …우리는 그때 그때 민의(民意)의 동향을 살피면서 지금 이 순간과 같은 초비상사태가 발생할지도 모를 만일의 경우를 경고해 오지 않았던가.'

사설은 이어 '사월혁명 그때처럼 인명의 희생자를 냈더라면 어찌 됐을까, 무엇보다도 피를 보지 않은 그것이 불행 중 다행한 일'이라고 안도하면서 '혁명위원회가 내건 혁명공약 중 (반공체제를 정비하고 구악을 일소하며 민생고를 해결하겠다는) 첫째 셋째 넷째 조목에 있어서는 이론(異論)을 제기할 사람은 없을 것 같다'는 말로 '쿠데타'에 기대를 표시한다.

《동아일보》 사설뿐 아니라 당시 지식인 사회에서도 초반에는 5·16의 불가피성을 받아들이며 기대를 나타냈다. 훗날 '박정희의 천적'으로까지 불리며 반(反)유신 반독재를 기치로 박 정권에 강력하게 저항한 장준하(1918~1975·언론인 겸 정치가·사상계 초대사장)조차 《사상계》 1961년 6월호 권두언에 '5·16혁명과 민족의 진로'라는 제목의 글에서 5·16을 군사혁명이라고 부르며 이렇게 두둔했다. 잡지의 경우 매달 마감일이 발행 전달 중순이라는 점을 감안하면 5·16 바로 며칠 뒤에 쓴 글로 보인다.

'절정에 달한 국정의 문란, 고질화한 부패, 마비상태에 빠진 사회적 기강 등 누란의 위기에서 민족적 활로를 타개하기 위하여 최후 수단으로 일어난 것이 5·16 군사혁명이다. 4·19 혁명이 입헌정치와 자유를 쟁취하기 위한 민주주의 혁명이었다면 5·16 혁명은 부패와 무능과 무질서와 공산주의의 책동을 타파하고 국가의 진로를 바로잡으려는 민족주의적 군사혁명이다.'

이어 '(비록) 5·16 혁명이 우리들이 육성하고 개화시켜야 할 민주주의 이념에 비추어 볼 때는 불행한 일이요, 안타까운 일이 아닐 수 없으나 위급한 민족적 현실에서 볼 때는 불가피한 일'이라며 혁명세력에 이렇게 주문한다. '단지 정치권력이 국민의 한 집단에서 다른 집단으로 넘어갔다는 데서 그친다면 무의미한 것이다. 혁명공약이 암암리에 천명하고 있듯이 집권당과 정부가 수행하지 못한 4·19 혁명의 과업을 새로운 혁명세력이 수행한다는 점에서 …5·16 혁명은 4·19 혁명의 부정(否定)이 아니라 그의 계승, 연장이 되어야 하는 것이다.'

5·16 초기 장준하도 '새로운 혁명세력'으로 기대 표명

5·16 이후 발족한 군사혁명위원회는 장면 내각이 총사퇴한 뒤 국가재건최고회의로 개편됐다. 7월 3일 위원회 부의장을 맡았던 박정희 소장이 최고회의 의장에 올랐다.

그렇다면, 5·16에 대한 학생운동권의 생각은 어땠을까. 성균관대 학생운동권을 이끌던 김승균 전 《사상계》 편집장의 말을 들어보면 '기대 반 걱정 반'이라는 당시 민심과 비슷했다. 그의 말이다.

"5월 18일 아침 '학림다방'에 학생운동 간부들이 모여 논쟁을 벌였는데 박정희가 군인이지만 서민의 입장을 이해할 사람이니 민주적 입장에서 정치를 잘할 것이라고 기대를 갖는 사람도 있었고 5·16은 민주화에 대한 군부의 반동이니 앞으로 운동권에 대한 가혹한 탄압이 예상되므로 대비해야 한다고 주장하는 사람도 있었다."

군사혁명위원회는 5월 16일 당일부터 포고령을 쏟아내면서 정국은 살얼음판처럼 얼어붙는다. 포고령에는 출국 금지, 공항 항만 폐쇄, 집회 금지, 언론 검열, 직장 이탈 금지, 통금 시간 연장, 영장 없는 구금과 극형을 규정한 조항 등이 있었다. 예금인출 사태를 막기 위해 금융

거래도 동결됐다가 1회에 10만 환, 한 달에 50만 환으로 제한됐으며 물가동결은 물론이고 매점 매석자를 극형에 처하겠다는 조항도 있었다. 구호 학술 종교단체와 기타 최고회의에서 허가하는 단체를 제외한 모든 정당 및 사회단체는 해산되고, 정치활동도 금지한다는 내용도 있었다. 서울시장을 포함해 각 시도지사, 각 도 경찰국장 등 행정 및 치안 요직들도 군인들로 채워졌다.

반공을 제1의 국시로 한다는 혁명공약에 따라 검거 선풍이 불어 닥쳤다. 5월 22일까지 전국에서 약 2000명이 용공분자 혐의로 붙잡혔다. 7월 3일엔 반공법이 공포됐다.

세상이 일시에 조용해졌다. 사람만이 아니라 하늘과 땅까지도 모두 숨을 죽인 듯했다. 검거를 피하기 위해 학생 운동가들은 학교를 떠나 순식간에 도피했다. 김지하도 서울을 떠났다.

6월 10일에는 중앙정보부법 공포와 함께 중앙정보부가 창설된다. 중정은 이후 정부 위에 군림하는 비밀정부로 군림하게 된다. 《남산의 부장들》(김충식)에 소개된 3대 중정부장 김형욱의 증언이다.

"중정에 소속된 직업수사관들의 전직은 사찰계 형사, 방첩부대 문관, 헌병 하사관 심지어 일제치하에서 실시된 조선인 헌병과 밀정 등 형형색색이었다. 그중 어떤 사람은 일제치하 일본 순사로서 독립운동가들을 때려잡다가 한때 공산당이 서울을 점령했던 시절에는 우익 민주인사를 때려잡다가 나중에는 공산당 간첩을 때려잡은 '천의 얼굴'을 가진 사나이도 있었다. 그들에게 소위 이데올로기란 하나의 겉치레에 불과했다. 그들은 어떤 이데올로기의 이름으로도 사람들을 때리고 고문할 수 있는 천부적인 재능을 가진 무정부주의자였다. 누구든지 증오할 수 있고 어떤 고문 기술도 개발할 수 있으며 피의자를 학대함으로써 자신을 확인하는 (남을 학대함으로써 희열을 느끼는) 사디스트들이었다."

　정치활동도 얼어붙었다. 국가재건최고회의는 5·16 이듬해인 1962년 3월 16일 정치활동정화법(일명 정정법·政淨法)을 만들어 정치인 4374명의 발을 묶었다. 법안이 통과된 직후인 3월 22일 윤보선 대통령이 하야 성명을 발표했다. 그의 하야가 최고회의에서 통과된 3월 24일, 박정희 의장이 '대통령 권한대행'을 맡는다.

박정희 정권의 첫 실패작, 화폐개혁

　김지하는 1962년 새해가 되면서 1년을 다시 휴학하고 그가 태어난 고향 목포로 내려가 버린다. 그에게 고향 목포는 어떤 곳일까.

　"중학교 1학년 때인 열세 살에 목포를 떠나 5·16 나고 처음으로 갔으니 10여 년 만에 가본 것이었다. 아주 어렸을 때 놀던 영산강가라든가 황톳길을 혼자 돌아다녔다. 대(竹)밭도 돌아다니고 귀신이 나온다는 벽돌섬이라는 이상한 섬도 가보고 바닷가도 며칠씩 서성거렸다…. 내 문학에서 뿌리를 더듬는다고 할 때 첫 번째 떠오르는 생각이 고향 전라남도 목포이다. 목포에서도 변두리 달동네이지만 반(半)은 도시고 반은 농촌이고, 반은 어촌이고, 황량하기 그지없고 사람이 산다는 것 자체가 굉장히 어렵고 가난하고, 그러면서도 인간과 인간, 이웃끼리의 관계는 정답고 친밀하고. 어떻게 보면 마르크스주의자들이 얘기하는 룸펜 프롤레타리아, 건달 민중이랄까?(웃음) 산업 노동자도 아니고 농민도 아니고 그저 먹고살기 위해 허덕허덕하면서도 정(情)에 끌려 사는 사람들, 바로 이런 곳이 내가 태어난 곳이다."

그는 당시 스물한 살 푸르디푸른 청춘이었건만 내면은 결핍, 외로움, 절망으로 가득했다. 제정신으로 살기가 힘들어 술에 기대는 날이 많았다. 이런 생활은 그의 몸에 깊은 상처를 내고 있었으니 훗날 그를 괴롭힌 폐결핵이었다.

군사정부는 입법 사법 행정의 모든 권한을 몰아 쥐고 국가재건최고회의를 정점으로 모든 개혁 작업을 신속히 밀어붙였다. 무능한 전 정권과 차

화폐개혁 당시 신권교환 위해 은행 앞에 모여든 사람들.

별화해 과감한 결단과 실천력으로 국민들의 마음을 얻는 것이 급선무라고 판단했다. '혁명공약'에서 약속한 대로 하루빨리 민생고를 해결해야겠다는 생각에 5·16 직후인 1961년 7월 경제기획원을 발족시킨 것도 그 때문이었다. 하지만 경제를 계획하고 싶어도 '돈'이 없었다. 게다가 군인들이 경제를 제대로 알 리 없었다.

박정희도 처음부터 잘한 것은 아니었다. 생각과 의욕만 앞서다 보니 시행착오와 졸속이 많았다. 박 의장이 대통령권한대행을 맡은 3개월 뒤인 1962년 6월 9일 단행한 화폐개혁이 대표적이었다. 이는 장롱 밑에 잠자고 있는 음성 자금을 끌어내 투자재원으로 삼겠다는 생각에서 비롯됐다.

기대에서 실망으로

전격적인 화폐개혁으로 지난 9년여 동안 사용되던 '환'이 '원'으로 바뀌고 10환은 1원으로 평가 절하됐다. 그런데 막상 뚜껑을 열어보니 돈이 나오질 않았다. 국민들이 내놓고 싶어도 내놓을 돈이 없었기 때

문이다. 미국도 "원조에 의존하고 있는 마당에 화폐개혁 같은 비상조치를 한마디 상의 없이 밀어붙였다"며 "즉각 철회하지 않으면 식량 원조를 중단하겠다"고 위협했다. 결국 화폐개혁은 엄청난 부작용만 초래하고 한 달여를 버티다가 동결예금을 해제하는 식으로 전면 백지화된다. '혁명 정부'의 첫 번째 대작(代作)이 보기 좋게 실패로 돌아간 것이다.

국내에서 돈을 마련하는 일이 무망해지자 이제 돈 구할 곳은 외국밖에 없었다. 그러나 가난한 나라 한국에 돈을 빌려줄 나라는 없었다. 미국은 "무상원조를 주는 나라에 따로 차관을 줄 수 없다"고 했고 일본도 "국교가 없는 나라에 어떻게 돈을 빌려주느냐"고 했다. 결국 서독으로부터 3000만 달러를 빌리는 데 성공한다.

화폐개혁 실패라는 쓴잔을 맛본 군사정권이 민간정부로 가기 전 마지막으로 겪었던 또 하나의 시련이 있었다. 정권을 민간에 넘기고 군에 복귀하겠다는 약속을 어긴 것이었다. 1963년 8월 13일 박정희 의장은 공화당 전당대회에서 대통령 후보 지명을 수락하는 것으로 그해 10월 실시되는 대통령선거에 출마하겠다고 발표한다. 군정 종식을 기대해온 정치인과 지식인은 물론이고 미국까지 충격에 빠졌다.

그렇다면 당시 민심은 '혁명정부 2년'을 어떻게 평가하고 있었을까. 《경향신문》이 1963년 7월 초 '물가' '여당' '야당' '선거' '행정' 등의 키워드로 14회에 걸쳐 연재한 '민심(民心)'이란 기획기사에는 당시 있었을 언론 검열에도 불구하고 백성들의 솔직한 목소리가 생생하게 담겨 있다. 백성들은 무엇보다 민생고에 절규하고 있었다. 그러다 보니 정치불신이 극에 달했다.

'쌀값이 오르니 만물(萬物)이 비례해서 뛴다. 옛날에는 50환짜리 칼

국수가 있었고 100환짜리 해장국이면 먹을 만했는데 …'못살겠다 갈 아보자' 구호가 '죽겠으니 살려 달라'는 아우성으로 발전하고 있었다. 세끼를 밀가루 죽으로 연명하고 밀가루마저 없어 죽느냐 사느냐 하는 판에 무슨 선거니 정당이니 나팔을 부느냐 말이다. …군부정치는 그렇다 치고 야당 측에나 한 가닥 희망을 걸었더니만 아직도 멀었다. 갈기갈기 찢기어서 하는 꼬락서니를 보면 별수 없다는 것이었다.'

화폐개혁에 대한 비판적인 목소리도 많았다.

'신화(新貨·새 돈) 100원짜리가 구화(舊貨·헌 돈) 100환짜리 가치와 큰 차이가 없으니 결국 혁명정부의 화폐개혁은 화폐가치를 10분의 1로 절하한 것밖에 안 된다.'

구악을 일소하겠다 해놓고 신악을 만들어갔다는 원성도 높았다.

'이제는 좀 살게 되나 보다 학(鶴) 모가지처럼 길고 애처롭게 고대했던 국민 앞에 혁명정부의 참신하고 양심 있는 책임행정이 가져다준 결과는 무엇인가? …그래도 썩어빠진 구 정치인보다는 낫겠지 이런 희망을 걸어보기도 했다. 한번도 정부의 따뜻한 정을 느껴보지 못했던 복 없는 우민의 애소(哀訴)였을지 모른다. 하지만 (요즘엔) "진작 군에 들어갔어야 하는 건데. 그래야 국회의원이나 대사라도 한번 해보지" 하는 뼈 있는 농담이 오간다. …혁명 초기 행정력의 위력과 서슬은 대단했다. "잘한다" "시원하다"는 찬사가 빗발쳤다. 그러나 얼마 후 시정(市井)에는 새로운 여론이 조성되어 갔다. "액수가 (전보다) 더 커졌다네, 관청 주변의 이권거래 흥정에는 액수만 크면 승부는 전보다 빠르다는 소문이 급속도로 번져갔다. (이런 말도 나돈다) 나도 혁명바람이나 탈걸~동네마다 고기 근이나 사 나르고 '텔레비 안테나'에 화초(花草)그릇이 늘어나는 신흥귀족의 집들이 보인다네.'"

박 의장이 약속했던 민정이양에 대해서는 의외로 의견이 엇갈렸다. 기사는 이렇게 전한다.

'일부 국민은 무조건 연내 민정이양이란 (군부의) 약속을 희망하고 있다. (그러나) 또 일부 국민은 대안 없는 민정이양을 불안해하고 있다. …박 의장에 대한 대중의 민심은 역시 빵 문제가 저울질하는 것 같았다. 배불리 먹여만 준다면 박 의장은 민족의 태양이 될 수 있다는 것이다. …한 상인의 말이다. "굶은 사람들에게 보리 한 말씩만 나누어 주어도 선거는 이기는 거다."'

6·3의 도화선이 된 한일국교정상화 추진

5·16 직후인 1961년 11월 12일 박정희 국가재건최고회의 의장은 방미(訪美)에 앞서 일본에 들러 이케다 총리 등 일본 고위 정객들을 만난다. 총리관저에서 열린 만찬 자리에서 박 의장은 일본인들에게 "선배님들"이라고 불러 그들의 눈을 휘둥그레지게 했다. 더 놀라운 것은 이어 그의 입에서 나온 말이었다.

"선배님들, 우릴 좀 도와주십시오. 일본은 분명 우리보다 앞섰으니 형님으로 모시겠소. 그러니 형 같은 기분으로 우릴 키워 주시오. 그리고 청구권 같은 문제 신경 쓰지 마시오. 그까짓 것 없어도 그만이오. 우린 우리 힘으로 경제를 일으키겠소. 하지만 한국이란 자동차가 발동할 때 뒤에서 조금만 밀어주면 고맙겠소."

당시 자리에 참석했던 기시 전 총리는 물론 이케다 총리까지 입이 딱 벌어졌다. 그들의 입에서 박 의장에 대해 침이 마르도록 감탄이 쏟아져 나왔다. "이제야 얘기가 통하는 사람을 만났다. 쿠데타의 주역이라 호골(虎骨)인줄 알았더니 겸손하고 상식적이다." "명치유신 때의 의사(義士)를 보는 것 같다. (박 의장은) 겉은 예의바르지만 속은 알찬 무서운 지도자다."

위의 일화는 1965년 한일국교 정상화의 주역이라 할 수 있는 이동원 전 외무장관이 펴낸 회고록 《대통령을 그리며》에 나오는 내용이다. 이 전 장관은 당시 만남이 이승만 대통령 때까지만 해도 지지부진해 꺼져가던 한일회담이란 장작에 다시 불을 지핀 계기가 되었다고 회고한다.

박정희 의장은 1963년 10월 15일 실시된 대통령선거에서 윤보선 후보를 15만 표라는 아슬아슬한 차로 간신히 이기며 당선된다. 호남평야를 휩쓴 대가뭄에다 "군에 복귀하겠다"는 약속을 어겼다며 미국이 농산물 원조까지 중단해버리는 바람에 백성들이 주린 배를 움켜쥐며 못살겠다고 아우성치던 해에 치른, 박 의장으로서는 참으로 힘든 선거였다.

박 의장은 결국 비상수단으로 일본에 밀사를 보내 일본종합상사를 통해 캐나다로부터 소맥 10만 톤을 긴급 도입해 밀가루로 만들어 수재민 구호 명분으로 남부지방 수재민과 도시 서민들에게 무상 배포했다. 이 때문에 5대 대통령 임기 내내 야당으로부터 '밀가루 대통령'이라는 공격을 받는다.

박 의장은 1963년 12월 17일 제5대 대통령에 취임한다. 가장 시급한 것이 '경제'였지만 돈이 없었다. 그는 한일국교 정상화만이 살길이란 것을 통감하고 있었다. 박 대통령은 당시 주변 사람들에게 기회 있을 때마다 이렇게 말했다.

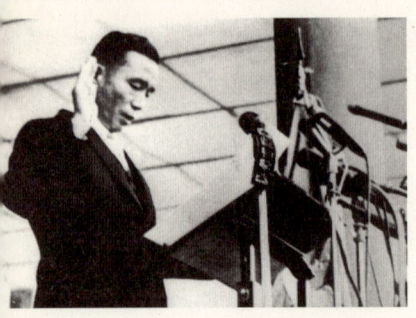

63년 12월 17일 취임식에서 선서하는 박정희 대통령.

"미국이 도와주고 있다고는 해도 원조액수를 배로 늘려줄 리도 없고 또 언제까지 원조를 해줄지도 믿을 수가 없다. 하지만 일본한테는 우리가 당당히 받아 낼 돈이 있지 않은가. 그것을 반일(反日)감정이니 굴욕이니 하며 망가뜨리는 일은 대단한 국가적 손실이다. 너무 감정만 앞세우면 안 된다. 일본이 미국에 머리 숙이고 배웠듯 우리도 그런 자세로 배워야 한다. 게다가 가장 가까운 이웃이 으르렁거리기만 하면 둘 다 손해다. 아무튼 빈곤추방이란 대업을 성취하기 위해선 한일회담이란 역사의 틀에 순응해야 한다."

6·3의 시작

박 대통령의 이런 생각은 당시로서는 파격적인 것이었다. 지식인이고 일반 시민들이고 할 것 없이 일본이라면 치를 떨었던 시절이다. 모두들 식민지 시대를 생생하게 기억하고 있었기 때문이다.

박 대통령은 1964년 2월 28일부터 3월 4일까지 연달아 기자회견과 대변인 발표를 통해 그동안 비밀리에 추진해 오던 한일회담을 3~5월 중에 타결, 조인, 비준을 한꺼번에 마치겠다고 발표했다. 각계 원로들은 물론 야당과 학생들이 일제히 들고일어났다. 64년과 65년 한국사회를 뜨겁게 달구었던 '한일회담' 이슈가 드디어 폭발한 것이다. 64년 4월 잡지 《사상계》에 실린 지식인들의 반응이다.

"신중히 생각해야 한다. 나는 현 정권 담당자들의 양심을 믿고 싶다." -김옥길·이화여대 총장

"일본 지도자들은 우리에게 한 번도 사과한 적이 없다. 한국에 대

한 그들의 '우호적인 태도'를 믿을 수 없다." ─김준엽·당시 고려대 교수·훗날 고려대 총장

"일인(日人)들의 경제침략이 과거 우리가 경험했던 그런 쓰라린 것이 되지 않을까 매우 우려된다." ─유치진·극작가·한국연극연구소 소장

3월 6일 야당과 사회 종교 문화단체 대표 200여 명은 '대일 굴욕외교 반대 범국민투쟁위원회'를 발족시켰다.

한편, 이동원 전 장관은 시위가 확대된 배경에는 한일회담의 진행과정에서 보여준 일본의 오만이 국민감정을 건드렸던 측면도 크다고 말한다. 다시 그의 회고록을 인용한다.

"박 대통령의 '고개 숙임'이 '굴욕외교'라는 학생데모의 시발점이 되기도 했지만 거기엔 이후 협상과정에서 격을 무시한 일본의 외교 행각도 일조했음을 빼놓을 수 없다. 우리 측은 외무장관급 이상이 일본까지 날아가 테이블에 앉았지만 일본 측은 외무성 아시아국장이 나오는 등 불평등은 시정되지 않았다. 그러니 학생들로서도 참기 어려웠을 것이다. 게다가 공개가 아닌 비밀리에 추진해 왔다는 것도 빌미였다. 뭔가 납득 못할 꿀리는 게 있으니 '김종필-오히라 메모'(62년) 같은 게 나왔다는 것이었다. 이후 이런 요인들이 얽히고설켜 '6·3사태'까지 발전했다."

김지하는 1963년 2월 다시 휴학을 하고 원주에서 두문불출했다. 당시 유일하게 그를 구원해 주었던 것은 그림과 종교(가톨릭)였다. 그는 원주의 한 다방에서 시화전을 열고 가톨릭에 대해 깊은 관심을 가졌다. 밤을 새워 우주의 기원과 인간의 구원에 대해. 그리고 사회의 변혁과 영혼의 구원에 대해 토론하고 토론했다. 그의 말이다.

"그때 사람들로부터 언제가 될지는 모르지만 가까운 시일 내에 가

톨릭에 귀의할 것이라는 말을 많이 들었다. 그만큼 나는 영성에 관심이 많았다. 어떤 사람은 이렇게 말하기도 했다. '김지하는 유물론자가 아니다. 젊은 나이에 우주나 영혼에 관심을 갖는 사람은 절대 유물론자가 될 수 없다. 그러니 괴로움이 많을 것이다. 일찌감치 신에게 귀의하는 길을 찾으라.'"

세상과 잠시 절연하여 꼼짝하지 않았던 그 시기를 김지하는 "돌이켜보니, 인생에서 몇 번 경험해 보지 않았던 긴 휴가와도 같았던 시간"이라고 회고한다. 하지만 그의 생에 잠시 찾아온 휴식은 길지 않았다. 3월이 되면서 정치투쟁이라는 큰 물결 한가운데 서게 되니 바로 제3공화국을 출발부터 뒤흔든 '한일국교정상화' 문제였다. 마침내 1964년 3월 24일 서울시내 대학가에서는 4·19 이후 가장 조직적인 대규모 시위가 일어난다.

굴욕 외교인가? 실리 외교인가?

이 글을 《동아일보》에 연재하던 어느 날, 독자로부터 전화 한 통을 받았다. 70대 중반의 은퇴한 사업가라고 소개한 독자는 한일국교정상화에 나섰던 박 대통령의 심경을 이렇게 대변했다. 그의 말이다.

"대학생 때 한일회담 반대시위를 해본 사람이다. 돌이켜 생각해보면, 박 대통령은 배곯는 처자식들 먹여 살리기 위해 무일푼으로 상경한 가장(家長) 신세였다. 먹고살려면 장사라도 해야겠는데 돈 구할 방법은 없고, 빌릴 데도 없어 궁리 끝에 대대로 원수였던 집안을 찾아가 고개 숙이고 피해보상금이라도 달라고 사정한 거다. 처자식들을 위해 자존심이고 뭐고 다 버린 거다. 그런데 정작 어렵게 구한 돈을 가져왔더니 처자식들은 '원수의 돈을 왜 받아왔느냐'며 오히려 가장을 탓한다. 이러지도 저러지도 못하고 오도가도 못 하는 가장의 심정, 그게 아마 당시 박 대통령 마음이었을 것이다."

그의 말이 잠시 끊기다 이어졌다.

"하지만 그땐 반일감정이 워낙 컸다. 우리보다 미개했던 나라가 좀 개화됐다고 형 같은 나라를 침략해서 온갖 몹쓸 짓을 다한 원수의 나라, 아무리 우리가 가난해도 그렇지 불과 수억 달러로 식민지배를 청산한다니 굴욕외교의 극치로 받아들여졌다. 당시만 해도 한국이 일본 지배로부터 해방된 지 20년이 채 못 된 시점이어서 일본은 생각만 해도 몸서리쳐지는 나라였다. 박 대통령도 이런 국민감정을 잘 알고 있었기 때문에 초기에는 회담을 비밀리에 진행할 수밖에 없지 않았겠느냐."

박 대통령이 1962년부터 진행해온 한일회담을 64년 초 공개하자 정국은 들끓었다. 1964년 3월 20일자 《동아일보》 사설도 돈의 문제 이전에 자존심의 문제라며 일본과 박정희 정부를 비판한다.

'일본이 도대체 대한(對韓) 정책목표를 어디에 두고 있는가 하는 데 대해 우리는 다대(多大)한 의념(疑念·의심과 염려)을 금치 못하고 있다. …일본으로부터 돈이나 물자가 들어온다고 그것이 우리의 피가 되고 살이 되리라고 안이하게 기대할 수는 없다. 미국으로부터 오는 돈이 줄고 있으니 일본으로부터 받아야 살지 않겠는가 하는 사고방식이나 중공(중국)에 먹히느니 일본에 기대는 것이 낫지 않겠는가 하는 사고방식에 우리는 반대한다. 우리에게 필요한 것은 비상한 의지와 용기와 노력이다.'

당시 한일국교정상화 문제는 언론 지식인은 물론 일반 대중들에게까지 널리 퍼져있는 반일감정을 자극했다. 그러다보니 학생시위에서 출발했지만 대중들까지 가세한 대규모 시위로 커진 것이다.

한국사회에 '4·19세대'에 이어 '6·3세대'라는 말을 만들어낸 6·3 학생운동은 1964년 6·3데모를 정점으로 65년 말까지 연인원 350만 명이 참여해 1년 6개월여를 끌었다. 그 과정에서 3명이 사망하고 수백 명이 부상당할 정도로 격렬했다. 1차례의 계엄령과 1차례의 위수령이 발동되는 동안 수백 명의 학생들이 구속 제적되었고 수십 명의 교수들이 강제퇴직당했다.(6·3동지회 《6·3 학생운동사》)

반일감정의 폭발

한편 한일국교정상화에 대해서는 일본 내에서도 반발이 심했다. 2008년 4월 16일 일본 《아사히신문》이 마련한 한일국교정상화 기획기사에서 대학생 시절 '일한회담' 반대운동을 했다는 규슈대학 이시카와 쇼지 교수(법학)의 말이다.

"당시 일본 내 양심적 지식인과 학생들은 또다시 일본 자본이 식민지였던 이웃 나라에 마수를 뻗친다고 생각했다. 식민지배에 대한 책임은 전혀 인식하지 않는 일본 지배층이 미국과의 종속적인 동맹관계하에 박정희 군사독재 정권을 특별히 지원함으로써 스스로의 연명을 꾀하고자 한다고 판단한 거다. 여기에 일본이 남쪽하고만 손을 잡아도 되는가 하는 의문도 있었다. 이건 당시 나뿐 아니라 많은 학생들의 생각이었다. 개중에는 한국의 남쪽 정부에는 더 이상 기대할 것이 없다며 조선민주주의인민공화국(북한)으로 건너간 재일(在日) 조선인 학생도 있었다. 독재로 민중을 괴롭히는 남쪽보다는 비록 여러 가지 문제가 있다고 할지언정 북쪽에 자주성과 정통성이 있다고 생각한 것이다."

일본 내에서는 "우리가 합병 후 한국에 얼마나 잘해줬는데…. 그 덕에 한국은 우리 때문에 개화되고 발전된 것이 아닌가. 그런데 그걸 또 사과하고 돈까지 달라고 하는가" 하는 (한국 비판) 여론이 지배적이었다.(이동원《대통령을 그리며》)

경제개발의 종잣돈을 마련해 보겠다는 박정희 대통령의 한일회담 추진은 이처럼 국내외에 우군이 전무한 고립무원의 상태에서 출발한 것이었다. 돌이켜보면, 한국 산업화는 출발부터 참으로 힘들고 어려웠다. 정권의 존립 자체가 힘들 정도로 심각한 국민적 반대와 함께 시작해야 했으니 말이다.

6·3의 시작이라 할 수 있는 서울대 3·24데모는 당시 국민들의 반일감정을 그대로 드러냈다. 이완용과 이케다(池田) 일본총리를 화형시키는 시위였다.

1964년 3월 24일 시위현장에는 김지하도 있었다. 그러나 그는 도서관 아래 숲 속에 앉아 고장 난 책상 다리로 만든 이완용과 이케다 허수아비를 발로 짓밟고 불태우는 친구들을 지켜보고만 있었다. 어떤 조직에도 가담하지 않고 혼자 이리저리 방황하던 때였다. 하지만 관심이 없을 리가 없었다. 김지하의 말이다.

"여기저기서 불길이 솟아올랐다. 이마에 흰 띠를 두른 학생들은 땅바닥에 앉아 구호를 외치고 있었다. 그리고 조금 뒤 허수아비들을 불태운 뒤 교문 밖으로 나가기 시작했다. 별다른 충돌은 없었다. 나는 무거운 마음을 안고 그날 저녁 원주로 떠나버렸다."

3·24데모 이후 대학가는 연일 데모였다. 야당과 언론도 학생 데모를 지지하며 정부를 공격했다. 대학로, 종로5가에는 거의 매일 최루탄이 터져 눈물과 재채기 바다였다. 시위대 진압용으로 최루탄이 처

음 등장했던 시기다. 다시 김지하의 말이다.

"조동일로부터 빨리 서울로 오라는 전갈이 왔다. '최루탄 문학회'를 만들어 시화전을 하자는 것이었다. 모처럼 내가 할 수 있는 일이 생긴 것 같아 신이 났다. 풍자시 정치시를 담아 시화전을 열었는데 대성황이었다."

반(反)한일회담 시위는 점점 반박정희, 반정부 시위로 번질 조짐을 보이고 있었다. 서울대 성균관대 동국대 등은 5·16 3주년 4일 뒤인 1964년 5월 20일 서울대 문리대 교정에서 대규모 연합시위를 하기로 한다. 그리고 '황소식 민족적 민주주의 장례식'이라 이름 붙였다. '황소식(式)'은 당시 박정희가 이끄는 공화당의 상징물인 황소를 의미했다. 군사정권과 박정희가 표방한 구호들이 허구로 가득 찼다는 것을 알려 박 정권을 장례 치르겠다는 의미였다. 박 정권에 정면도전하겠다는 선전포고나 다름없었다.

서울대 교정에 울려 퍼진 김지하의 조사 '시체여!'

1964년 5월 20일 오후 1시 서울대 문리대 교정에 때 아닌 조사(弔辭)가 울려 퍼졌다. 4000여 명의 대학생과 시민들이 '축(祝) 민족적 민주주의 장례식'이라고 쓰인 만장을 드리우고 결연하게 섰다. 곧이어 5·16을 맹비난하는 성토문이 낭독됐다.

"1961년 5월 16일 새벽 총성과 함께 이 나라의 모든 권력은 일군의 청년 장교들에게 장악되었다. …그로부터 3년, 무(無)비판의 뒷장막에서 온갖 화려한 계획과 공약 뒤에 도사리고, 중앙정보부를 비롯한 권력기관의 모골이 송연한 공포정치와 수도방위사 령부 등의 총칼의 보호를 받으면서 너무나 엄청 난 죄악을 저지르고, '역사적 퇴보'를 이 나라 민 족사에 강요하였다. …피로써 되찾은 한국을 일 본 의존적 예속의 쇠사슬에 묶는 것이 근대화 요, 자립이라고 거짓말하는 자 소위 '민족적 민 주주의'를 장사 지내자! 영원히 잠들게 하자."

박정희 대통령이 64년 취임 후 내세웠던 '민족 적 민주주의'라는 구호를 장사 지내 5·16을 역사 적 퇴보로 규정짓고 이를 부정하겠다는 내용이었다. 성토문 낭독이 끝나자 송철원(현대사기록연구원 이사장)이 조사를 낭독했다.

시체여! 너는 오래전에 이미 죽었다. 죽어서 썩어가고 있었다.

넋 없는 시체여! 반민족적, 비민주적, 민족적 민주주의여!

시체여! 죽어서까지도 개악과 조어와 전언과 번의와 난동과 불안과 탄 압의 명수요 천재요 거장이었다.

5월 16일만의 민족적 민주주의여! 백의민족이 너에게 내리는 마지막 의 이 새하얀 수의를 감고 훌훌히 떠나가거라! 너의 고향 그곳으로 돌 아가거라.

안개 속으로 가거라!

이제 안개가 걷히면 맑고 찬란한 아침이 오리니

일찍 죽어 복되었던 네 운명에 감사하리라!

그러나 시체여! 지금 너는 무엇을 하고 있는가?

바로 지금 거기서 네 옆 사람과 후딱 주고받은 그 입가의 웃음은 무엇을 뜻하고 있는가?

대량 검거의 군호인가? 최루탄 발사의 신호인가? 그러나 시체여! 우리는 믿는다.

그것은 목 메이도록, 뜨거운 조국과 너의 최초의 악수인 것을! 우리는 안다.

그것은 죽은 이의 입술 가에 변함없이 서리는 행복의 미소인 것을.

시체여

이 조사를 쓴 사람은 따로 있었으니 다름 아닌 김지하였다. 어떻게 그가 이것을 쓰게 되었을까. 송철원의 말이다.

"당시에도 김지하 문장실력은 학교 내에 소문이 자자했다. 시위를 기획하면서 조사는 김지하더러 쓰게 하자고 다들 합의했다."

5·20시위의 여파, 송철원 고문사건

이날 5·20시위는 김지하 인생에서 매우 중요한 사건으로 기록된다. 사실 그는 그전까지만 해도 학생운동권 내에서 존재감이 별로 없었다. 미학과가 문리대로 편입되면서 문리대 학생들과 교류하긴 했지만 문화 쪽 감수성을 살려 시화전을 열고 연극을 하는 등 문화운동에 더 관심이 많았다. 그러던 그가 비록 익명이긴 해도 5·20시위를 통해 학생운동권에 정식으로 데뷔한 셈이 된 것이다.

5·20시위는 최루탄 대 투석(投石)의 대결이 계속되어 오후 7시가 지나서야 끝이 났다. 100여 명이 다치고 200여 명이 연행됐다. 언론은 '5·16 이후 민주 세력의 최대반격'으로 표현했다. 집회 주동자들에 대해 검거열풍이 불어닥쳤다. 친구 집에 숨어 있다가 이튿날인 21일 새

벽 붙잡힌 뒤 모진 고문을 당한 송철원은
당시를 어제 일처럼 기억하고 있었다.

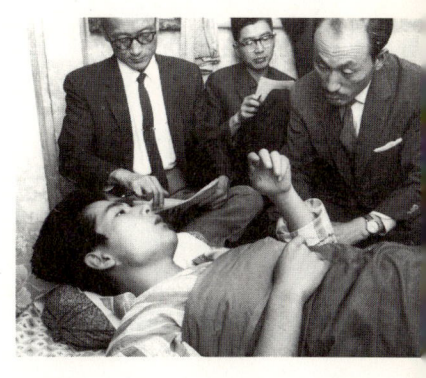

"네 명의 괴한들이 대기 중인 검은색 지
프차에 태우더니 전속력으로 새벽을 달렸
다. 이들은 나를 중부경찰서 2층 정보계
로 끌고 올라갔다가 퇴계로 대한항공 건
물 앞에 대기 중이던 새나라 자동차에 있

던 운전사 포함 5인조에게 인계했다. …'남산'같이 여겨지는 곳에 차
를 세우고는 창고 같은 곳으로 가서 깜깜한 방 벽에 기대놓고 주먹과
발길질로 때리기 시작했다. 사정없이 당하고 또 당했다. (그들이) 술
냄새를 풍기며 폭행과 고문을 하며 끈질기게 물었던 것은 '5·20 장례
식'을 주도한 문리대 지도부의 행방이었다. 나는 '모르쇠'로 일관했다.
그러자 이들은 '네가 유관순이냐? 네깐 놈 파묻어 버리면 누가 알겠
냐?'며 협박했다. 정말 나를 때려죽여 파묻어 버릴 수도 있겠다는 생
각에 기절한 척했다. 그런데 담뱃불로 내 손을 지지는 것이 아닌가?
비명을 지르며 꿈틀거리자 '엄살 부린다. 우린 경찰과는 달라!' 라며
또 때리고 지지고 했다. 나는 결국 시멘트 바닥에 실신했다. 이때 입
은 화상은 지금도 오른손에 남아있다. 실신한 내 몸에 찬물을 끼얹어
잠시 정신이 들었지만 이후의 일은 전혀 기억이 없다. …깨어나니 병
원 침대 위였다. 벽시계는 새벽 3시 40분을 가리키고 있었다. 또 고문
당할까 두려워 눈을 감고 있는데 '이 새끼 죽지는 않겠지' 하며 자기들
끼리 염려하는 소리가 들렸다. 의사가 들어와 주사를 놓아주며 '이제
눈을 뜨세요' 하기에 나는 작은 목소리로 '학생입니다. 고문을 당했습
니다'라며 집에 연락해줄 것을 부탁했다. 그러나 의사는 '우리는 정치

를 모릅니다'며 병실을 나가버렸다. 그곳은 경찰병원이었다."

송철원은 1964년 5월 22일 경찰병원에서 동대문경찰서로 이송되었다가 갑자기 석방된다. 구속영장이 기각됐기 때문이었다. 송철원뿐만 아니었다. '5·20데모' 학생들에 대해 경찰이 청구한 구속영장은 총 107건이었는데 13건만 영장이 발부됐다.

사법부의 '엄정한' 법 집행에 군인들이 반발하고 나섰다. 5·20시위가 있던 다음 날인 21일 오후 4시 반에 황길수 대위가 육군 공수부대 13명과 함께 총기를 휴대하고 서울형사지법 청사에 난입한 것. 이들은 "구속영장을 기각한 판사가 누구냐" "담당검사를 불러라"며 1시간 이상 행패를 부렸다. 이어 담당판사인 양헌 판사 집으로까지 몰려가 "왜 영장을 기각했느냐"고 따졌다. 무장군인들의 항의에 다들 공포에 질렸다. 언론들은 이 사건을 '무장군인 법원 난입사건'이란 제목으로 대서특필했다.

그리고 이틀 뒤엔 경찰에서 풀려난 송철원이 정보부에서 당한 고문 사실을 폭로해 버리자 정국은 또다시 발칵 뒤집힌다. 정부로서는 엎친 데 덮친 격이었다. 신문과 방송은 연일 두 사건을 대대적으로 보도하며 질타를 퍼부어 댔다. 결국 박정희 대통령까지 나서 '엄격 조치' 지시를 내린다. 5월 29일 밤 김형욱 중앙정보부장이 사표를 제출하지만 반려된다.

5월 30일 저녁엔 '송철원 군 린치사건'의 범인이라는 중앙정보부원 세 명이 자진 출두해 구속 수감된다. 이들은 1심에서 징역 6개월, 항소심에서 징역 6개월에 집행유예 1년을 선고받아 대법원에서 형이 확정됐다. 현역 중앙정보부원이 피의자 고문을 이유로 구속돼 실형이 확정된 것은 1961년 6월 중앙정보부 창설 이래 '처음이자 마지막'이었다.

연일 계속되는 시위로 민주화운동세력과 박정희 정권이 정면충돌했다. 박 대통령은 1964년 4월 22일 최두선 국무총리에게 보낸 훈령을 통해 "정부는 더욱 비상한 각오로 불법 데모로 치안을 교란하는 자들을 철저히 단속해 법질서 유지에 힘쓰라"고 강력하게 지시한다. 그러면서 "학생 데모가 국기(國基)의 대본(大本)을 흔들리게 할 우려가 있다"며 그 책임으로 '몰지각한 일부 학생들' '태만한 학교 책임자들' '무책임한 언론' '정부의 우유부단함'을 꼽았다.

이런 대통령에게 정면 도전을 한 사람이 있으니 바로 장준하였다. 그는 《조선일보》 5월 26일자에 기고한 글에서 대통령을 '박정희 씨'라고 부르며 원색적인 비난을 퍼부었다.

'대통령 박정희 씨! 당신이 그렇게도 거짓말과 실정을 거듭하였으면서도 대통령이 될 수 있었던 것, 당신들 집권자들의 부정과 부패가 그렇게 창일하였으면서도 계속 집권할 수 있는 것, 민생이 이렇게까지 파탄에 빠졌는데도 아직 큰소리칠 수 있는 것, 이 모든 것이 한국 언론이 당신들을 길러준 덕이 아닌가요. 당신들과 정사를 할 것 같던 한국 언론은 소용돌이치는 국민의 원성과 압력에 못 이겨 이제서야 깊은 악몽에서 깨어나고 있습니다. 여보시오, …고마운 줄이나 아시오! 그 청렴하다고 소문이 높던, 그 강직하다고 정평이 있던, 그 육군 소장 박정희 씨라면 오늘의 이 사태를 정시(正視)하며 무엇을 할 수 있으리라고 생각해본 일이 있는가요.'

언론들은 당시 학생들의 시위가 비록 '대일굴욕외교'에서 비롯되긴 했지만 그 뿌리에는 그동안 쌓이고 쌓인 정부에 대한 불신이 있다고

지적했다. 1964년 4월 23일자 《동아일보》 사설은 불신의 원인들을 조목조목 짚고 있다. 첫째, 5·16이 비록 동기는 선(善)이었다 해도 태생적으로 비헌법적인 '쿠데타'였다는 것, 둘째 민간에 정권을 넘기겠다는 약속을 지키지 않았다는 것, 셋째 부정부패 일소에 실패했다는 것, 넷째 공화당의 부패와 다섯째 민생고, 여섯째 학원사찰, 일곱째 중앙정보부 등

서울대 문리대에서 시작된 최초의 단식농성.

이었다.

마침내 5월 27일 오전 전남대 학생들은 '박 정권의 하야를 권한다'는 성명서까지 발표했다. 5·16 후 최초로 '하야(下野)'라는 단어를 언급한 것이다. 같은 날 지식인들도 나섰다. 서울대 교수협의회가 5·16 후 최초로 '시국수습결의문'을 채택하는 집단적 의사표현을 한다.

흥겨운 단식농성

당시 김지하는 무엇을 하고 있었을까. 그의 말이다.

"(고문당하고 풀려난) 송철원 집에서 이틀째 밤을 새우며 모임을 가졌다. (그동안 운동의) 제일선에 섰던 리더들이 모두 수배되어 몸을 감춘 상황에서 제2선들이 나와야 하는 상황이었다. 우리는 장기적인 단식농성을 계획했다. 장소는 문리대 캠퍼스 4·19 학생혁명기념탑 아래였다. 김덕룡 형이 이끄는 문리대 학생회를 끌어들이기로 하고 총책임을 손정박이 맡았다. 나는 '방송선전반'을 맡았다."

바야흐로 김지하가 학생운동권에 공식적으로 얼굴을 드러내는 순간이 온 것이다. 당시만 해도 그는 노출되지 않은 인물이었다. 5·20

장례식 조사(弔辭)도 당시 현장에서 낭독한 송철원이 쓴 것으로 알려져 있었으므로 경찰 수배망에서도 비켜나 있었다. 김지하는 문리대 후배인 사학과 이현배와 함께 단식농성을 주도한다. 5월 30일 단식농성의 막이 오른다. 다음은 신동호의 책《오늘의 한국정치와 6·3세대》중 일부다.

'이날 오후부터 시작된 단식농성은 우리나라 학생운동사상 최초로 채택된 새로운 투쟁 형태였다. 당시 학생시위는 선언문이나 읽고 곧바로 가두로 진출하는 단순한 방식이었다. 데모가도 애국가나 교가, 삼일절 노래, 민족해방가 따위가 고작이었다. 그런데 김지하가 농성을 주도하면서 한 차원 격상됐다. 춥고 배고프고 을씨년스러운 단식의 밤, 비에 젖어 축축한 거적 위에서 새로운 시위문화가 꽃피고 있었다. 선동가, 선동시, 풍자연극, 화형식, 매장식, 모의투표 등은 삭막한 농성장을 흥겨운 마당으로 만든 활력소였다.'

이때 만들어진 〈최루탄가〉는 김지하가 〈새야새야 파랑새야〉 곡조에 가사를 붙인 것으로 1970년대 데모가로 애창됐다.

탄아 탄아 최루탄아
팔군으로 돌아가라
우리 눈에 눈물지면
박가분(朴家紛)이 지워질라.
꾸라 꾸라 사꾸라야
일본으로 돌아가라
네가 피어 붉어지면
샤미센(三味線·일본의 대표적인 현악기)이 들려올라.

단식농성에서 김지하는 '각본, 감독, 주연'의 3역을 맡았다. 5월 31일 밤에는 김지하 작 〈위대한 독재자〉라는 현장 연극도 상연됐다. 단식으로 지친 학생들과 교문 밖에서 이들을 지켜보고 있던 100여 명의 시민이 즐거워했다. 농성장에 담배, 우유 상자, 설탕물이 답지하는 등 시민들의 지지도 잇따랐다. 김지하의 회고다.

"매일 하루 종일 마이크를 붙잡고 농성상황을 방송으로 계속 알렸다. 목이 완전히 쉬어 친구들이 말릴 정도였다. 그럴 때마다 '피를 뱉으면서 나오는 쉰 목청이 오히려 선전성을 갖는다'고 고집하면서 계속 농성을 이끌었다."

교내방송을 통해 단식농성 상황이 실시간으로 알려지자 도서관에서 공부하던 학생들이 합류하고 여학생들까지 가세하기에 이르렀다.

박정희 정권 첫 계엄령, 한일회담 반대투쟁의 내리막길

마침내 1964년 6월 3일 날이 밝았다. 검은 구름이 무겁게 내리깔린 서울 일원에는 간간이 비까지 뿌렸다. 이날은 그동안 산발적으로 이뤄지던 학생시위가 가장 대규모로 이뤄진 날이었다. 서울지역 대학생 1만2500여 명이 국회의사당 앞에서 연좌시위를 하다 중앙청 앞까지 진출한 것. 《동아방송》은 당시 상황을 실시간으로 생중계했다. 저녁 6시경, 데모대는 청와대 바로 앞까지 진출했다. 청와대 앞 길목에는 대형 널빤지로 겹겹이 바리케이드가 세워졌다. 그 뒤를 군용 트럭이 받치고 있었다. 일촉즉발의 위기상황이었다. 마이크를 들고 시위대를 이끌던 김지하의 말이다.

"우리는 바리케이드 앞에 주저앉아 연좌에 들어갔다. 나는 시위대 앞에서 앞으로의 행동 방향을 설명하다 실신해버렸다. 서울대 의대 앰뷸런스에 실려 응급조치를 받고 다시 돌아와 쉰 목소리로 계속 외쳤다. '이 자리에서 죽읍시다. 어떤 경우에도 자리를 뜨지 맙시다. 우리의 각오에 따라 상황은 결판날 것입니다.'"

1964년 6월 3일 청와대 앞까지 진출한 대규모 시위대.

해가 점점 기울고 있었다. 갑자기 시위대가 술렁거렸다. 곧 진압이 시작될 것이고 계엄령이 떨어진다는 소문이 번졌다. 아니나 다를까, 서울대 농대의 선언문과 결의문 낭독이 끝나고 구호와 노래가 이어지려던 순간, 바리케이드 너머에서 폭음과 불빛이 터지기 시작했다. 순식간에 최루탄이 시위대 머리 위에 우박처럼 쏟아졌다. 놀란 군중들이 산지사방으로 흩어지면서 일시에 무너졌다.

"움직이지 말라"는 지도부의 외침도 소용없었다. 김지하는 "물러서더라도 당당하게 퇴각하자고 쉼 없이 시위대를 향해 외쳤다. 잠시 후 대오가 다시 정비됐다. 우리는 태극기를 앞세우고 방향을 동숭동으로 잡았다"고 말했다. 밤이 되어 문리대 단식농성장으로 다시 도착한 그는 시위대에 이렇게 말하며 작별인사를 했다. "오늘은 시작에 불과합니다. 이제부터 장기적인 싸움이 시작됩니다. 모두들 건강하십시오." 그리고 운동장 스타디움 끝 야구장 펜스 철망을 넘어 피신했다.

그날 밤 9시 40분, 정부는 1시간 40분을 소급한 오후 8시를 기해 서울 일원에 비상계엄령이 발효됐다고 선포했다. 계엄군은 6월 4일 서울로 진입하여 수도경비사령부 병력과 함께 시내의 요소를 장악했다.

학생 시위는 간단하게 진압되었다. 72일간 지속된 한일회담 반대투쟁의 대단원이 내려지는 순간이자 박정희 정권 최초의 계엄령이었다.

당시 한일국교정상화 문제는 박 대통령으로서도 정치생명을 건 일이었다. 김대중 전 대통령의 자서전 《나의 삶 나의 길》(1권)에는 이런 대목이 나온다.

'(한일회담 당시) 박 대통령은 정권을 내놓고 대통령직에서 하야할 결심까지 했다고 한다. 그런데 6월 3일 미국의 버거 대사와 유엔군 사령관이 헬기를 타고 청와대를 방문했다. (헬기를 탄 것은 당시) 데모대에 길이 막혀 차를 타고 갈 수 없었기 때문이었다. 그들은 의기소침해 있던 박 대통령을 격려하고 사태수습을 함께 논의했다. 그리고 오후 8시, 드디어 서울시 일원에 비상계엄령을 선포했다.'

계엄사령부는 6월 3~17일 계엄사범으로 학생 168명, 민간인 173명, 언론인 7명을 구속했다고 발표했다. 이 중 언론인 7명이 눈에 띈다. 1명은 《경향신문》 정치부 윤상철 기자이고 나머지 6명은 최창봉 이윤하 조동화(이들 세 명은 7월 14일 보석으로 석방됨) 김영효 이종구 고재언 등으로 모두 《동아방송》 관계자들이었다. 이들은 〈앵무새〉라는 프로그램이 문제시돼 구속 기소된다. '앵무새 사건'은 방송 최초의 설화사건이었다.

〈앵무새〉는 매일 밤 9시 45분부터 5분간 방송되던 프로였다. '아니 어째서 나라가 이렇게 되고 말았나' '도대체 현 정부가 얼마나 무기력하고 때 묻은 짓을 했기에' 등의 표현을 썼는데 이게 '내란 선동 선전' 혐의를 받았다. 《동아방송》은 6·3시위를 실시간으로 생중계하는 등 시위 소식을 국민들에게 소상하게 알렸다. 가뜩이나 《동아방송》을 불편하게 생각하던 정권이 〈앵무새〉 프로를 트집 잡아 관계자 6명을 한꺼번에 구속한 것이 '앵무새 사건'의 전말이었다.

스물 셋, 생의 첫 감옥생활

김지하는 서울 성북동 자취방에서 하룻밤을 잔 뒤 이튿날 바로 원주로 내려간다. 학생운동권에 대규모 검거령이 떨어졌으니 빨리 몸을 숨겨야 했다. 인적 드문 강가 같은 곳을 찾아 텐트를 치고 혼자 숨어 있을 작정이었다. 원주에서 하룻밤을 묵고 다음 날 6월 5일 아침 짐을 챙겨 집을 나서려던 순간 형사들이 들이닥쳤다.

서울 동대문경찰서로 끌려간 그는 "혐의를 연신 부인했지만 수도 없이 쏟아지는 시위현장 사진 때문에 아무 소리 못하고 기소됐다"고 한다. 김지하는 서대문구치소로 넘겨졌다. 생애 첫 감옥체험이었다. 그의 나이 스물 셋이었다. 6월 13일 대학은 그에게 무기정학 처분을 내린다. 다시 그의 회고다.

"감옥에서 보낸 그해 여름은 정말 더웠다. 그다지 힘들지는 않았다. 중죄인이 아니어서 일반 잡범과 한방에 있었다. 하지만 마음은 복잡했다. 역사의 엄중함을 알았다고나 할까…. 접견대기실에서 뭐라고 따따부따 하는 교도관들에게 '이래봬도 나는 대통령과 싸운 사람이야, 함부로 하지 말라'라며 대드는 친구들을 보며 속으로 대단하다고 느꼈다. 애당초 나는 정치나 권력하고는 아무 상관이 없는 사람이었는데 어쩌다 이렇게 감옥에 갇혔나, 앞으로 어떻게 살아야 하나 이런 생각이 들었다."

김지하는 생애 처음 감방체험을 하면서 〈서대문 101번지〉(서대문구치소를 말함)를 비롯해 교도관 없이는 한 발짝도 움직이지 못하는 감방생활을 표현한 〈삼천리 독보권(獨步權)〉, 전과 20범인 마약중독자 안씨와의 대화를 통해 학교라는 울타리를 벗어나 삶의 밑바닥과 만난 심경을 드러낸 〈여름 감방에서〉 등의 시를 썼다.

정부는 비상계엄을 내린 지 두 달이 채 안 되는 7월 29일 계엄을 해제했다. 이어 9월 15일 구속학생들을 석방한다고 발표했다. 김지하도 9월 20일 석방된다. 석방 며칠 뒤 무기정학도 풀렸다.

김지하가 짧은 감옥생활을 마치고 학교로 돌아온 1964년 가을 국제정세는 심상치 않게 돌아가고 있었다. 중국에서는 문화혁명의 폭풍이 거세게 일어나고 있었고, 미국에서는 흑인들의 인권운동과 베트남전 반대운동, 히피 운동이 불고 있었다. 베트남에서는 독재에 항의하는 스님들의 분신이 잇따랐다. 김지하는 "책에 파고들었다. 어떻게 살아야 할지, 어떤 가치를 갖고 살아야 할지 그야말로 사상의 탐색기였다"고 말한다.

계엄령 해제로 이제 숨 좀 쉬고 살만해졌나 싶었는데 1964년 8월 14일 중앙정보부의 돌연한 발표로 정국은 다시 긴장국면으로 들어선다. '1차 인혁당 사건'이었다.

"북괴(北傀)의 지령을 받은 대규모 지하조직으로 국가변란을 일으키려던 인민혁명당을 적발, 57명 중 41명을 구속하고 16명을 수배했다. 3월 24일 한일굴욕외교를 반대하는 순수한 학생데모가 일어나자 인혁당이 주동 학생들을 포섭해 전국 학생 조직에 지령을 내리고 현 정권이 타도될 때까지 데모를 계속 조종함으로써 북괴의 지령에 따라 암약해왔다."

하지만 사건을 배당받은 공안부 검사들조차 공소장에 서명하기를 거부할 정도로 조사내용이 허술했다. 당시 한국인권옹호위원회 박한상 의원은 구속된 도예종 등 26명 대부분이 중앙정보부에서 심한 고문을 당했다고 폭로했다.

"이 빨갱이야! 다시는 감옥 가지 마라"

말 그대로 다사다난했던 1964년이 저물고 있었지만 6·3은 끝난 게 아니었다. 1965년 1월 9일 새해가 시작되자마자 박정희 대통령은 취임 1주년 내외신 기자회견에서 "되든, 안 되든 금년에는 (한일회담을) 매듭짓겠다"고 했다. 2월 17일 시나(椎名) 일본 외상이 내한하자 전국 각 대학에 '학원방위군'이 조직되는 등 학원가는 다시 출렁였다. 하지만 학생운동권은 거의 지리멸렬 상태였다. 서울대 문리대 학생운동 주도 세력들도 대부분 구속돼 재판을 기다리고 있거나 수배상태에 있었다. 이들에게는 정학, 제적조치까지 내려져 있었다.

1964년 가을, 석 달여 감옥생활을 마치고 나온 김지하는 낮에는 책을 읽고 밤에는 오랜 선후배들과 어울려 술을 마셨다. 그중에서도 함께 연극을 하며 김지하를 아껴주었던 김기팔과의 인연이 많이 생각난다고 했다.

"출옥 후 가족 말고 처음 만난 사람이 김기팔 형이었다. 형은 술자리 내내 내게 '야 빨갱이 술 먹어'라고 놀렸다. 나는 피식피식 웃기만 했다. 형의 본마음을 알고 있었기 때문이다. 그런데 한참 술이 오르고 나자 형이 '야 이 빨갱이! 이젠 다시 감옥에 가지 마라' 하며 엉엉 울었다. '빨갱이'라고 나를 놀렸지만 내게 앞으로 닥칠 운명 같은 것을 예감했는지 다시는 감옥에 가지 말라고 통곡한 것이었다. …그런데 운명이란 참 묘한 것이다. 죽을 것 같던 나는 살고 죽지 말라던 그는 나

6.3 무렵 찍은
서울대 학생들.
뒷줄 왼쪽 끝이
송철원

보다 먼저 세상을 떴다. 너무나 억울하고 너무나
허망했다. 요즘도 살다가 외로울 때면 혼자 입속
으로 가끔 '기팔 형'하고 불러본다. 그러면 어디
선가 허공에서 덧니를 드러내고 킬킬 웃으며 평
안도 사투리로 '왜 그래? 이 빨갱이야' 하는 그의
목소리가 들리는 것 같다. 지금은 나도 술을 끊
었지만 가끔 기팔 형이 생각나면 허름한 주점에
혼자 앉아 그를 생각하며 마시고 싶다는 생각이
간절해진다."

1964년에서 65년으로 넘어가는 겨울을 서울에서 칩거하며 지내
던 김지하는 깊은 '허무'에 빠진다. "청춘이 너무 무거워 어서 빨리
늙기만을 바랐다"는 그는 러시아의 자살한 시인 세르게이 예세닌
(1895~1925)에게 빠져들었다. 예세닌은 서정시를 주로 쓰다가 러시아
혁명을 열렬히 환영하는 등 혁명에도 관심을 기울였으나 내면적 소외
와 고독감에 시달리다 결국 자살로 생을 마감한 시인이었다. 김지하
는 그 무렵 예세닌의 시 〈소비에트 러시아〉의 도입부를 읽으며 전율했
다고 한다.

'폭풍은 지났다/소수의 사람만이 무사하였다/이젠 소리 높여 서로
를/이름 부르는 사람마저도 드물어졌다'는 대목이 6·3이라는 폭풍이
지나가고 선후배들이 모두 사라진 뒤의 쓸쓸함에 사로잡혀 있던 자신
의 마음을 말해주는 것 같았다.

새 학기가 되자 친구들이 돌아오기 시작했다. 대학가에도 봄기운이
돌았다. 김지하는 운동권 후배들과도 계속 연결되어 있었다. 그러던
중 후배들로부터 1차 6·3의 시작이었던 1964년 3·24데모 1주년 때

읽을 선언문을 만들어 달라는 부탁을 받는다.

1965년 3월 22일 김지하는 송철원 박재일 최혜성과 함께 우학명(지리학과·2007년 작고) 집에 모인다. 다음은 송철원의 회고다.

"선언문 초안을 김지하가 썼다. 한참 글을 쓰고 있던 김지하가 책 한 권을 내밀었다. 박재일이 가지고 있던 '말똥종이 책'(마분지로 된 책. 물자가 없던 시절이라 두꺼운 재생지를 썼다)《코민테른 선언·강령·규약》이었다. 김지하가 한 대목을 짚었다. '아메리카 자본은 신용이란 굳센 쇠사슬로 구라파 제국(諸國)과 남아메리카 제국을 자기 몸에 얽매어 놓은 뒤, 이들 제국이 감히 자기의 신성한 의지에 저항이라도 하려고 하는 날이면…'이라는 대목이었다. 김지하가 우리에게 '이 대목을 선언문에 빌리면 어떻겠느냐'고 물어서 우리는 '알아서 하라'고 했다. 김지하는 선언문에 이렇게 썼다. '새로운 동남아 공영권의 시대착오적 망상에 사로잡힌 제국주의 일본 해적배들은 또한 저들대로 선린외교라는 굳센 쇠사슬로 일련의 동남아를 자기 몸에 얽매어 놓은 뒤, 이들 제국이 감히 자기의 신성한 의지에 저항하지 못하도록 저들 비전(秘傳)의 예리한 일본도를 갈고 있다.'"

일행은 이렇게 완성된 '3·24 선언문' 초안과 송철원이 쓴 '격문' 초안을 함께 검토한 후 최종 확정했다. 다시 송철원의 말이다.

"다음 날 오후 인쇄소에서 400부 정도를 인쇄해 준비를 모두 마쳤는데 후배들로부터 우리가 만든 문건들을 발표하지 않기로 했다는 기별이 왔다. 우리는 소식을 듣자마자 인쇄물을 친구 집 아궁이에 넣고 불태워 버렸다."

하지만 이 문건은 어찌된 영문인지 검찰 손에 들어가 9월에 송철원 등이 끌려가고 김지하가 또다시 수배되는 증거로 활용된다. 검찰은 《코민테른 선언·강령·규약》에서 따온 선언문 문장이 "북괴 및 국외 공산 계열의 활동에 동조함으로써 반국가단체를 이롭게 했다"고 주장했다.

마침내 1965년 6월 22일 오후 5시 도쿄 일본 수상관저에서 양국 외무장관 이동원과 시나가 서명함으로써 한일교섭이 종지부를 찍었다. 국교 정상화를 골자로 하는 한일 기본조약과 4개 협정이 조인된 것이다.

국회비준 절차가 남아 있었기 때문에 대학가 시위는 이후에도 계속 됐다. 8월 중순 이후 각급 학교가 개학을 하면서 시위가 다시 격화될 조짐을 보이자 당국은 8월 26일 계엄선포나 다름없는 위수령을 발동 한다. 1차 6·3에 비해(1964년 3월 24일~6월 3일) 길었던 제2차 6·3(1965 년 2월 18일 파고다 공원 '이등박문 망령 성토 학생대회'에서부터 8월 26일 계엄 선포까지)이 막을 내린 순간이다.

삶의 방향도 잃고 건강도 잃고…

1965년 9월 4일 고려대와 연세대에 무기한 휴업령이 내려진 날이었다. 김중태 최혜성 박재일 이승용 진치남 송철원 등 6명은 중앙정보 부 서울분실로 끌려가 젖은 멍석에 둘둘 말려 야구방망이로 매타작을 당하고 있었다. 그들은 곧 내란음모 및 선동, 반공법 위반 등으로 구속 기소된다. 김지하는 시골에 내려가 있었다. 전국에 김지하 수배령이 떨어졌다.

경찰은 김지하의 친척, 친구 등 그와 연관 있는 모든 곳, 모든 사람 들을 샅샅이 훑고 다녔다. 그의 모친을 지프차에 태워 앞세우고 다니며 아들의 행방을 대라고 하기도 했다. 김지하의 말이다.

"전국에 수배령이 떨어졌다고 하기에 동가식서가숙(東家食西家宿)을 했다. 한번은 서울 성북구 장위동 작은 이모네 골방에 숨어 있었는데 어떻게 알았는지 정보부원들이 들이닥쳤다. 나는 캐비닛 안에 숨어 있다가 겨우 살았다. 나중에 정보부원들이 그 사실을 알아챈 바람에 작은 이모만 혼이 났다. 더 기가 막혔던 것은 부모님이 겪었던 고초였다. 정보부가 아버지를 잡아다 '아들 놈 숨은 곳을 대라'고 전기고문을 하는 바람에 아버지가 졸도하고 고혈압이 터져 반병신이 돼버렸다. 나는 도망 다니던 와중에 친구에게 이 소식을 전해 듣고 눈이 뒤집혔다. '내 눈에 흙이 들어가기 전에 반드시 박정희를 무너뜨리겠다'고 맹세했다."

김지하는 서울 답십리 친구 집에 숨어 겨울을 넘기고 이듬해 66년 봄까지 지낸다. 그 사이 답십리 시장 근처에서 모친도 몰래 만났다. 아들 걱정에 많이 늙어버린 어머니를 안심시키고 돌아오는 그의 발걸음은 무거웠다. 어느 날은 서대문구치소 뒤쪽 담 너머에 있는 지인의 집 마당에서 바로 마주보이는 감방창문을 통해 감옥에 들어간 박재일과 손짓 발짓으로 안부를 주고받기도 했다. 다시 김지하의 말이다.

"박재일은 나더러 나타나지 말라고, 붙들리면 크게 고생한다고 걱정이 태산이었다. 나는 오른팔을 들어 그가 볼 수 있도록 큼지막하게 '건강' '신념' '낙관'이라고 써주었다. 말은 나누지 못하고 몸짓으로만 했던 통방(교도소나 유치장에서 수감자끼리 암호로 의사를 통하는 것)이었다. …그 긴 수배기간 동안 친구 집에 있던 책도 다 읽고 찾아온 선후배들과 운동에 대해 이야기도 많이 나눴다. 그러면서 내가 앞으로 해나갈 일에 대해서도 많이 생각했다."

봄이 오면서 정국상황도 좀 누그러졌다. 학생운동권에 대한 수배도 풀렸다. 김지하는 학교선배가 백방으로 알아본 끝에 수배가 풀렸다는 소식을 듣게 된다. 이미 사건이 종결되었다는 의미였다. 그는 6개월에 걸친 긴 도피를 끝내고 학교로 돌아간다. 그리고 마지막 학기 등록을 마쳤다.

희망을 잃고 자살을 생각하다

졸업을 앞두고는 있었지만 몸과 마음은 피폐했다. 걸핏하면 식은땀을 줄줄 흘리고 해골처럼 마른 몸에 끊임없이 기침을 하며 피가래를 뱉어냈다. 어떤 때는 호흡장애까지 왔다. 그러나 병원에는 가고 싶지 않았다. 당시 그에게는 살겠다는 의지가 별로 없었다. 폭음(暴飮)도 계속했다. 안주라고 해봐야 소금이나 사과 반쪽이 전부였다. 마침내 66년 8월 김지하는 7년 반 만에 대학을 졸업한다.

하지만 그는 자살을 생각하고 있었다. 꿈도 잃고 건강도 잃었다. 희망이 없었다. 생래적으로 조직을 싫어했던 그는 늘 혼자였다. 그는 언젠가 한 강연에서 이렇게 말했다.

"20대에는 정말 살기가 싫었다. 술이 아니면 살 수가 없었다. 술도 무슨 좋은 술인가? 막소주, 순 화학주에 안주는 소금이었다. 그래서 내가 몸이 망가졌다. 이제 술은 완전히 끊었지만 왜 그때 그렇게 술을 먹었을까 생각해본다. 고민이 있어서 그랬던 것 같다. 무슨 고민? 그땐 사는 게 사는 것 같지 않았다, 그 시대가 어떤 시대였느냐고? 예를 하나 들까. 그때 통일벼가 나왔다. 수확량이 많으니까 그걸로 식량문제를 해결하려고 했다. 그런데 품질은 엉망이야, 못 먹어. 그래서 그것을 아는 농민이 술에 잔뜩 취해서 농촌지도소 직원 앞에서 "제기랄, 통일벼도 벼냐?" 했다. 그러자 덜커덕 잡혀갔다. 감히 대통령의 지도노선을 비판하느냐? 그것은 북괴를 이롭게 하는 발언이다 해 가지고 반공법 4조 1항인가, 5항인가로 들어가게 한 거다. 택시 안에서 체제에 대해서 불평을 털어놓아도 그 길로 잡혀갔다. 이런 세상이 어디 있나? 그런 세상에서, 대학에서 공부를 하고 철학을 공부하고 미학을 공부할 마음이 나겠나."

그러던 어느 날 그는 급기야 자살을 시도한다.

"어느 날이었다. 길을 가는데 심한 피비린내와 함께 목구멍에서 핏덩이가 꿀꺽하고 넘어왔다. 길바닥에 흩어진 피가 시커멓게 보였다. 나는 담배를 꺼내 피웠다. 또 기침이 터졌다. 핏덩이가 또 넘어왔다. 숨이 찼지만 담배를 더 깊숙이 빨아 마셨다. 그러면서 오늘 밤이 새기 전에 살 건지, 죽을 건지 '빨리 결정하자'고 생각했다. 나는 농약을 사다놓고 소주를 퍼마셨다. 인사불성이 된 상태에서 그래도 마지막이니 내 인생에 점을 한번 쳐보자는 생각이 들었다. 왼손바닥에 침을 탁 뱉고 오른손 검지와 중지로 침을 탁 때려서 침이 오른쪽으로 튀면 요양원에 들어가 몇 년이든 각오하고 병을 고칠 것이며 왼쪽으로 튀면 시골 아무데나 내려가 농약을 마시고 죽어버리겠다는 거였다. 처음엔 침이 잘 안 나와 두 번 세 번 그렇게 했다. 네 번째에야 제대로 튀었다. 오른쪽이었다."

며칠 뒤 그는 송철원의 부친 송상근(당시 용산철도병원장)의 주선으로 서대문시립병원 폐결핵 요양원에 입원했다. 진단은 '기흉(가슴막 안에 공기가 찬 상태)'이었다. 기관지에 구멍이 뚫린 것이다. 김지하의 폐 상태는 심각했다. 엑스레이로 들여다본 그의 폐는 거의 하얀 색이었고 검은 부분도 흰 선과 점들이 지저분하게 널려 있었다. 의사는 수술 대신 약물로 치료하겠다고 했다. 약을 듬뿍듬뿍 먹어대니 기침도 차츰 줄고 피가래도 그치고 숨도 덜 찼다. 다시 그의 말이다.

"하루 종일 침대를 지고 있어야 했다. 라디오가 유일한 친구였다. 모든 병이 다 힘들지만 폐결핵은 참으로 힘든 병이다. 밥맛은 없는데 고기빈친 밥 과일을 배터지게 먹어야 하고 온갖 생각이 출몰하는데 잠은 잘 자야 하는 병이었다. 먹으면 토하는데도 꼬박꼬박 그 많은 약을 다 먹어야 하고 소화도 안 되는데 밥을 많이 먹어야 하며 우울증이 깊은데도 명랑해야 한다. 약값도 비쌌다. 여자 생각이나 술 생각은 절대 하지 말아야 하는데 그것을 멀리할 수 있는 철학적이고 심각한 책은 또 읽지 말아야 했다. 장기 입원환자인 내게 폐결핵은 일종의 정신병이었다. 잡념이 많고 종일 누워 있으니 낮에는 자고 밤에는 말똥말똥해져 불면증도 심했다."

김지하는 침대 머리맡에 '무조건 먹자'라고 써 붙였다고 한다. 그는 그곳에서 무려 2년 반을 요양한다. 그리고 세상을 잊어 갔다. 세상도 그를 점점 잊어가고 있었다.

가난의 시대 딛고
고도성장의 시대 열다

민주화 세력과 산업화 세력의 골 깊은 반목

2

경제성장의 견인차, 한일협정과 월남 파병

　김지하가 병원에 있던 1967년은 제6대 대통령선거(5월 3일)가 있는 해였다. 여당 공화당은 "박 대통령 다시 뽑아 경제건설 계속하자"를 구호로 내세웠고 야당 신민당은 "빈익빈이 근대화냐, 썩은 정치 갈아치자"로 맞섰다.

　판도는 박정희 대통령에게 유리하게 돌아가고 있었다. 한일협정으로 들어온 외화가 종잣돈이 되어 경제개발의 성과가 서서히 나타나고 있었기 때문이다. 1965년 외환보유액이 1억4600만 달러였던 상황에서 일본으로부터 공짜로 3억 달러를 10년에 걸쳐 나눠 받고, 경제협력 명목으로 2억 달러를, 무역차관 명목으로 1억 달러를 빌리기로 한 것은 경이적인 액수였다.

　한국의 경제개발은 초기엔 실적이 저조하다가 1965년부터 본궤도에 오르기 시작했다. 그리하여 1966년부터는 10% 이상 고도성장 시대가 열렸다. 한국은행은 1966년 12월 공식 발표를 통해 1966년 경제성장률이 대한민국 역사상 최고치인 11.9%(1인당 국민소득 131달러)라고 밝혔다. 1966년의 경제성장률은 1960년대 전반기(60~64년) 성장률 5.5%의 두 배가 넘는 것이었다. 훗날 2차 경제개발 5개년계획(1967~71년)을 결산해 보니 연평균 성장률이 8.5%나 됐다.

이처럼 경이적인 경제성장을 이끌게 해준 또 다른 견인차가 있었으니, 바로 '월남 파병'이었다. 베트남전에서 한국군은 사망자 5099명, 부상자 1만962명(국방부 공식 발표), 8만9708명의 고엽제 피해자(2세 64명. 국가보훈처·2012년 기준)라는 큰 대가를 치렀다. 하지만 월남 파병이 한국 경제에 일본 경제를 부흥시킨 6·25전쟁 같은 것이 될 줄은 아무도 몰랐다.

한국은 1964년 9월 12일 의료진과 태권도 교관을 파병한 데 이어 1965년 10월 14일 제2해병대여단(청룡부대) 파병을 필두로 전투부대를 잇따라 파병했다. 이어 1973년 3월 23일까지 총 32만5517명(국방부 통계)의 병력이 파병된다(베트남전은 1975년 4월 30일 미국의 중단선언으로 끝난다).

한국군 파병은 원래 박정희 대통령이 먼저 제의한 것이었다고 한다. 1961년 11월 박정희 국가재건최고회의 의장은 케네디 대통령과 워싱턴에서 정상회담을 하는 자리에서 "미국 원조를 받는 입장에서 무조건 도와달라는 게 아니라 한국처럼 자립의지가 있는 나라에 우선적으로 해 달라"고 역설하면서 자유세계의 일원으로 월남 파병을 제안한다. 당시엔 베트남 상황이 심각하지 않아 케네디 대통령은 "당장 필요하지 않다"고 하지만 이후 '더 많은 국가(More Flags)'를 캐치프레이즈로 내건 존슨 대통령이 한국에 정식으로 파병을 요청한다.

파병에 따른 파월 장병들의 수당 지급액은 1965년부터 1973년까지 총 23억5500만 달러(국방부 통계)에 달했다. 2005년 8월 외교부가 공개한 외교문서에 따르면 한국은 9년간의 참전으로 총 50억 달러의 외화 수입 효과를 거뒀다고 한다. 미국 군사원조 증가분 10억 달러+파병에 따른 미국의 경비지출 10억 달러+전쟁특수에 따른 외화수입 10억 달러+기술 이전과 수출진흥지원금 20억 달러 등이었다. 이에 따라 외환보유액도 1964년 1억2900만 달러에서 1970년 5억8400만

1966년 10월 베트남 파병장병을 격려하는 박정희 대통령.

달러, 1973년엔 10억9400만 달러로 급증했다. 한국의 국제신인도도 올라가 수출도 잘됐으며 외국에서 돈을 빌리는 것도 쉬워졌다. 1967년 한 해만 해도 상업차관이 2억3000만 달러에 달했다.

한국 현대사에서 베트남 파병은 이처럼 경제개발의 종잣돈 역할을 한 것 외에도 여러 가지 의미를 갖는다. 우선 남의 나라에 일자리를 얻어 집단적으로 한국인들이 움직였다는 점에서 최초의 국제화였다. 베트남으로의 인력 진출이 최고에 달했던 1969년에는 1만5500명이 넘었고, 진출 기업도 최고 79개 업체에 달했다. 수송업 진출 등으로 한밑천 잡은 한진그룹은 이후 항공산업에 뛰어들어 오늘의 대한항공으로 발전한다. 훗날 중동으로 뻗어나간 해외건설 진출의 기초도 베트남 전쟁터에서 닦았다.

또 하나 중요한 성과는 군(軍)의 현대화였다. 파병 전까지만 해도 국방예산을 미국에 크게 의존해 오던 한국군의 무기체제는 제2차 세계대전 수준의 구식이었고 화력도 북한에 크게 뒤지고 있었다. 하지만

봉급 군복 무기 병참 등 모든 비용을 미국 정부가 부담한다는 조건은 참전군인은 물론이고 휴전선을 지키는 한국군에도 적용됐다. 여기에 30여만 명의 파병군인이 실전경험을 쌓을 수 있었던 효과도 빼놓을 수 없다. 실제 베트남전에 참전한 한 현역 장군은 "당시 미국의 최첨단 무기들을 몰래 빼내 한국으로 가져와 모두 분해한 뒤 다시 만들어 보기도 했다. 베트남전은 한국군 무기의 현대화에 큰 기여를 했다"고 전하기도 했다.

월남 파병을 계기로 껄끄러웠던 미국과의 관계도 대폭 개선돼 주한 미군 병력을 베트남 전선으로 빼려는 미국의 구상을 중단시키는 성과도 거뒀다. 어떻든 경이적인 경제성장에 힘입어 1967년 대선 결과는 대통령의 압도적 승리였다. 박정희 후보 568만8666표(51.5%), 윤보선 후보 452만6541표(40.9%)였다.

이제 대통령이 넘어야 할 산은 총선이었다. 집권여당으로선 모든 총선이 다 중요하지만 1967년 6월 8일 제7대 국회의원선거는 박 대통령 입장에서는 또 다른 의미로 중요한 선거였다. 1967년 선출된 박 대통령의 임기는 1971년까지였다. 그런데 이미 1966년부터 측근들을 중심으로 "나라를 제대로 만들려면 박 대통령이 세 번은 해야 한다"는 논리가 퍼지고 있었다. 그렇게 하려면 헌법에서 규정한 대통령 3선 금지 조항을 푸는 개헌을 해야 하고 개헌을 위해서는 국회 재적의원 3분의 2 이상의 찬성을 얻어야 했다. 총선에서 175석 가운데 최소 117석 이상을 얻어야 하는 상황이었다.

공화당과 정부는 전쟁을 한다는 심정으로 국회의원선거에 돌입했다. 결과는 129석을 얻은 공화당의 압승이었다. 신민당은 개헌 저지선(59석)에 14석이나 모자란 45석을 얻는 데 그쳤다. 하지만 '(공화당)

선거자금이 통반(統班)조직, 상대방 선거참모 매수자금, 군소정당 후보자 사퇴자금으로 흘러 다니며 (선거) 타락이 판을 쳤다.'(1967년 6월 8일자 《동아일보》)

6·3이 끝난 대학가에 이번에는 6·8 총선 부정선거 규탄시위가 벌어졌다. 6월 13일 서울 21개 학교에 휴교령이 내려진다. 그리고 7월 8일엔 동백림(東伯林·당시 동독의 수도였던 동베를린을 한자로 음차) 사건이 발표된다. 대학교수, 의사, 예술인 및 공무원 등이 동독 주재 북한대사관을 왕래하며 간첩 활동을 했다는 것이었다. 중앙정보부가 밝힌 명단에는 작곡가 고 윤이상, 화가 고 이응로, 고 천상병 시인 등이 포함되어 있었다. 그러나 대법원 최종심에서 간첩혐의로 유죄판결을 받은 사람은 한 명도 없었다.

2006년 1월 국가정보원 과거사건 진실규명을 통한 발전위원회(진실위)는 "당시 박 정권이 6·8 부정총선 규탄시위를 무력화하기 위해 정치적으로 사건을 부풀렸다"고 발표했다. 고 천상병 시인의 경우 모진 고문을 받아 동베를린에 다녀온 친구가 간첩이란 것을 알고 있었다는 식으로 허위자백을 했던 사실도 드러났다.

1960년, 70년대 박정희 정부가 중앙정보부나 보안사령부 등을 중심으로 반공(反共)을 민주화 세력을 탄압하는 독재의 도구로 자주 활용했던 것은 사실이다. 하지만 그런 정권의 의도와 관계없이 당시 북한의 위협은 엄연히 존재했다. 북한의 도발은 1960년대 후반부터 부쩍 심해졌다. 게다가 1960년대까지만 해도 공업화 측면에서나 국민소득 면에서 남한은 북한보다 훨씬 뒤졌기 때문에 북한의 도발은 국민들에게 실체적 공포였다. 남북 간 경제격차는 일제강점기 때부터 비롯된 것이어서 남한으로서는 단숨에 북한 경제를 따라잡기가 쉽지 않았다.

통일연구원의 〈남북한 경제력 비교연구〉에 따르면 1964년만 해도 북한의 1인당 국민총생산(GNP)은 194달러였지만 남한은 107달러였다. 군사력도 북한의 절반 수준이었다. 남한의 경제력이 북한과 거의 대등한 수준이 된 것은 10월 유신이 있던 1972년에 이르러서였다. 그 해 남북한의 1인당 GNP가 316달러로 같아진 깃을 시작으로 74년에 이르러서야 남 535달러, 북 461달러로 남한이 북한을 앞지른다.

1960년대만 해도 남한보다 잘살던 북한은 남한보다 앞선 경제력과 군사력을 바탕으로 각종 도발과 대남 선전공세를 계속했다. 박 대통령으로서는 안으로는 경제개발을 위해 박차를 가해야 했고 밖으로는 북한과 힘든 싸움을 벌여야 했다. 그런 점에서 68년은 중요한 분기점이 되는 해다. 새해 벽두부터 세상을 깜짝 놀라게 한 북한의 도발이 잇달아 터졌기 때문이다. 1·21사태와 푸에블로호 납치 사건이었다.

청와대 기습한 김신조, "박정희 목 따러 왔수다"

1·21사태는 북한 무장공비 31명이 청와대를 기습하려 한 사건이다. 하마터면 전쟁이 촉발될 수도 있는 위험한 상황이었지만 미국이 남한의 보복조치를 막는 바람에 넘어간다.(박정희 대통령 암살기도는 6년 뒤 또 한 차례 있었는데 74년 육영수 여사 살해사건이 그것이다.)

1968년 1월 21일 그날, 폐결핵에 걸린 김지하가 입원해 있던 서울 은평구 역촌동 시립병원 안은 벌집 쑤신 듯 시끄러워졌다. 총검을 든 군인들이 여기저기서 나타나 북(北)에서 게릴라가 침투했다며 병원 안을 이 잡듯이 뒤지고 다녔다. 총소리가 북한산과 불광동 쪽, 구파발

쪽에서 계속 들려왔다.

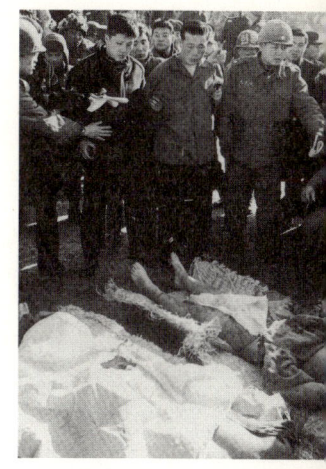

1월 23일자 각 신문 1면에는 '서울에 무장간첩단'이라는 제목으로 사살당한 무장공비와 무기 사진이 대문짝만 하게 실렸다. 1월 21일 북에서 무장간첩단이 침투했다는 내용이었다. 그중에는 생포당한 '게릴라' 김신조의 기자회견 기사도 있었다. 김지하는 병원에서 그것을 읽었다. 다음은 조선일보 1면에 보도된 문답 중 일부이다.

사살된 공비들의 신원을 확인하는 김신조 (가운데).

성명과 나이는?

"김신조, 이십칠세입니다."

소속과 계급은?

"조선인민군 제124군 부대 소위입니다."

이번 임무는?

"박정희의 000(모가지라는 뜻)를 따고 수하간부들을 총살하는 것입니다."

성공할 줄 알았는가?

"실패는 생각지도 않았고 만약의 경우 죽음을 각오했습니다."

자하문에서 충돌하기 전까지 군경 수색대를 보았나?

"아무도 만나지 못했고 간첩작전을 벌이고 있는 줄도 몰랐습니다. 막는 사람들이 없었습니다."

김지하는 "김신조의 말이 마치 사람 같지 않은 기계나 인조인간이 내뱉는 것처럼 느껴졌다"고 기억한다.

1·21사태에 따른 국민적 공포가 채 가시지 않은 이틀 뒤인 1월 23일에는 미국 정보함 푸에블로호가 원산 앞바다에서 북한에 납치되는 일이 벌어져 국제사회를 흔들어 놓는다. 푸에블로호는 승무원 83명을 태우고 북한 해안에서 40km 떨어진 동해상에서 정보업무를 수행하다가 북한의 초계정 4척과 미그기 2대의 위협을 받고 나포된다. 북한은 사건 발생 후 거의 1년이 다 되어가는 68년 12월 23일 판문점을 통해 승무원 82명과 유해 1구를 송환했다.

이제 반공과 안보야말로 우리의 생존을 지키는 지상과제가 되었다. 박 대통령은 1968년 2월 1일 오후 경부고속도로 기공식이라는 역사적 행사에 참석한 자리에서 "싸우면서 건설하자"며 이렇게 말했다.

"은인자중하는 데는 한계가 있다는 것을 엄숙히 북괴에게 경고한다. 대한민국 성장에 가장 위협을 느끼고 배 아파하는 자들이 김일성 도당들이다. 입으로는 평화통일을 주장하지만 목표와 전략은 해방부터 지금까지 적화통일이라는 데에 변함이 없다. …우리 국민들은 한쪽으로는 공산주의자들과 투쟁하면서 다른 한쪽으로는 건설을 하는, 싸우면서 건설해 나가는 그런 국민이 되어야 한다."

바로 며칠 뒤인 2월 7일에는 "그놈(북한)들이 뭐 대단한 것을 가지고 내려오는 게 아니라 기껏 소총하고 수류탄 몇 발 들고 오는데, 지금처럼 공비 20~30명을 섬멸하려고 몇 개 사단을 동원하다 보면 전방은 누가 지키나. 예비역들 한 200만 명 정도만 무장시켜 대항하면 되지 않겠는가"라고 말하며 향토예비군 구상도 밝힌다.

박 대통령은 미국에도 쓴소리를 서슴지 않았다. 2월 12일 미국의 저명한 칼럼니스트 잭 앤더슨 기자와 청와대 단독 회견을 가진 자리에서 "북괴가 오만해지는 이유는 그들의 도발 행위에 얼굴을 돌리는 미국 정책 때문"이라고 말한 것이다. 이어 "한국의 방위가 유엔군사령관의 책임 하에 있고 한국군이 유엔군사령관 작전 지휘 하에 있기 때문에 무장 간첩 침투사건(1·21사태)과 푸에블로호 사건에 대해 응징 조처를 취하지 말라는 미국의 요청을 받아들이겠다. 하지만 이번 사건에 대한 유엔군사령관의 처사는 예의 주시하겠다"는 경고성 발언까지 했다. 앤더슨 기자는 이 회견기를 이틀 뒤 《워싱턴포스트》에 실었다.

안보 불안 속에서 4월 1일 250만 향토예비군이 창설됐다. 하지만 북한의 도발은 끊이지 않아 10월 30일엔 경북 울진 삼척에 130여 명의 무장공비가 침투하는 사건이 발생한다. 무장공비들은 1·21사태 때 남쪽의 민간인들이 공비들을 신고해 일망타진되었다며 민간인들을 잔인하게 살해했다.

11월 21일부터는 18세 이상 모든 국민에게 일련번호를 부여하는 주민등록증제도가 실시됐다. 12월 5일엔 대통령 이름으로 〈국민교육헌장〉이 발표된다. 박 대통령은 1968년 11월 30일 수출의 날 치사에서 울진 삼척 무장공비 사건을 언급하며 결국 경제성장만이 북한동포를 자유롭게 할 것이라며 이렇게 연설했다.

"공산주의로 경제건설에 성공한 나라는 이 지구 상에 하나도 없다. …북한 경제가 성장이 되고 수출이 많이 늘고 북한 동포들의 생활수준이 올라가 번영을 누리게 되면 북한 동포들 머릿속에 좀 더 자유롭게 잘살아보겠다는 욕구가 생길 것이다. 이것은 공산주의가 가장 두려워하는 것이다."

북한의 도발은 이듬해인 69년에도 계속됐다. 4월 7일 중서부 전선에 300여 발의 포격을 했으며 4월 15일엔 미 해군정보기(EC—121)를 동해상에서 격추시켜 31명이나 되는 사망자를 냈다. 이런 상황에서

69년 7월 25일 미국 대통령 닉슨은 괌에서 이른바 '닉슨 독트린'(괌 독트린이라고도 불림)을 발표한다. "아시아 국가들은 미국 의존도를 줄이고 안보 문제를 독자적으로 해결하기를 바란다"는 내용이었다. 이는 한국에서의 미군철수를 의미하는 것이기도 했다.

아침이슬! 광야로 나설 운명임을 예감하다

1969년 6월 김지하는 2년 반 만에 퇴원한다. 그리고 2개월 뒤 취직을 한다. 그의 생애 처음이자 마지막으로 직업을 갖게 된 것이다. 폐결핵으로 엉망이 됐던 몸이 어느 정도 회복되자 그도 생활인으로 살아야 한다는 심리적 압박이 생겼다. 게다가 아버지의 벌이도 시원치 않아 외아들인 그로서는 돈을 벌 수밖에 없는 형편이었다. 그는 지인의 소개로 한 마케팅 회사 카피라이터로 들어간다.

나름대로 열심히 했다. 마케팅에 관해 책도 읽고 토론도 했다. 당시 김지하를 거쳐 간 카피는 담배인삼공사에서 수입한 버지니아 잎담배 광고와 '당신은 대한항공에서 언제나 양반 대접을 받습니다'라는 큰 제목 아래 한국의 '양반'에 대한 개념 설명과 서양인이 통영갓을 쓰고 앉아 있는 기내 사진이 크게 확대된 광고였다고 한다. 그의 회고다.

"당시 일하면서 미국광고협회 회장의 연설문을 읽은 게 기억난다. 그 회장은 '오늘날의 광고와 마케팅에서는 콘텐츠와 관련해 밥 딜런(미국 포크록의 거장이자 반전 가수) 같은 청춘의 상징과 그 메시지를 깊이 검토해야 한다'고 썼다. 그 글을 읽으며 앞으로 기업들이 문화운동까지 잠식해 문화 속 미학적 영향력을 상품판매에 깊이 연결시킬 것이라는 예감이 들었다."

하지만 김지하는 입사 후 석 달을 채우지 못하고 사표를 쓰고 나와 버린다. 출퇴근하는 직장생활이 도무지 체질에 맞지 않았기 때문이다. 무얼 하며 먹고살아야 하나, 내가 진정 원하는 것은 무엇인가, 그런 고민들이 밀려왔다. 그는 본래 대학을 졸업하고 '거리의 미학자'가 되려고 했었다고 한다. 이런 생각에 큰 영향을 끼친 사람이 바로 미학과의 김정록(金正祿) 교수였다. 김지하는 김정록 선생 이야기가 나오자 눈을 감고 옛 생각에 잠겼다. 스승을 회고하는 그의 얼굴에 추억이 서렸다.

"지난 시절 살아오면서 내 삶에 영향을 끼친 사람들은 어른들이라기보다 친구들이다. 하지만 유일한 스승이 있다면 바로 김정록 선생이다. 대학 1, 2학년 때 만날 술만 퍼먹고 자살하고 싶은 마음으로 가득했던 시절, 선생은 내 마음을 어루만지며 길을 열어주려고 애쓰셨던 스승이었다. 선생은 김홍집(1842~1896·갑오개혁을 주도한 조선 후기 문신)의 손자로 북경대학에서 곽말약(1892~1978·중국의 시인 겸 극작가) 밑에서 공부한 사람이다. 곽말약은 모택동도 떨던 사람 아니었나. 어느 날 선생이 곽말약이 해준 말이라면서 내게 이렇게 말했다. '서양의 예술, 과학사상은 완벽하지 않다. 앞으로 세계정세를 볼 때 서양과학만으로는 해결되지 않는다. 동양사상을 공부해야 한다. 그렇다고 동양사상도 완벽한 것은 아니니 동서양 둘 다 받아들여야 한다. 머지않아 동양이 서양을 앞서는 날이 온다.'"

그러면서 스승은 김지하에게 이런 말을 덧붙였다고 한다.

"대학원을 안 가도 좋고 대학 선생이 안 되어도 좋으니 공부는 계속해라. 네가 하는 판소리, 탈춤도 좋고 서양 것도 좋으니 공부해서 다 섞어라. 비록 크게 되지 않을지라도 그게 시작이 될 것이다. 너는 시도 쓰고 그림도 그리니까 (강단에 얽매이지 않는) '거리의 미학자'가 되어라."

'거리의 미학자'로 살고 싶었던 저항시인

'거리의 미학자'가 되라는 스승의 말은 평생을 살면서 어느 조직에
도, 사람에도 휘둘리지 말고 혼자 꿋꿋이 자신의 길을 걸으라는 삶의
지침을 제시한 것처럼 들렸다. 한 번은 김지하가 어느 겨울, 원주 집에
서 며칠 불면의 밤을 지내다 스승께 편지를 쓰기도 했다고 한다.

"내용인즉 '괴롭다'는 것이었고 어찌하면 '벗어날 수 있느냐'는 것이
었다. 그 말도 안 되는 내용의 편지에 선생은 긴 답장을 보내주셨다."

스승의 답장은 이랬다.

'체관(諦觀·사물의 본체를 꿰뚫는 일)만이 해결의 길일세. 체관이란 그
리 쉬운 일이 아니니 용기가 필요하다네. 용기 또한 그리 쉽게 얻어지
는 게 아니니 어른들이나 옛 사람들의 가르침이 그래서 필요한 것일
세. 노자(老子)로부터 배우게. 허(虛)라는 것은 그냥 '허무'가 아닐세.
그것은 참다운 용기의 근원이요, 체관의 문(門)이라네. 체관이 곧 삶
의 문이니, 지금 곧 서점에 가서 '노자'를 사다가 읽고 또 읽도록!'

김지하는 당장 노자를 사다가 통독했다고 한다. 필자는 이 대목을
들으며 방황하는 제자에게 이런 따뜻한 답장을 쓰는 스승이 있었던
그 시절이 문득 부러워졌다.

3개월 만에 직장에서 뛰쳐나온 김지하는 문화운동을 하며 살기로
한다. 그러면서 떠오른 것이 각 대학교 연극반을 상대로 학생극을 전
업으로 하는 연출가로 사는 것이었다. 부업으로 전국 대학교에서 이
뤄지는 연극공연들을 정기적으로 알리는 일도 할 만하다고 생각했다.
최소한의 생계는 연극 연출료로 해결하고 대학생 연극을 민족문화운

동의 중심으로 만들어 문화운동도 자연스
럽게 하겠다는 취지였다.

서울 동숭동 학림다방에서 문리대 연극
반 후배들과 만난 자리에서 김지하가 이런
구상을 이야기하자 후배들은 "당장 한 편
을 해보자"고 했다. 이때 고른 작품이 김영
수(1911~1977·극작가)의 〈혈맥〉(1946년 발표된 3막4장의 희곡. 일제 때 방공금지곡 〈아침
호에서 살아가는 하층 인간들의 삶을 그렸다)이었다. 〈혈맥〉은 이듬해 서울이슬〉의 가수
김민기와 양희
대 문리대 연극반 봄 학기 공연작품으로 선정되었다.은.

그 무렵 김지하는 후배 김민기(극단 학전 대표)와도 인연을 맺는다.
배우 신성일의 친동생이기도 한 미대 회화과 강명희(화가) 집에서 판화
가 오윤(1946~1986) 임세택(화가·전 서울미술관장) 등과 김민기의 노래를
듣게 된 것이 인연의 시작이었다. 김지하의 말이다.

"민기는 서울대 미대 회화과에 갓 들어온 신입생이었다. 찢기고 헤
진 청바지에 잠바를 걸치고 기타를 치면서 세 곡을 연거푸 불렀다. 두
곡은 〈길〉〈혼혈아〉라는 게 기억이 나는데 나머지 하나는 기억나지
않는다. 밑바닥에서 올라오는 깊고 애잔한 저음이 듣는 사람을 우울
하고 슬프게 만드는 힘이 있었다. 판화가 오윤이 민기에게 '한국의 밥
딜런이 나왔다'고 감동했던 기억이 난다."

그 후 몇 년 뒤 어느 한여름 날, 김지하는 서울대 의대 함춘원(조선
성종 때 창경궁 후원·현 서울대병원 안에 위치)에 무료하게 앉아 있다가 라
디오에서 흘러나오는 김민기의 〈아침이슬〉을 듣게 되었다고 한다.

긴 밤 지새우고

풀잎마다 맺힌

진주보다 더 고운

아침이슬처럼

내 맘에 설움이

일일이 맺힐 때

아침동산에 올라

작은 미소를 배운다

태양은 묘지 위에

붉게 타오르고

한낮에 찌는 더위는

나의 시련일지라

나 이제 가노라

저 거친 광야에

서러움 모두 버리고

나 이제 가노라

김지하는 노래를 들으며 이 노래가 곧 금지곡이 될 것이고 자신의 삶 역시 거친 광야로 나서게 될 것임을 예감했다고 한다. 그의 예감은 모두 맞았다.

나라 좀먹는 부정부패세력 고발한 〈오적〉 필화사건

1970년 새해가 밝았지만 정국은 날이 갈수록 뒤숭숭해지고 있었다. 3월 17일엔 이상한 일이 벌어졌다. 승용차 안에서 고급요정 마담이었던 정인숙(1945~1970)이 권총으로 살해되어 변사체로 발견된 것. 함께 발견된 옷가방에서는 당대 저명인사 26명의 명단이 나왔다는 사실이 알려지면서 박정희 정권의 도덕성에 상처를 입히는 정치적 사건으로까지 비화된다.

그로부터 한 달도 채 안된 4월 8일 오전 6시 40분에 서울 마포구 창전동 와우산 중턱에 세워진 와우아파트 15동 콘크리트 5층 건물이 무너져 내렸다. 미처 잠에서 깨지도 못한 시민 33명이 숨지고 38명이 다쳤다.

당시 김현옥 시장은 9만여 채의 무허가건물을 철거해 거주자들을 경기 광주(현 성남시) 대단지로 이주시키고 나머지 가구들을 위해 시민아파트를 건립한다는 계획을 세웠다. 문제는 속도가 너무 빨랐다는 것이었다. 1969년 한 해에만 서울 32개 지구에 406동 1만5840가구의 아파트가 지어졌다. 단기간에 짓다 보니 부실은 당연했다.

와우아파트도 여섯 달 만에 준공된 것이었다. 건설업자가 무면허였다는 것도 드러났고 뇌물을 주기 위해 공사비를 줄이려고 철근 70개를 넣어야 할 기둥에 5개만 넣었다는 것도 드러났다. 기둥도 시멘트 대신 모래를 넣은 모래기둥이었다. 와우아파트 사건 이후 한국의 경제성장을 두고 '와우식 근대화'라는 말도 생겼다.

김시하는 이즈음 '그의 운명'을 바꿀 뜻밖의 제안을 받는다. 대학시절부터 알고 지내던 잡지 《사상계》 편집장 김승균으로부터 '동빙고동에 오적촌이라는 곳이 있다더라. 여기에 대한 장시(長詩)를 하나 써 달라'는 청탁을 받은 것. 김승균의 회고다.

"당시 《사상계》는 매달 테마를 정해 외부 필자에게 원고를 청탁했다. 《사상계》 사무실이 종로구 청진동 백조다방 건물 4층에 있었는데 야당 정치인들이나 지식인들의 사랑방이기도 했다. 1970년 5월호를 5·16쿠데타 9주년 특집호로 내기로 하고 4월 기획회의를 하는데 당시 부촌(富村)이었던 동빙고동이 화제가 됐다. 혁명공약에서 부정부패를 일소하겠다고 한 (쿠데타) 세력이 오히려 부패의 온상이 되고 있다고 실망과 비난이 드셌다. 집에 에스컬레이터를 달아 놓고 사는 '오적촌'이 있다는 소문이 시중에 파다하다는 거였다. 오적촌을 주제로 장시를 받아야겠다고 생각해 김지하를 떠올렸다. 다들 찬성했다. 김지하는 대중에게 알려진 유명 인사는 아니었지만 재주가 뛰어나다는 것을 알 만한 사람들은 다 알고 있었다. 특히 그런 시를 쓰려면 용기가 필요한 사람이어야 했으니 그가 적격이었다. 나는 김지하에게 동빙고동 오적촌 이야기를 전하며 장시를 청탁했다. 그런데 5일 만에 300행이나 되는 긴 담시(譚詩·이야기 시)가 왔다. 그것도 삽화까지 그려서 말이다. 사흘 만에 썼다고 하기에 '역시 김지하'라고 생각했다."

오적(五賊)… 재벌, 국회의원, 고급공무원, 장성, 장차관

'시를 쓰되 좀스럽게 쓰지 말고 똑 이렇게 쓰랏다.
내 어쩌다 붓끝이 험한 죄로 칠전에 끌려가
볼기를 맞은지도 하도 오래라 삭신이 근질근질
방정맞은 조동아리 손목댕이 오물오물 수물수물
뭐든 자꾸 쓰고 싶어 견딜 수가 없으니, 에라 모르겠다
볼기가 확확 불이 나게 맞을 때는 맞더라도
내 별별 이상한 도둑 이야길 하나 쓰것다.

옛날도 먼 옛날 상달 초사흗날 백두
산 아래 나라선 뒷날
(…).'(〈오적〉의 첫머리)

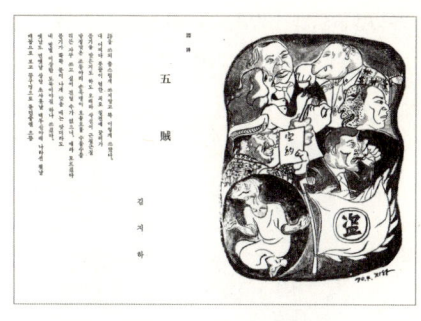

김지하는 재벌(財閥), 국회의원(國會
議員), 고급공무원(高級公務員), 장성(將
星), 장차관(長次官) 다섯을 나라 팔아먹은 을사오적(乙巳五賊)에 빗대
'오적(五賊)'이라 칭했다. '정인숙 피살'을 정치적 사건으로, '와우아파트
붕괴사건'을 고위 공직자의 부패에서 기인한 것으로 묘사해 시사성을
살렸다. 김지하는 〈오적〉을 쓰던 상황을 생생하게 기억하고 있었다.

"내가 담시 같은 판소리 형태로 시를 써야겠다고 느낀 것은 대학생
활 때부터 판소리에 관심을 가졌기 때문이다. 대학교 때 조동일 심우
성 등과 함께 '우리문화연구회'를 했는데 당시는 소수이긴 했지만 민
요 판소리 탈춤 무속 같은 것에 대한 적극적인 관심이 일어나기 시작
할 때였다. 마당굿을 하는 '말뚝'이라는 극회(劇會)도 만들었는데 연암
의 〈호질〉 같은 것을 각색해 공연하기도 했다."

〈오적〉은 200자 원고지 40장 분량으로 《사상계》 18페이지에 걸쳐
실렸다. 김지하에게 "어떻게 그렇게 긴 시를 빨리 쓸 수 있었느냐"고
물으니 이런 답이 돌아왔다.

"청탁받고 쓰기 시작했으니 쓰는 데만 한 사흘 걸렸다. 이렇게 말하
면 다들 놀라거나 거짓말이라고 하는데 진짜 꼭 사흘 걸렸다. 돌이켜
보면 사흘 동안 어떤 영적 흥분이 나를 사로잡았던 것 같다. 고위 공
직자들의 부패, 도둑질 방법, 호화판 저택의 내부 같은 것들은 전혀
본 적도 없고 고작 시중에 떠도는 소문들 몇 개를 들은 것뿐이었는데

막상 시를 쓰려고 앉으니 단박에 떠올랐
다. 시를 쓰면서 긴장, 피로, 권태감을 느
꼈다거나 착상 변경이 단 한 번도 없었다.
나도 아무리 이성적으로 따져보아야 알
수가 없다. 나는 그것을 '신명'이라고 생각
한다. 신명이 내 상상력에 불을 지폈다고
밖에는 말할 수 없다."

다시 김승균의 말이다.

"〈오적〉 원고를 받아들고 걱정도 없지 않았다. 《사상계》가 광고탄
압으로 가뜩이나 어려운 상황이었는데 〈오적〉이 나가면 더 어려워지
지 않을까 하는 생각도 있었다. 원고를 받자마자 사장실 책상 위에 슬
그머니 올려놓고 나왔다. 돌아와 보니 부완혁 사장(《사상계》 2대 사장)
이 껄껄 웃어가며 읽고 있었다. 그러더니 나를 보고 "괜찮겠죠" 하면
서 OK 사인을 해 주었다. 어려운 한자가 많아 활자를 새로 만드느라
편집이 늦어져 《사상계》는 4월 말에야 출간됐다. 책은 그야말로 날개
돋친 듯 팔렸다. 초판 3000부가 삽시간에 매진됐고 재판(再版) 요구가
빗발쳤다. 요샛말로 대박이 난 거였다. 정부에서도 처음에는 별 반응
이 없었다."

〈오적〉 필화사건은 5월 중순 국회에서 신민당 의원이 대정부 비판
발언을 하며 시 〈오적〉을 낭독하는 일이 있었고, 이 보고를 받은 박
정희 대통령이 《사상계》를 가져오라 해서 읽고는 "이게 애국이야?"
하며 집어던졌다는 이야기가 돌 때까지만 해도 그럭저럭 넘어가는 것
같았다. 마침 1970년 국제펜클럽 서울대회를 앞두고 있었던 터여서
문제 삼을 경우 시인을 탄압하는 국가라는 국제적 망신을 살 수 있다

는 우려도 있었다. 그런데 문제는 정작 다른 곳에서 터졌다.

법정에 선 저항시 〈오적〉

당시 《사상계》에 재정후원을 하던 민주당 김세영 재정위원장(함태탄 광 대표)은 당보 《민주전선》도 관리하고 있었다. 그는 1970년 6월 1일 자 당보에 시 〈오적〉을 게재해 평소 발행부수의 2배인 20만 부를 찍어 배포해버렸다. 오적 가운데 군 장성 대목은 빼 사실상 '사적(四賊)'이 되었지만 시 〈오적〉이 정치적 사건으로 비화되는 순간이었다. 김승균 전 《사상계》 편집장의 회고다.

"5월호가 발행되고 20여 일이 지난 뒤에 갑자기 김지하가 붙들려 갔다. 어디로 갔는지 확인이 안 돼 애를 태웠다. 그러다 다시 20여 일이 지났는데 그로부터 전화가 왔다. 정보부에 붙들려 갔었는데 자신의 신병을 어떻게 처리할까 고민하다 폐결핵을 앓고 있다는 것을 알고 병원에 가두려고 잠시 집에 다녀오라고 풀어주었다는 것이다. 이튿날에 도망쳤다는 거다."

김지하는 함석헌 선생 집으로 피신했다가 신세를 오래 지기가 곤란해 여관방으로 옮긴 뒤 김 전 편집장에게 전화를 한 거였다. 김 전 편집장은 《사상계》 부완혁 사장에게 바로 보고를 했고 김 민주당 재정위원장의 도움을 받아 김지하를 서울대병원에 입원시켰다. 다시 김 전 편집장의 말이다.

"김지하를 입원시키고 사무실로 돌아가 장부 정리를 하고 있는데 갑자기 정보부가 들이닥쳤다. 어디론가 끌려가 매질을 당하는데 재킷

속에 넣어둔 환자 보호자증이 내내 신경 쓰였다. 발각되면 김지하 소재가 파악될까봐 화장실로 가서 그것을 침으로 삼키느라 고생한 기억이 난다."

이후 김지하는 다시 붙들려 간다. 부완혁, 김승균, 《민주전선》 주간 김용성도 함께였다. 《시상계》는 폐간됐다. 〈오적〉 재판은 100일가이나 이어지면서 전 국민적 관심을 끌었다. 법정은 늘 만원이었다. 신문에도 대서특필되면서 미국 유럽 일본에까지 알려졌다. 〈오적〉은 당시만 해도 무명 시인이었던 김지하를 당대 최고 스타로 만들었다. 문학평론가 임헌영은 1999년 8월 12일자 《서울신문》에 게재한 글에서 이렇게 말한다.

"69년 갓 시인이 된 김지하를 알고 있었던 사람은 서울대 출신을 비롯한 극소수였다. 하지만 〈오적〉 사건으로 그는 분단 이후 최대 저항시인으로 급부상했다. 막상 공판이 열리고 보니… 탁월한 이론가에다 말솜씨까지 갖춰 변호인이 질문만 해주면 되었다. …당대 민권 변호인이었던 태륜기 홍영기 한승헌을 비롯한 여러 변호사가 법정을 뜨겁게 달궜고, 방청석에는 함석헌 장준하 안병욱 등을 비롯한 문인, 민주인사, 운동권 출신들이 총집결했다. 대법정에서 열렸던 〈오적〉 공판은 김지하의 익살과 달변으로 마치 만담장이라도 된 듯한 분위기 때문에 언제나 초만원이었다."

한승헌 변호사도 《한국일보》 2009년 1월 29일자에서 당시 법정 상황을 이렇게 전한다.

"검찰이 〈오적〉에 대해 '남한 사회의 빈부격차를 부각시켜 계급의식을 고취한 용공작품'이라고 하자 김 시인은 '오적이 있으니까 〈오적〉을 썼을 뿐'이라는 명답을 앞세우고 이렇게 반론했다. '내 시를 자꾸 용공이라고 하는데, 부정부패 그 자체가 이적이 될지는 몰라도 그것을 비판하는 소리가 이적이 될 수는 없다.'"

그러나 투옥은 길지 않았다. 김지하를 비롯한 피고인 4명은 모두 보석으로 9월 8일 석방된다.

민주화운동 세력의 스타가 된 김지하

김지하가 교도소 문을 나서는 날, 교도소 앞은 그를 보러 나온 사람들로 북적댔다. 여러 사람들이 자기 차에 타라고 김지하를 끌었다. 그는 "장준하 선생의 차를 탔다"고 한다. 장준하가 누구인가.《사상계》발행인으로 이미 그로부터 8년 전인 62년 막사이사이 언론문학 부문을 수상했으며 박정희 대통령을 향해 극언을 서슴지 않아 지성과 용기를 가진 지식인으로 추앙받던 인물 아닌가.

"눈을 떠보니 스타가 되어 있었다"는 말은 당시 김지하에게 해당된 말이었다. 당시를 회고하는 그의 말이다.

"그날 이후 '곁길로 가지 말자! 똑바로 가자! 들뜨지 말자!'를 명심하고 또 명심했다. 하지만 매스컴도 톱스타로 대접했고 가는 곳마다 '왕자' 대접을 받았다(웃음). 심지어 택시운전사나 찻집 주인들까지 나를 알아보았다. 장안의 내로라하는 사람들이 직간접으로 연락해 만나자 했고, 밥과 술을 원 없이 사주었다. 나는 그때 서울 바닥에 '상류'라고 부르기도 뭣하고 '노블레스 오블리주'라는 말로는 과분한, 어떤 장소, 어떤 집단이 있다는 것을 느꼈다. 그 속에 나 같은 촌놈을 끼워주다니, 서울이 이제야 나를 허용하는구나…. 솔직히 나는 당시만 해도 칭찬에 굶주리고 명예에 굶주렸던 청년이었다."

김지하는 매일 사람들에 이끌려 세상 밖으로 나왔고 번번이 술에 취했다. 마침 출판사 한얼문고에서는 그의 첫 시집 《황토》가 간행됐다. 70년 겨울 출판기념회가 열린 신문회관(현 한국프레스센터)에는 명사들이 줄지어 일대 성황을 이루었다.

포항제철 첫 삽 뜨고 경부고속도로 뚫리다

〈오적〉 필화사건은 1970년 민주화투쟁의 서막을 알리는 신호탄과도 같았다. 부정부패를 고발한 〈오적〉은 이미 그때부터 조짐을 보인 압축성장의 그늘을 표현한 것이었다. 그런 점에서 4월 와우아파트 붕괴에 이어 12월 여객선 남영호가 적정 화물량의 3배가 넘는 짐을 싣고 가다 침몰해 무려 326명이 물에 빠져 숨진 사건은 빨리빨리 속도전이 낳은 대형 인재였다.

하지만 한국 현대사에서 '가장 중요한 10년'이라고 해도 과언이 아닌 1970년대를 연 첫해는 한국 산업화의 양대 축이 만들어진 역사적인 해였다. 훗날 박정희 대통령의 최대 치적으로 평가받는 포항제철이 1970년 4월 1일 첫 삽을 떴고 7월 7일엔 역사적인 경부고속도로가 완공되었다. 대망의 수출 10억 달러를 달성한 해도 1970년이었다. 《대통령의 경제학》을 쓴 이장규는 책에서 이렇게 밝히고 있다.

'포철과 경부고속도로는 산업구조 면으로나 경제발전 단계 면에서나 가장 중요한 기초산업이요, 사회간접자본으로 한국경제의 제조업과 물류의 기본 틀을 완전히 바꿔놓았다. …전문가들이 등을 돌렸고 여론에서도 줄기차게 반대하고 비판했음에도 불구하고 오로지 박정희가 집념으로 초지일관해서 성공시켰다. 박정희는 말 그대로 물불을 가리지 않았고 모든 수단과 방법을 가리지 않았다. …역사에서 가정이 성립되지 않는다고 하지만 만약 두 사업이 당시의 반대에 굴복해서 무산됐다면 지금의 한국경제는 어떻게 됐을까.'

1970년 포항종합제철소 착공식 당시의 박정희대통령.

철강업은 전후 식민지에서 해방된 개발도상국들이 '첫째가 독립, 두 번째가 항공로, 그 다음이 바로 제철공장 건설'이라고 말할 정도로 공통된 갈망이었다. 철강이야말로 공업화의 상징이며 정치적 독립의 상징이었기 때문이다. 《동아일보》는 포철 착공식 닷새 뒤인 70년 4월 6일자 신문에 '10년 곡절, 난산의 이력, 포항종합제철 기공까지'라는 제목의 기사를 싣는다.

기사에 따르면 대한민국에 제철소를 만들자는 계획은 이승만 정부 시절인 1958년에 시작됐다. 당시 상공부는 미국의 대한(對韓) 원조전담부서 ICA(국제협조처) 자금 3000만 달러와 국내 자본 150억 원을 들여 강원도 양양에 연산(年産) 20만 톤 규모의 철강공장을 짓겠다는 계획을 발표한다.

하지만 4·19로 이 계획은 유산되고 이후 집권한 박정희 국가재건최고회의 의장이 계획을 이어받는다. 박 의장은 1차 경제개발 5개년 계획을 세우면서 62년 5월 이정림 이양구 남궁연 설경동 등 당시 유수의 기업인들을 참여시켜 '종합제철민간투자공동체'를 구성한다. 외자 8000만 달러와 내자 30억 원으로 연산 32만 톤 규모의 공장을 짓고 미국 '부르녹스'사를 상대로 교섭을 벌인다는 구상이었다. 하지만 자본 조달과 합작조건이 맞지 않아 무산된다.

누구도 믿지 않던 한강의 기적

박정희는 꿈을 버리지 않았다. 기술도 중요하지만 막대한 재원이 관건이라는 결론을 내리고 1966년 12월 미국 영국 프랑스 서독 이탈리아 등 5개국 7개사로 구성된 '대한종합제철차관단'(KISA)을 구성해 외자를 조달하기로 한다. 1억1000만 달러를 유치해 60만 톤 규모의 공장을 짓겠다는 것이었다.

공장입지를 포항으로 정하고 KISA와 종합제철건설계약을 맺을 때까지만 해도 별 문제가 없어 보였다. 하지만 69년으로 접어들면서 먹구름이 끼기 시작했다. 다들 한국경제가 제철사업을 감당할 능력이 없다고 반대하고 나섰다. 차관을 주기로 했던 미국과 서독 정부가 거절한 데 이어 세계은행까지 나서서 "한국에 종합제철을 세우는 것은 시기상조요, 경제성도 의심된다"고 한 것. 세계은행 유진 블랙 총재는 연차총회 석상에서 "개발도상국들의 고속도로 건설이나 종합제철사업 추진은 국가원수의 기념비 건립이나 다름없다"고 비아냥거리기도 했다.

결국 돈은 일본에서 나왔다. 장기영 박충훈에 이어 김학렬 부총리 겸 경제기획원장이 일본을 오가며 설득하는 등 온갖 우여곡절 끝의 성과였다. 농업용수 개발이나 다리 건설 등에 쓰기로 약속하고 일본으로부터 받기로 돼있던 일부 청구권 자금의 명목을 바꿔 총 1억1948만 달러를 제철사업으로 돌릴 수 있도록 만들었다.

박정희는 포철에 전폭적인 지원을 아끼지 않았다. 초기 자본금 140억 원은 정부와 대한중석이 3 대 1의 비율로 부담했고 공업단지를 조성하는 비용부터 공단 진입로, 철도, 항만, 공업용수 등 일체의 사회간접자본을 모두 정부예산으로 지원했다. 또 시중은행으로부터 빌린 대출금을 주식으로 전환해 이자부담을 없애주고 대출은행에 마땅히 줘야 할 배당금도 1982년까지 한 푼도 주지 않도록 만들기도 했다. 이장규의 말처럼 '박정희는 포스코의 실질적인 창업자이자 CEO였다'.

경부고속도로 건설도 곡절이 많았다. 야당은 "자가용족 부자들의 전용도로다. 혈세낭비"라고 비판했고 경제기획원조차 정부 총예산이 1500억 원인 상황에서 총예산의 3분의 1이나 드는 사업은 무리라며 비관적이었다. 건설부 내부에서도 반대가 만만치 않았다. 일각에서는 박 대통령의 장기집권을 위한 꼼수라는 주장도 있었다.

하지만 박 대통령은 정부 예산안이 국회에 제출된 상황임에도 "전부처 예산을 일괄적으로 5%씩 깎아서 고속도로 예산을 지원하라"고 밀어붙였다. '날치기 통과'라는 언론의 비난도 개의치 않았다. 고속도로 공사는 현대건설을 비롯한 민간건설업체에 맡겼지만 현장 총괄 사무소장으로는 토목전문가인 공병 출신 예비역 육군소장을 임명했다. 일련의 과정이 마치 군사작전 같았다. 다시 이장규의 책을 인용한다.

'포병 출신이라 독도법이 능한 박정희는 혼자 지도를 봐가면서 노선 결정을 비롯해 용지매입문제에까지 지휘봉을 잡았다. 심지어 시중은행장들을 비밀리에 소집해 수용할 용지의 시가감정을 보고받는가 하면 용지매입가격까지 지시했다. …마침내 68년 2월 1일 착공에 들어간 경부고속도로는 70년 7월 7일 428km가 뚫린다. 누구도 이처럼 2년 5개월 만에 번개처럼 뚫릴 줄은 몰랐다.'

박 대통령은 대구공설운동장에서 열린 준공식에서 "가장 싼값으로 가장 빨리 이룩한 대예술작품"이라고 자랑했다. 국민들도 자신감에 들떴다. 70년 7월 7일자 《동아일보》는 사설에서 '산을 뚫고 강을 건너 들을 누비면서 아스팔트대로가 한국의 중추를 관통시켰다. 이 어려운 작업이 우리 기술진에 의해 성공적으로 끝났다는 것은 불굴의 의지와 땀과 국민 부담이 오늘의 개통식을 가져온 원동력이었다. 벅찬 것을 안 느낄 수가 없다'고 했다.

빨리빨리 개통을 서두르느라 "고속도로가 누워있길 망정이지 아파트처럼 세워졌드리면 벌써 무너져 내렸을 것"이란 야당의 주장대로 하자도 많았다. 하지만 한국의 놀라운 집중력과 실행력은 당초 차관을 거절했던 개도국 지원기구인 IBRD의 마음을 바꿔 전주~순천 간 호남고속도로, 남해고속도로, 새말~강릉 간 영동고속도로 건설에 적극적으로 차관을 제공하도록 하는 데 기여한다.

그러나 전쟁의 잿더미 위에서 '한강의 기적'이 일어나는 동안 노동자들의 고통도 깊어갔다. 마침내 뇌관이 폭발하니 전태일의 분신이었다.

한국 노동운동의 불쏘시개가 된 그 이름, 전태일

1970년이 저물어가던 11월 13일이었다. 김지하는 평소 잘 알고 지내던 아우이자 그 전해 서울대 법대를 졸업하고 사법시험을 준비하던 조영래가 급히 보자고 해서 명동성당 건너편 골목 입구 이층 찻집으로 들어섰다. 장기표 이종률 심재택도 함께 있었다. 다들 표정이 침통했다. 김지하가 눈빛으로 '무슨 일이냐' 묻자 조영래가 입을 열었다.

"오늘 낮에 동대문 평화시장 앞길에서 전태일이라는 노동자가 분신자살했습니다. 시신이 지금 명동성당 구내 성모병원에 있는데 내일 서울대 법대에서 장례식을 치르고 시신을 앞세워 평화시장을 거쳐 청와대까지 행진하려 합니다."

훗날 조영래가 쓴 《전태일 평전》에는 전태일의 최후가 이렇게 그려져 있다.

'70년 11월 13일 오후 1시 반경, 전태일이 근로기준법 책을 가슴에 품고 내려왔다. 갑자기 옷 위로 불길이 확 치솟았다. "근로기준법을 준수하라!" "우리는 기계가 아니다! 일요일은 쉬게 하라!" …그는 까맣게 탄 얼굴 근육을 실룩거렸는데, 우는 것인지 웃는 것인지 분간할 수가 없었다. …어머니는 내내 죽어가는 아들의 모습을 지켜보고 있었다. 전태일은 목이 마르다면서 물을 달라고 수없이 졸라댔다. 그러나 어머니는 물을 마시면 화기(火氣)가 입속으로 들어가 영영 살릴 수 없게 된다는 생각에 줄 수가 없었다. 나중에는 차마 눈을 뜨고 볼 수가 없어서 갈증이라도 면하게 해주려고 가제에 물을 적셔 입을 축여주었다. …전태일은 한동안 혼수상태에 빠진 듯하더니 눈을 떠 힘없는 소리로 "배가 고프다"고 했다. 평생을 굶주림으로부터 벗어나보지 못했던 그였다. 배가 고프다는 한마디, 그의 스물두 해의 고통을 말해주는 이 한마디가 그의 마지막 말이었다.'

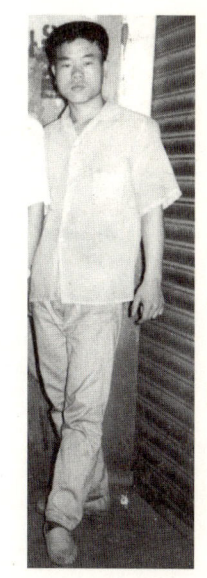

한국 노동운동의 역사를 연 생전의 전태일

김지하는 조영래에게 "내가 할 일이 뭐냐"고 물었다. 조영래가 "조시(弔詩)를 써 달라"고 했다. 그러자 옆에 있던 다른 사람들이 반대하고 나섰다. "안 된다. 그렇지 않아도 김 선배는 〈오적〉 때문에 중앙정보부와 검찰이 좌경 문인으로 몰고 있다. 이번에 조시까지 쓰면 틀림없이 빨갱이 시인으로 못 박힌다. 그러면 앞으로 할 합법 투쟁에서 선배가 일을 못 한다"는 거였다.

일행이 논쟁을 벌이는 사이 김지하는 슬그머니 구석 자리로 옮겨갔다. 그리고 종이를 앞에 놓고 시를 쓰기 시작했다. 제목을 〈불꽃〉이라붙였다. 조시는 후배들이 대신 읽는 것으로 결론이 났다.

11월 14일 서울대 법대에서 열려던 전태일 장례식은 11월 20일에야 법대 학생장으로 열린다. 조영래는 이날 김지하의 시 〈오적〉을 연상시키듯 '전태일을 죽인 박정희 정권, 기업주, 어용노총, 지식인, 모든 사회인 등 5대 살인자'를 고발하는 시국선언문을 썼다.

조영래는 전태일 분신 소식을 듣고 법전을 덮었다. 조영래가 평전에 쓴 '전태일이 바라는 세상'은 조영래 자신이 바라는 세상이기도 했다.

'전태일에게는 참으로 바라는 것이 있었다. 인간의 나라였다. 약한 자도, 강한 자도, 가난한 자도, 부유한 자도, 귀한 자도, 천한 자도, 모든 구별이 없는 평등한 인간들의 '서로 간의 사랑'이라는 참된 기쁨을 맛보며 살아가는 세상, 덩어리가 없기 때문에 부스러기가 존재할 수 없는 사회, 서로가 다 용해되어 있는 상태, 그것을 전태일은 바랐다. …그가 항상 '나의 전체의 일부'라 불렀던 소외된 밑바닥 인간들, 저주받은 현실이 쓰다 버린 쪽박들, 불쌍한 현실의 패자들을 전태일은 너무나도 뜨겁게 사랑하였다.'

압축성장의 아픈 그늘, 전태일 분신사건

그렇다면, 당시 전태일이 일했던 평화시장 노동자들의 근로환경은 어땠을까. 《전태일 평전》은 이렇게 전한다.

'보통 아침 8시 반 출근에 밤 11시 퇴근으로 하루 평균 14~15시간 일했다. 야간작업을 하는 일도 허다하며, 심한 경우는 사흘씩 밤낮으로 일하는 경우도 있다. 업주들이 어린 시다들에게 잠 안 오는 약을 먹이거나 주사를 놓아가며 밤일을 시키는 것도 이런 때이다. …손목이 시어 견딜 수가 없고 심한 경우에는 점심 먹을 때 젓가락질을 할 수 없을 정도이다. 미싱사의 손가락 끝은 살갗이 닳고 닳아서 지문이 없다. …손가락 끝이 빨개져 누르면 피가 솟아나온다. 하루 일을 끝내고 자리에서 일어나면 어지럼증이 나고, 장딴지가 띵띵 붓고 몸 구석구석이 쑥쑥 아리며, 힘이 빠져서 걸음을 걷기가 힘들다. 퇴근할 때 구두를 신으려면 부어 오른 발등이 구두에 들어가지 않아 억지로 구두끈을 졸라맨다. 미싱사들의 발등에는 거의 예외 없이 구두끈 자국이 남아 있다.'

1970년도에 전태일이 조사한 바로는 평화시장의 경우 1만 명 이상을 수용하는 건물에 환기시설이 하나도 없었다. 나쁜 작업환경 중에서도 가장 대표적인 것이 업주들이 다락에 설치한 공장이었다. 조영래는 《전태일 평전》에서 '이 다락방 작업장이야말로 한국의 저임금 경제가 딛고 선 냉혹한 인간 경시, 인간 비료화(肥料化)를 상징한다'고 썼다.

'한창 발육기에 있는 어린 여공들이 더이상 작업을 할 수 없게 되면 기업주들은 게으름 부린다고 나무라기 일쑤였으며, 병이 깊어져 일도 못하게 되면 치료는커녕 사정없이 해고시켜버렸다. 몸이 아픈 여공들이 전태일에게 통증을 호소할 때 전태일이 할 수 있는 일이란 없는 돈을 털어 약을 사주거나 여공이 할 일을 자신이 대신하거나, 그럴 형편도 못 되면 그저 참고 일하라고 달래는 것뿐이었다.'

70년대 한국산업화의 그늘을 상징하는 전태일의 분신은 한국 사회 운동에도 중요한 분수령이 된다. 정치인, 명망가, 지식인의 전유물이던 민주화운동이 소외받는 사람과 서민들에게 관심을 두는 계기가 되었기 때문이다.

분신 사흘째 되던 1970년 11월 16일 서울대 상과대학생 400여 명이 무기한 단식투쟁에 돌입한 것을 시작으로 대학가가 달아올랐다.

11월 20일 서울대에 무기한 휴교령이 떨어졌다. 기독교계까지 들고 일어났다. 11월 25일 신구교 합동 추도예배에서 김재준 목사는 "오늘 우리는 전태일의 죽음을 애도하기 위해 모인 것이 아니라 한국 기독교의 나태와 안일과 위선을 애도하기 위해 모였다"고 말했다.

전대일의 죽음은 빈사상태나 마찬가지였던 한국 노동운동이 일어나는 불쏘시개가 됐다. 신문, 방송, 잡지 등도 특집기사와 논설을 쏟아냈다. 조영래의 말대로 "마치 여태껏 존재하지 않았던 노동문제가 갑자기 폭발적으로 생겨나기나 한 듯했다."

유신의 서막, 3선 개헌

이 대목에서 시계를 잠시 되돌려 1969년 5월 7일 청와대로 가보자. 당시 공화당 대변인이었던 김재순 의원이 박정희 대통령의 부름을 받고 청와대로 들어갔다. 김 의원이 먼저 말문을 열었다

"저는 (3선 개헌) 반대입니다. 해서는 안 됩니다." 그러자 박 대통령이 "나, 한 번만 더하고 그 이상은 안할 테야. 다음에 (김)종필이한테 넘겨줄 거야. (그러니) 도와줘."

김 의원이 이에 지지 않고 "그러고 나서 또 하신다고 하면 어떡하시겠습니까?"라고 따지듯 말하자 박 대통령은 이렇게 답했다. "그러면 내 성을 갈겠어."

이상은 《정구영 평전》(예춘호 지음)에 실려 있는 대목이다. 당시 헌법이 보장한 대통령의 임기는 71년까지였다. 임기는 4년으로 두 번까지 허용됐다. 세 번 연임을 하려면 헌법을 바꿔야 했다.

《정구영 평전》에 따르면 3선 개헌 이야기는 1968년 10월 무렵부터 공화당 안팎에서 귀엣말로 오가고 있었다고 한다. 그러다가 1969년 새해 벽두인 1월 7일 길재호 사무총장이 기자회견을 열고 "우리나라 실정에서는 무엇보다 강력한 리더십이 있어야 조국 근대화와 민족중흥이라는 국민적 과업을 완수할 수 있다. 이를 위해 대통령 연임 금지 조항을 포함해 현행 헌법에 문제가 있다면 검토할 수 있다. 나라를 위해 헌법이 있는 것이지 헌법을 위해 나라가 있는 것은 아니다"라고 한 발언이 각 신문에 대문짝만하게 실리면서 공론화된다.

3선 개헌안에 반대한 공화당 원로 청람 정구영.

이후 5월경부터 대통령의 3선 연임을 허용하는 개헌안 찬성 서명을 각개격파 식으로 받기 시작했던 공화당 내 개헌추진 세력들은 박 대통령에게 "도저히 설득이 안 되는 사람들이 있으니 각하께서 직접 설득해 달라"고 청한다. 이에 따라 당 대변인이면서도 침묵을 지키고 있던 김재순 의원을 대통령이 직접 만난 것이었다.

김 의원은 청와대 회동 이틀 뒤인 5월 9일 '개헌 문제에 관해 국민의 진지한 고려가 있기 바란다'고 성명을 발표한다. 공화당으로서는 처음으로 공식적인 개헌논의를 촉구한 것이다. 한일국교정상화 반대를 이슈로 내걸고 6·3시위를 했다가 궤멸 상태에 빠졌던 학생운동권이 '3선 개헌 반대'를 이슈로 서서히 달아오르기 시작한 것도 그즈음이었다.

개헌으로 가는 길은 공화당 안에서도 쉽지 않았다. 당 발기인이자 창당 준비위원이었으며 총재, 당의장까지 지낸 원로 정구영 의원(1978

년 작고)이 극력 반대하고 나섰기 때문이다.

"한 번만 더 하고 종필이한테 넘겨줄 거야"

청람 정구영은 평생 불의와 타협하지 않은 법조인이자 정치인으로 국민의 신망이 두터운 원로였다. 일제 때 검사를 거쳐 변호사가 되었는데 변론이 치밀하고 정곡을 찌르는 것으로 유명했다. 4·19의 도화선이 된 3·15 마산시위 당시에는 대한변협 회장으로 진상조사단을 현지로 파견한 뒤 "민주주의의 비참한 도살행위"라고 규탄하며 이승만 대통령의 하야와 재선거 실시를 요구하기도 했다.

5·16 후 박정희 정부는 6·3으로 위기를 맞자 민심수습 차원에서 청람을 영입했고 그는 이를 받아들였다. 청람은 현안이 있을 때마다 박 대통령에게 직언을 아끼지 않았다. 초반에는 그의 말을 경청하던 박 대통령도 청람이 청와대 비서실의 전횡을 비판하고 월남 파병을 반대하자 차츰 멀리하기 시작했다. 그러다 3선 개헌으로 정면충돌하기에 이르렀다.

청람은 개헌에 찬성해달라고 자신을 설득하러 온 보안사령관 김재규 소장에게 이렇게 비감한 심정을 전한다.

"나는 내 나름대로 군정 연장의 잔재를 없애기 위해 노력했지만 역부족이었네. 우리나라 민주화를 위해 가장 필요한 것이 정권교체네. 이건 지상명령이네. 장기집권은 부정부패를 수반하네. 권력이 1인체제로 되고 장기화되면 부패가 생겨나고 그리 되면 바로 그 부정부패 때문에 권력을 내놓지 못하게 된다네. 지금 부정부패가 만연하고 있네. 나도 (박)대통령의 영도력을 신뢰하고 그분이 매우 훌륭하다는 점도 인정하지만 부정부패를 일소하지 못한 점에서는 응분의 책임을 져야 한다고 생각하네. 사리가 이러한데 어떻게 3선 개헌을 할 수 있는가? 이 나라의 헌법은 존중되어야 하네."《정구영 평전》

결국 청람은 3선 개헌안이 통과되고 1972년 유신헌법까지 등장하자 1974년 1월 공화당을 아예 탈당해 버린다. 원하기만 하면 집권여당의 원로 대접을 받으며 편한 노년을 보낼 수도 있었건만 같은 해 12월 '민주회복국민회의'가 만들어지자 고문으로 활동하다가 4년 뒤 세상을 떴다.

청람은 한마디로 '선비'였다. 생전 한승헌 변호사와의 대담에서 그가 말한 '지식인의 자세'는 요즘 들어도 울림이 크다.

"지식의 양(量)도 물론 중요한 시대다. 그러나 아는 지식을 얼마나 올바르게 활용하느냐가 더 중요하다. 무지의 폐해도 무섭지만 식자(識者)의 자세에 따라서는 유식(有識)의 해악이 더 크다는 걸 느낀다."

다시 시계를 돌려 1969년 9월 14일 일요일 새벽 2시 반. 본회의장 길 건너편 국회 제3별관에 모인 공화당 의원들은 3선 개헌안 국민투표법안을 자신들만이 참가한 단독 국회에서 2분 만에 통과시켰다. 야당은 무효를 주장했고 학생들도 격렬한 시위를 벌였으나 개헌안은 10월 17일 국민투표에 부쳐져 65.1% 찬성으로 통과되었다. 하지만 서울만 해도 40%가 투표에 참가하지 않았고 참가자 가운데 53%가 반대표를 던졌다.

이번에도 부정 불법선거 시비가 컸다. '행정기관 사업체 통해 대리투표'(1969년 10월 15일자 《동아일보》) '곳곳서 무더기 표 발견, 선관위원장 도장 없는 찬성표도'(10월 18일자 《동아일보》) '공무원 등 8명 사전대리 투표 혐의로 구속, 16명 입건'(10월 18일자 《경향신문》) 등 당시 신문지면에서 전하는 소식은 선거부정이 얼마나 노골적으로, 그리고 광범위하게 자행됐는지를 짐작케 한다.

신민당의 유진오 총재는 국민투표 전 "3선 개헌은 민주주의가 돌아오지 않는 다리이며 이 다리를 넘어서는 날에는 평화적인 방법으로 민주주의를 되찾을 길이 영원히 막힐 것"이라고 했다. 그의 예상은 적중했다.

3선 개헌안을 국민투표로 승인받은 박정희 대통령은 2년 뒤인 1971년 4월, 세 번째 임기에 도전하는 제7대 대통령선거에 출마한다. 그러나 이번에는 쉽지 않은 싸움이 기다리고 있었다.

거물급 야당정치인 김대중의 부상(浮上)

1970년 9월 29일 서울시민회관(지금의 세종문화회관)에서 열린 신민당 임시전당대회에서는 김대중 후보가 이듬해 4월에 치를 대통령선거 후보로 지명됐다. 김대중 김영삼 이철승 등 40대 후보 3명이 경합을 벌인 선거였다. 1차 투표에서는 김영삼 후보가 최다 득표를 했으나 과반을 넘지 못해 2차 투표까지 가는 접전 끝에 김대중 후보가 역전하는 드라마가 펼쳐졌다. 언론은 "보수야당의 전통과 체질을 감안할 때 40대의 김대중 씨를 대선후보로 지명한 것은 하나의 혁명"이라고 평가했다.

3선 개헌이라는 험난한 고비를 넘은 박정희 대통령(54)과 김대중 후보(47)가 맞붙은 71년 4월 27일 대통령선거 열기는 뜨겁게 달아올랐다.

'10년 세도 썩은 정치, 못 살겠다 갈아보자' '논도 갈고 밭도 갈고 대통령도 갈아보자'를 구호로 내건 김대중 후보는 바람을 일으켰다. 유세에 모인 인파가 보통 10만 명이 넘었고 서울 장충단 공원 유세에는 100만 명이 넘는 인파가 모였다. 그러자 중앙정보부가 나섰다.

'이후락 정보부의 또 다른 주요 임무는 김대중 연설 청중 숫자에 관한 보도통제였다. 차장보 등이 직접 《동아일보》를 드나들며 연일 김대중의 유창한 웅변에 쏠리는 인파가 보도에 부각되지 않도록 했다. 그 바람에 4·27선거를 열흘 앞두고 기자들의 불만이 폭발, '정보요원 신문사 출입금지' '정보부 언론간섭 중지'를 결의하는 사태까지 빚어졌다.'(김충식 《남산의 부장들》)

박 대통령도 열심히 전국을 돌아다니며 호소했다. 그런데 선거가 막바지로 갈수록 위기감이 감돌자 대통령 주변에서조차 "이번 선거를 끝으로 다시 입후보하지 않을 것을 약속하지 않으면 표를 모을 수가 없다"고 직언했다. 박 대통령은 선거 이틀 전인 71년 4월 25일 서울 장충단 공원에서 가진 마지막 유세에서 "야당 사람들이 '이번에도 박 대통령을 뽑으면 총통제를 만들어 죽을 때까지 해먹을 것'이라고 이야기하는데 분명히 말씀드리지만 '한 번 더 뽑아 달라'는 정치연설은 이것이 마지막"이라고 말했다.

언론은 이를 두고 '4선 불출마 선언'이라고 못 박았지만 이미 박 대통령 마음에는 72년 유신으로 상징되는 '헌정중단' 결심이 서 있었으리라는 분석도 있다.

71년 봄 대학가는 개학하자마자 교과목으로 교련과목을 신설하는데 반기를 든 '교련반대운동'으로 달궈지기 시작했다. 학생 운동가들

은 '1971년 대선'을 박 정권의 영구집권 기도를 궤도에 올리느냐, 아니면 국민 저항에 직면해 퇴각시키느냐를 결정짓는 역사적 분수령으로 규정했다.

50대 박정희와 40대 김대중의 대격돌

다음은 장기표가 2009년 《한국일보》에 연재한 〈나의 꿈 나의 도전〉이란 제목의 수기 중 일부다.

"71년 4월 8일이었다. 서울대 총장 시절 데모 학생들에 대한 중징계로 유명했던 유기천 교수가 형법학 강의시간에 '지금 박정희 정권이 군 고위 장교들을 대만에 보내 총통제를 연구시키고 있다'고 폭로했다. 그렇잖아도 박 정권이 영구집권을 획책하고 있다는 인식이 팽배해 있는 터에 이처럼 상당히 구체적인 정황을 밝혔으니 파급력이 클 수밖에 없었다. 유 교수는 그날 '정의가 실종된 나라에서 법률 강의를 한들 무슨 의미가 있겠느냐'며 더이상 강의를 하지 않았다. 유 교수의 총통제 발언은 학생들의 반독재투쟁을 크게 고무시켰다."

4월 14일 서울대 상대에서는 '민주수호 전국청년학생연맹'(전학련) 창립대회도 열린다. 위원장, 대변인, 중앙위원회만 있을 뿐 하부조직은 없어 민주화투쟁을 체계적으로 지휘할 수는 없었으나 불법 부정선거를 감시하겠다며 전국적으로 선거참관인단을 조직해 각지로 내려 보냈다.

국제적인 관심을 끌기도 했던 4·27 선거 결과는 박 대통령의 '어려운 승리'였다. 표차는 불과 94만 표. 한 달 뒤(5월 25일) 국회의원 선거에서도 여당은 고전을 면치 못해 113 대 91로 백중세를 보였다.

당시 김지하는 서울을 떠나 아예 원주에 정착할 생각을 하고 있었다. 그는 71년 4월 10일 〈명륜동 일기〉라는 글에 이렇게 썼다.

'나는 노예인가? 나는 자유로운가? 어디에 얽매여 있는가? 어디로부터 자유로워져야 하는가? 지금 내가 결단해야 할 것은 무엇인가? 떠나자, 떠나야 한다. 서울을 떠나고 내 마음 속의 이 들뜬 집념을 떠나야 한다. 모든 지난날은 잊어버리자.'

〈오적〉 필화사건으로 가는 곳마다 '스타' 대접을 받던 생활이 모두 헛되다는 것을 느끼면서 다시 초심으로 돌아가고 싶어 하는 결연함이 느껴지는 대목이다.

대통령선거가 끝난 후에도 정국은 심상치 않게 돌아가고 있었다. 후유증이 심했다. 무엇보다 한국 대선에서 최초로 불거져 나온 지역감정 때문이었다. 《동아일보》 4월 30일자 보도다.

'이게 어디 투표야. 경상도 전라도 싸움이지, 이러다간 동한(東韓) 서한(西韓)으로 갈라지는 것 아냐. 마지막 득표상황을 지켜보던 유권자들은 무거운 표정으로 이렇게 내뱉었다. …어쩌면 민족분열의 무서운 씨앗마저 잉태할지도 모를 말초적 지역감정이 우리의 선거사상 처음으로 심각하게 노출된 것이다. 공화당은 '전라도 대통령을 뽑으면 경상 푸대접 내지는 보복이 온다'고 했고 신민당은 '이번에는 반드시 전라도에서도 대통령을 내어 푸대접을 면해야 한다'고 했다. …선거는 끝났지만 우리 앞에 제기된 문제들은 너무도 무겁고 심각하다.'

정권 입장에서는 지역감정이야 지역 간의 문제라고 넘겨버릴 수 있는 것이었다. 사실상 4·27 대선 후 가장 큰 문제는 비록 선거에서는 이겼지만 박 대통령이 향후 큰 정치적 부담을 안게 됐다는 점에 있었다.

우선 대한민국 정치사에 거대 야당과 전국적 지명도를 가진 정치 스타가 탄생하면서 집권기간 내내 그들과 싸워야 하는 운명에 처하게 된 것이 가장 부담스러운 문제였다. 그동안 내분과 무능으로 국민의 인정을 받지 못하고 있던 야당은 70년 김대중 김영삼 같은 40대 리더들로 세대교체를 이뤄내면서 상당한 지지를 받게 된다. 4·27 대선 이전까지는 학생들만 상대하면 되었던 박 정권 입장에서는 이제 제도권 권력에 정면도전하는 거대 정치세력과도 상대해야 하는 새로운 부담을 안게 된 것이다. 이전보다 거센 반대와 도전이 닥쳐올 것이 불을 보듯 뻔했다. 설상가상으로 집권층 내부의 균열까지 시작되고 있었다. 집권층의 심장부라고 할 수 있는 판사들이 대거 들고일어나는 사상 초유의 '사법파동'에 직면한 것이다. 대선에서 이긴 지 불과 3개월 만인 71년 7월 한여름의 일이었다.

사법파동, 집권층 심장부에서 정권에 반기를 들다

1971년 7월 정국을 강타한 '사법파동'은 한마디로 정권에 밉보인 판사들을 구속하려다가 판사들의 집단저항에 부닥친 사건이다. 언론은 '국가 중대사건'이라고 연일 대문짝만하게 보도했다.

사건의 발단은 1971년 7월 28일 서울지검 검사가 서울형사지법 3부 재판장 이범렬 부장판사, 최공웅 판사, 이남영 서기관 등 3명에 대해 구속영장을 청구한 일이었다. 이들이 반공법 위반 항소사건을 심리하면서 출장길에 변호사로부터 왕복여비, 숙식비 등 10만원 상당의 향응을 제공받았다는 혐의였다. 문제는 이범렬 부장판사가 당시 정권의 의중과는 동떨어진 판결을 주로 하던 당 사자라는 사실이었다.

이 부장판사는 1971년 1월~7월에 걸쳐 유죄가 선고된 19건에 대해 원심을 깨고 무죄를 선고했으며 반공법 위반사건 5건 에 대해서도 무죄 또는 일부 무죄를 선고

사법파동 이후 사표철회를 결 의하는 재경 법 관회의 장면

했다. '사법파동' 3개월 뒤 사표를 쓰고 변호사 개업을 한 인권변호사 홍성우는 서울대 한인섭 교수와의 대담집 《인권변론 한 시대》에서 이 부장판사의 행동이 정보부나 검찰에 미운털이 박혔을 것이라며 당시 사법부의 분위기를 이렇게 증언하고 있다.

"(나도 한번은) 집회를 주도한 학생 세 명을 선고유예로 풀어줬다. 그랬더니 검찰에서 난리가 났다. 한번은 또 독직사건에 연루된 청와 대 직원에 대한 구속영장 청구가 들어왔는데 박종규 경호실장이 사 람을 보내 '구속 안 되게 해 달라'고 했다. 나는 더 심통이 나서 구속 영장을 발부해 버렸다."

이범렬 부장판사와는 형제처럼 가까웠다는 홍 변호사는 "그는 아주 깔끔한 성품으로 동료 선후배들의 존경을 받고 있었다. 좋고 나쁜 것, 옳고 그른 것이 명백해 대충 타협하는 그런 사람이 아니었다. 재판과 관련해서도 아주 강직하고 청렴했다"고 전한다.

이런 평을 듣던 이 부장판사에게 검사가 미행까지 붙인 사실이 알 려지자 판사들이 분노하기 시작했다. 1차 구속영장이 기각되었지만 검사가 다시 구속영장을 청구하자 여론도 가만있지 않았다. 7월 29 일자 《동아일보》는 '사법부의 위기'라는 제목의 사설에서 이렇게 말 한다.

'판사들이 동료 판사에 대한 구속영장 신청에 반발한 것이라고만 볼 일이 아니다. 무력한 법원의 행정부에 대한 오랫동안 쌓이고 쌓인 불만이 계기로 폭발한 것이다. 이번 기회에 사법부는 기필코 독립을 쟁취해야 할 것이라는 것이 법조계의 지배적인 여론인 것 같다. …검찰은 이 판사가 향응을 받았다는 것을 중시하는 것 같으나 사정을 알아보면 그렇게만 볼 문제는 아닌 것 같다. 이 판사에게 접대를 했다는 변호사는 전직 판사 출신으로 얼마 전까지 동료 관계에 있었고 대학 동창생으로 개인적 친분이 두터운 사이라고 한다. 따라서 뇌물수수라기보다는 우정의 표시라고 보는 것이 보다 자연스러울지 모른다는 것이 두 사람의 관계를 아는 많은 법조인들의 해석이다.'

사설은 이어 '백번 양보해 수뢰 혐의가 있다 하더라도 도주 우려가 없고 증거인멸 우려가 없다고 일단 영장을 기각했는데 동일한 구속영장을 다시 청구한 것은 법원에 대한 검찰의 감정적 태도'라고 했다.

2차 영장까지 다시 기각되고 재재청구가 들어오자 판사들이 일제히 들고 일어섰다. 홍 변호사는 "다들 분에 차서 '세상에 이럴 수가 있나, 법원에 대한 아주 중대한 침해다, 차라리 우리가 쥐약 먹고 죽어버리자'고 했다"며 당시 분위기를 전했다.

마침내 7월 29일 서울형사지법 판사 39명의 집단사표를 시작으로 하루 만에 서울민사지법 40명, 대구지법 13명, 전주지법 군산지원 10명, 서울가정법원 4명을 포함, 총 150여 명의 판사가 사표를 냈다. 전국 법관 415명 중 3분의 1 이상이 사표를 낸 것이었다.

정권에 비협조 판사 구속하려 하자 150여명 집단사표

국회에서도 난리가 났다. 법무부장관을 불러 밤늦게까지 질의를 했다. 판사들의 집단행동이 잇달았다. 7월 30일 서울형사지법 유태흥 수석부장판사와 서울민사지법 박승호 수석부장판사가 공동명의로 그동안 검찰이 사법권을 얼마나 침해했는지를 조목조목 나열하는 성명서를 내자 국민들도 충격을 받았다. 성명서 내용은 이랬다.

"그동안 검찰은 ①반공법 국가보안법 위반 사건에 대해 검찰과 견해를 달리한 판사를 용공분자로 단정, 심리적 압력을 가했으며, ②행정부에서 관심이 있는 사건을 맡은 검사가 담당 판사에게 자신의 명맥이 달려 있다며 판결 내용을 미리 알려달라 하고 말을 듣지 않을 경우 판사실에 도청장치까지 했으며, ③무죄가 선고되면 판사를 공공연히 비난하고 (판사의) 예금통장까지 조사했으며, ④도청 미행 사찰 등을 통해 판사들을 함정 수사했고, ⑤구속영장을 청구하면서 직접 판사실에 찾아와 발부를 강요했으며, ⑥법원에서 사건이 일어나면 진상조사를 하기도 전에 판사를 피의자 취급해 모욕 협박 폭언을 서슴지 않았다. ⑦이번 (이범렬 부장판사)사건에서도 미행, 함정수사, 피의사실 공표, 영장 계속 신청 등 기존에 해온 사법부에 대한 위협을 해왔다."

8월 2일자 《동아일보》는 '사법부를 지키자'는 제목으로 검찰을 맹비난했다.

'민주국가에서 있을 수 없는 일이다. …공무원은 국민 전체에 대한 봉사자이지 어느 개인, 어느 정당을 위한 봉사자가 아니다. 검찰의 공소권도 국민으로부터 위임받은 국가권력이다. …검사들은 애국심을 어떻게 생각하고 있는지 모르나 진정한 애국심은 어느 개인이나 정당, 정부에 대한 것이 아니며 민주주의라는 제도 그 자체에 대한 신뢰와 충성이다.'

결국 박정희 대통령이 나섰다. 8월 1일 법무부장관을 불러 판사 등에 대한 수사 중지 지시를 내리는 한편 사법부는 민복기 대법원장에게 수습하도록 통보했다. 그리고 8월 27일 대법원장 주재하에 열린 재경 전체 법관회의에서 판사들이 사표철회를 결의하면서 1971년 여름을 뜨겁게 달군 사법파동은 1개월 만에 자체수습 형식으로 매듭지어진다.

그러나 박 정권은 파동의 주역이었던 판사들에게 가혹한 인사조치로 화답했다. 사법파동의 주역 대부분은 법관 재임용에서 탈락하거나 좌천되면서 사표를 써야 했다. 반면 검사들은 지방으로 전출되었다가도 1년이 채 못 되어 요직으로 복귀했다. 사법파동의 당사자였던 이범렬 부장판사도 파동 직후인 1971년 9월 변호사 개업을 한 뒤 인권옹호 운동과 집필 등 열정적으로 일하다가 64세에 작고한다. 한국의 사법부는 이후 더욱더 암흑의 터널로 들어간다. 유신정권이 출범한 후에는 아예 내놓고 정보부원들이 법원에 드나들며 상주하기 시작했기 때문이다.

1971년 7월의 '사법파동'은 법원으로 대표되는 사법권과 검찰로 대변되는 정치권력 사이의 권력투쟁적 성격을 갖기도 했지만 무엇보다 집권층 심장부에서 정권에 반기를 든 사건으로 기록된다. 결말은 흐지부지됐지만 정권의 간담을 서늘케 한 사건이었다.

이 와중에 박 정권은 최하층 민중들이 들고일어나는 또 다른 대형사건과 맞닥뜨린다. 정부수립 이후 최초이자 최대 소요사태로 기록된 '광주대단지 사건'이었다.

도시빈민의 피눈물, 8·10 광주대단지 사건

'증조부가 노비였던 난쟁이는 서울 낙원구 행복동 무허가 주택에서 아내와 삼남매를 데리고 힘겹게 살아간다. 아내는 인쇄소 제본공장에 나가고 큰아들 영수는 인쇄소 공무부 조역으로 일했지만 차남 영호와 막내딸 영희는 학업을 더 이을 수가 없었다. 어느 날 집을 철거하겠다는 철거통지서가 날아들고 며칠 후 쇠망치를 든 철거반원들이 들이닥친다. 난쟁이 가족은 수대에 걸친 삶의 보금자리였던 집을 잃고 '아파트 딱지'를 손에 쥐지만 투기업자들 농간으로 입주권 값이 뛰어오르자 입주권을 팔아버린다. 하지만 전세금을 갚고 나니 남는 게 없다. 가출한 딸 영희는 투기업자에게 순결을 빼앗기고 어느 날 투기업자 가방 속 입주권과 돈을 갖고 행복동을 다시 찾는다. 그러나 난쟁이 아버지는 벽돌공장 굴뚝에서 떨어져 자살하고 난 뒤였다.'

조세희의 소설 《난장이가 쏘아올린 작은 공(난쏘공)》의 간략한 줄거리다. 1975년 처음 발표된 《난쏘공》은 지금까지 245쇄(2009년 현재)를 찍은 베스트셀러다. 박경리의 《토지》, 최인훈의 《광장》과 함께 20세기 한국 현대문학을 대표하는 작품으로 평가받는 《난쏘공》은 1970년대 도시빈민의 이야기를 담고 있다. 《난쏘공》이 나오기 4년 전인 71년 8월 10일 일어난 '광주대단지 사건'은 70년대 도시화의 곡절을 상징하는 사건이었다. 언론이 '민란'(《동아일보》 기사)이라는 표현을 쓸 정도로 한국사회를 떠들썩하게 한 이 사건은 도시빈민들이 대거 들고 일어났다는 점에서 사회적 양극화를 전면에 드러낸 사건이기도 했다.

당시 현장을 취재한 《동아일보》 사회부 박기정 기자가 《신동아》 10월호에 쓴 '광주대단지' 르포, 김동춘 성공회대 사회과학부 교수의 논

거대한 천막촌
을 이룬 1971년
광주대단지의
모습.

문 〈8·10 광주대단지 주민 항거의 배경과 사회운동사적 의미〉, 그리고 한국학중앙연구원 임미리 박사의 논문 〈1971년 광주대단지 사건의 재해석〉 등을 중심으로 재구성한 사건의 전말은 이렇다.

'보릿고개'를 겪으며 기아에 허덕이던 농촌 주민들은 60년대 중반부터 너도나도 서울로 향한다. 1966~1970년 무려 60여만 명이 이농(離農)해 서울에 정착했다고 한다. 서울에 거대한 판자촌이 형성되기 시작한 것도 이 무렵이었다. 1967~1970년 총 14만598동의 판잣집이 세워졌다. 정부가 68년부터 용산역 인근 등 철도연변부터 철거를 시작하면서 70년까지 8만9692동이 강제 철거된다.

서울시는 철거 때마다 철거민들과의 충돌이 반복되자 아예 이들을 서울 외곽 수도권에 집단 이주시킬 계획을 세운다. 경기 광주군 중부면에 약 10만5000가구, 인구 50만~60만 명이 살 수 있는 '광주대단지'를 만들기로 한 구상의 출발점이다.

광주대단지는 지옥이었다!

초기 구상은 나름 거창했다. 단지 안에 학교는 물론 생활편의시설을 만들고 일자리를 해결해줄 공장까지 유치해 '자급자족 도시'를 세운다는 구상이었다. 이에 따라 용두동, 마장동, 청계천변 판자촌 주민 2만 가구가 시 청소차와 군용차로 69년 5월부터 광주군 중부면 탄리, 단대리로 실어 날라진다. 이후 봉천동, 숭인동, 창신동, 상·하왕십리 빈민들도 집과 일자리를 갖는다는 희망에 부풀어 몰려들었다.

71년 8·10사태가 일어나기 직전 '광주대단지'에는 철거민 10만여 명 (2만1372가구), 전매입주자 1만4000여 명(6344가구), 기타 전입자 1만 3000여 명(2950여 가구)을 포함해 총 15만~20만 명 가까운 사람들이 거대한 천막촌을 이뤄 살았다고 한다. 그들의 생활은 지옥이나 다름 없었다.

상하수도, 전기시설은 고사하고 택지조차 제대로 조성돼 있지 않아 언덕배기에 다닥다닥 붙은 천막들에서 나오는 오물로 악취가 넘쳤다. 빈곤과 범죄가 들끓는 그야말로 슬럼 중의 슬럼이었다.

김동춘 교수는 논문에서 "광주대단지 불하가격 시정대책위원회' 위원장 전성천 목사의 증언에 의하면 그가 하는 일의 중요한 부분은 굶어죽은 사람들의 시체를 치우는 일이었다. …이 지역 71년 1~6월 형사사범 4867건 가운데 폭력 1786건, 절도 927건, 사기가 543건이었다'고 전한다.

48개 공장을 유치해 일자리를 만들겠다는 서울시의 약속도 지켜지지 않았다. 주민들은 날품팔이라도 하려면 서울로 오갈 수밖에 없었다. 임미리 박사의 논문에 나오는 대목이다.

'모란단지에 이주한 하동근의 부친은 원래 서울 쌀가게 점원이었으나 광주로 이주한 뒤에도 매일 서울로 출퇴근을 하다 결국 그만두었다. 그 뒤에는 가마니를 짜서 천호동 시장에 내다 팔았는데 일주일에 세 번 정도 가마니를 수레에 싣고 걸어서 갔다. 편도로 다섯 시간 이상 걸렸기 때문에 서울에서 하룻밤을 자고 나서야 집에 올 수 있었다. 단지 내에 일자리는 거의 없었다.'

다음은 박기정 기자가 쓴 《신동아》 르포 기사다.

"'시내에서는 지게를 져서 입에 풀칠이라도 했지만, 여기서는 지게 질거리도 없다"는 당시 주민들의 푸념처럼 일곱 식구가 국수 한 봉지를 서로 나누어 먹어야 할 정도로 비참한 상태에 있었다. 15세 딸이 허기에 지쳐 술집 접대부로 일하면 배불리 먹을 수 있다는 소문에 집을 나가겠다는 것을 부모가 쓰린 가슴을 안고 지켜봐야 하는 실정이었다.'

주민들의 월수입도 5000원 미만이 37%, 5000~1만원이 43%, 1만원 이상이 20% 등으로 형편없었다. 또 68%가 중졸 이하 학력 소지자였다. 학교가 없다보니 아이들이 매일 서울로 등하교를 해야 했다. 서울에 거처를 따로 만든다는 것은 언감생심 꿈도 못 꿀 일, 결국 학업을 중단하는 아이들이 속출했다. 1971년 여름 광주대단지는 점점 서울로부터 완전히 격리된 '그들만의 도시'가 되어가고 있었다. 다시 임박사의 논문 중 한 대목이다.

'급기야 "산모가 갓난아기를 삶아먹었다"는 괴소문까지 돌았다. 신문사 지국에서 만원 현상금을 걸고 '소스(출처)'를 캤는데 실패했다는 소리도 들렸다. 밤에 시장에 나가면 쓰레기통을 뒤지는 사람도 많았다.'

비참한 생활을 참다못한 일부 주민들은 입주권(딱지)을 팔고 다시 서울 무허가지역으로 들어갔고 입주권을 갖게 된 사람들도 집을 지을 돈이 없자 입주권을 브로커들에게 팔았다. 막상 개발과 건설이 시작되자 토지 브로커들이 날뛰기 시작해 복덕방만 우후죽순 들어섰다. 여기에 때마침 1971년 4월 대통령선거와 5월 국회의원선거 바람을 타고 개발붐이 절정에 달한다. 뇌관은 선거 직후 터졌다.

양극화의 비극은 분노의 불길로 타오르고…

서울시는 1971년 4월 대통령선거, 5월 국회의원선거가 끝난 직후인 6월, 광주대단지 주민들에게 융자금을 일시불로 상환하고 6월 10일까지 집을 짓지 않을 경우 땅 불하를 무효화하며, 평당 8000~1만6000원에 땅을 사라고 독촉했다. 설상가상 경기도는 취득세까지 부과했다. 날품팔이 일도 없어 끼니를 굶는 사람들에게 날벼락이나 마찬가지였다. 내 집 마련을 향한 주민들의 희망과 기대는 좌절과 분노로 바뀌고 있었다.

마침내 광주대단지 주민들은 71년 7월 19일 대책위원회를 조직하고 땅값 인하, 세금 면제, 융자금 분할상환 등을 요구하며 당국에 진정서를 넣었다. 하지만 아무런 답이 없었다. 주민들은 8월 3일 대책위를 투쟁위로 바꾸고 8월 10일을 '최후 결전의 날'로 잡았다.

9일, 3만여 장의 전단이 뿌려지고 서울시 성남출장소장이 서울시 본부에 있는 주택관리관에게 '긴급사태 발생. 현지에서 해결 불가능'이라는 SOS를 칠 정도로 분위기가 심상치 않게 돌아가기 시작했다.

그리고 8월 10일 화요일 오전 11시. 삼복의 열기를 씻어주는 여름비가 주룩주룩 내리고 있었다. 서울시내 일선 경찰서에 비상대기령이 떨어졌다. 서울에서 차로 불과 30분 거리인 '광주'에서 대낮에 관공서가 불타고 경찰차가 화염에 휩싸이고 있다는 보고가 속속 올라왔기 때문이다.

성남출장소 인근 공터에 모인 주민들은 광주대단지 15만(최대 20만)명 중 3만(최소)~6만여(최대) 명. 이들은 "또 속았다" "배고파 못 살겠다" "영세민을 더이상 착취하지 말라"고 외치며 성남출장소와 성남경

찰서 지서로 몰려갔다. 열 살짜리 철부지
에서부터 칠십 노인까지 있었다. 손에 식
칼 곡괭이 몽둥이를 쥔 이들의 눈은 먹
이를 찾아 날뛰는 야수처럼 살기가 서려
있었다. 급박했던 당시 상황을 담은 박기
정 기자의 《신동아》 기사 일부다.

'"부숴라" "없애버려라"는 고함 소리가 들리면서 성남출장소 사무실
책상 전화기 캐비닛이 함부로 내동댕이쳐졌다. 잠시 후 "태워버려라"
는 외침과 동시에 건물(100여 평)이 검은 연기에 휩싸였다. 불을 보자
군중들의 흥분은 한층 가열됐다. …(주민들은) 출장소 앞 지프차를
불태우고, 지나가던 삼륜차 두 대와 서울 시영버스, 경기차 트럭을 뺏
어 플래카드를 달고 고함을 지르며 대단지 거리를 누비고 다녔다. 취
재하던 보도차량도 마찬가지였다. "굶어죽게 된 마당에 신문이 무슨
필요가 있느냐"며 덤벼들었다.'

분노에 휩쓸린 무정부 도시

도시는 무정부상태로 변했다. 다시 《신동아》 기사다.

'경찰관들에게 뭇매를 맞아 뒷머리가 터졌다는 김정규 씨(21)는 피
투성이가 된 채 "나를 때린 경찰관을 죽이겠다"고 식칼을 휘두르며
날뛰었다. (이 와중에) 때마침 참외를 가득 실은 삼륜차가 지나갔다.
군중들이 정신없이 차에 달려들어 흙탕에 떨어진 것까지 주워 먹기
시작했다. 순식간에 참외 한 차 분이 없어지고 말았다. 김모 양(12)은
"배고파 죽겠어요" 울부짖으며 자기 키보다 훨씬 큰 몽둥이를 고사리
손에 힘겹게 들고 발악이나 하듯 뛰고 있었다.'

빗속에서 서로 쫓고 쫓기며 경찰과 주민들의 대치가 계속되던 오후 5시경, 양택식 서울시장이 주민 요구조건을 무조건 수락하기로 했다는 소식이 입에서 입을 타고 전해지자 뿔뿔이 흩어지기 시작했다. 6시간이나 지속된 박정희 정권 최초이자 최대의 도시빈민투쟁이 막을 내리는 순간이었다.

광주대단지 거리는 폭격 맞은 전쟁터나 다름없었다. '시커멓게 타 벌렁 나자빠져있는 차량들, 경찰이 던진 최루탄 조각, 주민들이 내던진 돌조각, 깨진 유리조각, 찢어진 플래카드와 피켓, 몽둥이 자루, 주인 잃은 고무신짝들이 어지럽게 널려있었다. 폭풍이 할퀴고 지나간 항구도시처럼 어수선한 가운데 외면상의 고요함이 찾아온 것이다.'《신동아》

이 사건으로 주민과 경찰 100명이 부상했으며 22명이 집회 및 시위에 관한 법률위반죄와 폭력 등 처벌에 관한 법률위반죄로 구속되었다. 구속된 사람은 대부분이 10대 말~20대 초반의 청년들이었다. 직업은 일용직 노동자와 실업자가 대부분이었다. 당시 폭동은 우발적으로 발생한 탓에 특정한 정치적 목표를 내걸기보다는 자신들의 비참한 처지를 호소하거나 "대책을 세워 달라"며 청원하는 성격이 강했다. 한마디로 가진 자에 대한 막연한 분노, 행정당국에 대한 불신 등이 주요 동기였다고 볼 수 있다.

광주대단지 사건은 한국사회에 깊이 자리하기 시작했지만 아무도 주목하지 않았던 양극화 문제를 만천하에 드러낸 사건이었다.

'근대화 작업이 촉진됨에 따라 새로운 부자가 속출하는 한편 상대적으로 가난한 사람이 나타난 것은 조금도 이상할 것이 없다. 그러나 '있는 자'와 '없는 자'의 단층을 가능한 한 줄여 국민으로 하여금 일체감을 갖게 해야 하는 것이 정치적 과제로 지적되고 있다. 그동안 우리

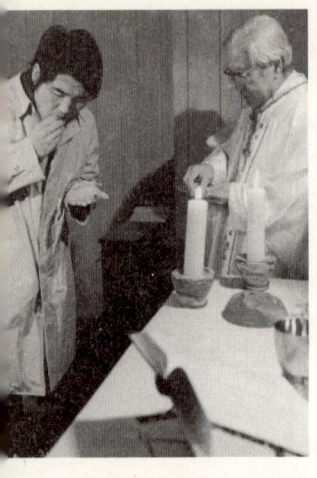

원주교구에서
지학순 주교로
부터 성체를
받는 김지하.

는 혹시 '없는 자'의 소리를 듣지 않았던 것은 아닌가.《신동아》

성남시는 날로 비대화되는 서울의 인구를 분산하고 서울의 외곽지역을 개발하기 위해 계획된 최초의 신도시였나. 급격한 도시화로 인해 발생하는 사회문제를 해결해보려 했다는 점에서 불가피한 개발정책이었다고도 할 수 있다. 이후 분당 의왕 등 인근 지역에도 신도시가 만들어지면서 땅을 갖게 된 철거민들이 생겨나기 시작했고 그 결과 개발이익을 분점한 사람도 많았다.

'광주대단지 사건'은 철거민들의 요구사항을 정부가 모두 수용하며 집단이주가 연착륙되었다는 점에서는 크게 다행스러운 결말을 맞았다.

정국이 '사법파동'과 '광주대단지 사건'으로 시끌벅적한 가운데 김지하는 원주에서 지학순 주교(1921~1993)와 함께 '또 다른 민주화 투쟁'을 도모하고 있었다. 지 주교는 가톨릭 원주교구장이었다. 한국에서 원주가 14번째(남한에서 11번째) 교구로 정해지면서 부임한 첫 교구장이었다.

지 주교는 김지하를 보자마자 "〈오적〉을 쓴 시인이라는 것을 들어 알고 있다. 앞으로 같이 일하자. 우선 영세부터 받자"고 했다. 김지하는 71년 부활절, 영세를 받고 가톨릭에 입교한다. 영세명은 '아시시의 성(聖) 프란체스코'(1182~1226·이탈리아 가톨릭교회의 성인·프란체스코 교단의 창시자)였다.

그리고는 가톨릭 원주교구 기획위원으로 들어간다. 거처는 주교관이었다. 폐결핵이 여전히 그를 괴롭혔다. 독사나 살모사를 고아 만든 탕제로 약을 삼았다. 그러고 몇 달 후…. 이번에는 가톨릭을 중심으로 한 반정부 시위가 원주에서 일어나게 된다. 그 중심에 김지하가 있었다. 종교계 중 가장 보수적인 가톨릭 교단의 사회참여가 시작되는 순간이었다.

10 · 5원주시위, 보수 가톨릭 교단마저 일어서다

1971년 8월 23일 경기 옹진군 용유면 실미도에서 훈련을 받던 특수부대원들이 서울로 진입해 군경과 교전한 '실미도' 사건이 터진다. 요즘은 신문과 방송을 통해 북파공작원들의 후일담이 공개되고 있지만 당시 실미도 사건은 북파공작원의 존재를 세상에 드러낸 최초의 사건이었다. 이 사건으로 정래혁 국방부장관이 물러난다.

무덥던 여름이 지나고 가을이 오고 있었다. 김지하는 원주에서 가톨릭을 발판으로 한 장기적 사회운동을 구상하고 있었다. 그 와중에 뜻밖의 일이 터진다. 원주문화방송의 방만 부실운영이었다.

원주문화방송은 1969년 원주교구가 1700만원, 5·16장학회가 1300만원을 출연해 출범했는데 운영권은 거꾸로 5·16장학회가 6 대 4로 원주교구보다 더 큰 영향력을 행사하고 있었다. 가톨릭 원주교구장을 맡고 있던 지학순 주교(1921~1993)가 시정을 요구했지만 관계자들은 도리어 방송국 주식을 총회 의결조차 없이 팔아버린다. 지 주교는 "권력의 비호를 받고 있는 자들이 얼마나 부패했으며 얼마나 횡포를 부리고 있는지 뼈저리게 체험했다. 가톨릭 주교인 내가 이렇게 당하는데 서민들은 오죽하겠는가. 억울한 서민들을 대표해 교회가 일어서야 할 때가 왔다"고 설파했다. D데이는 1971년 추석날로 잡았다.

지 주교는 추석미사를 집전하면서 원주문화방송 사례를 들며 "우리 사회가 썩어 있다"고 개탄했다. 1971년 가을을 떠들썩하게 만든 '원주 시위'의 신호탄이었다. 김지하가 지휘부를 구성했다. 사제관에 틀어박혀 정보를 수집하고 중요한 판단이나 분건, 스케줄 변동이나 우발적인 일 등에 대처하는 통제탑 역할을 맡았다. 그리고 모든 일을 학생운동 사회운동 전반을 지휘하고 조율하던 조영래와 긴밀히 협의했다.

1969년 대학을 졸업하고 사법시험을 준비하는 와중에도 전태일 장례식을 주도하는 등 민주화투쟁의 끈을 놓지 않고 있던 조영래는 1971년 3월 사법시험에 합격해 사법연수원에 다니고 있었다. 사법연수원에 다니는 동안에도 두어 차례 원주를 찾아 김지하 등과 의논하며 '원주시위'를 서울 학생운동과 기독교 신·구교 및 언론계, 재야 지도자층과 연결하는 데 앞장섰다.

김지하의 말이다.

"시위 당일 읽을 선언문을 써놓고 좀 걱정이 되어 지 주교님에게 '종교 문건으로 너무 과격하지 않은가요' 여쭈었다. 웬걸, 지 주교는 오히려 '옛날 예언자들이 모두 과격파들이야! 막 두들기라고! 그래야 정신이 번쩍 들지!' 하는 것 아닌가(웃음)."

김지하의 원주시위 선언문은 조영래를 통해 《동아일보》 천관우 이사에게 전달되었고 이후 박형규 목사, 박홍 신부, 학생운동 지도부, 외신에까지 전달되었다.

지학순 주교 "예언자들은 다 과격파야, 막 두들기라고!"

마침내 1971년 10월 5일 2000여 신도들이 원주교구 성당 마당에 모였다. 보수적인 종교계 내에서, 그것도 가톨릭 신부들이 앞장서고 시골 할머니 2000~3000명이 모여 정부의 실정(失政)과 반민주적 철권정치, 부패 스캔들을 공격하고 나섰으니 당시로서는 충격적인 사건이었다. 《동아일보》는 바로 이튿날인 10월 6일자로 '원주시위'를 대서특필하기 시작했다. 다시 김지하의 회고다.

"시위가 벌어진 사흘 동안 한국의 종교계, 민주화운동 세력, 학생운동 세력이 하나로 연결되었다. 밤마다 횃불이 켜졌고 사제관 전화통에 불이 났다. 그 열기를 온몸으로 느끼며 정세의 큰 물줄기가 바뀌고 있음을 직감했다."

원주시위 소식은 일본으로, 유럽으로, 미국으로 확산되었다. 원주문화방송이 사과함으로써 일단락되지만 당시 투쟁을 계기로 원주교구는 10여 년에 걸쳐 '반유신 민주화운동'의 메카 중 하나로 떠오른다.

원주는 본래 저항의 도시였다. 동학운동, 일제에 항거하는 의병전쟁에서부터 시작해 1970, 80년대 민주화운동을 거쳐 1990년대 시민단체의 다방면에 걸친 운동까지 권력에 정면 대응한 도시였다. 연세대 대학언론사인 《연세춘추》(원주에는 연세대 원주캠퍼스가 있다) 2000년 6월 5일자는 원주를 소개하며 '해방되기 전까지 일제 36년 이 지역 역사를 살펴보면 유난히 의병활동이라든지 반일단체의 활동이 활발했음을 알 수 있다'고 전한다.

민주인사 탄압이 극에 달했던 1976년 1월에는 가톨릭계와 개신교가 함께 군사독재 정권을 비판하는 '원주선언'을 발표하면서 그해 3월 명동성당에서 열린 '민주구국선언'의 발판을 마련하기도 했다.

지학순 주교는 이 원주를 중심으로 한 민주화운동의 상징이었다. 1965년 초대 교구장으로 부임한 그는 로마 유학 시절, 가톨릭의 사회

참여를 선언한 역사적인 제2차 바티칸 공의회 운영을 통해 배운 점을 실현하기 위해 애썼다. 교구 내 광산노동자와 농민들의 참상에 주목하면서 이들의 생활을 개선하기 위해 신용협동조합 운동, 수재민구호 활동 등을 열정적으로 주도하기도 했다. 지 주교는 민청학련(1974년)에 자금을 지원한 혐의로 옥고를 치르기도 했는데 이를 계기로 한국 민주화운동의 핵심세력인 천주교정의구현사제단이 결성된다.

한편 '원주시위'가 벌어진 10월 5일, 서울에서는 불에 기름을 붓는 또 하나의 사건이 벌어진다. 새벽 1시 반 수도경비사령부 제5헌병대 소속 무장군인 30여 명이 군 트럭 3대와 지프 1대에 나눠 타고 고려대 정문 수위로부터 학생회관 열쇠를 빼앗아 4층 휴게실에 있던 학생 5명을 연행한 것이다. 이른바 '고려대 무장군인 난입사건'이었다.

10월 7일 고려대생들이 들고 일어났다. 연행된 학생들은 김상협 고려대 총장의 강력항의로 풀려나지만 사건은 일파만파로 번졌다. 다음날, 민관식 문교부장관이 나서 유재흥 국방부장관에게 항의서를 전달하고 진상규명과 재발방지를 요구했으나 전국 모든 대학에서 규탄시위가 벌어졌다. 그대로 두었다가는 어떻게 번질지 모르는 상황으로 가고 있었다.

마침내 10월 15일 서울시 일원에 위수령이 떨어졌다. 무장군인들이 각 대학에 투입됐고 대학가에는 두 차례에 걸쳐 휴업령이 내려졌다. 뒤이어 시위 주동자들에 대한 연행과 수배가 시작되면서 10월 20일까지 23개 대학에서 177명이나 되는 학생들이 제적됐다.

김지하도 더 이상 원주에 머물 수가 없었다. 그는 10월 어느 날, 수녀가 모는 지프 뒷자리에 숨어 성당을 몰래 빠져나왔다. 그리고 원주 시외버스터미널로 가서 서울행 버스에 몸을 실었다.

민주화운동사의 거룩한 영웅, 조영래

서울에 위수령이 떨어지자 대학가는 침묵에 들어갔다. 주요대학에는 군 병력이 진주했다. 그렇지 않아도 쌀쌀한 날씨에 정국은 마치 살얼음판을 걷듯 아슬아슬했다.

서울에 머물며 몸을 숨기고 있던 김지하는 1971년 11월 초순 어느 날 명동입구 흥사단본부로 들어서고 있었다. 며칠 전 조영래로부터 "만나자"는 연락을 받고 나선 길이었다. 그러나 곧 불길한 예감에 휩싸였다. 약속장소에 조영래가 보이지 않았기 때문이다. 김지하를 대신 맞은 함석헌 선생 말이 "잡혀갔다"고 했다.

이른바 '서울대생 내란예비음모사건'이었다. 국민들은 주모자들이 모두 '서울대생'이라는 것과 이들이 내란+예비+음모라는 어마어마한 일을 벌였다는 사실에 깜짝 놀랐다. 그해 11월 12일 중앙정보부는 "서울대생 4명과 사법연수원생 1명이 모의해 대한민국을 전복하려 했다"면서 '민주수호 전국청년학생 연맹' 위원장 심재권(서울대 상대 3년), 서울대 법대 《자유의 종》 발행인 이신범(법대 4년)과 장기표(법대 3년), 조영래를 구속했다. 김근태(상대 3년)에게는 수배령이 떨어졌다. 조영래는 당시 사법연수원생이었고 나머지 4명은 10월 15일 위수령이 발동되면서 대학에서 제적된 상태였다.

검찰이 밝힌 이들의 혐의는 '서울 시내 대학생 3만~5만 명을 동원해 격렬한 반정부시위를 벌이고 화염병 100여 개를 제조해 경찰에 투척하며 중앙청 및 경찰서 중요 관서를 파괴 점령해 궁극적으로 박정희 대통령을 강제로 하야시킨다는 계획을 모의했다'는 것이었다.

당시 사건은 무더기 제적과 제적학생들에 대한 강제입영조치로 이

미 초토화된 학원가에 마지막 쐐기를 박는 것이나 마찬가지였다. 그리고 이후 전개될 '공포정국'을 예고하는 일종의 전조이기도 했다. 사건 발표 후 한 달을 채 넘기지 않은 12월 6일 박 대통령은 '국가비상사태'라는 초유의 조치를 선포함으로써 공포정국을 조성한다.

'서울대생 내란예비음모사건'은 불법연행, 고문수사, 자백강요, 정보기관의 재판간섭, 공소장을 베낀 판결문 등 당시 주요 시국사건의 처리절차를 그대로 답습한 사건이었다. 재판은 대법원까지 올라가 72년 12월 27일 장기표, 심재권에게는 징역 1년 6개월에 집행유예 3년, 이신범 징역 2년, 조영래 징역 1년 6개월이 각각 선고됐다. 당시를 회고하던 김지하는 "조영래의 부재가 준 허탈과 충격이 너무 컸다"고 말했다.

"영래가 없다니… 상실감이 너무 커서 한동안 얼이 빠져 지냈다. 한 사람이 옆에 있고 없다는 게 그렇게 큰 영향을 미친다는 것을 그때 뼈저리게 깨달았다. '사람이 정말 중요하다'는 것도 새삼 느꼈다. 더구나 조영래가 누구인가. 우리의 기둥이었고 자랑이었던 사람 아닌가."

그러면서 평소 그의 인품이 어땠는지 기억나는 일화가 있다며 소개했다. 71년 10월 김지하가 '원주 시위'를 지휘하며 조영래와 긴밀하게 연락할 때였다. 모든 일을 척척 완벽하게 처리하는 그에게 김지하가 "조 형, 참 대단하오. 대단해"라며 칭찬을 했다고 한다. 그러자 조영래의 답이 "안 듣겠습니다"였다. 다시 김지하가 "이 모든 일들을 어찌어찌 해나가고 있는지 말해 달라"고 하자 이번에는 "모르십시오"라는 대답이 돌아왔다고 한다. 김지하의 말이다.

"모르십시오…라. 나는 그 뒤부터 조영래를 생각할 때마다 이 말을 생각하며 혼자 웃곤 했다. 오른손이 하는 일을 왼손이 모르게 하는 사람, 조영래가 바로 그런 사람이었다."

이종찬 "조영래가 살아 있다면 대통령감인데…"

여기서 잠깐, 조영래에 대해 짚고 넘어갈 필요가 있다. 김지하가 조영래를 "우리의 자랑이자 기둥"이라 말하며 그의 부재를 그토록 안타까워했던 데에는 다 그럴 만한 이유가 있었기 때문이다.

민주화운동사의 진정한 영웅으로 평가받는 조영래.

조영래(90년 작고)가 누구인가. 경기중학교와 경기고등학교를 졸업하고 1965년 대학입시에서 전국수석으로 서울대 법대에 입학해 일찍이 '천재' 소리를 듣던 인물 아니었던가. 수석합격자 신문인터뷰에서 "붙으면 됐지 톱은 무슨 톱입니까"라고 한 말이 제목으로 뽑혀 입학 전부터 그는 이미 서울대에서 유명인사였다. 그러나 단순한 공부벌레가 아니었다. 경기고 새학시질 한일회담 반대데모를 주도하다 정학을 당하고 대학에 입학해서도 민주화투쟁의 선봉장 역할을 하는 등 사회적 책임도 기꺼이 떠안을 줄 아는 성품의 소유자였다. 그리고 전태일 분신사건이 일어나자 과감하게 법전을 덮고 투쟁에 나섰음에도 사법시험에 거뜬히 합격한 수재이기도 했다.

'서울대생 내란예비음모사건'과 관련해서도 변호사 시절인 1989년 11월 12일 《시사저널》과의 인터뷰에서 "도대체 나이 어린 대학생 4명이 무슨 수로 정부를 뒤집을 수 있었겠느냐. 또 당시 운동권 학생들에겐 화염병 제조방법은 물론이고 이름조차 생소했다"는 말 외에 달리 언급한 것이 없다.

조영래가 붙잡혔을 당시 중앙정보부에는 이종찬 전 국정원장이 근무중이었다. 다음은 이 전 원장으로부터 전해들은 조영래에 대한 기억이다.

"어느 날 수사관들이 날 보고 '거물이 하나 들어왔다'고 하더군. 누구냐니까 조영래라는 거야. '그 사람이 왜 거물이냐' 하니까 '이놈은 때릴 필요가 없다' 이거야. 잡혀온 주제에 수사관들한테 조서를 그렇게 작성하지 말고 이렇게 작성하라고 지도를 한다는 거야(웃음). 다른 사람한테 죄를 뒤집어씌우지 않고 자기가 했다고 하면서 말이지. 수사관들이 감복을 한 거지. 인격적으로 조영래가 이겼다면서 말이야."

조영래는 '서울대생 내란예비음모사건'으로 1년 6개월을 복역한 뒤 74년 긴급조치 4호와 민청학련 사건으로 다시 수배령이 떨어져 긴 도피생활을 한다. 그리고 수배 중에도 치밀한 취재를 통해 《전태일 평전》을 써낸다.

이 전 원장은 80년 서울의 봄 당시 조영래에 대한 수배가 풀리자 "인재를 살려야 한다"며 법원장을 직접 찾아가 그를 사법연수원에 다시 들어가게 한 주역이기도 하다. 이 전 원장의 말이다.

"조영래는 리더십도 탁월했고 온화하고 겸손한 인품에 끈질기고 치밀한 성격, 비상한 머리에 글솜씨도 뛰어나고 이론에도 밝은, 참으로 아까운 사람이었다. 그런데 마흔셋에 세상을 떴으니 너무 일찍 죽었다. 그런 사람이 나중에 대통령이 되었더라면 참 좋았을 텐데…"

위수령에 비상사태 선포까지 살얼음판 정국

필자는 이 글을 쓰기 위해 취재를 하면서 70년대 민주화운동에 헌신한 인사들을 많이 만났다. 그중 유독 한 사람에 대한 평가가 똑같았는데 그가 바로 조영래였다. 물론 칭찬 일색의 평판이었다. 그리고 모두가 그의 요절을 안타까워했다.

조영래는 생전의 한 인터뷰(86년 4월 《샘이 깊은 물》)에서 71년에 겪은 감옥생활이 삶의 전환점이 되었다고 말한 바 있다.

"서울구치소로 들어가 처음 얼마동안 독방에서 지내다 합방이 되어 '일반 잡범'들과 함께 지냈다. 방에는 나이 서른이 채 안 됐지만 '별'(전과)이 열 몇 개나 되는 사람도 있었고 3범 4범 5범들도 숱했다. 나는 한방에 오래 있게 되어 감방장(長)이 되었는데 관례에 따라 '신입'이 들어오면 감방장 자격으로 '신고식'을 치렀다. 나는 이를 자기소개로 대체했다. …거의 예외 없이 '결손 가정' 출신이었다. 나도 그 사람들 처지였다면 꼭 마찬가지일 수밖에 없었겠다는 생각이 들었다."

변호사가 된 이후 망원동 수해소송, 여성정년연장 추진을 비롯해 권인숙 성고문 사건에 이르기까지 평생을 소수자와 서민들의 입장에서 치열하게 변호하며 산 그의 인생은 감옥생활에서 영향 받은 바 큰 것으로 보인다. 조영래는 타고난 품성이 휴머니스트였다. 대학 동기인 강만수 전 KDB산은금융지주 회장이 필자에게 전해준 조영래에 대한 회고다.

"한마디로 언행이 일치하는 사람이었다. 탁월한 능력의 소유자이기도 했지만 마음이 따뜻해 주변의 어려운 친구가 있으면 자기 일처럼 나서 도와주었다. 신입생 시절, 내가 지방출신이라 서울에 인맥이 없다 보니 과외 아르바이트 자리를 구하지 못하고 있었는데 어디서 소식을 들었는지 면식도 없는 내게 일자리를 구해줘 그와 인연을 맺게 됐다. 그 뒤부터 나는 조영래 말이면 무조건 따랐다(웃음). 6·3데모 때도 나더러 깃발을 들라고 해 선뜻 나섰다. 사회에 나와서도 계속 만났다. 그는 한번 일을 맡으면 사건이 일어난 전후배경까지 일목요연하게 훑었다. 정말 뛰어난 사람이었다."

조영래가 한국 민주화투쟁사에 끼친 영향력은 실로 심대하다. 최근 종북 좌파 인사들 때문에 빛이 바래기는 했지만 민주화운동 인사들 중에는 조영래처럼 보석 같은 영웅들이 많았다는 사실을 우리는 인정해야만 한다. 그가 생전 인터뷰에서 "3선 개헌과 전태일 때문에 박정희를 미워하게 됐다"고 말한 것으로 보아 조영래는 불의와 불평등 앞에 침묵하지 않은 진정한 지식인이었음을 알 수 있다. 아쉽지만, 고인에 대한 이야기는 여기서 잠시 접어두기로 하자. 향후 소개할 민청학련 사건에서 다시 자세히 다룰 예정이기 때문이다.

유신체제 예고편

다시 위수령이 떨어진 1971년 겨울, 서울로 가보자. 정국은 꽁꽁 얼어붙고 있었다. 서울에 위수령이 떨어진 지 두 달여가 지난 12월 6일에는 전국에 비상사태가 선포된다. 그날은 월요일이었다.

휴일을 쉬고 한결 추워진 날씨 탓에 몸을 움츠리며 출근하던 시민들은 일손과 발걸음을 멈추고 오전 10시 라디오에서 흘러나오는 윤주영 대변인의 긴장된 목소리에 귀를 기울였다. 한 시간 전인 오전 9시 국가안전보장회의와 국무회의 의결을 거쳐 이날 발표된 내용은 지금 잣대로 보면 경악할 만한 것이었다. 전문을 그대로 옮겨 본다.

최근 중공(中共)의 유엔 가입을 비롯한 국제정세의 급변과 한반도에 미치는 영향 및 북한 괴뢰의 남침 준비에 광분하고 있는 제 양상들을 정부는 예의주시 검토한 결과 현재 대한민국은 안전보장상 중대한 차원의 시점에 처해 있다고 단정하기에 이르렀다. 따라서 국가비상사태를 선언하여 온 국민에게 이 사실을 알리고 다음과 같이 정부와 국민이 혼연일체가 되어 이 비상사태를 극복할 결의를 새로이 할 필요를 절감하며 이에 선언한다.

일(1). 정부의 시책은 국가안보를 최우선으로 하고 조속히 만전의 안보태세를 확립한다.

이(2). 안보상 취약점이 될 일체의 사회불안을 용납하지 않으며 또 불안요소를 배제한다.

삼(3). 언론은 무책임한 안보논의를 삼가야 한다.

사(4). 모든 국민은 안보상 책무수행에 자진 성실하여야 한다.

오(5). 모든 국민은 안보 위주의 새 가치관을 확립하여야 한다.

육(6). 최악의 경우 우리가 향유하고 있는 자유의 일부도 유보할 결의를 가져야 한다.

1971년 12월 6일 대통령 박정희

이날 발표는 1년 뒤 출범할 유신체제를 예고하는 것이나 다름없었다. 그렇다면 당시 사회분위기는 그토록 위험수위였던가. 비록 사법파동이나 광주대단지 사건, 학생들의 교련반대시위가 잇따르기는 했으나 비상사태를 선포할 정도로 엄청난 무질서와 정치적 위기 상황은 아니었다는 것이 오늘날 지식인 사회의 중론이다. 하지만 국민들은 흔쾌하진 않아도 대체로 수긍하는 분위기였다. 비상사태가 선포된

1971년 12월 6일자 《경향신문》의 보도내용이다.

"'현 시점에서는 당연한 결과가 아니겠느냐'고 한
마디씩. …서울대학교 한 교수는 "국제정세 등으로
보아 정신무장이 필요한 시기이기는 하나 앞으로
조처 능에 대해서는 좀 더 폭넓은 여론을 바탕으로
해야 할 것"이라고 했고 학생들은 "비상시국에 대처
할 마음의 각오는 서야겠지만 좀 더 구체적이고 납
득할 만한 바탕이 뒷받침되어야 하겠다"고 했다.'

1971년 국가비
상사태 선언을
보도한 《조선
일보》호외

비상사태 선포 이후 도심은 쥐죽은 듯 조용해졌
다. 다시 《경향신문》의 7일자 기사다.

'이제까지 막연하게만 느꼈던 국가안보 문제를 절감한 듯 대부분의
시민들은 일찍 집으로 돌아가 평상시보다 밤거리가 눈에 띄게 한산했
다. 명동 무교동 등 유흥가에는 밤늦게까지 흥청대던 전날까지와는
달리 발길조차 뜸해 밤 11시쯤 대부분 술집이 문을 닫았다. 귀가길
화제는 단연 비상사태 선언. 시내버스정류장에서 귀가를 서두르던 정
성교 씨(31·회사원)는 "새삼 느껴진 안보문제 때문에 곧장 집에 들어간
다"고 했다.'

12월 7일자 《동아일보》도 '국가안보와 자유민주의'라는 제목의
사설에서 '앞으로의 국민생활이 크게 규제받을 것이라 함은 짐작하기
어렵지 않다. (하지만) 북괴의 무력증강과 침략성이 아직 가시지 않고
있음이 현실이라고 볼 때 국민의 대공(對共) 경각심은 더욱 고양되어
야 하고 이러한 점에서 대통령의 선언이 발(發)하게 된 동기도 짐작할
수 있겠다'고 했다.

언론에 대한 검열과 감시가 삼엄한 상황에서 정권의 눈치를 볼 수

밖에 없는 처지였다고는 해도 당시 보도들은 시중 여론을 일부 반영한 결과라고 봐야 한다. 실제 당시 대다수 국민들 사이에는 안보 불안감이 만연해 있었다. 3선 개헌이 있던 1969년 말 국토통일원 전국여론조사 결과에 따르면 북한의 무력도발 행위에 대해 응답자의 82%가 "매우 분개한다"고 했다. 이런 기조는 70년대 들어서도 바뀌지 않았다. 상상을 초월하는 북한의 도발이 계속되고 있었기 때문이다.

북한의 도발, 주한미군 철수… 증폭되는 안보불안

1968년 1·21 청와대 기습과 이틀 후 푸에블로호 납치만행을 저지른 북한은 10월 30일 120명의 무장공비를 경북 울진과 강원 삼척에 침투시킨 데 이어 12월 9일에는 강원 평창군 진부면 가정집까지 침투해 이승복 어린이와 그의 모친, 남동생, 여동생을 참혹하게 살해하고 형과 아버지에게 큰 상해를 입힌다(12월 11일자 《조선일보》는 이 사건을 '공산당이 싫어요, 어린 항거 입 찢어'라는 제목으로 크게 다뤘으나 《미디어오늘》, 언론개혁시민연대 등이 '작문'이라고 주장하는 등 왜곡 조작 시비를 걸었다가 2006년 11월 대법원이 '진실'이라고 판결함으로써 마무리됐다).

이듬해인 69년에도 3월(주문진) 5월(전방사단) 6월(부안)에 무장간첩을 잇따라 침투시킨 북한은 12월 11일엔 승객과 승무원 51명을 태우고 강릉을 출발해 서울로 가던 대한항공(KAL) 여객기를 납치해 국민들을 충격에 빠뜨렸다. 북한은 납치 66일 만인 1970년 2월 14일 승객 39명만 판문점을 통해 돌려보냈을 뿐 나머지 12명(승무원 4, 승객 8명)은 여전히 송환하지 않고 있다. 칼(KAL)기 피랍이라고 하면 흔히 '김

현희 사건'(87년)을 떠올리지만 이미 69년에도 납치가 있었으니 새삼 전율이 느껴진다.

칼(KAL)기 피랍의 충격이 채 가시기도 전인 70년 3월 31일에는 일본 적군파 요원이 하네다 공항을 출발해 후쿠오카로 향하던 일본항공 요도호를 납치해 북한으로 망명한 요도호 납치사건이 일어난다. 다시 2개월여 뒤인 6월 5일에는 연평도 부근 공해상에서 우리 해군함정이 납치된다. 언론에는 '방송선'으로 알려졌지만 당시 해군함정은 어선단을 보호하는 임무를 띠고 있던 어엿한 '120톤급 전투용 포함(砲艦)'이었다.

해군함정 피랍 며칠 뒤인 70년 6월 22일에는 1·21 청와대 기습에 이은 박정희 대통령 암살 시도가 동작동 국립서울현충원에서 일어난다. 오전 3시 50분경 북한 무장특공대 2명이 현충원에 잠입해 현충문 위에 폭탄을 장치하려다 실수로 폭탄이 폭발한 사건이었다. 이 중 1명은 피투성이 시체가 됐고, 1명은 추격전 끝에 사살됐다. 며칠 뒤 있을 6·25전쟁 기념식에서 박 대통령과 정부요인들을 암살하려던 계획이었다.

이듬해인 71년 1월에도 대한항공 소속 F-27 항공기 납치 미수사건이 일어난다. 이 사건으로 북한 공작원은 사살되고 공작원이 떨어뜨린 포탄을 몸으로 막은 조종사가 숨졌다. 3년 뒤인 74년 8·15 기념식에서는 육영수 여사가 문세광의 총탄에 숨지고 83년 10월 9일에는 아웅산 테러가 일어나니 국민들 입장에서는 "6·25는 아직 끝나지 않았다"는 불안감을 가질 수밖에 없었다.

이런 상황에서 미국의 움직임이나 국제 정세 또한 결코 남한에 유리하지 않았다. 미국은 1·21 청와대 기습사건 당시에도 북한에 유화

책을 쓰는 한편 남한에 대해서는 '맹방이 맞나' 싶을 정도로 한국군의 단독행동을 강경하게 막았다. 급기야 69년 7월엔 아시아 주둔 미 지상군의 단계적 철수를 골자로 한 닉슨 대통령의 '괌 독트린'이 발표된다. 그리고 1년 후인 70년 3월 미국은 주한미군 보병 7사단 2만여 명을 철수하겠다고 공식 통보한다.

불리한 국제정세와 불안한 정치상황

미국의 통보에 박 대통령은 8월 3일 주한 미대사 및 주한 미군사령관과 가진 간담회에서 "향후 몇 년간이 한국 안보에 매우 중요한 시기이므로 재고해 달라"고 요청한다. 이어 8월 24일에는 미 부통령 애그뉴가 특사 자격으로 한국을 찾았다.

박 대통령은 "2주간 거의 모든 일정을 미루고 대책 마련에 골몰했다"(김정렴 회고록)고 할 정도로 절박하게 애그뉴와의 회담에 매달렸다. 당시 애그뉴 부통령을 수행했던 미국 수행원은 "회담에서 박 대통령이 보여준 행동은 내가 지금까지 목격한 어떠한 것과도 견줄 수 없는 '절대적으로 공격적인' 국가원수의 행동이었다"(미 하원 소위원회 자료)고 평가했다. 하지만 7사단 철수계획은 뒤집어지지 않았다.

박 대통령은 철수를 받아들이는 대신 미국 측으로부터 한국군 장비의 현대화를 위한 군사원조와 2만 명 이상 감군하지 않는다는 약속을 받아냈다. 그러나 애그뉴 부통령은 회담을 마치고 대만으로 향하면서 미국 기자단에게 "5년 이내에 주한미군은 완전히 철수할 것"이라고 해 한국을 다시 당황스럽고 불안하게 만들었다(미 하원 소위원회 자료).

한편 71년 7월 15일 닉슨 대통령은 키신저 국무장관의 방중(訪中·7

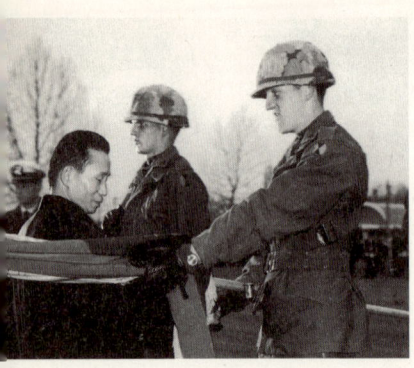

주한 미7사단
고별식에서 훈
장수여중인 박
정희 대통령.

월 9~11일)과 자신의 1972년 2월 방중 계획을 밝혀 전 세계를 놀라게 했다. 이는 남한의 안보불안을 더 부추기는 일이었다. 돈 오버도퍼가 쓴 《두개의 코리아》(1998년)에 따르면 '박 대통령은 미국이 한국에 알려주지도 않고 중국과 손을 잡았다는 사실에 미국을 더 이상 신뢰할 수 있을까 우려했다'고 한다. 박 대통령 입장에서는 향후 미·중 비밀협상에서 중국이 주한미군의 완전 철수를 요구할 경우 미국이 수용하지 않을까 신경을 곤두세울 수밖에 없었을 것이다.

이런 상황이었으니 국민들도 향토예비군 설치나 학생 군사훈련(교련) 실시 등 '병영국가 체제'의 불가피성을 인정할 수밖에 없었으리라고 생각된다.

71년 4월 대선에서 국민들이 박 대통령을 지지한 밑바탕에는 '북괴의 야욕 앞에 누가 이 안정된 생활을 지켜줄 것인가'를 내건 슬로건의 영향도 없지 않았다고 볼 수 있다. 당시 신민당 김대중 후보가 제기한 4대국 보장론(미-일-중-소 4대국이 보장하는 한반도 전쟁억제 보장책)은 당시로선 시대를 앞서간 통일정책이었으나 그의 또 다른 공약인 향토예비군 및 학생교련 폐지 등에 대한 국민여론은 좀 달랐다. "김 후보의 주장이 힘을 얻을 경우 안보태세 해이로 북한의 전면도발을 자초할 수 있다"는 박 대통령의 주장에 국민들이 더 공감했다고 할 수 있다.

어떻든, 박 대통령은 안보에 대한 전반적 위기의식을 71년 말 비상사태선포와 72년 '유신헌법'의 명분으로 내세운다.

미국 소련 중국 등 주변 강대국들의 입장 변화와 주한미군 철수, 북한의 계속된 도발 등으로 안보는 분명 위협받고 있었다. 게다가 당시 대한민국의 국격은 지금과는 비교할 수 없을 정도로 낮았으니 한국에 불리한 국제정세는 박 대통령과 국민들에게 걱정을 넘어 공포와 두려움을 주었으리라 짐작된다.

여기에 국내적으로는 사법파동, 전국대학교수들의 학원자주화 선언(8월), 교련반대시위, '광주대단지' 사건 등이 동시다발로 터지면서 71년 내내 정권은 위기국면에 처해 있었다. 박 대통령으로서는 뭔가 비상수단을 강구하지 않으면 안 된다고 생각하기에 이른 것이다.

무소불위 권력 앞에 세상도 숨죽이다

공화당은 71년 12월 27일 새벽 3시 '국가보위에 관한 특별조치법'을 여당 단독으로 통과시킨다. 사실상 대통령에게 무소불위의 비상대권을 부여하기 위해 제정된 이 법률은 앞서 12월 6일 내려진 국가비상사태 선포를 구체적인 실정법으로 뒷받침하는 것이었다.

본문 12개 조항과 부칙으로 구성된 이 법의 골자는 대통령이 △비상사태를 선포할 수 있고 △물가 임금 등에 일시적 통제를 할 수 있도록 성세규제를 명령할 수 있으며 △국방상의 목적을 위해 땅이나 사람에 대해 동원령을 선포할 수 있으며 △주민의 소개(疏開)를 명할 수 있고 옥외집회나 시위를 규제할 수 있으며 △언론 출판에 대한 특별조치를 취할 수 있고 △국가기관, 지방자치단체 및 공익사업체 등 특정한 근로자의 단체교섭권 단체행동권을 제한할 수 있으며 △군사상 목적을 위해 세출예산을 조정할 수 있다는 것이었다.

한마디로 헌법에 규정된 절차를 깡그리 무시하고 민주주의의 핵심 요소인 노동자의 기본적인 생존권보장조치도 무시하는 탈(脫)헌법, 탈(脫)민주주의를 내건 무시무시한 법이었다. 세상은 전시(戰時)체제에 들어간 듯했다. 모두들 숨을 죽였다.

그런데 이 법이 통과되기 이틀 전 정부와 여당을 향해 직격탄을 날린 인물이 있었다. 김수환 추기경이었다. TV로 생중계된 명동성당 성탄 자정미사에서 일어난 일이었다. 숨죽인 청중들 앞에서 추기경은 작심한 듯 발언을 이어간다.

"여러분은 이른바 '국가보위특별조치법'이 필요불가결의 것이라고 양심적으로 확신하고 계십니까? 이 시기에 과연 국민총화를 이룩하는 데 도움을 준다고 믿고 있습니까? 민주국민의 정신을 위축시키고 정부와 국민의 위화감을 조장할 뿐 아니라, 국민총화 자체를 오히려 해칠 염려가 크다고 생각해볼 수는 없습니까? 이 법은 북괴의 남침을 막기 위해서입니까? 아니면 국민의 양심적인 외침을 막기 위해서입니까?"

평소 인자한 미소가 트레이드마크였던 추기경의 얼굴에 비장함이 서렸다.

"그렇지 않아도 대통령한테 막강한 권력이 가 있는데 이런 법을 또 만들면 오히려 국민과의 일치를 깨고 그렇게 되면 국가안보에 위협을 주고 평화에 해(害)를 줄 것입니다."

추기경의 예상치 못한 '정치적' 발언에 미사에 참석한 2000여 신도들과 TV로 이를 지켜보던 시청자들은 전율했다. 3년 전 대한민국의 첫 추기경이 되어 한국 가톨릭의 자랑으로 존경을 받던 분이었기에 말의 무게는 더욱 컸다. 그는 훗날 인터뷰에서 당시의 고뇌를 다음과 같이 회고했다.

"당시엔 정부에 비판하는 말을 할 경우 누가 기자회견을 해도 신문이 전해줄 수 있는 상황이 아니었다. 그러니 생방송은 정말 좋은 기회였다. 하지만 '내가 꼭 해야 하느냐' 하는 생각에 크리스마스이브날 밤을 꼬박 새웠다. 성탄 자정미사 한 시간 전에야 '나 아니면 말할 사람이 없다'고 결론을 내리고 본래 미사 강론에 없던 문장을 삽입했다."

김수환 추기경과 악수하는 박근혜 당시 큰영애(令愛).

추기경은 이듬해 유신이 선포되던 72년 10월 17일에는 이탈리아 로마에 머물다 소식을 듣고 로마 주재 한국대사에게 이렇게 말하기도 했다. "10월 유신 같은 초헌법적 철권통치는 우리나라를 큰 불행에 빠뜨릴 것이라고 단언합니다."

2009년 2월 16일 선종할 때까지 70년대에는 유신체제를 향해, 80년대에는 인권과 민주화를 위해, 90년대에는 북한의 인권개선과 체제변화를 위해 시대마다 국민들의 억눌린 마음을 대변해왔던 고인의 삶을 다시 한 번 새기게 되는 대목이다.

이후락 "김지하 잡으면 반병신 만들겠다"

주기경이 사정미사를 미친 몇 시간 뒤인 성탄절 아침(오전 9시 50분), 서울엔 큰불이 나 성탄 분위기를 발칵 뒤집어 놓았다. 사망자 163명, 부상자 64명으로 세계 호텔 화재사건에 '이름'을 남긴 서울 충무로의 22층 대연각호텔 화재였다. 불길을 피해 뛰어내리는 사람들 모습이 TV 생중계에 잡혀 충격을 주기도 했다. 추락 사망자만 30명이었다. 불은 쉽게 진화가 안돼 박 대통령이 직접 현장을 돌아볼 정도였다.

말 그대로 다사다난했던 71년이 가고 있었다. 한국현대사에서 가장 중요한 10년인 '1970년대'는 한 해 한 해가 그야말로 격동의 시기였다. 압축성장의 빛과 그늘이 가장 극명하게 드러난 시기였기 때문이다.

1966년부터 시작된 고도성장은 박 대통령 재임기간인 1979년까지 지속된다. 전태일 분신사건이 일어난 1970년 말부터 1971년까지는 산업화의 그늘이 짙게 드리우면서 박 정권에 전방위적 균열을 가한 시기라고 할 수 있다. 집권층 내 심장부(사법파동)에서부터 기층민중들(광주대단지사건)과 지방 소도시(원주시위)까지 반정부 분위기가 확산돼 가고 있었던 것이다. 이런 분위기 속에서 비상사태 선포로 상징되는 물리력을 동원한 '공포 정치'가 시작된 해가 또한 71년이었다.

1972년 새해를 맞은 대한민국은 곧이어 터져 나올 7·4남북공동성명과 '유신'으로 또다시 격변의 한가운데로 들어선다. 비상사태 선포로 '긴장된 침묵'이 지배하고 있던 72년 봄 김지하는 또다시 글을 써달라는 청탁을 받는다. 가톨릭 종합교양지 《창조(創造)》 4월호에 오적류의 담시(이야기 시)를 써달라는 주문이었다. 김지하는 원고를 쓰기로 하고 제목을 〈비어(蜚語)〉로 하기로 했다. 유언비어(流言蜚語)의 준말이었다. 김지하의 말이다.

"'메뚜기처럼 뛰는 말', 즉 '소문'이란 뜻이었다. 정보부에 대고 '이것은 내 말이 아니라 소문에 의하면 이렇고 저렇고 그렇다더라' 하는 의미로 쓴 것이다."

'서울 장안에 얼마 전부터 이상야릇한 소리가 자꾸, 자꾸만 들려와
그 소리만 들으면 사시같이 떨어대며
식은땀을 줄줄 흘려 쌌는 사람들이 있으니 해괴헌 일이다.'

이렇게 시작하는 〈비어〉는 판소리 형식이지만 〈오적〉처럼 하나의 이야기가 아니라 세 편의 각각 다른 이야기로 구성돼 있다. 부패한 특권층의 타락과 위선을 풍자하고 시골에서 서울로 올라와 돈을 벌려고 애쓰다 죽는 서민과 그 죽음에 대한 저항을 그렸다는 점에서 〈오적〉과 일맥상통하는 저항시였다.

〈비어〉가 발표되자 중앙정보부가 발칵 뒤집혔다. 김지하는 당시 친하게 지내던 중앙정보부 이종찬(전 국정원장)으로부터 "빨리 도망가라"는 연락을 받는다. 김지하의 말이다.

"이 선배 말이 '이후락 정보부장이 엄청 화를 냈다. 이번에 김지하를 잡으면 반병신을 만들겠다'는 거였다."

잠깐, 여기서 독자들은 고개를 갸웃거릴 것이다. 박정희 정권의 파수꾼 노릇을 자처했던 중앙정보부의 중견 간부가 자나 깨나 정권을 무너뜨리기 위해 골몰하고 있던 운동권 청년에게 도피를 주문했다고? 언뜻 상식적으로 이해가 가지 않는 일이지만, 두 사람 사이엔 시대가 만든 '아름다운 인연'이 있다.

저항시인과 정보부요원의 아름다운 인연

김대중 정부시절 국정원장을 지낸 이종찬은 육사를 졸업하고 1965년 정보장교의 길을 택해 중앙정보부에 공채로 들어간다. 이후 중앙정보부 총무국장·기획조정실장을 거쳐 11~14대 국회의원, 민정당 원내총무·사무총장을 지낸 인물이다.

이종찬 김지하 두 사람의 만남은 김지하가 〈오적〉을 발표한 직후인

1970년 여름경으로 거슬러 올라간다. 필자는 두 사람의 만남을 취재하기 위해 이 전 원장을 만났다. 그는 1970년 어느 날, 자신이 쓴 일기를 보여주었다. 그 일기를 보면 정보부에 근무하는 직업적 관심 때문이기도 했겠지만 시 한 편으로 정국을 뒤흔들던 김지하에 대해 그가 애정 어린 관심을 가졌음을 알 수 있다.

'김지하는 붙들려 현재 라이온스 호텔에 연금 중이다. (〈오적〉은) 누가 봐도 현 정부가 아프게 느낄 만한 작품임이 분명하다. 동빙고동 고급주택을 도둑촌이라 했고, 정인숙이란 여인의 살해사건까지 빗대 상류층의 타락상을 폭로했다. 작가는 서울 문리대 미학과를 7년 만에 졸업한 괴짜라고 한다. (6·3때인) 1964년도 3·24 학생데모 때에는 〈최루탄〉 노래를 작사한 전력이 있는 재주꾼이다. 당시에도 서울 계엄고등군법회의에서 '공산당 제6차 선언'을 인용해 글을 써 기소되었으나 도피해 기소중지했던 자라 한다. 조사과정에서도 수사관의 조서용지에 시작(詩作)을 했다 하니 대담한 자다.'

이 전 원장은 〈오적〉이 나온 직후 정보부의 분위기를 상세하게 기억하고 있었다. 그의 말이다.

"제일 먼저 청와대에서 대로(大怒)했다. 청와대 비서실장이 직접 정보부를 방문해 김계원 정보부장에게 엄하게 수사할 것을 지시했다. 하지만 상징적인 시작(詩作)에 불과하고 구체적으로 사람 이름을 거명하지 않은 상황에서 범죄구성 요건상 수사할 근거가 없었다. 더욱이 국제 펜(PEN)클럽 대회를 앞두고 있었기 때문에 정부로서도 작가를 구속, 탄압한다면 국제적인 망신을 당한다는 것을 알아 딜레마에 빠졌다. 마침 김지하가 폐병을 앓고 있어서 각혈까지 하는 상태라는 소식이 전해졌다. 나는 강창성 차장보에게 김지하를 구속하는 것은 자칫 긁어 부스럼을 키우는 격이 될 것이니 요양원으로 보내 서울에서 격리시키는 것도 한 방법이라고 제안했다."

어느 날 저녁, 이 전 원장은 김지하를 직접 설득하겠다며 인사동의 한 식당에서 만난다. 만남에 다리를 놓아준 사람은 흥국탄광 도계광업소장 박윤배였다. 박 소장은 이 전 원장과 피란 시절 대구에서 전시(戰時) 연합중학교를, 서울에서 경기고를 같이 다닌 가장 친한 친구였다. 또 김지하를 물심양면으로 도와줘 김지하가 평소 '친형님'처럼 모시던 사이이기도 했다. 필자가 이 전 원장에게 김지하의 첫인상을 묻자 그는 이렇게 말했다.

"괴짜 중에서도 어디서 저런 괴짜가 있나 하는 생각이 들었다(웃음). 술도 많이 먹고 자기 하고 싶은 얘기 다하고. 그런데 막상 만나보니 나이답지 않게(당시 김지하는 29세) 생각이 깊었다. 마음씨도 착해 보였다. 김 시인은 왜 자신이 박 대통령을 반대하며, 우리나라가 어떤 나라여야 하는지에 대한 상당한 식견을 토로했다. 내가 정보부에 있었지만 우리는 첫 만남에서부터 속을 터놓았다."

'정보부의 오버가 사태를 그르친다'

이 전 원장은 이후 김지하에게 호감을 갖기 시작했다고 한다.

"그가 애국지사라는 생각이 들었다. 시대의 운을 타고나지 못해 반정부의 길을 걸으며 시인이 된 것이라고 생각했다. 그 생각에는 지금도 변함이 없다. 어떻든, 그날 이후 나는 최대한 그를 보호해주어야겠다고 생각했다. 직접적으로 연락을 바로 할 수는 없었으니 박윤배를 연락책으로 삼았다."

필자는 이 대목에서 이 전 원장에게 이렇게 물었다. "아무리 그래도 그렇지, 정보부에 근무하는 사람으로서 반정부 인사에게 '빨리 도망가라'고 조언한 것은 조직의 이해에 반하는 행동 아닌가?" 이 전 원장은 당시 정보부 분위기를 전하며 이렇게 답했다.

"김 시인처럼 국내적으로 문제를 일으키는 사람들은 보안담당 부서가 맡았는데 그들은 기관을 위해서도 충직한 사람들이 아니었고, 나라를 위해서도 충성스러운 사람이 아니었다. 그들에 의해서 정의로운 사람들이 희생되어서는 안 된다고 생각했다."

한마디로 "정보부의 '오버'가 사태를 그르친다고 판단했다"는 거였다. 이 전 원장은 〈오적〉 필화사건으로 김지하가 구속됐다가 보석으로 석방된 뒤인 71년 4월 초 어느 날, 그와 비밀리에 마주 앉는다. 마침 며칠 후 대통령선거를 앞두고 있었다. 이날의 화제는 '김대중 후보'였다.

"소주와 오징어포를 서로 나누면서 한나절을 같이 보냈다. 나는 그때 김 시인으로부터 김대중이란 인물에 대한 자세한 내력을 들었다. 혹시 '김지하가 김대중과 같은 목포(木浦) 출신이라 의기투합한 것 아닌가' 생각했지만 듣다 보니 그런 것이 아니었다. 김 시인은 재야세력과 가까웠지 직접적으로 김 후보와 관련은 없었다. 그러나 대선에서 김 후보를 지지한 것은 사실이었다. 요샛말로 김사모(김대중을 사랑하는 모임)라고나 할까… 그는 그날 답답한 심정에 '쿠데타'에 대해서도 말했는데 대의가 무엇인지, 왜 필요한지, 무엇을 지향하는지 정확하지 않았다. 박 정권이 독재, 부패, 무능하니 무조건 뒤엎어야 한다는 막연한 주장이었다."

이 전 원장은 한때 김지하 혹은 그를 둘러싼 그룹이 북한과 연계된 것은 아닌가 하는 의심을 한 적도 있다고 했다. 다시 그의 말이다.

"하지만 아니었다. 그의 생각은 사르트르의 실존주의적 반항과 가까웠고 결론 부분에 가서는 인간존중의 '자유공동체 사회'를 지향하는 것 같았다. 이것은 어쩌면 우리 집안 내에서 기본적으로 통했던 우당정신(友堂精神·이 전 원장의 조부(祖父)인 우당 이회영 선생의 사상)과도 통했다."

두 사람이 이렇게 비밀리에 우정을 쌓아가던 와중에 72년 봄 다시 〈비어〉 필화사건이 터진 것이다. 《창조》지의 주간과 편집장이 붙들려가고 김지하는 수배되었다. 이 전 원장 말대로 "이번에는 간단치 않았다".

"김지하를 사형에 처하면 대사관을 폭파하겠다"

다시 이종찬 전 국정원장의 말이다.

"〈비어〉가 발표되자 중앙정보부 공기가 매우 험악해졌다. 김지하가 〈오적〉 이후 '조용히 있겠다'고 정보부에 약속한 것도 아니었는데 '김지하가 정부를 배신했다'고 비난하는 간부들도 많았다."

이 전 원장은 "이번에 김지하가 다시 붙잡히면 죽을지도 모르겠구 니 하는 섬뜩함이 느껴질 정도였다. 대통령 측근들의 과잉충성 분위기가 나라를 위기로 몰아가고 있었다. 마음 한편에 이를 지켜보는 것이 못내 못마땅했다"고 한다. 그의 회고다.

"내가 무슨 거창한 민주화운동을 한 것은 아니지만 나는 더 넓은 의미의 국가이익을 위해서 김지하를 살려야 한다고 보았다. 당시 프랑스도 사르트르(1905~1980)의 반정부 시위 때문에 골머리를 앓고 있었다. 그런데 수사기관장이 드골 대통령에게 '사르트르를 잡아넣어야 한다'고 하자 드골이 뭐랬는 줄 아는가, '그래도 내가 볼테르(1694~1778)를 구속할 수는 없지' 했다. 이 얼마나 멋진 말인가. 사르트르를 볼테르라는 당대 지성에 비유하면서 지성인을 잡아넣으면 안 된다는 뜻이었다. 그래서 나는 (71년) 대선에서도 이겼으니 우리 지도자 가슴도 좀 크게 국민들에게 보여줄 필요가 있다고 건의했다. 하지만 정보부 분위기는 그런 것이 전혀 아니었다."

정보부는 김지하를 잡기 위해 혈안이 됐다. 남자고 여자고 선배고 후배고 김지하와 조금이라도 인연이 있는 주변 사람들이 무려 200여 명이나 붙들려가 적게 혹은 크게 피해를 입었다. 자신 때문에 남들이 고통받는 모습을 보며 김지하도 더는 버틸 수 없었다. 이 전 원장은 김지하에게 자수를 권했다.

김지하는 고민 끝에 제 발로 남산에 걸어 들어가기로 한다. 서울대 불문학과 60학번으로 김지하의 문리대 후배이면서 훗날 《무진기행》을 쓴 소설가 김승옥은 《내가 만난 하나님》이란 책에서 김지하가 자수를 결심하던 당시 상황을 자세히 밝히고 있다.

"피해 다니던 김지하는 마지막에 나를 찾아와 '더 이상 숨어 지낼 수는 없다. 많은 사람들이 내 소재를 대라는 당국의 요구에 고통을 받고 있다. 박정희가 나를 죽일 작정인 것 같다. 내일 자수해서 남산 (중앙정보부)으로 들어갈 테니 네가 밖에서 문인들을 모아 내 구명운동을 해주기 바란다'고 했다."

위리안치(圍籬安置)형

김지하가 '남산'으로 들어가고 난 뒤 김승옥은 박태순, 이문구 등 문인들을 끌어모아 구명운동을 벌였다. 또 한승헌, 황인철 변호사와 함께 재판 때마다 변호사 측 증인이 되어 김지하를 빨갱이로 몰려 하는 검찰을 향해 "그의 평소 언행으로 볼 때 빨갱이가 아니다"라고 증언했다. 다시 김승옥의 회고다.

"결국 나에게까지 감시가 붙었다. …문인들에게는 참으로 황막한 시대였다. 불안과 좌절 때문에 술만 늘었다. 나는 선천적으로 술을 못했는데도 술에 의지하게 되었다. 친구들과 어울려 술이라도 마시고 있으면 그나마 불안을 벗을 수 있었기 때문이었다."

김지하는 결국 72년 5월 13일 반공법 위반혐의로 다시 입건된다. 김지하의 말이다.

"막상 잡혀 들어갔지만 뺨 한 번 맞거나, 욕설 한마디 듣는 일 없이 점잖게 취조를 받았다. 어머니까지 면회를 시켜줬다. 하기야 내가 무슨 비밀조직을 만든 것도 아니고 혼자서 시를 써서 공개해 걸린 것이니 혐의사실(?)이 분명한 데다 이미 세간에 알려진 사람이다 보니 보는 눈들이 많아 그랬던 것 같다."

김지하는 조사가 끝난 뒤 폐결핵을 이유로 기소유예 처분을 받고 마신 국립결핵요양원으로 옮겨진다.

"말이 요양이지 강제연금생활이었다. 정문엔 정보부원이 배치됐고 결핵원 건물 사방에 탱자나무 울타리가 둘러쳐졌다. 그야말로 '위리안치'(圍籬安置·유배된 죄인이 거처하는 집 둘레에 가시로 울타리를 쳐 가두는 일)였다."

이번에는 이 전 원장 말이다.

"마산 요양원에서도 김지하는 자유를 누렸다. 비록 감시하에 있었지만 마음대로 술도 먹고 그의 근성대로 정권에 대해 악담을 퍼붓기도 했다. 그런데 이상한 것은 그를 감시하던 경찰이나 정보부원은 오히려 젊고 정의감이 있는 이 괴짜에게 외경(畏敬)감을 표하지 않는가?"

이후 김지하와 이 전 원장의 인연은 잠시 끊긴다. 73년 이 전 원장이 주영국 한국대사관에 부임하게 되면서였다. 그래서 74년 김지하가 민청학련 사건으로 다시 체포되었다는 소식을 영국에서 들었을 때는 가슴이 답답했다고 한다. 이 전 원장은 김지하가 당시부터 국제적인 인물이었다며 다음과 같은 에피소드를 전했다.

"74년 민청학련 사건이 나고 어느 날 런던에 있는 대사관으로 협박장이 하나 왔다. '시인 김지하를 사형에 처하면 당장 대사관을 폭파하겠다'는 내용이었다. 보고를 받은 김용식 대사가 나에게 시급히 영국 공안당국과 협조해 달라고 당부했다. 나는 영국 외무부와 특별범죄수사부에 협조를 요망했다. 그날로 대사관에 대(對)테러부대 요원이 배치되고, 무장대원들이 탄 자동차가 대사관 인근에 24시간 대기하게 됐다."

이 전 원장이 귀국했을 때 김지하는 이미 갇힌 몸이었다. 이 전 원장은 "이후 옥중에서나 출옥 후 보여준 김 시인의 행동은 정말 감동적인 것이었다"고도 말한다.

"가장 찬란한 인생의 황금시절을 암울한 감옥에서 보낸 그는 정보부에서 자신을 인혁당 사건과 연결시키고, 가톨릭교계에 침투한 마르크스 레닌주의자로 둔갑시키려 한 것에 대해 끝까지 버텼다. 자신이 공산주의자도 아니고, 친북주의자가 아니라는 사실을 밝히는 일은 당시 분위기에서는 참으로 어려운 처신이었다. 운동권 내에서 왕따 당하기 십상이었기 때문이었다."

이 전 원장은 그가 겪었을 고초가 전해지는 듯 짧은 한숨을 내쉬더니 말을 이었다.

"더욱 아이러니한 것은 정부 내 강경파들만 그를 빨갱이로 몰아 죽이려 한 것이 아니었다. 운동권 내에서도 그를 희생양으로 만들어 죽이려했다. 나는 훗날 이 사실에 놀라지 않을 수 없었다. 김지하는 형무소 안에서도 많은 압력을 받았다. 박 정권에 대해 더욱더 강렬하게 반항적인 작품을 쓰라는 지령(?)도 있었고, 사상적으로 완전 좌편향된 글을 발표하라는 요구도 받았다. 김지하는 이를 과감히 거절했고 자기를 비판하는 운동권 투사들에게도 격렬하게 반발했다. 이런 진상에 대해 김 시인 자신은 아직까지도 침묵을 지키고 있지만 나는 대강을 짐작한다."

이 전 원장은 "김지하를 빨갱이, 친북주의자로 알고 있던 내 후배들이 '왜 그런 사람을 변호하느냐'며 오히려 나를 의심하던 날도 많았었는데 요즘 들어 오해가 풀리고 있는 것이 정말 다행스럽다"고 했다.

김수환 추기경, 김지하에게 '가톨릭의 길'을 묻다

마산국립결핵요양원에서 김지하가 맨 먼저 만난 이는 지학순 주교였다. 지 주교는 요양원 안 천주교 공소(公所·주임신부가 없는 기도소)에서 직접 미사를 집전했다. 미사가 끝난 뒤 두 사람은 병실에 마주 앉았다. 김지하의 회고다.

"우리는 향후 운동방향을 놓고 많은 이야기를 나눴다. 지 주교가 '여러 정황으로 보아 천주교가 일어나야 독재를 막고 민주화운동이 국민의 지지를 더 많이 받을 것 같다. 그것을 위해서는 무엇보다 먼저 전국의 사제들을 하나의 조직으로 단합시켜야 한다'고 했다. 정의구현 사제단에 대한 구상이 이날 처음 나온 것이라고 할 수 있다."

며칠 후 김수환 추기경도 그를 찾아왔다. 공소에서 환자들을 위로 하는 음악회가 열린 날이었다. 김민기와 가수 양희은이 초청돼 환자 들과 함께 〈아침이슬〉을 부르고 있었다. 김지하는 맨 뒷자리에 앉아 있었다. 등에 누군가의 묵직한 기운이 느껴져 돌아보니 김수환 추기 경이었다. 김지하는 깜짝 놀라 벌떡 일어서 꾸벅 인사를 했다.

"추기경을 뵌 것은 그날 처음이었지만 사진을 통해 익히 알고 있었 다. 추기경은 온화한 미소를 머금고 내게 '김 시인이지요?'라며 악수 를 청했다. 그리고 나서는 갑자기 목에 감겨있던 흰 로만칼라를 잡아 떼어 버렸다. 순간, 나는 너무 놀랍기도 하고 감동하기도 했다. 한마 디로 '바티칸 계급장'을 떼어놓고 마음을 열고 싶다는 뜻으로 읽혀졌 기 때문이다."

추기경은 음악회가 끝난 뒤 김지하의 병실을 찾았다. 이날 두 사람 은 밤을 새워가며 이야기를 나눴다고 한다.

"너무도 소탈하고 소박하고 진실한 분이셨다. 우리는 제대로 숨조 차 쉴 수 없는 사회분위기에 대해 많은 이야기를 나눴다. 추기경께서 먼저 내게 물으셨다. '우리는 분단국가다. 가톨릭은 보수적일 수밖에 없다. 그런데 김 시인이 〈오적〉에 이어 가톨릭잡지인 《창조》 지에서 〈비어〉로 다시 칼을 뺐다. …이 분단된 나라에서 가톨릭은 어떻게 해 야 한다고 보는가. 우리까지 나서서 정부를 반대하면 큰 혼란이 오지 않을까 하는 염려도 있다.'"

분단국가 종교지도자의 고뇌

종교계는 사실 매우 보수적인 집단이다. 더구나 가톨릭은 위계질서가 까다롭고 엄격하다. 평소 추상적인 교리나 신앙에서 벗어나 '생활 속의 교회'를 신조로 삼은 추기경이었으나 분단국가에서 신도들을 대표하는 종교지도자로서의 고뇌가 컸음을 짐작할 수 있다. 추기경의 질문에 김지하는 이렇게 답했다고 한다.

"박정희 정권은 우리 역사 이래로 가장 독한 정권입니다. 쉽게 망하지 않습니다. 망한다 해도 그 뒤에 똑같은 놈들이 또 나옵니다. 가톨릭이 아무리 보수적이라 해도 가톨릭의 존재 이유는 통일을 위해 있는 겁니다. 그렇다고 북한과 가톨릭이 통일문제에 대해 툭 털고 대화할 수 있습니까. 북한은 그야말로 극좌입니다. 그것도 소아병적 극좌입니다."

억압의 시절 국민의 마음을 보듬어준 김수환 추기경.

당시 추기경과의 대화를 필자에게 전하던 그가 잠시 말을 끊었다가 다시 이었다.

"추기경께서 두 눈을 감으시더니 깊은 한숨을 내쉬셨다. 얼굴 표정이 무거워졌다. 나도 비통한 심정이었지만 이렇게 말했다. '가톨릭이 민주주의를 위해 더 적극적으로 참여해야 합니다. 종교는 문화와 다릅니다. 박정희에게 계속 얻어맞으면서 가톨릭인들의 젊은 힘을 모아 나라를 위해 나서야 합니다. 사회에서 소외된 민중들을 외면해선 안 됩니다. 가톨릭의 나아가야 할 방향과 가치는 민중에 있습니다. 그리고 통일에 있습니다.'"

김지하는 그날 추기경과의 첫만남이 자신에게 큰 감동과 힘을 주었다면서 이렇게 말을 맺었다.

"추기경님은 내가 만나본 내 위쪽의 어른세대에서는 찾아보기 힘든, 고도로 세련된 지성과 풍부한 감성을 가진 분이었다. 나는 그 뒤로도 서울외곽의 수도원에서 밤샘하며 추기경님과 여러 번 대화를 나눈 적이 있는데 그때마다 느꼈던 감정을 한마디로 줄이라면 이렇게 표현하겠다. '우리 생전에 이런 분과 함께 숨쉬며, 동시대를 살 수 있다는 것 자체가 행복이다'"

그가 요양원에서 만난 사람들 중에는 외국인들도 많았다. 김지하는 당시 일본에도 많이 알려진 유명인사여서 일본기자들과 양심적 지식인들이 병원을 찾곤 했다. 면회를 허락하지 않을 경우 일본여론이 나빠질 것을 염려한 중앙정보부는 이들의 면회를 허용했다. 김지하는 "당시 나를 찾아온 일본인들 중에 《교도통신》 한국특파원 히시키 기자와 교토대학 철학교수 쓰루미 슌스케 선생(1922~·일본의 저명한 사상가이자 철학자)이 가장 기억이 난다"고 했다. 히시키 기자와는 이런 일도 있었다고 한다.

"갑자기 대화를 나누다 말고 그가 허리에 차고 있던 전대를 풀어 안을 보여주었다. 달러가 가득 들어있었다. 놀라는 내게 하는 말이 '마음이 있으면 중국으로 밀항하라. 도와주겠다'고 하는 것 아닌가. 나는 좀 어이가 없기도 했지만 그가 이렇게까지 마음을 써주고 있구나 하는 생각에 눈물이 핑 돌았다. 나는 그에게 '내 조국을 버릴 수 없다'고 말했다. …쓰루미 선생은 당시 베트남전쟁 반전단체를 이끌고 있었는데 '일본의 양심'으로 불리며 수많은 일본인들의 존경을 받고 있었던 철학자요, 사상가였다. 그도 나를 찾아와 수많은 일본인들이 서명한 '김지하 석방 탄원서'를 내밀며 힘을 내라고 격려해주었다. 국경을 넘어서, 반일감정을 넘어서 진한 우정이 느껴졌다. 나는 그에게 감사인사와 함께 이렇게 말했다. 'You can not help me, I can help your movement by my resistance!'(당신은 나를 도울 수 없다. 내가 저항을 통해 당신들의 운동을 도울 수 있을 것이다!) 내 나름대로 결연한 저항의지를 표현한 말이었다. 선생은 고개를 끄떡이며 내 말에 동의해 주었다. 그리고 다음 날 원주까지 들러 지 주교까지 만나고 일본으로 가셨다."

〈비어〉 필화사건으로 72년 5월 31일 입건된 김지하는 두 달이 채 못 된 7월 15일 연금에서 풀려나 원주로 돌아간다. 주교관 터에 딸린 작은 기와집 한 채를 고쳐 부모와 함께 새 둥지를 틀었다. 교구청 기획실 기획위원으로도 다시 복직되었다. 실로 오랜만에 다시 찾아온 평화였다.

혼자 골목을 누비거나 논밭길, 산길을 쏘다녔다. 저녁 무렵엔 순간 순간 변해가는 치악산의 산빛들을 멍하니 바라본 적도 많았다. 때론 낚시를 하며 친구, 지인들과 붕어찌개를 안주삼아 소주잔을 기울이기도 했다. 불을 지핀 뜨끈한 방구들에 등을 대고 누우면 슬며시 잠기운이 몰려들곤 하던 어느 날 "태어나서 처음으로 '사랑하는 사람이 있었으면 좋겠다'는 생각을 하게 됐다"고 한다. 그러나 이미 자신도 모르는 사이 운명적인 인연의 실타래가 꿰어지고 있었으니 그가 〈비어〉를 쓰기 직전인 71년 가을로 거슬러 올라간다.

《토지》의 작가 박경리 선생과의 인연

주로 원주에 머물던 김지하는 서울에 올라오면 문단의 지인들과 어

했날 김지하의
장모가 된 1970
년대 초 박경
리 선생.

울렸다. 1971년 가을, 그날은 《현대문학》 편집장 김국태(2007년 작고·소설가·김근태의 형)와 소설가 유현종(전 한국문학예술진흥회장·전 중앙대 국문과 교수)과 함께였다. 일행은 1차를 마치고 더 마시고 싶었지만 주머니에 돈이 없었다. 인근에 있는 가까운 작가들 집에 쳐들어가기로 마음먹고 먼저 성북동에 살고 있던 소설가 김동리 집으로 갔다. 선생은 마침(?) 출타 중이었다.

김 편집장이 "가까운 곳(정릉)에 박경리 선생 집이 있으니 그리로 가자"고 제안했다. 박 선생은 69년부터 《현대문》에 《토지》 1부를 연재하고 있던 터라 두 사람은 잘 아는 사이였다. 김지하 역시 《토지》를 읽고, 당대 최고작가 반열에 올라있던 박 선생에 대해 존경심을 품고 있었다.

박 선생은 "맥주 한잔 얻어먹으러 왔다"고 하는 일행을 흔쾌히 안으로 들였다. 선생 옆에는 딸 김영주(현 토지문화관 이사장)가 서 있었다. 김영주는 연세대 사학과와 대학원을 졸업한 뒤 문화재관리국 연구실에서 일하고 있었다.

선생과 일행들 간에 이야기꽃이 피기 시작했다. 김지하의 회고다.

"말로만 듣던 박 선생을 그날 처음 뵈었다. 얼굴이 굉장히 미인이셨다. 말씀도 잘 들어주시고 대답도 잘 해주셨지만 쉽게 속내를 알 수는 없었다. …역사(歷史) 이야기가 나오자 식견이 보통 탁월한 것이 아니었다. 주로 내가 여쭙고 박 선생이 답을 했는데 경상도 전라도 지리산 등등 민감한 지역문제들에 대해서도 막힘이 없었다. 화엄불교, 동학에도 해박했고 동서양 역사는 물론 한국 현대사까지 줄줄이 꿰고 있었다. 혹시 공산주의자인가 싶어 은근슬쩍 물었더니 공산주의에 대해서는 아주 비판적이었다. 나는 작가들 중에서 그렇게 똑똑한 사람을 태어나서 그때 처음 보았다."

일행은 맥주를 잔뜩 얻어먹고 나왔다. 박 선생은 일행을 배웅하며 "또 놀러 오라"고 말했다. 평소 낯가림이 심하기로 유명했던 선생으로서는 이례적인 말이었다. 일행은 "박 선생이 저런 말씀을 하시다니 아마 지하가 마음에 드셨나 보다" 하는 반응들이었다.

김지하도 그날 만남이 오래 잊히지 않았다. 며칠 뒤에는 한밤중에 홀로 자신의 일본어판 첫 시집 《긴 어둠의 저편에》를 박 선생 집 신문 넣는 구멍에 넣어두고 오기도 하고 또 며칠 뒤엔 혼자 놀러가기도 했다. 그때만 해도 그는 '광복 이후 한국문학이 거둔 최대의 수확'으로 평가되는 《토지》의 작가 그리고 그의 딸과 훗날 장모와 아내로 운명적 인연을 맺게 되리라고는 짐작조차 못하고 있었다.

'글 잘 쓰는 젊은이' 김지하에 대한 호감

그렇다면 박경리 선생은 김지하와의 첫 만남을 어떻게 기억하고 있을까. 박 선생(2008년 작고)은 생전에 인터뷰를 극도로 사양했다. 어렵게 이뤄진 인터뷰에서도 가족이야기는 별로 하지 않았다. 그런 그가 1994년 《작가세계》 가을호에 서울대 송호근 교수(사회학과)와 장시간 인터뷰를 하면서 김지하와의 첫 만남에 대해 이렇게 얘기한 적이 있다.

"그러니까, 내 나이 마흔 여섯이었을 거예요. 《토지》를 집필하자 곧 (유방)암 수술을 받았지요. 나는 소풍가는 기분이었어요. 의사가 어이없다는 표정을 지었지만 나는 실지로 그랬지요. 그늘, 태어나고부터 줄곧 나를 억누르던 그늘에서 이제야 해방된다는 홀가분한 심정이었어요. (내가 쓴 소설)《시장과 전장》은 실화예요. 서대문 형무소에서 남편이 죽고 (곧이어 소설)《불신시대》를 쓰기 전에는 아들이 죽었지요. …(어느 날)《현대문학》김국태 씨가 지하와 함께 왔어요. 〈오적〉을 읽고 싶었는데 구하질 못해 읽어보지는 못했던 때였죠. (글을 쓰는 내가) 글 잘 쓰는 젊은이에게 호감을 갖는 것은 당연하잖아요?"

71년 가을 그날, 김지하가 박 선생을 처음 만났을 때 선생은 69년 집필을 시작한《토지》를 위해 거의 은둔하다시피 살고 있었다. 그해 암으로 오른쪽 가슴을 절제하는 수술을 받고도 수술 뒤 보름 만에 퇴원해서는 수술 부위를 붕대로 싸맨 채 글을 썼던 그였다(《토지》 2부를 쓸 때는 사위 김지하가 구속되면서 또 다른 고초를 겪는다). 선생을 평생 가장 가까운 곳에서 지켜본 딸 김영주 토지문화관 이사장은 당시 어머니의 모습을 이렇게 기억한다.

"마음속으로 온갖 고통을 꾹꾹 누르고 있다가 마지막 해를 넘기는 날 같은 때에는 한 번씩 창자가 끊어지듯 우셨어요. …지금도 잊히지 않는데 어느 연말 어수선한 밤, 방에서 울려나오던 통곡소리가, 마음 바닥에서부터 치밀어 오르는, 마치 가슴이 터져버릴 듯 통곡하시던… 그 밤이 잊히지 않습니다. 그 무렵 어머니는 작가로서 별처럼 반짝이며 떠오르고 있었고, 그것이 세상 사람들에게는 질시의 표적이 되었던 것 같은데 그날은 아마 말로 표현하기 어려운 험한 말을 들으셨나 봐요. 어머니는 마치 온몸을 부숴버릴 듯 통곡을 하시고 난 다음엔 언제 그랬느냐는 듯 단정하게 앉아, 그야말로 모질게 원고지 앞에 앉아 펜을 드시곤 했습니다."

김 이사장은 "어머니가 김 시인을 처음 만난 날 호감을 가졌던 것은 사실"이라며 기자에게 이렇게 말했다.

"어머니는 암 투병 후 내 결혼문제를 심각하게 생각하고 계셨습니다. 당신이 언제 죽을지 모르니 하나 남은 딸자식에게 꼭 인연을 만들어주고 죽어야겠다고 생각하신 것 같아요. 실제로 김 시인을 만나기 전에 어머니가 주선해 선도 한 번 본 적이 있어요. 그런데 김 시인을 우연히 만나보고는 마음에 드셨던 거지요. 〈오적〉을 낸 시인이니 앞으로 고난은 좀 있겠지만 똑똑한 젊은이니까 처자식 밥은 굶기지 않겠구나 생각하신 거죠. 하지만 보기 좋게 틀린 생각이 되었습니다(웃음)."

온몸으로 '이념시대'를 살아낸 김지하의 장모, 박경리

'25년 동안 원고지 3만1200장.'

대한제국 시절인 1897년부터 1945년 8월 15일 광복 당시까지 한국 역사의 굴곡과 파장을 담아낸 《토지》의 집필기간과 원고매수는 지금껏 누구도 넘어서지 못하고 있는 최고의 기록이다. 삶이 감당 못할 고통을 묵묵히 받아들이며 예술혼을 불태운 박경리의 삶은 초인(超人)을 연상케 한다.

박 선생은 1926년 10월 28일 경남 통영에서 태어났다. 부모는 어떤 사람이었을까. 94년 《작가세계》에 실린 송호근 교수(서울대)와의 인터뷰 중 일부다.

"아버지는 내가 어렸을 때 집을 나가셨는데, 어머니는 세속적이며 생활력이 강한 여인이었지요. 그런 어머니에게서 강한 저항감과 연민의 정을 동시에 느꼈지요. 나는 자라면서 몽상가적 (아버지) 기질과 리얼리스트적 (어머니) 인식이 충돌을 일으킬 때가 한두 번이 아니었어요."

박 선생은 진주고녀를 졸업한 이듬해인 1946년 고향 통영에서 결혼한다. 일제강점기를 온몸으로 체험한 그에게 일본은 혐오나 증오의 수준을 넘어서는 대상이었다. 《토지》의 등장인물 가운데 극악한 행악을 저지르는 사람들이 모두 남의 것을 빼앗아 자기 것으로 챙기는 일본식 행악을 닮은 것은 이 때문이다. 작가는 '오가다 지로'라는 일본인을 등장시켜 일본인으로 하여금 일본을 비판하게도 한다. 생전 박 선생의 말이다.

"일본 어느 평론가가 나를 반일 작가라면서 자기네들에게 많은 것을 배워갔음을 모르는 무지의 소치라고 빈정댄 일이 있습니다. 나는 일제시대에 태어나 교육을 받은 사람이지요. 그러나 진정 일본에게서 배울 것이나 가져올 것이라고는 아무것도 없었어요. 서양에서 물 건너온 박래품뿐이었지요. …청년기까지 나의 삶은 뿌리가 뽑혔다는 부당한 슬픔과 강요된 일본 것으로 박제되어 있었다고나 할까… 일본 문화의 본질은 죽음과 폭력이지 결코 삶과 생명이 아닙니다."(《작가세계》, 1994년)

박 선생은 1948년 남편이 인천 전매국에 취직하면서 인천 금곡동으로 이사한다. 이때 남편과 함께 작은 책방을 운영하는데 당시 읽었던 동서양의 수많은 책이 향후 창작활동의 자양분이 되었다고 한다. 단란했던 생활은 전쟁으로 무참히 깨진다. 전쟁 직전인 1949년 서울로 올라와 이듬해인 1950년 황해도 연안여중 교사로 갔다가 6개월 만에 전쟁이 터져 서울로 오는데 그 와중에 남편이 부역혐의로 서대문형무소에 수감되었다가 어느 날 갑자기 형장의 이슬로 사라진 것이다. 시신도 확인하지 못했다.

참척의 고통을 글로 삭인 작가의 삶

박 선생은 2005년 1월 1일자 《신동아》 황호택 논설위원(현 논설주간)과의 인터뷰에서 남편 이야기를 한다.

"일제 때 도쿄에서 학교를 다니며 독립운동을 하다 일본에서 형무소살이를 1년 했어요. 성질이 고지식하고 괴팍한 사람인데 단식투쟁을 해서 형사가 형무소까지 와서 취조를 했대요. 형사한테 그릇을 막 집어던졌다나요. 결혼한 후에야 일본에서 형무소살이 한 것을 알려주더라고요. 일본인 교사의 도움으로 집행유예를 받고 풀려났다고 해요. …꾀부릴 줄 몰라 (해방 후) 죽은 거죠."

박 선생은 남편을 잃고 고향 통영으로 내려가 수예점을 하면서 생활한다. 그리고 전쟁이 끝난 1954년 1월부터 이듬해 2월까지 한국상업은행(현 우리은행) 서울 용산지점에 근무하면서 습작을 시작하는데 이즈음 고향 친구가 작가 김동리 선생 집에 세 들어 살게 되면서 김동리와 인연을 맺는다. 이후 그의 추천으로 단편 《불안시대》가 《계산》이라는 제목으로 1955년 8월 《현대문학》에 게재되면서 본격적인 문학활동을 시작하게 된다.

홀로 아이 둘을 키우며 문학의 꿈을 키워가고 있던 선생에게 1956년 두 번째 불행이 닥친다. 외아들이 사고로 병원치료 중 숨지고 만 것이다. 작가는 참척의 고통을 글로 표현했다. 당시 일을 소재로 한 사선석 단편소설 《불신시대》로 1957년에 제3회 현대문학 신인문학상을 받고 이듬해 첫 장편소설 《애가》를 시작으로 장편에 몰입해 1959년 《표류도》, 1960년 《성녀와 마녀》, 1962년 《김약국의 딸들》을 잇달아 펴낸다.

1964년에는 《파시》를 《동아일보》에 연재하며 당대 최고작가 반열에 오른다. 이어 65년에는 전쟁 시기 자전적 체험을 담은 《시장과 전장》을, 66년에는 수필집 《Q씨에게》《기다리는 불안》을 발표한다. 그리고 마침내 69년 9월부터 대하소설 《토지》 1부를 《현대문학》에 연재하기 시작한다(1969년 9월~1972년 9월).

"일 잘하는 사내를 만나 촌부(村婦)가 되고 싶었다"는 그는 데뷔 직후 《현대문학》이 주최한 문학의 밤에서 "행복했더라면 문학을 하지 않았을 것"이라며 이렇게 말한 적이 있다.

"…나는 전쟁미망인이었습니다. 불행의 상징이죠. 가난하고, 애 데리고, 부모 모시고, 혼자 벌어먹고 살아야 했습니다. 그러나 소망이 있기에 (글을) 써온 것이죠. 불행에서 탈출하고 싶다는 소망 말이죠."

무엇보다 박 선생의 삶을 힘들게 한 것은 '이념'이었다. 생전에 그는 "이데올로기 문제는 6·25전쟁에서부터 (사위)지하가 (민청학련 사건으로 투옥돼) 감옥에서 출옥할 때까지 나를 꼼짝 못하게 만들었다"고 말했다. 광복 후 좌우 이념대결과 전후 사회주의자로 몰린 남편의 죽음, 그리고 70년대 사위의 민주화투쟁을 겪으며 온몸으로 '이념 투쟁'과 맞닿아 살았던 작가는 94년 《작가세계》 인터뷰에서 이렇게 말한다.

"공산주의(요)? 솔직히 말하면 전쟁 전에 모두 그랬던 것처럼 (나도) 사회주의에 호감을 갖고 있던 편이었어요. 그런데 전쟁 통에 지상으로 나온 남로당 공산주의자들의 행동을 보고 실망하지 않을 수 없었지요. 권력욕에 사로잡혀 자리다툼을 하고 재물을 탐하는 그들에게서 이데올로기의 허망함을 보고 만 것이에요. 나에게는 가족의 생존이 더 시급했습니다. (그렇지만) 이후에도 기관원들로부터 많이 시달렸지요. 진저리가 나요. …해방 후 좌우익 싸움의 아수라장에서 나는 철저한 희생자였습니다. 투옥된 남편을 만나러 매일 서대문(구치소)을 기웃거렸고 남은 가족에게 닥칠 위험이 공포로 다가왔지요. 이것이 나를 엎드리게 만들었어요. 강요의 굴레는 박정희 시대에도 계속되었지요.”

다음은 2005년 《신동아》 황호택 논설위원과의 인터뷰 내용 중 일부다.

“딸이 김지하와 결혼할 때 정보과 형사가 정릉 집으로 신원조회를 왔더군요. 원보(손자) 외할아버지(박 선생의 남편) 얘기를 물었어요. 내가 얼마나 싫었겠어요. 이미 《시장과 전장》에 다 쓴 건데, 공인된 비밀인데, 왜 묻느냐고 고함을 쳤어요. 얘기하기가 싫어서…. 원보가 나중에 외할아버지 이야기를 듣더니 아버지(김지하)와 할아버지만 그런 줄 알았는데 외할아버지도 그랬냐'고 하더군요.”

당시 맏손자 원보의 질문에 외할머니였던 박 선생의 마음이 얼마나 천 갈래 만 갈래 찢어졌을지… 감히 짐작이 간다.

통일의 희망으로 설렌 7·4남북공동성명

매년 대형 사건들이 정국을 뒤흔들어댔지만 1972년은 더했다. 오죽했으면 그해 말 《동아일보》가 72년을 정리하면서 '충격의 홍수'라는 제목을 달았을까. 그중 빅뉴스는 뭐니 뭐니 해도 7·4남북공동성명이었다. 1972년 7월 4일, 아침부터 여름비가 내리고 있었다. '곧 중대발표가 있을 것'이라는 소식에 TV와 라디오 앞에 국민들이 삼삼오오 모였다. 취재진이 모인 가운데 이후락 중앙정보부장이 오전 10시 서울

이문동 중앙정보부 강당 연단에 섰다. 그의 입에서 나온 첫 일성은 "평양에 다녀왔다"는 것이었다. 모두 놀라 자빠질 지경이었다. 그의 말이 이어졌다.

"72년 5월 2일부터 5일간 평양을 다녀왔습니다. 김영주 노동당 조직지도부장과

1972년 7월 4일 평양방문 사실을 발표하는 이후락.

회담했으며 김일성과도 두 차례 회담했습니다. 또 평양의 김영주 부장을 대리해 박성철 부수상이 5월 29일부터 6월 1일까지 서울에 왔습니다. 박성철은 저와 두 차례, 박정희 대통령과는 한 차례 회담했습니다."

이어 한반도 분단역사에서 6·25전쟁 후 남북당국 간 첫 번째 합의로 기록된 7·4남북공동성명이 발표됐다. 성명은 우선 자주적·평화적·민족대단결로 통일을 이룬다는 '통일 3원칙'을 처음으로 확정했다는 점에서 주목받았다. 또 중상비방·무력도발 중지, 다방면적 교류, 적십자회담 성사, 서울~평양 직통전화 가설, 남북조절위원회 구성 등 군사적 대치 국면에서 좀체 기대하기 어려운 합의들을 담아냈다. 남한의 이후락 부장과 북한의 김영주 노동당 조직지도부장이 '서로 상부의 뜻을 받들어' 발표한 이 성명이 대내외에 던진 충격파는 컸다. 국민은 충격과 동시에 기대에 부풀었다.

'아 통일은 오는가, 벅찬 감격'이라는 제목의 7월 4일자 석간 《경향신문》 기사는 당시의 흥분된 분위기를 잘 말해주고 있다.

'기대 놀라움 감격 환호. 마음들은 다시 통일된 날의 기대로 벌써 치달았다. 장마로 흥건한 강산이 감격으로 젖어 흘렀고 눈물이 주르르 하염없는 실향민들은 통일을 위한 정부의 노력에 감사하면서도 이

런 때일수록 더욱 정신을 차려야 한다고 냉정을 되찾으려 했다. 남북 대표의 왕래 내용에 눈이 휘둥그레졌고 '자주 평화 통일 원칙 합의'에 목이 메었다. 특보와 호외를 내는 신문기자들 자신도 한참이나 손이 얼어붙은 듯 붓이 달리지 못했고 거리 가정 상가 관가 대학가 모두가 흥분된 표정 그것이었다. …거리엔 비에 맞는 것도, 갈 길마저도 잊은 국민의 감격들이었다.'

그러나 허무하게 깨진 통일의 꿈

7월 4일자 석간 《동아일보》도 전국 표정을 이렇게 전한다.

'어떤 시민은 수첩을 꺼내 발표 내용을 메모하기에 바빴으며 회견이 끝난 후에도 한동안 자리를 뜨지 않고 앞으로의 전망을 제 나름대로 점쳐보기도 했다. …대전 시내 140여 개 다방에서는 방송을 듣는 시민들로 붐볐고 발표가 시작되자 손뼉을 치고 소리를 지르는 흥분한 모습도 보였다. …길을 가다 말고 라디오가게 앞에서 중대 발표를 들었다는 광주의 한 시민은 '분단 27년 만에 남북의 숨통이 트이는가 보다'고 감격을 감추지 못했다.'

이 기사에는 각계 여론주도층의 반응도 함께 실려 있는데 2011년 작고한 한국문학의 거장 소설가 박완서의 토로가 특히 눈길을 끈다.

'그동안 철저하게 반공정신으로 굳어왔던 내 머리는 심하게 혼란을 겪고 있다. (발표 내용 중에는) '상대방을 비방 말며~'라는 구절도 있는데 그렇다면 앞으로 나 자신부터 어떤 태도를 취해야 할지 착잡할 뿐이다. 아이들에게 어떤 교육태도를 취해야 하는지도 의문이고 무엇보다 내 사고방식이 어떻게 달라져야 하는지 나도 잘 모르겠다.'

전란 중에 오빠와 숙부를 잃고 고향 땅을 잃은 실향민의 한 사람으로서 작가가 받은 충격과 혼란이 그대로 전해지는 말이다.

박 정권에 사사건건 비판적이었던 장준하조차도 7·4공동성명만큼
은 지지했다. 성명이 나온 직후 장준하는 《씨알의 소리》(70년 4월 19일
창간된 진보성향의 잡지) 9월호에 '민족주의자의 길'이라는 제목으로 글
을 쓴다.

'모든 통일은 좋은가? 그렇다. 통일 이상의 지상명령은 없다. 통일은
갈라진 민족이 하나 되는 것이다. …공산주의는 물론 민주주의, 평등,
자유, 번영, 복지 이 모든 것에 이르기까지 통일과 대립되는 개념인 동
안은 진정한 실체를 획득할 수 없다. 모든 진리, 모든 노력, 모든 선이
통일과 대립되는 것일 때는 그것은 거짓 명분이지 진실은 아니다.'

그러나 이 역사적인 성명은 잉크가 채 마르기도 전에 '사(死)문서'가
되고 만다. 양측이 '통일 3원칙'에 대한 해석을 놓고 성명발표 직후부
터 옥신각신했기 때문이다. 북한은 '자주' '평화' 원칙을 즉각적인 주
한미군 철수와 군축을 주장하는 근거로 삼았고 남측은 여기에 신뢰
구축에 이은 단계적인 군축이라는 입장으로 맞섰다. '민족대단결' 원
칙에서도 입장이 갈렸다. 남측은 민주화와 인권보장 등을 통해 민족
대단결이 이뤄질 수 있다는 입장을 전개했지만 북측은 국가보안법 철
폐, 민주인사 석방 등을 들고 나왔다.

똑같은 문구를 두고 이처럼 판이한 해석이 나온 데 대해 '7·4남북
공동성명'은 결국 통일이 목적이 아니라 정치권력 강화라는 목적을 가
진 남북 권력자들의 동상이몽(同床異夢)에서 비롯됐다는 것이 학자들
의 공통된 분석이다. 실제 7·4남북공동성명이 발표된 직후 남북은
약속이나 한 듯 권력강화로 요약되는 개정헌법을 공표했다.

남한은 3개월 뒤 '10월 유신'을 선포했고 북한은 5개월 뒤인 12월

27일 1948년에 제정된 '조선민주주의인민공화국헌법'을 폐기하고 김일성 1인 절대독재 체제를 보장한 '조선민주주의인민공화국 사회주의 헌법'을 만든다. 김일성은 이듬해 9월 김정일을 조선노동당 최고 권력기관인 비서국 비서로 격상시키며 후계체제를 굳힌다.

하지만 7·4남북공동성명은 남북의 국내정치적 요인 외에 당시 급변하는 국제정세를 반영한 것이기도 했다. 그것은 다름 아닌 제2차 세계대전 후 갈가리 찢겼던 세계가 화해와 긴장완화 모드로 돌아서는 '데탕트'였다.

급변하는 국제정세, 미국도 중국도 더는 못 믿겠다!

국제정세는 1969년 말부터 긴장 완화라는 새로운 국면으로 들어선다. 첫 테이프를 끊은 것은 서독이었다. 서독은 제2차 세계대전 이후 25년 동안 대립하던 소련과 우여곡절 끝에 '서독 소련 조약'을 맺는다. 향후 무력을 행사하지 않을 뿐 아니라 경제 기술 협력을 강화한다는 내용이었다. 서독은 이어 폴란드와도 상호무력행사 포기, 오데르-나이세 국경선 인정(오데르 강과 나이세 강 동쪽의 옛 독일령을 폴란드 영토로 인정한다는 내용), 경제협력 등을 골자로 하는 '서독 폴란드 조약'을 맺는다.

서독의 빌리 브란트 총리는 1970년에 접어들면서 동서독 유엔 동시가입, 인적 경제적 교류추진, 관계정상화 추진을 위한 상설기관 설치 등을 협의하기 위해 동독으로 직접 들어가 회담을 진행한다. 박정희 대통령은 이를 예의주시하고 있었다. 김정렴 비서실장의 회고록 중 일부다.

'박 대통령은 브란트 총리의 과감한 동방정책, 특히 동독과의 협상이 장차 북한과의 관계 개선, 나아가서는 남북통일에 참고가 될 것이라고 생각했다. 비서실더러 가급적 많은 정보를 수집해 올리라는 지시가 있어 자세한 외신과 외교논문을 수집 번역해서 올렸다.'

1971년 미국의 리처드 닉슨 대통령은 방중계획을 발표한 데 이어 중국의 유엔 가입, 미-영-소-프 4대국 사이의 베를린 문제 완전합의, 동남아국가연합(ASEAN) 가맹 5개국의 동남아 중립화 선언 등을 추진한다. 세계정세는 냉전시대를 끝내고 해빙을 향해 크게 움직이고 있었다. 다시 김정렴의 회고다.

'닉슨 대통령의 방중 발표에 박 대통령은 지극히 놀랐다. 6·25동란 중 압록강까지 진격해 남북통일이 이뤄질 찰나에 중국군의 참전과 인해전술로 한미 연합군은 막대한 타격을 입어 1·4후퇴를 하지 않을 수 없었으며 그 후 격전을 거듭한 끝에 현재 휴전선에서 휴전하지 않았던가. …박 대통령은 이 격동의 한가운데서 우리는 무엇을 어떻게 해야 하는가 골똘히 생각했다.'

당시만 해도 남한은 북한에 군사력은 물론 경제력에서도 뒤쳐지고 있었다. 서독처럼 동독을 누를 수 있는 경제적 군사적 힘을 키우지도 못한데다 미국에 안보를 의존할 수도 없게 된 상황에서 급작스럽게 조성된 동서 긴장완화라는 국제정세는 박 대통령에게 큰 고민을 안겨줄 수밖에 없었다. 게다가 내부적으로는 장기집권에 대한 피로감이 가중되면서 민주화 요구가 분출하기 시작했다. 이런 상황은 북한도 엇비슷했다. 밖으로는 믿었던 중국이 미국과 대화를 시작하며 변하고 있었고, 안으로는 김정일 후계구도를 안착시켜야 할 필요성이 대두됐다.

남북관계를 푸는 기본원칙, 7·4남북공동성명

결국 박 대통령은 세계적인 긴장완화 추세를 활용해 통치권을 획기적으로 강화할 묘안을 구상하게 되는데 이것이 바로 7·4남북공동성명이라고 할 수 있다. 그 첫 단계는 '천만 이산가족 찾기 운동'이었다. 남북 이산가족 상봉은 통일을 향한 절절한 염원을 잘 반영하면서도 정치사회적 위험성이 거의 없는 정책적 성격을 지닌다. 최두선 대한적십자사 총재가 북한 적십자사에 이산가족 상봉을 제안하면서 남북관계는 요동치기 시작한다.

71년 9월 판문점에서 시작된 남북예비회담은 72년 2월 21일 닉슨 대통령의 방중 전까지 19차례나 열렸으나 난항을 거듭한다. 박 대통령은 북한 고위층과의 직접대화가 필요하다고 판단해 이후락 중앙정보부장을 특사로 파견하는 결단을 내린다. 이에 따라 5월 2일 이후락이 특사자격으로 평양을 전격 방문한다. 다시 김정렴의 회고다.

'이 부장이 5월 2일 평양에 가기로 결정되었다. …중앙정보부장이라는 직책은 국가 최고기밀을 깊게, 넓게 알고 있으며 특히 대(對)북한 공작과 대책의 최고책임자 한 사람으로 소위 간첩과 빨갱이를 잡는 책임자다. 나는 영화나 텔레비전에서 육체적 고통과 약물 투여로 완전히 사람을 세뇌시켜 유도하는 대로 행동하고 발설하는 극(劇)을 본 바 있으므로 만일 이 부장이 이북에 억류되어 세뇌되고 악용된다면 큰일이라는 생각이 우선 들었다. 박 대통령이나 이 부장 모두 말은 하지 않았지만 나와 같은 염려를 하고 있는 것은 틀림없었다.'

2000년 《신동아》 4월호는 미국 정보공개법에 따라 비밀이 해제된 70~80년대 비밀문서 중 일부를 공개했다. 이 자료들은 필립 하비브 당시 주한 미국대사가 미 국무장관 앞으로 보낸 전문들인데 이 중에는 '김일성과 이후락의 만남'이란 제목의 대화초록도 포함돼 있다. 7·4남북공동성명 발표 이후인 72년 11월 3일 점심식사를 겸해 만난 김일성과 이후락의 대화였다. 다음은 대화내용 중 일부다.

'김일성은 여러 차례에 걸쳐 박 대통령과 정상회담을 촉구했다. 이후락은 공동협조가 잘 이행되고 조건이 성숙했을 때 추진하겠다고 답했다. …김일성은 또 오래전부터 자신이 제안해온 10만 명 수준의 상호병력 감축을 되풀이 주장하면서 절감된 군비예산은 경제와 정치 협력을 위한 공동개발에 사용될 수 있다고 말했다. 김일성은 박 대통령이 1980년의 통일을 제안했는데 그때가 되면 자신은 70대가 되고 박 대통령은 67세나 68세가 되므로 두 사람 모두 나이가 너무 들게 된다고 했다. 이후락은 "박 대통령의 말은 늦어도 1980년까지는 통일이 되는 것을 의미한다"고 응답했다.'

이런 정황을 보면 당시 남북대화에는 북한이 남한보다 더 적극적이었음을 알 수 있다. 비밀문서에는 또 이후락이 11월 20일 하비브 대사를 직접 만나 "김일성은 68년 1·21청와대 습격사건에 대해 사과하고 설명하는 데 많은 시간을 할애하면서 재차 북한의 강경분자들을 비난하고 박 대통령에게 자신의 사과를 전해줄 것을 요청했다"고 설명한 사실도 기록돼 있다.

1972년 7월을 뜨겁게 달군 7·4남북공동성명은 중국을 믿지 못하게 된 북한과 미국을 믿지 못하게 된 남한이 대내적으로 통치력을 강화해야 하는 비슷한 처지에 놓이면서 고안해낸 절묘한 전략적 산물이었던 셈이다. 이를 통해 박정희와 김일성 두 정치고수는 전격 대화-대화 중단-통치권 강화로 이어지는 소기의 목적을 달성한다. 통일이 아닌 통치권 강화를 목적으로 추진한 성명이었음에도 불구하고 7·4남북공동성명은 이후 남북관계를 푸는 기본원칙으로 자리 잡는다.

7·4남북공동성명으로 온 국민의 충격이 채 가시기도 전인 8월 3일, 또 하나의 경천동지할 소식이 발표됐다. 자본주의 질서를 뒤흔든 '8·3 사채동결 조치'였다.

1972년 8·3사채동결조치 기자회견 장면

8·3사채동결 조치, 국민의 돈으로 재벌사채 갚아주기?

7·4남북공동성명이 나온 뒤 한 달 가까이 지난 1972년 8월 2일 오후 11시 40분경. 청와대에서는 대통령 주재로 심야 임시국무회의가 열린다. 군사작전처럼 비밀리에 준비해 8월 3일 0시를 기해 발포한 대통령 긴급명령 제15호 '경제의 안정과 성장에 관한 긴급명령'을 의결하기 위한 회의였다. 이는 세계에서 유례를 찾아볼 수 없는 경제 쇼크요법으로 '8·3 사채동결 조치'로 더 잘 알려져 있다.

8·3조치는 기업이 8월 9일까지 사채를 신고할 경우 월 1.35%라는 파격적인 금리에 3년 거치 5년 분할상환 조건으로 빚을 갚도록 해주고 2000억 원의 특별금융채권을 발행해 조달한 장기저리자금으로 단기대출의 30%를 장기대출로 전환해주는 획기적인 조치였다.

갑자기 빚을 동결해주고 금리도 내려준다니 빚을 낸 기업 입장에서는 구세주가 나타난 것이나 마찬가지였다. 처음 3, 4일간은 사채신고가 거의 없었다. 혹시라도 신고를 하면 자금출처 조사나 내사가 있지 않을까 하는 우려 때문이었다. 청와대가 일체의 불이익이 없음을 확약하고 세무서별로 신고실적을 체크하기 시작하자 세무공무원들이 이리 뛰고 저리 뛰면서 실적 올리기에 나섰다. 신고 마지막 날인 8월 9일에는 기업과 사채업자들이 다투어 세무서로 몰려들었다.

오후 6시 마감 결과는 충격적이었다. 신고 사채가 총 4만677건으로 무려 3456억 원이나 됐다. 8·3조치를 주관했던 당시 남덕우 재무장관이 《경제개발의 길목에서》라는 회고록에 밝힌 내용이다.

'청와대와 재무부는 긴장 상태에서 사채 신고사항을 지켜보고 있었다. 박 대통령과 함께한 자리에서 사채 신고액 알아맞히기를 했다. 내가 2000억 원 이상이 될 것이라고 예측하자 박 대통령은 3000억 원 이상이 될 것이라고 예상했다. 9일 집계액이 나왔는데… 나는 예측이 빗나가 무색할 따름이었다.'

당초 전경련이 추산한 금액도 1800억 원 정도였으니 정부도 재계도 국민들도 모두 깜짝 놀랄만한 액수였다. 신고사채 총액이 통화량의 약 80%를 넘는다는 보도도 나왔다. 그렇다면, 당시 기업들은 왜 이렇게 사채를 많이 끌어다 썼을까. 불모지나 다름없던 척박한 금융시장 때문이었다.

당시만 해도 한국의 금융시장은 증권시장이 투기장이 되어 있었고 은행 등 제1금융권은 제 역할을 하지 못해 지하경제만 과도하게 발달한 형국이었다. 은행은 자체적으로 심사한 사업계획이나 신용평가에 따라서가 아니라 정부의 정책적 결정에 따라 대규모 대출이나 정책자금 대출을 해주는 게 다반사였다. 근대적 의미의 금융기관이라기보다는 경제개발을 위한 내자조달에 동원되는 '정부자금의 중개통로'에 불과한 수준이었다.

한국경제의 시한폭탄으로 등장한 부실기업

여기엔 수출 제일주의 정책이 경제를 주도하던 당시 시대상황이 반영돼 있다. 박 대통령은 임기 내내 수출을 '종교'라고 생각할 정도로 수출에 사활을 걸었다. 환율을 올리고 수출용 원자재의 세금을 면제해주고 수출 잘하는 기업에 장려금을 주는 등 수출을 위해서라면 수단과 방법을 가리지 않았다. 그 결과 한국경제는 1970년, 대망의 수출 10억 달러를 달성하는 기염을 토한다. 하지만 무엇이든 지나치면 탈이 나는 법.

수출에 필요하다고 하면 연 30~40%대의 이자를 3분의 1로 깎아주었으니 정치권과 연줄만 있으면 은행으로부터 저금리 대출을 받는 것은 일도 아니었다. 기업이 정치권에 줄을 대기 시작하면서 정경유착이 나타나고 있었다. 개중에는 수출한다고 돈을 빌려놓고 돈놀이나 부동산 투기를 하는 기업도 적지 않았다.

게다가 사채시장의 규모가 위험수준으로 비대해지고 있었다. 돈을 맡기려는 사람은 조금이라도 높은 이자를 받기 위해, 돈을 빌리려는 사람은 은행보다 쉽게 빌릴 수 있다는 이점 때문에 사채시장으로 돈이 계속 몰렸다. 일반 중산층 가계도 여윳돈이 생기면 사채시장에 내놓아 이자를 받으려 했다.

경제가 잘 돌아갈 때는 빚을 내 기업을 하더라도 문제가 없지만 잘 돌아가지 않을 때는 문제가 생길 수밖에 없다. 불행하게도 그전까지 고도성장을 구가하던 한국경제는 1970년대 초반 세계경기 불황이라는 혹독한 시련과 마주한다. 1969년 13.8%였던 성장률은 1970년 7.6%, 1971년 8.8%, 1972년에는 5.7%로 크게 떨어진다.

경제불황의 신호탄은 한국의 가장 큰 수출시장인 미국에서부터 왔

다. 1971년 8월 15일 닉슨 대통령은 세계에서 유일하게 달러와 금을 교환하던 금태환 정책을 포기하고 달러 약세를 용인한다는 '미 달러화 긴급방위조치'를 발표한다. 1944년 이후 약 30년간 지탱되던 세계 통화질서, 브레턴우즈 시스템이 무너진 것이다.

경제 원로들의 육성증언을 정리해 묶은 책《코리안 미러클》(육성으로 듣는 경제기적 편찬위원회)에 소개된 김정렴 비서실장의 말을 요약한다.

'1969년부터 미국경제가 하락하면서 세계적인 불황으로 이어졌다. 닉슨 대통령의 금태환 중단 선언은 달러의 평가절하를 단행한 것이었다. 미국은 재정을 긴축하고 외국 원조를 줄이는 등 우리에게 직접적 영향을 미치는 조치를 취했다. 미국 시장만 바라보고 차관까지 들여와 사업을 하던 한국 기업들은 직격탄을 맞은 셈이었다.'

미국이 기침을 시작하자 한국은 독감에 걸려버렸다. 수출이 줄고 내수가 부진해지자 가뜩이나 고리사채의 늪에 빠져 재무구조가 취약하던 부실기업들이 한국경제의 시한폭탄으로 등장했다. 1969년 청와대가 부실 차관 업체를 무더기로 한 번 정리했음에도 불구하고 기업의 부실화는 점차 심화되고 있었다. 급기야 김용완 전경련 회장은 대통령을 수차례 만나 획기적인 구제조치를 해달라고 사정했다. 결국 1년 동안 준비작업을 거친 끝에 획기적인 구제조치가 발표되기에 이른다.

8·3조치의 최대 수혜자는 기업, 희생자는 중산층

사채동결 조치는 화폐개혁보다 더 비밀엄수가 생명이다. 화폐개혁이야 새어나가더라도 철회하면 그만이지만 사채 동결은 시장이 뭔가 수상하다는 낌새를 챌 경우 사채업자들이 동시다발로 기업에서 돈을 빼낼 것이므로 경제가 아수라장이 될 것이 뻔했기 때문이다. 김용환 당시 대통령비서실장 보좌관은 비밀유지를 위한 정부의 노력을 《코리안 미러클》에서 다음과 같이 전한다.

'나중에 법안을 다 만들어 복사를 해야 하는데 만에 하나 복사기가 고장 날 경우 사람을 부르면 보안이 깨질 우려가 있어 아예 복사기를 분해해 자체적으로 수리할 수 있도록 재조립하는 도상훈련까지 했다. 8·3조치를 전혀 몰랐던 이후락 중앙정보부장이 "만약 쿠데타 모의였으면 어쩔 뻔했느냐"며 국내정치 담당라인을 모조리 바꾸기도 했다.'

8·3조치의 최대 수혜자는 기업이었다. 정부가 나서서 빚을 해결해주었으니 이보다 큰 특혜가 없었다. 사상 초유의 이 조치에 대해 지금의 기준으로 원론적 수준의 비판을 한다는 것은 별 의미가 없어 보인다. 장기 자금을 공급받을 수 있는 금융 인프라 자체가 없던 상황에서 취해진 부득이하고 불가피한 측면이 있었기 때문이다. 실제 8·3조치 후 기업들의 재무건전성이 비약적으로 향상되면서 그 뒤 닥친 73년의 제1차 오일쇼크를 견뎌냈다는 긍정적 측면도 있다.

8·3조치의 성과는 1972년 하반기부터 경제 전반으로 확산돼 수출실적을 급격히 늘리는 데 기여했다. 1973년 1분기 수출이 전년 동기 대비 78%나 증가했다. 여기에 제조업이 30.8%, 국내 고정투자가 16.2%나 늘어 1973년 1분기 국민총생산은 전년 동기 대비 19.0%의

높은 실질성장률을 기록하기도 했다. 전년도 실질성장률 6.4%를 크게 상회하는 성과였다. 침체됐던 경기가 단번에 회복되면서 1970년 이래 둔화되던 경제성장 속도는 다시 고성장의 궤도에 오르게 됐다.

그러나 국민의 돈으로 기업의 사채를 갚아준 가장 극단적인 대기업 살리기 정책이었다는 비판론도 만만치 않다. 무엇보다 사채신고를 받는 과정에서 악덕 기업인들의 '위장사채'가 횡행해 충격을 주기도 했다. 《코리안 미러클》 중 한 대목이다.

'부도 위기라고 아우성치던 기업들이 적지 않게 출자자 본인이나 가족 친족 등 특수 관계인이 자기 회사에 돈을 빌려주고 이자를 받아간 '자기 사채'를 놓은 것으로 밝혀진 것이다. 총 신고 사채금액의 3분의 1이나 되는 1137억 원이나 됐다. 박 대통령은 불같이 화를 냈으나 긴급명령에는 따로 처벌규정을 두지 않아 처벌할 방법이 없었다. 1억 원 이상의 위장 사채를 가진 유명 대기업 등 10여 개 업체에 대해 향후 일체의 정책지원을 중단하는 조치를 내리는 것이 고작이었다.'

국민에게 빚진 한국의 재벌기업

이러다 보니 기업은 망해도 기업가는 잘사는 풍토에 대한 비난이 당시도 매서웠다. 다음은 《경향신문》 72년 8월 17일자 사설이다.

'많은 기업인이 사회적으로 존경을 받지 못하고 있을뿐더러 어떤 점에서는 증오의 대상이 되고 있다는 것이 부인치 못할 사실이다. 그러한 사실은 일부 기업인이 정부로부터 외화, 자금, 조세 등에 있어 갖가지 특혜를 받고 갖은 사치와 낭비를 일삼은 끝에 재산을 은폐하고 기업은 부실화하여 은행에 부실기업을 떠맡기는 사례가 비일비재하기 때문이다.'

8·3조치의 희생자들은 중산층이었다. 《동아일보》는 72년 8월 5일자에 '본사 취재망에 비친 전국의 사채동결 파장'이라는 제목으로 8·3 쇼크에 빠진 중산층을 조명한다. 한푼 두푼 아껴 목돈을 마련하려던 주부들의 희망이 깨지고 내 집 장만에 부풀어 있던 가장들의 꿈이 깨지는 현장이 잘 담겨 있다.

'대구시내 S국민학교 황모 교사(51)는 32년간 교사생활을 하면서 모은 돈 480여 만원을 마련, 집을 사려 했으나 자녀들의 교육비 마련 등이 어려울 것으로 보고 전셋집을 전전하면서 시내 굴지 회사에 넣어 500만원이 되면 찾아내어 숙원의 집을 마련할 꿈을 키워 왔는데 그만 동결이 되어버려 내 집 마련의 꿈이 깨진 것은 물론 4남매의 학비 마련도 어렵게 됐다고.'

'충북도청 김모 양(35)은 3년 거치 기간 동안 결혼도 어쩔 수 없이 늦춰지게 되었다고 하소연했는데 김 양은 결혼자금을 마련키 위해 푼푼이 든 계가 깨진다는 통고를 받고 한때 실신하기도.'

'부산 동래구 민락동 하모 여인(42)은 집을 300만원에 팔아 전셋집으로 옮긴 뒤 섬유회사에 200만원을 월 4% 이자로 빌려주고 월 8만원의 이자를 받아 이 돈으로 일곱 식구의 생계와 대학교 고등학교 중학 등에 다니는 네 자매의 학비를 대왔는데 이젠 2만7000원밖에 이자를 못 받게 되어 앞으로 살길이 막막하다고 한탄.'

이들의 하소연을 읽다보면 한국 대기업의 역사는 국민의 땀과 희생을 발판으로 이뤄졌음을 다시 한 번 확인하게 된다. 한상진 서울대 명예교수는 1988년 펴낸 《한국사회와 관료적 권위주의》(문학과 지성사)라는 책에서 '8·3조치가 (경제불황 극복이라는) 분명한 효과가 있었음에도 불구하고 70년대를 관통하는 정경유착의 기본유형을 발견하게 된다'고 말한다. 위기에 처한 기업들을 살리기 위해 비정상적 방법으로 미증유의 특혜를 부여함으로써 대기업과 국가 관료제의 유착으로 이어졌다는 비판이다.

8·3조치와 같은 대기업 육성정책은 우리나라의 독점적 재벌경제를 형성하는 발판이 되기도 했다. 8·3조치의 긍정적 효과가 어떠했든 한국의 재벌이 중산층의 희생을 바탕으로 오늘에 이르렀음을 부정하는 사람은 없을 것이다. 그럼에도 많은 재벌기업들이 자본주의 질서를 어지럽히는 각종 비리와 불법행위로 국민의 분노를 사는 현실은 여전하다. 한국의 재벌은 기업오너의 창의정신과 도전정신으로 현 위치에 이르기도 했지만 한편으로는 기업이 어려울 때마다 국민의 희생을 딛고 일어설 수 있었다는 사실을 잊어서는 안 된다.

그러니 기업의 사회공헌이라는 것도 시혜가 아니라 국민에게 진 빚을 갚는다는 마음으로 행해져야 한다고 생각한다. 기업인들 가운데 이런 인식을 지닌 이들이 과연 몇이나 될지 자못 궁금하다.

유신의 빛과 그늘

경제우위 안보우의의 시대, 신음하는 민주주의

3

유신의 시작

1972년 8월 30일 이산가족을 찾기 위한 제1차 남북적십자회담이 평양 대동강문화회관에서 열리면서 대한민국 사회는 당장이라도 통일이 될 것 같은 분위기로 들떴다. 그러나 채 2개월도 안 된 10월 17일 박정희 정권은 '유신'을 선포한다.

"조국의 평화와 통일, 번영을 희구하는 국민 모두의 절실한 염원을 받들어 우리 민족사의 진운을 영예롭게 개척해 나가기 위한 중대한 결심을 발표하겠다"며 오후 7시를 기해 전국에 비상계엄을 선포하고 국회를 해산하는 대통령 특별선언을 발표한 것이다.

2000년 《신동아》 4월호가 공개한 미 국무부 비밀 전문에는 유신 전후의 긴박한 상황이 담겨 있다.

필립 하비브 주한 미 대사는 10월 유신 하루 전인 10월 16일, 두 차례로 나누어 총 12장 분량의 비밀 전문을 국무부 장관에게 타전한다.

유신헌법 국민
투표를 하는
박정희 대통령
가족.

'한국의 비상계엄령 선포와 정부 변화 계획'이라는 제목이 붙은 이 비밀 전문은 주일 미국 대사에게도 동시에 전송되었다. 미 국무부는 전문 입수 후 즉각 미 국방장관과 하와이의 태평양사령부 사령관에게 전송했다. 다음은 전문의 앞머리이다.

'김종필 국무총리가 10월 16일 18:00시에 10월 17일 19:00시를 기해 한국에 계엄령이 선포될 것이라고 통보함. 동시에 한국 정부는 현행 헌법에 대한 주요 개정안을 국민투표에 부칠 것이며, 이를 통해 대대적인 정부 구조 개편 작업을 실시할 것임. 계엄령 발효와 더불어 국회는 해산될 것이며, 정치 활동도 중단됨. 10월 27일 헌법 개정안이 공고되고, 이 헌법 개정안에 대한 국민투표가 11월 21일 실시될 것임. 개정안의 아주 구체적인 사안은 밝혀지지 않았으나, 통일주체국민회의라는 선거단 구성이 포함될 것임.'

하비브 대사는 두 번째 전문에 김종필 총리로부터 계엄령 선포에 대해 통보받는 과정을 간략하게 적었다.

'10월 16일 18:00시에 김 총리 사무실을 방문했음. 놀랄 만한 소식이 있어 만나자고 했다면서, 계엄령 선포를 통보했음. 김 총리는 조치가 취해지기 전에 미국 측에 통보하는 것이 예의라고 믿어 24시간 전에 통보하는 것이라고 말했음.'

이튿날인 1972년 10월 17일, 전쟁이 난 것도 아닌데 중앙청 앞에 탱크가 등장했다. 이미 1년 전 비상사태 선포로 숨죽이며 살고 있던 국민들은 오히려 담담하게 유신을 맞았다. 이철 전 의원은 2012년

10월 17일 《오마이뉴스》와의 인터뷰에서 꼭 40년 전 그날을 이렇게 회고했다.

"그해 9월 제대하고 막 복학했을 때였다. 대학로에 있던 서울대 정문 근처에서 친구와 이야기하고 있었는데 종로5가 쪽에서 탱크 소리가 났다. 우리 때는 박정희 정권이 필요하면 수시로 군대를 동원했기에 참 익숙한 소리였다. 그래도 '무슨 탱크인가' 해서 달려가 보니 한 대는 서울대 쪽으로, 한 대는 광화문 쪽으로 계속 달렸다. 학교 앞에 멈춘 탱크는 (북한이 아닌) 시민들을 향해 포구를 겨눴다. 그게 유신의 시작이었다."

비상계엄 선포, 국회 해산…

유신이 선포된 다음 날인 10월 18일자 《경향신문》은 이렇게 전하고 있다.

'서울의 거리는 다른 날처럼 출근길 시민들과 등교하는 학생들로 붐비고 있었다. 거리에 계엄군이 요소요소에 진을 치고 있는 모습이 전날과 달랐을 뿐이다. 계엄령이 선포되던 17일 밤 서울 시청 앞과 국회의사당 앞길도 여느 때처럼 조용했다. 시민들은 국회의사당과 시청 앞에 나온 계엄군의 모습을 유심히 쳐다보고 있었다. …유흥가인 무교동에는 전과 다름없이 인파가 붐볐으나 간혹 삼삼오오 모여 무엇인가 궁금한 듯 수군거리는 모습도 보였다.'

대학은 휴교에 들어가고 모든 신문과 통신은 사전검열을 받게 되었다. 남북 화해무드를 삽시간에 날려버린 공포정치가 시작된 것이다.

계엄사령부의 검열을 받은 언론은 계엄군이 대학에 진주했다는 보도는커녕 대한민국 전체가 비상계엄하에 있다는 분위기를 전하는 기사조차 보도할 수 없었다. 언론은 그야말로 암흑의 터널로 들어갔다.

4·19혁명으로 자유를 누려온 한국의 언론은 5·16 군사쿠데타로 어둠의 시절을 맞긴 했지만 때로는 혼연일치가 되어 또 때로는 내분을 겪어가며 독재의 압력에 맞섰다. 폭행, 고문, 해고를 감수하고 투쟁했으며 남아 있는 기자들도 국민의 알권리를 위해 분투했다. 71년 4월 15일에는 《동아일보》 기자들의 선언을 시작으로 전국 기자들의 선언이 뒤를 잇는 '제1차 자유언론실천선언'이 나오기도 했다. 이때 중단된 기관원들의 언론사 출입은 유신 선포로 다시 시작됐다. 10월 17일 정부 각 부처 기자실이 폐쇄됐고 18일엔 경찰서 기자실마저 문을 닫았다. 기자들은 갈 곳이 없어졌고 취재원 접근도 원천 봉쇄됐다. 유신 초기 사회부 기자였던 《동아일보》 정구종 기자(동서대 석좌교수·일본연구센터 소장)의 회고다.

'유신 발표 당시 동대문경찰서 출입기자였다. 유신과 함께 기자실이 문을 닫자 아침에는 창경원에 모였고 낮엔 경찰서 외곽을 돌았다. … 하루는 "기독교회관에서 목사들의 집회가 있으니 취재해 보라"는 지시를 받고 달려갔다. 이해학 목사 등 10여 명의 젊은 성직자들이 '유신 반대 성명'을 발표하는 현장이었다. (타사 기자) 모두들 회사에 전화보고는 했으나 어느 신문·방송도 싣지는 못했다. 그날 오후 동대문경찰서 정보과장이 기자실로 모여 달라고 했다. 영문도 모르고 다들 모이자 "오늘 기독교회관의 취재 관계로 중앙정보부에서 기자들을 만나자고 한다. 내 차에 타고 가보자"고 했다. 반 강제연행 식으로 모두들 남산 중앙정보부 6국 수사과로 실려 갔다. 그러고는 밤새 피의자 조사를 받았다. 옆방에는 목사들이 이미 연행돼 와 밤새 구타당하며 취조 받는 소리가 생생히 들렸다.'(《동아자유언론실천운동백서》)

기자들에게 씌워진 혐의는 간단했다. 목사들의 유신 반대성명 내용을 회사에 전화로 알림으로써 '유신헌법 반대 의견을 타인에게 고지·전달'해 법에 저촉된다는 것이었다. 다시 정구종의 말이다.

'정보부는 밤을 새운 조사와 조서 작성, 범죄인 도표 작성 등으로 겁을 준 뒤 새벽에서야 취재기자들을 모두 돌려보냈다. 다시는 유신 반대 관련 취재를 않겠다는 내용의 각서를 받은 뒤였다. 말하자면 유신체제를 왈가왈부하는 어떤 움직임도 용납하지 않겠다고 협박과 공갈을 하기 위한 일막극이었다. 물론 그 같은 전말은 신문·방송에 한 줄도 보도되지 않았다. 젊은 기자들의 허탈함과 불만은 안팎으로 쌓여갔다.'

타는 목마름으로 민주주의를 쓰다

10월 유신 작업은 일사천리로 진행됐다. 대통령 특별선언이 나온 지 일주일 만인 10월 27일, 해산된 국회를 대신해 열린 비상국무회의에서 새 개헌안을 의결했다. 그리고 11월 21일 '유신헌법'은 삼엄한 계엄 하에 국민투표에 부쳐져 절대 다수(91.5%)의 찬성을 얻어 확정된다.

이로써 대통령 임기는 6년으로 연장되고 중임(重任) 제한은 철폐된다. 대통령 선출방식도 국민의 손으로 뽑는 직선제에서 통일주체국민회의가 선출하는 간선제로 전환됐다. 여기에 국회해산권, 국회의원 3분의 1 지명권, 법관 임면권뿐 아니라 긴급조치권을 발동할 수 있는 비상대권까지 대통령이 쥐게 된다.

1972년 12월 23일, 유신선포 이후 첫 대통령선거가 치러진다. 국민의 직접선거로 선출된 대의원들로 구성된 '통일주체국민회의(의장 대통령)'가 서울 장충체육관에서 치른 선거였다. 투표용지에는 박정희 후보 한 명의 이름만 적혀 있었다. 대의원 2359명 전원이 참가한 이날 투표에서 박 후보는 찬성 2357표, 무효 2표로 대통령에 당선되었다. 사람들이 훗날 '체육관 선거'라 비아냥댄 대통령 간접선거는 이후 전두환 정권까지 이어지다가 87년 6월 민주항쟁을 통해 직접선거로 바뀐다.

박 대통령은 당선 4일 뒤인 72년 12월 27일 제8대 대통령에 취임한다. 이로써 신민당 김대중 후보와의 치열한 경쟁 끝에 당선된 7대 대통령 임기는 1년 5개월 만에 끝나게 된다.

유신헌법 조문이 조목조목 발표되던 72년 10월 17일 김지하는 서울에 있었다. 《월간 대화》(1976년 11월 크리스찬아카데미가 창간한 잡지, 77년 10월 폐간) 응접실에서 당시 야당 당수 유진산과 박 대통령의 밀착을 호되게 공격하는 성토문을 쓰던 중이었다.

그러다 갑자기 라디오에서 들려오는 유신 발표에 깜짝 놀랐다. 그는 더 이상 서울에 머물러 있다가는 무슨 화를 당할지 모른다는 생각에 황급히 택시를 잡아탔다. 원주로 가기 위해서였다. 택시 안 라디오에서는 항만과 도로와 공항 등이 모두 봉쇄되었다는 뉴스가 흘러나왔다. 김지하는 미아리 고개 근처에서 원주행을 포기했다. 어디로 갈까 궁리하다 인근에 있는 정릉 박경리 선생 댁을 생각해냈다. 김지하는 택시를 돌려 박 선생 집으로 향한다. 박 선생은 딸 김영주와 함께 있었다.

"어머니를 용서하세요"

그는 "며칠만 피해있게 해 달라"고 부탁했다. 그러나 박 선생은 "김 시인을 숨겨주었다는 게 발각이라도 되는 날에는 우리 모녀가 어떻게 되겠느냐"고 거절했다. 맞는 말이었다. 김지하가 미안한 마음으로 막 자리에서 일어서려는 순간, 갑자기 김영주가 어머니에게 이렇게 말했다.

"갈 곳도 없고 피할 곳도 없어 위태로워 어렵게 찾아온 사람을 어떻게 그리 모질게 거절하세요? 며칠만 묵어가도록 허락해 주세요."

딸의 돌연한 반항(?)에도 아랑곳없이 박 선생은 "숨겨줄 수 없다"며 도리질 쳤다. 그런 어머니와 딸 사이에 작은 승강이가 벌어졌다. 김지하는 더 이상 보고만 있을 수가 없었다. 그는 "감사합니다. 죄송합니다. 서울에 친구들이 있으니 괜찮을 겁니다. 안녕히 계십시오"라고 말하고 돌아 나왔다.

무거운 마음을 안고 터덜터덜 정릉 길을 내려오는데 다급하게 뒤쫓아 오는 발소리가 들렸다. 뒤돌아보니 김영주였다. 그는 김지하 앞에 서더니 "정릉 입구까지, 택시 탈 때까지 바래다 드리겠다"고 했다. 고맙고 미안한 마음에 김지하는 아무 말도 못하고 걸었다. 김영주는 들릴락 말락 하는 목소리로 "어머니를 용서하세요. 혼자서 긴 세월을 힘들게 살아오셔서 그래요. 이해해 주십시오. 미안합니다"라고 말했다.

택시 한 대가 멈춰 섰다. 김지하는 가볍게 고개 숙여 인사를 하고 차에 올라탔다. 떠나는 차 안에서 그는 뒤를 돌아보았다. 고개를 숙이고 돌아가는 김영주의 뒷모습이 보였다. 마음속에 말할 수 없는 고마움과 미안함이 가득 차올랐다. 김영주 현 토지문화관 이사장도 당시 상황을 생생히 기억하고 있었다.

"택시 타는 모습을 외등 밑에서 보면서 '참 불쌍하다'고 느꼈습니다. 그러다가 나중에 청혼도 받아들이게 된 것인데… 인간적 연민에서라고 할까, 제 팔자이자 운명이라고 생각합니다. 제가 태어날 때 조부께서 저를 '복덩이'라고 하셨다는데 제 복의 절반만 나눠주자, 그때 그런 생각이 들었어요."

10월 유신은 그렇지 않아도 굴곡 많던 김지하의 삶을 한없는 질곡으로 몰아넣은 일대사건이었다. 그 불길하기 짝이 없는 유신 선포 날, 그는 자신의 인생에 가장 중요한 인연을 만났으니 이것이야말로 삶의 아이러니 아닌가. 김지하는 당국의 눈을 피해 서울에서 며칠 떠돈다. 그리고 어느 날 여관방에서 자고, 다음 날 새벽 친구 집으로 도피하기 위해 밖으로 나섰을 때 어스름 새벽녘 누군가가 벽에 분필로 써놓은 커다란 글귀가 눈에 들어왔다. '민주주의 만세'라는 글귀였다. 그는 머리에 화인(火印)이 찍힌 듯 큰 충격을 받는다.

김지하는 그날 원주로 내려가면서 머릿속에 새겨진 '민주주의 만세'라는 글귀를 내내 외웠다. 1970년대 그의 기념비적 작품이자 대표적 저항시 〈타는 목마름으로〉는 이렇게 탄생했다. 시의 전문이다.

신새벽 뒷골목에
네 이름을 쓴다 민주주의여
내 머리는 너를 잊은 지 오래
내 발길은 너를 잊은 지 너무도 너무도 오래
오직 한 가닥 있어
타는 가슴 속 목마름의 기억이
네 이름을 남몰래 쓴다 민주주의여

아직 동트지 않은 뒷골목의 어딘가

발자국소리 호르락소리 문 두드리는 소리

외마디 길고 긴 누군가의 비명소리

신음소리 통곡소리 탄식소리 그 속에 내 가슴팍 속에

깊이깊이 새겨지는 네 이름 위에

네 이름의 외로운 눈부심 위에

살아오는 삶의 아픔

살아오는 저 푸르른 자유의 추억

되살아오는 끌려가던 벗들의 피 묻은 얼굴

떨리는 손 떨리는 가슴

떨리는 치떨리는 노여움으로 나무판자에

백묵으로 서툰 솜씨로

쓴다.

숨죽여 흐느끼며

네 이름을 남몰래 쓴다

타는 목마름으로

타는 목마름으로

민주주의여 만세

남진 나훈아 노래에 담긴 70년대 정서

김지하가 원주로 내려간 1972년 12월 서울에는 또 큰불이 난다. 서
울시민회관(현 세종문화회관) 화재였다. 12월 2일 토요일 오후 8시 반,

작곡가 박춘석
과 남진 나훈
아. 작사가 정
두수(왼쪽부
터).

시민회관은 자리를 가득 메운 청중들의 열
기로 뜨거웠다. 문화방송(MBC) 개국 11주
년 축하공연인 10대 가수 청백전이 열리고
있었다. 공연이 끝나갈 무렵, 남진이 라이벌
나훈아를 제치고 '가수왕'으로 선정됐다.

우레와 같은 박수소리가 터지는 순간, 갑
자기 '펑' 소리가 나면서 무대 뒤쪽이 불길에 휩싸였다. 국내 최대 공
연현장이 순식간에 아비규환으로 변하는 순간이었다.

조명장치 과열에 따른 배선누전이 원인이었다. 이날 불은 순식간에
지하 1층, 지상 4층 중 소강당을 제외한 3000여 평을 모두 태운 뒤 2
시간여 만에 진화됐다. 빠져나오려는 관객들이 계단으로 한꺼번에 몰
려드는 바람에 어린이와 여자들이 깔려 피해가 컸다. 총 52명이 죽고
76명이 다쳤다. 대피 안내판조차 제대로 없었던 전형적인 인재(人災)였
다. 이날 화재로 시민회관은 역사의 뒤안길로 사라지고 78년 세종문
화회관으로 재개관한다.

시민회관이 불길에 휩싸여 있던 시간, TBC 〈쇼쇼쇼〉 프로그램에서
는 나훈아가 청중들의 환호 속에서 노래를 부르고 있었다. 곧 월남 공
연을 떠나는 그를 위한 특집 쇼였다.

이 대목에서 그동안 무거웠던(?) 이야기를 잠시 쉬고 72년 한국 대
중문화를 뜨겁게 달군 남진과 나훈아의 대결을 짚고 가자. 한 시대를
풍미한 대중가요에는 당시 서민들의 애환이 녹아있기 때문에 이 역시
당시 시대상을 보는 데 의미 있으리라 여겨진다.

〈울려고 내가 왔나〉〈가슴 아프게〉로 톱스타 자리에 오른 남진이 월
남에 파병된 사이에 나훈아는 〈사랑은 눈물의 씨앗〉〈임 그리워〉 등

으로 가요계 정상을 차지했다. 그리고 남진이 귀국하면서 두 사람은 정상의 자리를 놓고 피할 수 없는 맞대결을 펼쳤다. 우리 가요사에 영원히 남을 명승부인 두 사람의 대결은 시민회관을 무대로 펼쳐졌다.

71년 3월 5일 남진은 사흘간 '귀국 리사이틀'을 여는데 총 4만 명이 몰려 시민회관 개관 이래 최다 관객동원을 기록한다. 이에 질세라 나훈아도 이듬해인 72년 설날부터 6일간 '나훈아의 꿈'이라는 리사이틀을 시민회관에서 갖는데 본래 예정된 4회 공연을 5회로 늘렸는데도 매회 초만원을 이뤘다. 나훈아는 개관 이래 1일 최다 관객인 1만3000명을 동원해 남진이 세웠던 기록을 단숨에 갈아치운다.

경제성장의 희망과 이농의 아픔 대변한 70년대 최고의 아이돌

미디어는 '피 튀기는 경쟁'을 벌이던 두 사람의 일거수일투족을 놓치지 않았다. 두 사람이 공식석상에서 서로 외면하는 모습이 그대로 TV에 노출되기도 했다. 72년 1월 30일자 《주간중앙》은 '연예계 소문난 쓴짝 단짝―'72 더 잘해봅시다―남진 나훈아 방담(放談)'이라는 제목으로 다음과 같은 기사를 싣고 있다. '퍽 서먹서먹한 대담이었다'는 기자의 멘트로 시작되는 기사 중 일부는 이렇다.

'南(남진, 이하 南): (남군은 노래 부르기 전, 또는 말하기 어려운 얘기를 하기 전에 반드시 헛기침하는 버릇이 있다. 헛기침을 몇 번 하고 나군(나훈아)을 바라보며) 뭐라 할까, 그동안 훈아 씨가 나를 대하는 태도가 석연치 않았어. 선배면 선배, 친구면 친구로 대했으면 좋았을 텐데….

羅(나훈아, 이하 羅): 제가 비교적 사교성이 없는 것은 사실이죠. 누구를 만나든 '안녕하십니까' 외에 필요 없는 말은 안 해요. 어느새 저도 후배들이 많이 생겼지만 대뜸 '야, 자' 하지 않습니다.

南: 하지만 가요계란 어느 세계보다 선후배를 따지는 곳 아냐?

羅: 제가 인사성이 없다고 지적하시는 것 같은데 남 선배가 인사를 몇 번 안 받는 것 같기에 그렇다면 나도 더이상 인사할 필요 없겠다고 생각했죠. 그런 마음먹은 지 두 달 되었습니다.

南: 그랬었군. (떨떠름한 표정을 지어 보인 뒤) 앞으로는 부드럽게 지내세.

羅: 좋습니다. 이젠 선배 대접 착실히 할 테니 남 선배도 후배 사랑 좀 해주이소. 사실 우리를 '숙명적인 라이벌'이니 어쩌니 하는 것은 신문, 잡지들이 부채질한 것 아닙니까? (그때서야 얼어붙은 듯했던 분위기가 다소 풀렸다. 꼿꼿하게 앉았던 두 사람이 자리를 고쳐 앉고, 담배를 꺼내 무는 남군에게 나군이 불을 붙여준다.)

두 사람의 인기대결에 음반사와 방송사는 물론 팬들도 양분됐다. 90년대 이후 대중가요 스타들은 10대와 20대 초반 젊은이들이 주요 팬이지만 당시 남진과 나훈아 팬들은 할아버지 할머니 학생 지식인들 농부 상인 등 모두가 설전을 벌일 만큼 전 계층과 전 세대를 아울렀다. 두 사람은 모든 것이 대조적이어서 라이벌로 대립할 수밖에 없는 운명적 조건을 타고났다고 할 수 있다. 대중문화평론가 임진모가 문화웹진 《채널예스》에 쓴 내용이다.

'부잣집 도련님 같은 외모의 남진은 얼짱 꽃미남이었고 나훈아는 '소도둑' 별명에 걸맞게 남성적 서민적 풍모여서 믿음직한 느낌을 주었다. …남진은 대체로 젊은 여성팬이, 나훈아는 어른과 남성들이 좋아했다. 두 사람은 공교롭게도 당시 새 정치를 표방한 야권의 젊은 기수이자 정치적 맞수인 김대중(목포) 김영삼(부산)과 고향이 같았다. …남진이 〈젊은 초원〉 〈목화 아가씨〉 〈그대여 변치마오〉 〈나에게 애인이 있다면〉 그리고 결정타인 〈님과 함께〉처럼 도시풍의 신나는 노래를 불렀다면 나훈아는 〈물레방아 도는데〉 〈고향역〉 〈머나먼 고향〉 〈녹슬은 기찻길〉 등 향수를 자극하는 애절한 노래가 많았다. 무대 의상도 남진은 엘비스 프레슬리를 연상시킬 정도로 화려했다면 나훈아는 수수한 차림으로 무대에 올랐다.'

국민들이 두 사람에게 열광했던 이유는 이들이 부른 노래가 가난해도 노력하면 잘살 수 있다는 꿈을 심어주는 동시에 꿈을 위해 고향을 버리고 도시로 몰려든 대중의 마음을 어루만져주었기 때문이다. 남진이 경제성장의 희망을 노래했다면 나훈아는 이농(離農)의 아픔을 대변했다.

'저 푸른 초원 위에 그림 같은 집을 짓고/사랑하는 님과 함께 한 백년 살고 싶어'〈님과 함께〉
'돌담길 돌아서며 또 한번 보고/징검다리 건너갈 때 뒤돌아보며 서울로 떠나간 사람'〈물레방아 도는데〉

그야말로 다사다난했던 72년이 가고 새해가 밝아오고 있었다.

경제강국을 향한 꿈, "중화학공업을 육성하라!"

1973년이 밝자마자 박정희 대통령은 특별담화를 발표한다. 전 국무위원과 여당요인들을 배석시킨 가운데 장장 2시간 17분 동안 계속된 특별담화는 마치 통화개혁이나 긴급조치를 발표할 때처럼 긴장감이 감돌았다. 박 대통령은 이날 담화에서 '10월 유신'이란 말을 43번, '유신과업'이란 말을 9번이나 썼다.

이날의 특별담화는 훗날 '1·12 중화학공업화 선언'으로 불리게 되는 역사적 발표로 기록된다. 박 대통령은 "1980년대 초까지 수출 100억 달러와 1인당 국민소득 1000달러를 달성하는 것을 목표로 하겠다"며 이렇게 선언했다. "정부는 이제부터 '중화학공업 육성' 시책에 중점을 두는 '중화학공업정책'을 선언하는 바입니다. …80년대 초에 우리가 100억 불의 수출 목표를 달성하려면 전체 수출상품 중에서 중화학 제품이 50%를 훨씬 더 넘게 차지해야 되는 것입니다."

철강·비철금속·조선·전자·기계·화학 등 6개 중화학공업이 선정됐고, 업종별로 특화된 공단들이 전국에 지정됐다. 창원기계공업단지의 경우는 아예 방위산업단지 건설지역으로 특화됐다. 방위산업체로 지정되면 평상시 작업량의 80%는 민수용(민간산업용), 나머지 20%는 방산용(방위산업용)의 비율로 생산할 것을 원칙으로 정했다. 조선소에도 전쟁 때 쓰일 것을 대비해 부두를 건설하기로 했다.

이날 특별담화는 대통령 특명에 따라 김정렴 비서실장과 오원철 경제 제2수석 중심으로 철저한 보안 속에 준비됐다. 당시 재무부 수장이었던 남덕우 장관은 뒤늦게야 알았다고 한다. 남 장관의 《경제개발의 길목에서》라는 회고록의 한 대목이다.

'유감스럽게도 계획을 실현하기 위한 자금조달 방안에 대해서는 관계부처와의 협의가 전혀 없었다. 대통령이 계획을 재가하면 재무부는 어쩔 수 없이 대책을 마련하겠지 생각했던 모양이다. 재무부는 언제나 '노(No)'부터 말하는 부처니까 입안단계에 참여시키면 될 일도 안

될 것이라고 생각했을 것이다.'

실제 남 장관은 이후 중화학공업계획을
보고받는 자리에서 박 대통령에게 "막대한
자금을 어떻게 조달하느냐가 문제입니다"
라고 했다가 대통령으로부터 이런 말을 들
었다고 한다. 다시 회고록을 인용한다.

'박 대통령이 집무실로 불러 나를 타이르듯 이렇게 말했다. "일본의
지도자들은 나라와 민족의 명운을 걸고 세계를 상대로 전쟁을 하다
가 패망했다. 그러나 다시 일어나서 지금은 세계 경제강국으로 부상했
는데 그 배후에는 중화학공업건설이 있다. 나는 지금 나라와 민족의
운명을 거는 것이 아니라 다만 우리 경제의 명운을 걸고 건설해보려고
하는 것이다." …이어 "장관! 어려움이 있더라도 이 일을 해봅시다" 했
다. 나는 "알겠습니다" 대답하고 무거운 마음으로 청와대를 나왔다.'

박 대통령은 중화학공업 추진을 위해 아예 청와대 내에 '중화학공
업추진단'이라는 사령탑을 따로 설치하고 전담수석비서관이 추진토록
했다. 박 대통령의 중화학공업 육성정책은 특별담화 선언 이전과 이
후로 나눌 수 있다. 선언 이전에는 울산공업단지 건설을 비롯해 비료
공장, 포항제철소 건설 같은 사업이 주를 이룬다. 그런데 선언 이후에
는 무기공장 건설을 주력으로 하는 방위산업 또는 군수산업 육성정
책으로 선회한다. 1970년대로 접어들면서 북한의 도발이 갈수록 심해
지고 미국 또한 빠른 속도로 한국에 대한 방위부담을 줄여가는 상황
에서 안보 '홀로서기'를 위한 선택이었다.

당시만 해도 남한은 자체 무기생산 능력이 전무했다. 한국군의 기
본 화기는 제2차 세계대전 때 미군이 쓰던 M-1소총이 고작이었다.

반면 북한은 이미 1960년대부터 자동소총은 물론 탱크와 대포까지
생산하고 있었다.

북한은 탱크까지 만드는데 우리는 왜 소총도 못 만드나?

미국은 남한의 군사력이 강해지는 것을 원치 않았다. 우리는 미국
에서 무기를 사오든지 무상으로 받아오든지 둘 중 하나밖에 선택할
수 없었다. 그러다 68년 1·21 청와대 기습사건이 터지자 박 대통령은
미국 측으로부터 M-16자동소총 생산 공장을 한국에 세워준다는 약
속을 어렵사리 받아낸다. 하지만 공장건설은 난항을 거듭하며 지지부
진했고 미국과 3년여를 실랑이한 끝에 1972년에야 간신히 완공할 수
있었다.

김정렴 비서실장은 회고록에서 "당시 교섭을 지켜보면서 무기 공장
건설에 얼마나 돈이 많이 들고 교섭에 장시간이 걸리며 또 교섭 자체
가 힘들다는 것을 절감했다"고 말한다.

닉슨 독트린에 따른 주한미군 철수가 본격화된 70년 7월 박 대통령
은 김학렬 부총리 겸 경제기획원 장관에게 비밀리에 병기 생산공장
건립을 지시한다. 대통령의 특명을 받은 김 부총리는 밤잠을 설쳤다.
전문지식도 없고 전문가의 도움도 받을 수 없는 상황이었으니 독학으
로 파고들 수밖에 없었다. 당시 김학렬 장관의 비서실장이던 엄일영의
회고(출처《코리언 미러클》)다.

'독서광인 김 부총리는 거의 매일 밤잠을 줄여가며 중화학 및 기계
공업 관련 책을 탐독하면서 정책수립에 골몰했다. 옆에서 자는 부인
이 깰까봐 라이트가 달린 펜을 구해 책을 읽고 끊임없이 메모하고 그
메모는 누구에게도 맡기지 않고 늘 자신이 가지고 다녔다. 당시 그의

집무실에는 중화학공업 육성에 따른 산업연관 흐름표가 한가득 펼쳐져 있었다.'

70년 8월에는 3군에 흩어져 있던 군사과학연구기관들을 통폐합해 무기개발을 전문적으로 연구할 국방과학연구소(ADD)를 설립한다. '번개사업'으로 이름 붙여진 연구소의 무기 국산화 프로젝트에는 이경서 구상회 홍재학 박사 외에도 군 출신 공학박사와 민간 과학자가 대거 참여한다. 구상회 박사는 2006년 12월호 《신동아》 인터뷰에서 1970년 초 우리나라 무기 생산기술이 얼마나 뒤떨어져 있었는지를 이렇게 증언한다.

"기계공업이란 게 아예 없었어요. 농기계를 겨우 생산하는 수준이었지요. 공업이라고 해봐야 가내공업 수준을 벗어나지 못했습니다. 차량정비용 공구조차 못 만들던 시절이었으니까요. 미국 지원으로 경남 양산에 짓고 있던 M-16소총 공장도 언제 완공될지 미지수였습니다. 박 대통령은 포병 출신이라 로켓포, 유도탄에 대한 관심이 남달랐어요. 하지만 유도탄은 노하우와 시설과 인원이 다 갖춰져 있어도 만드는 데 7년 이상 걸립니다. 그때 우리나라엔 로켓을 연구하는 곳이 공군사관학교와 KIST 두 곳이 있었는데 '로켓포를 국산화하라'는 대통령 지시를 따르고 싶어도 연구원 중에 경험자가 단 한 명도 없었어요. 교과서에서만 봤지 만든 적이 없었으니까요. 도면과 기술 자료도 전혀 없었고. 로켓포 도면을 구할 길이 없어 육군 수경사(현 수도방위사령부)에서 M20 A1, M20 B1포를 1문씩 빌려와 분해해 부품을 스케치하고 치수를 정밀 측정해 작성했어요. 역(逆)설계를 한 거죠."

무기 국산화는 이렇게 말처럼 쉬운 일이 아니었다.

"무기 만들어야 힘 있는 나라 된다"

박정희 대통령은 국방과학연구소에 "1976년까지 최소한 이스라엘 수준의 자주국방 태세를 목표로 총포, 탄약, 통신기, 차량 등의 기본 병기를 국산화하고, 1980년대 초까지 전차, 항공기, 유도탄, 함정 등 정밀 병기를 생산할 수 있는 기술을 확보하라"고 지시했다. 대통령이 긴급지시한 중차대한 사업인 만큼 청와대에서 직접 감독하고 통제했다. '매일매일 진척 상황을 보고하라'는 청와대의 독촉에 과학자들은 하루하루 피가 마르는 듯 쫓기는 기분이었다고 한다.

박 대통령도 틈날 때마다 연구소를 방문했다. 무기 국산화 프로젝트에 참가한 이경서 구상회 홍재학 박사 모두 당시 박 대통령을 이렇게 기억하고 있다(2006년 12월호《신동아》인터뷰).

"늘 구내식당에서 식사를 하셨죠. 시험장, 기계창 건설현장을 둘러볼 땐 일꾼들이 먹는 임시식당에 들러 '밥 한 그릇 부탁합니다. 그냥 있는 대로 가져오세요' 했어요. 대통령이 불쑥 들어와서 밥을 달라고 하니 다들 기절초풍했지요. 대통령은 밥 한 그릇에 숭늉을 뚝딱 비우면서 그저 '무기 만들어야 힘 있는 나라가 된다'고만 강조했습니다."

70년 7월 대통령의 특명을 받은 김학렬 부총리는 경제협력차관보 황병태를 팀장으로, 경제기획원과 한국과학기술연구소(KIST)의 엘리트들로 구성된 특별전담팀(TF)을 꾸린다. 주물 특수강 중기계 조선 등 4개 공장을 건설하고 차관을 들여오는 것이 주 임무였다. 경제기획원은 이들 4개 공장을 전략적 우선사업이라 하여 '4대 핵(core) 공장'으로 명명했다. 탄피와 총알 생산에 주력하는 구리공장 건설도 비밀리에 추진됐다.

하지만 중소기업 수준의 주물공장이나 주방용기 만드는 구리공장 정도 갖고 하루 아침에 무기 생산은 불가능했다. 기술, 기술자, 경험, 기본설비조차 없는 한국이 갖고 있던 것은 오직 의욕뿐이었다. 무엇보다 돈을 마련할 수가 없었다. 비즈니스 모델도 없는 사업에 막대한 돈을 투자하겠다는 나

1972년 국산병기 시험발사 행사장에서 박정희 대통령.

라는 없었다. 돈을 구하기 위해 경제기획원이 1년여를 애쓰는 동안 시간만 흐르고 있었다. 이때 혜성처럼 등장한 이가 바로 오원철 상공부 차관보였다.

그는 완전히 새로운 패러다임을 제시했다. 처음부터 완제품 무기 공장을 세우겠다는 생각을 버리고 '모든 무기도 결국 분해하면 부품'이라는 점에 착안해 부품 공장들을 먼저 세우자는 안(案)을 낸 것이다.

박 대통령은 "돈도 적게 들면서 중화학공업과 방위산업을 동시에 건설하는 일석이조 전략"이라며 찬성했다. 대통령은 "모든 일을 직접 챙기겠다"며 1971년 11월 10일 오 차관보를 경제 제2비서실 수석비서관에 임명한다. 없던 자리를 새로 만든 것이었다. 오 수석은 오로지 대통령에게만 보고할 책임이 있었다. 임명장을 받던 날을 오 수석은 이렇게 기억하고 있었다(그의 책 《한국형 경제건설》).

'박 대통령은 선 채로 세 가지 지시를 내렸다. 첫째, 안보상황이 초비상 상태다. 둘째, 우선 예비군 20개 사단을 경장비 사단으로 무장시키는 데 필요한 무기를 개발 생산하라. 60mm 박격포까지를 포함한다. 셋째, 청와대 안에 설계실부터 만들어 직접 감독하라. 나도 수시로 가보겠다. 처음 나오는 병기는 총구가 갈라져도 좋으니 우선 시

제품부터 만들라. 차차 개량해 나가면 쓸 만한 병기를 생산할 수 있게 된다. 우수한 인재를 동원하라. 넷째, 북한군의 최근 동향에 대해서는 이후락 중앙정보부장을 만나 설명을 듣도록 하라.'

한 달만의 쾌거, 무기 국산화의 물꼬 트다

오 수석은 '완전히 군대식 명령하달이었다. 지금도 그 광경이 눈에 선하다'며 '나는 직립부동자세로 명령을 수행했다. 하마터면 과거 군대생활이 되살아나 거수경례를 할 뻔했다. 다시 군대에 입대한 기분이 들었다'고 썼다. 오 수석은 그 길로 궁정동으로 간다. 이후락 부장은 그에게 이렇게 말했다.

"지금 최일선에서는 위기촉발의 분위기요. 언제 사건이 터질지 모르겠소. 북한은 각 부대를 최일선으로 대이동을 시키고 있으며 탱크들도 휴전선 바짝 가까이까지 이동시키고 있소. 그런데 우리 측에서는 충분한 대비책이 안 되어 있다는 것이 정보부의 해석이오. 우선 소총만 하더라도 우리 M1소총은 북한의 아가보 소총(AK총)보다 성능이 떨어진다는 것은 다 알고 있는 사실 아니오."

이 부장은 캐비닛을 열어 총 한 자루를 꺼내 보여주었다.

"서독군에서 쓰고 있는 총이오. 아주 간단한 구조인데 참고로 해서 만들어보시오. 지금 일선에서 가장 중요한 것은 탄약이오. 탱크가 공격해온다면 대전차 지뢰를 깔아놓아야 하는데 태부족이야. 심지어 탱크가 쳐들어 왔을 때 결사대가 지뢰 한 개씩을 메고 탱크에 뛰어드는 육탄전이라도 해야 할 판인데 지뢰조차 없다는 보고요. 북한은 최근 들어 '김일성 환갑을 서울에서 열자'는 구호를 전 국민에게 내걸고 있는데 6·25사변을 다시 일으키겠다는 말 아니겠소?"

마지막으로 그는 오 수석의 눈을 뚫어져라 쏘아보더니 이렇게 말했다. "오 동지! 나를 위해 사력을 다해주시오." 다시 오 수석의 회고다.

'나는 전신에 전율이 흐르는 긴장감을 느꼈다. 내가 전쟁터에 나와 있구나 하는 현실감이 들었다. 나는 직립부동자세를 취하고 "예, 알았습니다. 목숨을 걸고 뛰겠습니다" 대답했다. 명령하는 사람과 명령받는 사람의 관계가 아니었다. 서로 목숨을 거는 전우로 생각되었다. 그래서인지 이 부장도 상급자이지만 나를 동지라고 호칭했을 것이다.'

일주일 뒤인 71년 11월 17일 박 대통령으로부터 병기 시제품 긴급개발 지시(번개사업)를 받은 국방과학연구소는 24시간 쉬지 않고 일하며 한 달 만에 소총과 박격포를 만들어냈다. 마침내 12월 16일 청와대 대접견실에서 대한민국 유사 이래 처음 M1 카빈, M19, A4 기관총, 60mm 박격포 등 8종의 무기가 공개된다.

'빨간 카펫이 깔려 있는 대접견실에는 샹들리에 불빛이 찬란했다. 여기에 국산 초유의 각종 병기가 진열된 것이다. 60mm 박격포, 로켓포, 기관총, 소총류 등이었다. 박격포는 카펫 위에, 총기류는 진열대 위에 놓여 있었다. 새로 칠한 국방색 병기는 병기라기보다는 예술품이었다. …박 대통령은 환히 웃으며 자랑스럽다는 듯이 "우리가 만들어낸 병기들이야"라고 했다. 연구진의 노고를 치하하면서 "금년도 최고의 크리스마스 선물이다. 우리도 마음만 먹으면 해낼 수 있어. 우리도 이제는 이런 정도로는 발전된 거야"라고 기뻐했다.'(오원철 《한국형 경제건설》)

우리 손으로 만든 최초의 무기를 바라보며 박 대통령과 참석자들이 얼마나 감격했을지 짐작이 가고도 남는다.

유신을 바라보는 두 개의 시선

필자는 김지하와의 인연을 취재하기 위해 이종찬 전 국정원장을 만났을 때 '유신에 대한 평가'를 물은 적이 있다. DJ정부 시절 국정원장을 지내고 박정희 시대에는 민주인사를 도왔던 사람이니 당연히 비판부터 할 것으로 예상했다. 그런데 의외의 대답을 들을 수 있었다.

"유신은 잘못됐지만 이해가 되는 측면도 있다. 당시 우리는 북한에 경제적으로나 군사적으로 꿀렸다. 앞서기 시작한 것은 74년, 75년이다. 북한은 위협 그 자체였다. 게다가 미중관계가 개선되고 75년엔 베트남이 패망한다. 유신이라는 강력한 리더십을 통해 군사력을 강화시킬 필요가 있었다."

이 전 원장은 "여기에 3선 개헌 이후 야당이 제기한 장관해임안에 대해 공화당 일부 의원이 동조해 가결된 공화당 내 항명파동과 DJ라는 강력한 정치적 라이벌의 등장 등 박 대통령의 리더십도 밖에서 보는 것처럼 견고한 것은 아니었다"고 했다.

"밖으로는 안보위협에, 안으로는 조직 관리의 필요성이 제기됐다. 역사에 가정이라는 게 무의미하지만 유신을 안 했더라면 박 대통령은 물러나고 잊혀진 존재가 되었을 것이다. 하던 사업들은 다 흐지부지되고 경제도 도약하지 못했을 것이다. 유신이 어떤 면에서 추동력을 만든 거다. 모든 에너지를 한꺼번에 집중시켜 엔진 역할을 한 거라고 볼 수 있다. 민주주의 측면에서는 아니지만 긴 역사를 통해 볼 때 유신이 아니었다면 한국의 발전은 힘들었을 것이다."

이 전 원장은 이어 "돌이켜 보면 박정희 시대에 인권 탄압, 독재, 헌법 훼손 여러 가지 문제가 있었지만 '공칠과삼(功七過三)'으로 본다. DJ

도 '박 대통령 잘못이 있지만 우리 국민들에게 하면 된다는 자신감을 준 것은 큰 소득'이라고 말하는 것을 직접 들었다"고 했다.

《박정희의 양날의 선택—유신과 중화학공업》을 쓴 김형아 교수도 "결국 박정희의 유신체제는 한국이 고도 경제성장을 위해 치렀던 대가"였다고 평가한다. 이런 점에서 중화학공업화 정책과 유신은 떼려야 뗄 수 없는 연관관계에 있다. 1996년 10월 김형아 교수와 인터뷰한 오원철 전 청와대 경제2수석비서관의 말이다.

"박 대통령 때 장관을 지냈던 이들조차 공개적으로 중화학공업화와 유신개혁을 별개로 이야기한다. 하지만 중화학공업화가 유신이었고 유신이 중화학공업화였다는 것이 쓰라린 진실이다. 박 대통령은 중화학공업이 계획대로 정확하게 시행되도록 국가를 훈련시켰다. 유신이 없었다면, 대통령은 그런 식으로 국가를 훈련시킬 수가 없었을 것이다."

남덕우 전 총리도 회고록에서 '국내외 경제학자들과 언론들은 중화학공업에 대한 과잉투자 때문에 한국경제가 망할지도 모른다고 떠들어댔다. …그러나 만약 그때 중화학공업을 추진하지 않았으면 한국 경제가 어떻게 됐을까… 중화학공업 건설은 경제적 타산만으로 되는 일은 아닌 것 같다. 일본 정부도 중화학공업을 집중적으로 지원했던 1950년대 초 중앙은행과 경제 전문가들로부터 심한 공격을 당했다'고 전한다.

좌우이념 떠나 공과(功過) 평가해야

지금이야 '중화학공업이 없었으면 한국경제가 어떻게 되었을까' 하지만 중화학공업은 10·26으로 박 대통령이 급서하자 하루아침에 천덕꾸러기 신세로 전락했었다. 박 대통령이 재임기간 중 이룬 공적이 막판의 중화학공업 과잉투자로 몽땅 날아가 버렸다는 말까지 나왔다. 실무총책이었던 오원철 수석은 80년 신군부가 들어서자 경제를 망쳤다는 죄목으로 일체의 정치활동이 금지되는 고초까지 겪었다.

당시만 해도 1970년대 중화학공업화 정책이 1980년대 중반 한국경제가 새롭게 도약하는 데 결정적인 역할을 하게 될 줄 아무도 예측하지 못했다. 사회평론가이자 소설가 복거일은 필자에게 "과잉투자였다는 것은 결과론적인 이야기다. 모든 것을 시장에 맡겨야 한다고 하지만 시장에 존재하지 않을 때는 어떡하느냐"며 "박 대통령의 중화학공업 추진은 애플의 아이폰처럼 시장에 없던 것을 새로 만든 '마켓 디자인'적 관점에서 봐야 한다"고 말했다.

박 대통령의 경제개발 방식을 경제에 모든 것을 집중한 '경제 집중화(economic centralization)'라고 표현한 황병태 전 주중대사는 "경제성장 속도가 무대 설치자인 박 대통령조차 예상을 뛰어넘을 정도로 빠르게 진행됐다"며 "경제에 너무 매달린 나머지 경제 이외의 사회개혁 요구와 흐름에 제때 대응하지 못하고 낮춰보려는 데서 박 대통령의 비극이 시작되었다"(《박정희 패러다임》)고 말한다.

하지만 굳이 '유신' 같은 공포정치를 동원했어야 했는지에 대해서는 이론의 여지도 많다. 이장규의 말(《대통령의 경제학》)이다.

"유신이 아니어도 3선 개헌으로 1975년까지 대통령을 하게 돼 있었다. 그랬으면 그의 집권은 1961년부터 따져 14년간이 되었을 것이다. 비록 중화학공업 진척이 다소 늦어졌다 해도 경제정책뿐 아니라 국정운영이 합리적으로 균형 있게 전개됐을 가능성이 컸다고도 볼 수 있다. 박정희에 대한 부정적인 평가가 주로 유신체제 중의 지나친 억압정치의 폐해에 쏠려 있다는 점을 감안하면 3연임을 마지막으로 평화적 정권 교체를 실현했더라면 그에 대한 평가는 지금보다 훨씬 더 긍정적이었을 것이다."

생전의 박정희 대통령도 경제건설의 마지막 단계로 민주사회 정착을 상정하고 있었다고 한다. 황병태의 《박정희 패러다임》에 나오는 부분이다.

'박 대통령 집권기간의 마지막 경제부총리였던 고 남덕우 증언에 따르면 박 대통령이 유신 말기에 그에게 "이제 유신체제가 한계에 다다라 다음 단계인 민주사회 건설에 들어가야만 한다"는 의사를 밝혔다. 또 김정렴 비서실장도 최근 자서전에서 "박 대통령이 유신시대를 마감하고 김종필 김영삼 김대중 등 정치인들이 민주적 선거에서 경쟁하는 민주 국가로 옮겨가야 한다는 얘기를 했다"고 증언하고 있다.'

어떻든, 이제 유신에 대한 평가를 마무리할 시점이다. 유신 비판론자들은 정치적 민주주의의 후퇴를 지적한다. 반면 유신의 불가피성이나 긍정성을 주장하는 사람들은 북한의 위협과 한국의 경제적 성취를 부각시킨다.

유신이 민주주의의 후퇴를 가져오고 희생자를 양산한 것은 명확한 사실이다. 하지만 폴 케네디, 헨리 키신저, 앨빈 토플러 같은 석학들도 '개발도상국들은 민주주의와 경제 발전을 동시에 이룰 수 없는데 박정희의 성취는 세계 유일의 성공사례'라고 이구동성으로 박 대통령을 높이 평가하고 있는 것 또한 사실이다. 덩샤오핑(鄧小平), 블라디미르 푸틴, 리콴유(李光耀) 같은 국가지도자들이 박정희를 롤모델로 존경한다는 것 역시 잘 알려져 있다.

역사를 대하며 우리는 좌우이념을 적용한 선악의 이분법보다는 공과 과를 균형 있게 취하는 지혜를 발휘할 필요가 있다. 역사에 대한 심도 깊은 평가는 저널리즘보다는 사가(史家)들의 몫이므로 유신평가는 이 정도로 하고 다음 장면으로 넘어가 보자. 박 대통령은 '유신'으로 정권의 국내외적 위기를 정면 돌파해나가면서 중화학공업 육성에 박차를 가하지만 그 속도에 비례해 정권붕괴 요인들도 빠르게 커져가고 있었다.

박경리 딸 김영주와 결혼하다

1973년 1월 어느 날 김지하가 몸을 피해 머물고 있던 원주 집으로 뜻밖의 손님이 찾아왔다. 박경리 선생과 딸 김영주였다. 모녀는 72년 10월 17일 유신이 선포된 날 "숨겨 달라"던 김지하를 그냥 떠나보낸 게 못내 마음에 걸려 일부러 내려왔다고 했다. 너무 미안하고 고마웠다. 모녀를 돌려보내고 김지하는 원주에 머물렀다.

그런데 건강이 날로 악화되고 있었다. 몇 발짝에 한 번씩 기침이 터졌다. 김지하는 더 이상 참지 못하고 다시 마산병원으로 갔다. X선 검사를 했더니 또다시 기흉이라는 진단이 내려졌다.

당시 기흉환자와 각혈환자는 진단 즉시 입원시켜 치료해야 한다는 방침이 정해져 있었으므로 김지하는 바로 입원했다. 그리고는 오른쪽 가슴에 구멍을 뚫어 호스를 박고 공기를 뽑아내는 수술을 받았다. 수술을 마치자 중앙정보부 마산분실장이 달려왔다. 김지하는 2층 병실로 옮겨졌다. 다시 병원생활이 시작됐다. 병원에서 73년 봄을 넘기고 다시 서울로 올라왔다.

겉으로 보기에 절대권력은 공고해 보였다. 구속적부심제도와 법원

의 위헌심사권도 없어졌고 법관의 임명보직권도
대통령의 수중으로 들어갔다. 국회의 국정감사
권까지도 없애버렸으니 이제 권력을 감시하고 비
판할 법적근거는 어디에도 없었다. 거칠 것 없는
절대권력의 탄생이었다. 하지만 균열은 내부에서
시작되고 있었다.

1973년 김수환
추기경 주례로
결혼한 김지하
부부.

1973년 4월에 '윤필용 사건'이 터진 것이다. 육
사 8기의 선두주자로 수도경비사령관이었던 윤
필용이 이후락 중앙정보부장 등 실세들과 함께
한 술자리에서 "박정희 대통령이 노쇠했으니 물러나시게 하고 후계자
는 이후락 형님이 해야 한다"고 말한 것이 발단이 되어 쿠데타를 모
의한 죄로 구속된 사건이다. 이 일은 실제로는 군 내부 사조직인 '하
나회'를 지원하는 윤필용과 반대세력 간의 권력투쟁이었고, 이때 거세
된 윤필용은 후일 전두환 정권의 등장으로 부활한다.

당시 군법회의는 윤 사령관과 그를 따르던 장교들에게 모반죄가 아
닌 횡령 및 뇌물수수죄를 적용해 징역 1~15년을 선고했고, 대법원은
이 판결을 확정했다. 윤 사령관은 1975년 형 집행정지로 석방된 데 이
어 1980년 특별 사면됐다. 석방된 뒤에는 한국도로공사 사장과 한국
전매공사 이사장, 한국담배인삼공사 사장 등을 역임하다 2010년 작
고했다.

윤 사령관의 아들은 2010년 8월 고등군사법원에 재심청구를 했다.
2012년 2월 22일 서울고법은 부대 운영비를 횡령하고 청탁과 함께 금
품을 받은 혐의(업무상 횡령 등)로 징역 15년을 선고받은 윤 사령관에
대한 재심에서 무죄를 선고했다.

정릉 집에서
박경리 김영주
김지하(왼쪽부
터).

달콤한, 그러나 짧았던 평화

73년 2월 김지하는 서울 인사동 2층 찻집 어둑한 귀퉁이에서 서투른 몇 마디로 청혼을 하고 곧 약혼한다. 그는 약혼식을 이렇게 회고한다.

"나는 내 마음속 칼을 내리며 술을 많이 많이 목구멍에 털어 넣었다. 지금도 그때 찍은 사진을 보면 흰 윗도리며 푸른 조끼 위에 얼굴이 새빨간 한 못난이가 술에 취해 눈을 반쯤 감고 있는 모습이 별로 깍듯해 보이질 않는다."

그리고 73년 4월 7일 명동성당 반지하 묘역에서 김수환 추기경의 주례로 결혼한다. 추기경은 강론에서 부부간의 예절과 함께 김지하 시인의 고난에 찬 앞길을 예감했는지 비상한 결심과 각오를 강조했다. 두 사람은 청평호반으로 신혼여행을 떠났다.

"매일 새벽 눈을 떴을 때 곁에 아내가 있다는 사실이 내게 기이할 정도로 큰 변화를 가져다주었다. 첫째 안정감이었고, 둘째 겸손해야 한다는 생각이었고, 셋째 깊은 자기긍정이었다."

김지하는 결혼 후 원주교구 재해대책위원회와 기획실에서 일했다. 행복했고 더 바랄 것이 없었다. 아내는 이내 첫 아기를 가졌다. 김지하는 당시 두 가지 일을 했다. 광범위한 민중교육과 조직운동, 다른 하나는 농어민과 영세민의 계몽을 위한 선전드라마를 쓰고 만드는 일이었다. 그러면서 종교를 통한 반정부 운동을 생각했다.

가톨릭은 세계적으로 긴밀히 조직되고 체계화된 준(準)국가조직이므로 정권이 가톨릭을 건드리는 것은 장기적으로는 자살을 뜻하게 될 것이라고 판단했다. 국내적으로도 가톨릭이 움직이면 개신교가 움직이고, 개신교가 움직이면 자유민주주의 단체나 개인들이 움직일 것이며, 그렇게 될 경우 불교도 움직이고, 이어서 지식인들까지 움직이게 될 것이라는 다각적인 판단이 섰다.

그 무렵 지학순 주교는 자주 출국해 해외의 여러 사람과도 접촉하고 있었다. 그러던 중 한청동(재일한국청년동맹·4·19혁명을 계기로 조국의 민주적 발전과 통일 실현을 목표로 삼은 재일 한국 청년운동체) 대표 20여 명이 입국해 원주교구청을 방문한다.

김지하는 그들에게 "자본주의와 사회주의 장점을 다 함께 포용하고 동서양의 사상을 통합하는 새 차원의 민중민족철학을 목표로 공부하고 또 실천해야 한다"고 말했다. 한청동은 이듬해 봄 김지하가 구속된 뒤 일본에서 구명운동과 반(反)유신운동을 주도하게 된다.

김지하는 이 무렵 외신과 인터뷰도 많이 했다. 《뉴욕타임스》《워싱턴포스트》 등은 물론이고 일본 독일 스웨덴 프랑스의 언론과도 인터뷰를 하면서 전통사상과 예술, 당시 우리의 처지와 희망을 널리 알렸다. 오랜만에 찾아온 마음의 평화였다. 그러나 평화는 길지 않았다. 신혼 4개월로 막 접어든 8월, 한국사회가 발칵 뒤집히는 정치적 사건이 터지니 김지하의 삶도 섬섬 격동의 소용돌이 한가운데로 빨려 들어가게 된다.

김대중 납치사건, 흔들리는 박정희 정권

1973년 7월 3일 오후 2시 포항종합제철 1기 설비종합 준공식으로 나라가 축제분위기에 휩싸였다. 70년 4월 1일 첫 삽을 뜬 이후 3년여

만에 동남아에서는 일본 다음으로 일관제철 시설(철강생산에 필요한 모든 설비를 갖춘 시설)을 갖게 된 것이다. 국민들은 대한민국이 비로소 경제도약의 길로 들어서게 되었다고 다들 기뻐했다. 그런데 이 역사적인 준공식이 열린 지 불과 한 달여가 지난 8월 8일 국내는 물론 세계를 떠들썩하게 만드는 일이 일어난다. '김대중 납치사건'이었다.

신민당 대통령 후보로 1971년 4·27 대통령선거에서 불과 94만 표차로 박정희 대통령에게 석패(惜敗)한 DJ는 대선이 끝난 직후인 71년 5월 '의문의 교통사고'를 당한 뒤 신병치료차 도쿄를 자주 왕래하고 있었다. 72년 10월 유신 선포도 일본에서 들었다. 그는 절망에 빠진다.

'이국땅 호텔방을 서성거렸다. 잠을 이룰 수 없었다. 민주주의를 열망하던 국민들은 어떤 심정으로 이 사태를 받아들이고 있을 것인가… 가슴에 뜨거운 그 무엇이 올라왔다. 그것은 슬픔이었고 분노였다.'(《김대중 자서전》)

서슬 퍼런 독재에 가위눌려 아무도 말 못하던 시절, 그는 아예 망명을 결심하고 나라 밖에서 자유롭게 의사표현을 하기로 한다. 유신 선포 다음 날 '박정희 대통령의 영구집권 행위는 위대한 한국민의 손에 의해 반드시 실패하리라 확신한다'는 성명을 낸 데 이어 11월 3일자 《주간 아사히》에 '한국 계엄령에 직언한다'는 글을 쓰면서 박정희 정권을 향해 포문을 연다. 일본 언론에 적극적으로 기고도 하고 인터뷰를 하는가 하면 미국으로 날아가 전국 순회강연에 나서기도 했다.

1973년에는 아예 반독재투쟁을 이끌 해외 구심체로 '한국 민주회복 통일촉진 국민회의(한민통)'를 세우기로 하고 7월 6일 워싱턴 메이플라워 호텔에서 미국본부 발기인대회까지 갖는다. 그리고 다시 도쿄로 돌아가 8월 15일에 있을 일본본부 창립대회를 준비하고 있었다.

1973년 8월 8일 오후 도쿄의 날씨는 덥고 습했다.(《김대중 자서전》) DJ는 그랜드팰리스 호텔에 머물고 있던 민주통일당 양일동 총재 방 (2211호)에서 같은 당 김경인 의원과 셋이 점심을 먹고 다음 약속장소로 가기 위해 김 의원과 함께 방을 나섰다. 그런데 갑자기 복도에서 건장한 사내 대여섯 명이 튀어나오더니 DJ의 멱살을 잡고 양 총재 옆방으로 끌고 갔다. 닷새에 걸친 '지옥'의 시작이었다.

도쿄에서 납치, 수장 위기에서 생환한 DJ

도쿄에서 사라진 DJ는 5일 만인 8월 13일 서울 동교동 집으로 걸어 들어와 다시 세상을 놀라게 한다. 다음은 DJ가 생환 직후 기자들에게 전한 '피랍 닷새'에 대한 증언(《동아일보》 1973년 8월 14일자)이다.

'(호텔) 복도로 나오자 '체육인'같이 생긴 청년 6, 7명이 몰려들었다. 나와 김 의원이 "왜 그러느냐"고 고함치자 내 입을 틀어막고 양 총재 옆방으로 밀어 넣었다. 이 방은 미리 빌려놓았던 것 같다. 내가 반항하니까 무릎 뼈를 치고 턱을 치면서 마취제 수건으로 입을 틀어막았다. …사람이 이렇게 죽는구나 생각하고 있는데 머릿속에 빨간불이 홱 시나가는 것 같있다. …지하 주차장으로 내려가 자동차에 실렸다. 5, 6시간 달렸다. 어떤 큰 차고 같은 건물에 섰다. 화물을 부칠 때 쓰는 넓은 테이프로 코만 남기고 모두 감쌌다. …또다시 자동차에 태워졌다. 바닷가에 이르렀다. "바다에 던져지는구나" 생각했다. (그들은) 모터보트로 옮겨 보자기를 씌운 후 1시간쯤 가더니 큰 배에 옮겨 실었다. 배는 속력을 내어 한없이 달렸다. …얼마를 가더니 처음의 결박을 풀고 다시 온몸을 단단히 묶고 입에 재갈을 물렸다. 잠시 풀린 두 손으로 십자가를 그었더니 그들은 나를 때렸다. …두 팔을 앞으로 묶

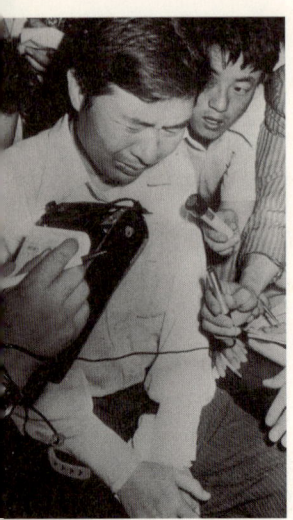

고 50kg 정도의 물체를 달고 발에도 같은 무게의 물체를 매달아 상하좌우 옴짝달싹못하게 했다. 입에 재갈을 물려 눕혔다. 그들은 저희들끼리 "그렇게 하면 빠진다" "솜이불을 덮어야 안 떠오르지" "후까(일본어로 '상어'라는 뜻)…" 하는 말을 주고받았다. 한국어를 아주 잘한 것으로 미루어 재일교포는 아닌 게 분명했다. 나는 죽음을 각오하고 마지막으로 예수에게 기도했다. 살려달라고 했다. 이때 갑자기 비행기 엔진 같은 소리가 터져 나오면서 미친 듯이 배가 요동쳤다. (눈을 가린) 붕대 위로 얼핏 보니 빨간 불빛이 번쩍였다. 배는 또 10여 시간 달렸다. …11일 오전 한국 연안에 이르러 모터보트에 옮겨 상륙했다.'

그는 육지에서 내려 자동차를 두 번 갈아탄 뒤 누군가의 집에 도착했다고 한다. '그들'이 주는 알약 2개(수면제)를 먹고 깨어보니 2층 양옥이었다고 한다. 입을 틀어 막히고 손발이 묶이고 눈도 가려진 채 12일 아침을 맞았다. 13일 저녁 8시가 되자 '그들'이 "상부에서 석방하라고 해서 풀어준다"며 승용차에 태웠다.

'두 시간 동안 달리면서 그들과 간혹 얘기를 나눴다. 그들은 자신들이 '구국동맹행동대'라고 했다. 무엇 하는 단체냐 물었더니 한참 있다가 '자유민주주의를 수호하고 반공하는 단체'라고 했다. …이윽고 차가 멎었다. 동교동 동사무소 근처에 내려놓으며 "3분 동안 돌아서서 용변을 보는 체하다 안대를 풀고 집으로 들어가라"고 했다. 나는 약속대로 서 있는 자리에서 소변을 보았다. 그리고 눈을 감고 있는 붕대를 풀었다. 한참 지나자 사물이 보였다. 주유소 간판이 낯익었다.'《김

대중 자서전》

1972년 10월 11일에 집을 떠났으니 10개월 만의 귀향이었다.

'멀리 더위를 식히려 길가에 나와 있는 사람들이 보였다. 나는 집으로 걸음을 옮겼다. 아침에 걸어 나온 길처럼 눈에 익었다. (마치) 저녁 산책을 마치고 돌아가는 듯한 착각이 들었다. 대문 앞에 서서 문패를 올려다봤다. '김대중 이희호' 문패가 물끄러미 나를 내려다보았다. 골목 안은 조용했다. 집안에서 불빛이 새어 나왔다. 대한민국, 한여름 밤, 나는 초인종을 눌렀다. 막 퇴근한 가장처럼.'《김대중 자서전》

그가 살아 돌아왔다는 소식에 내외신 기자들이 몰려들었다. 《동아일보》 8월 14일자가 전하는 생환 직후 DJ의 모습은 이랬다.

'오른쪽 아랫입술과 왼쪽 위가 터져 피가 맺혔고 오른쪽 발목에 두 줄의 깊은 상처를 입은 채 연한 하늘색 샤쓰에 줄무늬가 있는 고동색 바지를 입고 집에 돌아온 김씨는 실종된 경위를 차근차근 설명했다. …집에 당도, 세 번 벨을 누르고 집안에 들어섰다고 말하면서 웃는 얼굴로 "나는 하도 겁나는 일을 많이 당해서 아무렇지 않다"고 놀란 가족들을 위로했다고 밝혔다.'

도대체 그를 납치한 괴한들은 누구이며 그는 어떻게 갑자기 풀려난 것일까?

의혹의 눈길은 정권의 심장부를 향하고…

필자는 DJ 납치사건을 자세히 알아보기 위해 민주당 권노갑 상임고문에게 전화를 걸었다. 권 고문은 당시 소식을 납치 다음 날인

1973년 8월 9일 라디오 뉴스로 들었다고 한다.

"사모님(이희호 여사)과 일본대사관으로 뛰어갔다. 대사관 직원들은 자기들도 수소문하고 있다, 곧 밝혀질 것이라고 말했다. 나는 그날부터 동교동과 대사관에서 살다시피 하며 아사히 요미우리 도쿄신문과 교도통신까지 샅샅이 훑었다. 이승만 정부 때 사형당한 조봉암 생각도 났다. 며칠 지나자 일본대사관에서 '잘될 것이다. 좋은 결과가 있을 것'이라고 말해주었다. 절망 속에서 한줄기 희망이 뒤섞이는 착잡한 시간이었다."

일본경찰이 조사에 나서면서 의혹의 눈길은 박정희 정권으로 쏠린다. DJ가 일시 감금됐던 도쿄 그랜드팰리스호텔 방 욕조에서 검출된 지문 중 하나가 주일 한국대사관 김동운 1등 서기관의 것으로 밝혀졌기 때문이다. '이로써 한국 정부기관이 관련된 것으로 보인다'고 보도한 일본 《요미우리신문》은 서울지국이 폐쇄되고 지국장을 포함한 특파원 3명이 일본으로 추방되는 보복을 당했다.

1973년 9월 5일 일본 수사본부는 김 서기관의 출두를 요구하지만 한국대사관은 면책특권을 내세워 거부한다. 일본정부는 '한국이 일본 국내에서 공권력을 행사했다고 판단된다'며 항의의 뜻으로 가을에 열릴 예정이던 한일 각료회의를 무기한 연기한다. 한일국교 정상화 이후 최초이자 최대의 한일 외교 갈등이었다.

이후락 중앙정보부장은 납치사건 직후인 1973년 8월 29일, 북한의 남북대화 중단선언과 관련된 기자회견을 하면서 "김대중 씨를 중앙정보부가 납치했다는 유언비어"에 대해 묻는 기자의 질문에 "시간이 흐르면 알 것이다. …우리 중앙정보부가 현재의 국제정세 등 여러 가지를 봐서 그러한 무모한 짓을 할 기관은 아니며 그 정도 양식은 가지고 있다고 자부한다"는 말로 강하게 부인한다.

그러나 그로부터 14년이 흐른 1987년 《동아일보》 이종각 기자와의 인터뷰(《신동아》 10월호)에서는 사건정황을 털어놓는다. 자신이 직접 주도했음을 시인하지는 않았지만 당시 상황이 그럴 수밖에 없었음을 장황하게 늘어놓아 읽는 이들로 하여금 강한 심증을 갖게 한 인터뷰였다. 장문의 기사 중 관련부분만 압축해 정리한다. 이후락 전 부장의 말이다.

"1972년 5월 24일 김일성이를 만났는데 '남쪽에는 통일 방식을 달리하는 민주 인사들도 많데요' 합디다. 내가 상당히 쇼크를 받았어요. (남한에서) 통일 문제에 대한 의견이 이러쿵저러쿵 나오는 것은 우리 약점이구나 절실히 느꼈습니다. …그런데 김대중 씨가 미국에서 방방곡곡 연설도 하고, 그중 어떤 사람들은 "망명정부를 세우자"는 사람들도 있었습니다. 나, 솔직히 그때 남북대화에 미쳐 있었어요. …이북 놈들하고 대화할 때마다 '통일에 대한 딴 의견이 남쪽에 있지 않느냐'는 이야기를 밥 먹듯이 하는데 이러다가는 남북대화는 어렵다, 또 해외에서 무슨 조직이든 만들어서 반한(反韓), 반정부 활동을 한다는 것은 대화를 위해서는 도움이 안 된다, 만에 하나라도 망명정부가 이루어졌을 때는 나라꼴이 어떻게 되겠느냐… 결국은 '윤리적으로 가슴 아픈 일이지만 이 사람(김대중)을 본국으로 데려와야겠다' 생각이 참 많았습니다. 그런 이유 때문에 납치사건이 일어나지 않았는가 생각합니다."

이 전 부장은 "당시 김대중 씨가 공화국 연방제를 주장한 것도 납치사건의 한 요인이 됐느냐"는 이종각 기자의 질문에 이렇게 말한다.

"하필이면 이름을 왜 공화국 연방제를 내걸어요. 나는 진짜 기절할 정도로 쇼크를 받았어요. 남북대화는 다 틀렸구나 너무나 엄청난 충격을 받았고. …지금도 그 (연방제라는) 말을 들으면 온몸에 소름이 끼쳐요. …항상 국가안보라는 것은 최악의 경우라는 것을 생각해보지 않을 수 없어요. 정말 그 무엇과도 바꿀 수 없는 중대한 문제라고 하는 생각이 앞섰습니다."

주한 미 대사 보고서 'DJ, 박정희 승인 하에 이후락이 납치'

그로부터 다시 11년 뒤인 1998년 6월, 《동아일보》는 DJ 납치 두 달 뒤인 1973년 10월 10일 필립 하비브 주한 미 대사가 국무부에 보낸 보고서를 단독 입수해 보도한다(6월 10일자). 270쪽 분량의 이 비밀 전문에 따르면 하비브 대사는 '납치 사건이 명확히 이 전 부장 지시 아래 이뤄졌으며 박정희 전 대통령이 명시적(explicit) 또는 묵시적(implicit)으로 계획을 승인한 것으로 보인다'며 '한국 정부는 계속 정부나 어떤 기관도 사건에 개입하지 않았다고 주장하고 있으나 우리는 한국 정부가 이번 사건을 제대로 조사했다는 어떤 증거도 갖고 있지 않다'고 보고했다. 한편 이 문서에는 DJ의 극적 생환이 미국의 개입 때문이었음을 암시하는 대목도 나온다.

'하비브 대사는 김 씨가 납치되자마자 청와대 중앙정보부 총리실과 접촉, 소재 파악에 나서는 등 한국 정부를 압박했으며 한국 정보기관의 소행이라는 단서를 잡은 것으로 나타났다. … 그는 일본에서 납치돼 선박 용금호에 강제로 태워진 뒤 공해상에서 수장될 위기에 처했으나 CIA가 개입해 비행기가 출현함으로써 목숨을 건졌다고 증언했다.'

2007년 10월 24일 국가정보원의 '과거사건 진실 규명을 통한 발전위원회(과거사위)'는 대대적인 조사에 착수한다. 국정원 보존자료와 김대중도서관 등 타 기관 보관자료를 샅샅이 뒤지고 납치사건에 관여한 전직 중정요원 11명과 용금호 선원 4명을 포함해 모두 18명에 대한 면담조사를 진행한 과거사위는 다음과 같은 최종 조사결과를 발표한다.

"이 부장이 중앙정보부 공작부서에 납치공작을 추진토록 지시했다는 것은 확인됐지만 박 대통령이 사전에 지시를 했는지 여부와 관련해서는 납치계획을 담은 사건의 핵심자료인 'KT공작계획서'가 남아있지 않아 쉽게 판단을 내리지 못하겠다."

발표 당시 과거사위는 이후락 전 부장과 동향 출신으로 DJ와도 가까운 최영근 전 의원의 증언도 공개했다. 최 전 의원은 "이후락 부장으로부터 '박 대통령의 지시를 받고 어쩔 수 없이 (납치)하게 됐다'는 의미의 말을 직접 들었다"고 증언했다. 권노갑 고문은 "이 부장이 2009년 작고하기 전 경기도 여주에서 도자기를 구우며 은둔생활을 하고 있다길래 여러 번 만남을 시도했으나 이뤄지지 못했다"고 했다.

'김대중 납치사건'은 결과적으로 DJ를 민주화 영웅으로 전면에 부각시키는 계기가 된다. 납치사건 이후 김대중은 미얀마의 아웅산 수지처럼 '한국의 민주투사(鬪士)'로 상징되는 국제적 인물이 된다. 또 국내적으로는 박 대통령의 가장 강한 '정치적 라이벌'로 자리잡는 또 하나의 계기가 된다. 다시 권 고문의 말이다.

"71년 대선에서 아깝게 패한 이후 유신이 선포되면서 앞으로는 대선도 없을 것이며 더 이상 박정희를 무너뜨릴 수도 없으리라는 절망이 팽배해 있을 때 목숨 걸고 절대 권력자에게 맞서 싸운 민주지도자로 부각되는 계기가 되었다."

따지고 보면 DJ를 국제적인 거물 정치인으로 키운 것은 다름 아닌 박정희 대통령이었던 셈이다.

대학가 반정부 반독재 시위 불붙다

'DJ 납치사건'은 박정희 정권을 돌이킬 수 없는 궁지에 몰아넣기에 충분했다. 국민들에게 행여나 하는 기대를 주었던 남북대화도 평양 측의 일방적인 성명으로 중단되고 국내에서는 치열한 유신공방이 그 열기를 더해간다.

1973년 8월 28일 오후 6시 평양방송은 남북조절위원회 평양 측 김 영주 공동위원장 명의로 성명을 발표하면서 "중앙정보부가 김대중 납치를 주도했다. 이후락 정보부장이 평화통일을 주장하는 애국적 민주 인사를 체포·탄압하고 있으므로 남북회담을 계속할 수 없다"고 전격 선언했다. 금방이라도 통일이 될 것처럼 들떴던 남북관계는 이내 차갑게 얼어붙었다.

DJ 납치사건은 대학가 반유신독재 시위에도 불을 댕겼다. 71년 말 비상사태 선포와 함께 얼어붙은 학생운동권은 72년 10월 유신까지 선포되자 숨을 죽이고 있었다. 1973년 전반기까지만 해도 음성적인 지하 유인물을 뿌리는 정도였지 표면적으로 드러나는 움직임은 없었다. 그나마 73년 4월 22일 새벽 5시 남산 야외음악당 부활절 연합예배 사건 정도가 특기할 만했다.

수도권도시선교위원회를 통해 빈민선교를 하던 서울제일교회 전도사 권호경은 많은 기독교인이 한자리에 모이는 부활절 연합예배를 통해 기독교인들에게 나라의 장래를 위해 기도할 수 있도록 촉구하는 기회를 마련할 계획을 세웠다.

그는 서울제일교회 당회장 박형규 목사의 동의 아래 '회개하라 위정자여' '주여 어리석은 왕을 불쌍히 여기소서' '회개하라 이후락 중앙정보부장' 등의 문구를 적은 플래카드와 전단을 제작한 뒤 부활절

새벽예배에 참석한 후 귀가하는 교인들 일부에게 나눠줬다. 그로부터 70여 일이 지난 7월 6일 서울지검 공안부는 내란예비음모 사건 하나를 발표한다. 박형규 목사와 권호경 전도사 등 4명이 군중을 선동해 방송국과 관공서를 점령하는 등 '내란'을 일으키려 한 혐의로 구속됐다는 내용이었다.

당시 구속자 변호를 맡았던 한승헌 변호사는 《불행한 조국의 임상노트: 정치재판의 현장》(1997년·일요신문사)이란 책에서 "찬송가와 성경을 들고 모이는 부녀자 중심의 신자들이 폭력으로 방송국과 정부청사를 점령하고 정부 전복을 하려 했다니, '각본'치고는 수준 이하였다"고 했다. 어떻든 이 사건은 비상계엄과 10월 유신 이후 숨죽이고 있던 운동권 내부에서 유신 체제에 정면으로 도전해 볼기진 최초의 행동이었다. 여기에 현직 목사 등 다수의 성직자와 기독 학생들이 구속되자 교단에 큰 파장을 몰고 왔다.

이런 상황에서 8월 8일 DJ 납치 소식이 알려지자 반정부 반독재 시위가 전국 각 대학으로 번졌다. 시위, 농성, 단식, 동맹휴업, 연좌, 시험거부 등이 잇따랐다. 마침내 1973년 10월 2일 학생운동권 내 반유신독재의 첫 봉화라 할 수 있는 '10·2시위'가 서울대 문리대에서 시작된다.

유신반대 학생운동의 시발점, 10·2시위

10월 2일 오전 11시 문리대 강의실 복도에서 "도서관에 불이 났다"고 외치는 소리가 나자 학생들이 몰려나왔다. 학생회 간부들이 학생들을 긴급소집하기 위해 외친 소리였다. 학생회는 이들을 교내 4·19 기념탑 앞으로 인도해 준비된 비상총회를 연다. 선언문이 낭독됐다.

"오늘 우리는 너무도 비통하고 참담한 조국의 현실을 직시하며 사회에 만연된 무기력과 좌절감, 불의의 권력에 비굴하게 목숨을 구걸한 모든 패배주의 투항주의 무사안일주의를 딛고 …진리를 기어코 실현하려는 역사적인 민주투쟁의 첫 봉화에 불을 붙인다."

학생들은 삽시간에 600~700명으로 불어나 스크럼을 짜고 독재타도를 외치며 교내를 돌았다. 보통 이과계 학생들은 시위를 구경만 하거나 방관하는 것이 예사였는데 이날만큼은 달랐다. 여학생들까지 물동이를 들고 시위에 가담하거나 거들었다.

낮 12시 30분경 교문 밖에서 대치하고 있던 경찰이 교내로 진입해 학생들을 마구잡이로 연행했다. 잠깐 사이에 180명의 학생이 경찰서로 연행돼 20명이 집회 및 시위에 관한 법률위반 혐의로 구속됐고 9명이 불구속 처분됐다. 경찰과 당국은 시위주동 인물을 색출한다며 이들의 친척과 동료, 소속교회의 교인들까지 마구잡이로 조사해 결국 10월 중순 주동인물을 모두 잡아넣는다.

유신체제 출범 이후 1년도 채 못돼 일어난 10·2시위는 문리대에만 머물지 않고 10월 4일 법대, 5일 상대로 번져나갔다. 10월 9일 민관식 문교부장관은 전국 대학 총·학장들에게 학생지도를 강화할 것을 요구한다. 서울대는 23명을 제적하고 18명은 자퇴, 56명에 대해서는 무기정학 처분을 내리는 등 대규모 징계를 단행하지만 구류를 마친 학생들이 풀려난 10월 하순부터 전국 대학으로 구속학생 석방과 처벌 백지화를 요구하는 움직임이 불길처럼 번져간다. 학생들이 선택한 저항수단은 '동맹휴학'이었다.

민주당 유인태 의원의 회고《실록 민청학련》다.

'주로 학과 단위로 모여 토론을 하고 투표로 동맹휴학을 결의하는 그야말로 민주적인 방식이었다. 소수 학생의 선동은 찾아볼 수 없었다. 어떻게 보면 동맹휴학은 시위보다도 더 어려운 것이었으나 서울대 문리대 등 여러 대학에서 거의 100%에 달하는 성공률을 보였다. 1947년 국대안 반대(1946년 미 군정청의 국립대학안 반대에 들고 일어난 동맹휴학 사건) 이후 처음 보는 규모였다. 이화여대나 연세대 등 기독교 계통 대학에서는 채플시간을 최대한 활용했다.'

'10·2시위'는 잘 알려지지는 않았지만 반유신 학생운동에 전기(轉機)를 마련해준 중요한 사건으로 기록된다. 유신 출범 이후 패배와 냉소주의에 빠져있던 학생운동권과 지식인들을 일깨운 사건이었기 때문이다. 하지만 이 시위는 대한민국의 소중한 지식인 한 사람이 희생되는 일로 이어진다. '10·2시위' 학생들에 대한 처리방안을 두고 열린 긴급 교수회의에서 학생들을 두둔했던 서울대 법대 최종길 교수가 10월 20일 중앙정보부에서 조사를 받다 변사체로 발견된 것이다.

DJ 납치, 최종길 교수 고문살해… 중정의 잇단 자충수

DJ 납치 사건이 일어나고 두 달여가 지난 1973년 10월 19일 중앙정보부에서 충격적인 발표를 한다. 서울대 법대 최종길 교수가 간첩혐의로 구속돼 혐의사실을 자백한 뒤 투신자살했다는 내용이었다. 최 교수는 중앙정보부로부터 간첩사건에 대한 수사협조 요청을 받고 결백을 입증하겠다며 10월 16일 오후 2시 자진해서 정보부를 찾아갔다가 3일 만에 정보부 마당에서 변사체로 발견된다.

정보부는 "최 교수가 국내 간첩조직망에 대한 여죄를 조사받던 중 용변을 보겠다고 변소에 간 뒤 7층 변소 창문에서 투신자살했다. 그와 최근의 학원 사태와는 관련이 없다"고 발표했다. 그러나 정보부는 투신했다는 현장도 공개하지 않고 부검도 완강히 거부했다. 정보부의 이런 태도는 고문에 의한 타살을 은폐하기 위한 술책이라는 의심을 받기에 충분했다.

서울대 법대는 물론 대학가가 발칵 뒤집혔다. 최 교수는 유신반대 학생시위가 전국 주요대학으로 확산될 때 시위참여 학생들에게 든든한 방어막이 돼주던 스승이었다.

1955년 서울대 법대를 거쳐 대학원을 마친 뒤 1957년 스위스 취리히대학으로 유학을 떠난 최 교수는 1961년 독일 쾰른대학에서 한국인 최초로 법학박사학위를 받고 귀국해 1964년 33세의 나이로 서울대 법대 교수가 된 인물이었다. 10년이 채 안 되는 재직기간 동안 60여 편의 연구논문을 쓰는 등 학문에 열정을 쏟으면서도 시국을 외면하지 않던 학자이기도 했다. 공권력이 대학 강의실까지 감시하고 경찰과 기관원들이 학교 안까지 침입해 학생들을 무자비하게 때리고 잡아가던 시절이었다. 그는 이런 현실에 가슴아파하며 시위하는 학생들의 손을 잡고 함께 울곤 했다.

10·2시위에 참가한 학생들이 구금되자 서울대는 긴급교수회의를 열었고 이 자리에서 최 교수는 "학생들의 행동에 정당한 이유가 있

다. 스승으로서 모른 체해서는 안 된다. 부당한 공
권력의 최고수장인 박정희 대통령에게 총장을 보내
항의하고 사과를 받아야 한다"고 발언했다. 이 발
언을 하고 10여 일 후에 중앙정보부에서 조사받다
변사체로 발견된 것이다.

최종길 교수가 숨졌다고 발표한 중앙정보부는 다
시 10월 25일 최 교수와 연관됐다는 간첩단 사건을
발표한다. '유럽 거점 대규모 간첩단 사건'이었다. 유
럽유학이나 출장을 다녀온 학자와 공무원들이 유
럽에서 북한공작원과 연계해 간첩활동을 벌인 혐
의로 체포돼 그중 3명이 구속되고 17명이 불구속 입건됐으며 31명
에게는 경고조치가 내려졌다는 발표였다. 최 교수의 경우 간첩단 총
책 이재원에게 포섭돼 입북한 후 미화 1000달러를 받고 1962년부터
1967년까지 매년 두 차례 활동상황을 보고했으며 1970년 미국체류
중에도 북한공작원과 접촉했다는 혐의가 씌워졌다.

공권력에 희생
된 최종길 교
수를 위한 1999
년 추모미사.

최종길 의문사 진상규명 요구는 다시 반유신 투쟁으로

최 교수의 죽음에 대해서는 당시에도 교수, 사제단, 재야 인권운동
가들을 중심으로 진상규명 요구가 높았다. 천주교정의구현사제단은
이듬해인 1974년 12월 명동성당 추모미사에서 '최종길 교수와 떠난
모든 형제를 위한 추모 미사'를 열고 최 교수가 전기고문 도중 조작실
수로 심장파열을 일으켜 사망했을 것이라는 의혹을 공개적으로 제기
한다. 하지만 중앙정보부를 상대로 진상규명을 기대한다는 것은 무망
한 일이었다. 1980년 '서울의 봄' 당시에도 서울대 법대학생회를 중심

257

으로 진상규명운동이 준비되었으나 뒤이은 5·17 쿠데타로 또다시 무산됐다.

그러다 2002년 5월 의문사진상규명위원회에서 '유럽 거점 대규모 간첩단 사건' 자체가 당시 정보부에 의해 조작된 사건이라고 밝히면서 최 교수의 억울함도 그제야 풀렸다. 위원회는 "최 교수는 정보부의 고문과 협박 등 각종 불법수사에도 불구하고 강요된 간첩자백을 하지 않았다. 적극적 항거 외에 권위주의적 공권력 행사에 순응하지 않음으로써 소극적으로 저항하는 행위도 권위주의적 통치에 항거한 활동에 포함된다고 볼 수 있는 만큼 최 교수 죽음의 민주화운동 관련성이 인정된다"고 발표했다.

유족은 국가를 상대로 손해배상을 청구했고 항소를 거쳐 2006년 2월 14일 서울고등법원으로부터 '국가가 유족에게 18억4800여만원을 배상하라'는 판결을 받아낸다. 당시 법원은 "국가권력이 나서서 서류를 조작하는 등의 방법으로 조직적으로 사실을 은폐하고 고문 피해자를 오히려 국가에 대한 범죄자로 만든 사건에서 국가가 소멸시효 완성을 주장하는 것은 인정할 수 없다"고 판결했다. 이에 법무부가 상고를 포기함으로써 항소심 판결이 확정된다.

'간첩'으로 몰렸던 최종길 교수는 애당초 사회주의사상과는 거리가 먼 성향이었다. 전공이 사유재산제도의 기초를 탐구하는 '물권법'이었던 것만 봐도 알 수 있는 일이다. 2004년 김학동 교수(서울시립대 법학부)는 학술지《공익과 인권》에 기고한 글을 통해 고인의 학문과 업적에 대해 다음과 같이 회고했다.

'대학에 계셨던 10년 중 2년은 학생운동이 가장 심한 시기 학생과장을 하셨고 또 2년은 미국 유학을 하셨으니 실제 집필활동을 한 것은 고작 6년여에 불과하다. 이 짧은 연구기간 동안 논문 수에서도 그렇지만 학문적 깊이와 열정에 놀란다. 거의 모든 글이 혼연의 힘을 쏟은 것들로서 틀에 박힌 글은 하나도 없다. …선생께서는 현실적인 사회문제 특히 우리 사회에서 점차 중요한 사회문제로 대두되는 문제들에 깊은 관심을 가지셨다. 〈물권적기대권〉〈집합주택(아파트)의 구분소유에 관한 비교법적 실태적 고찰〉〈서독에 있어서의 사생활보호〉〈인격권의 사법상의 보호〉〈소유권유보부 매매의 법률관계에 대한 고찰〉 등이 그것이다.'

실제 최 교수가 천착했던 '인격권'이나 '사생활 보호권' 같은 이슈들은 1980년대로 넘어오면서 한국사회의 뜨거운 논쟁거리로 부상하니 그의 고민이 매우 앞서나갔던 것임을 알 수 있다. 최 교수의 죽음은 김대중 납치에 이어 1973년도에 일어난 유신 균열의 또 다른 상징적인 사건이라고 할 수 있다.

이제 반유신의 물결은 걷잡을 수 없이 대학가로 확산되고 있었다. 학기말 시험을 앞둔 11월 하순으로 접어들자 기존 동맹휴학 수업거부 운동에서 시험거부 운동으로 전개됐다. 11월 21일 서울대 교양학부생 1200명이 기말시험을 거부하고 거리로 나갔으며 다음 날에는 서울대 문리대가 조기방학에 들어갔고 한국외국어대와 춘천 성심여대도 조기 종강에 들어갔다. 12월 초순까지 서울 시내 거의 모든 대학과 지방의 주요 대학들이 시험거부 또는 시위에 들어가 잠시도 조용할 날이 없었다. 그전까지만 해도 상대적으로 학생운동이 활발하지 않던 이화여대의 움직임도 주목할 만했다.

김옥길 총장, 박 정권에 "중앙정보부 개혁하라" 돌직구

1973년 11월 28일 이화여대생 4500여 명이 대강당에서 예배를 마친 후 시위에 돌입했다.

김옥길 총장도 11월 30일 정부에 건의서를 보내는 '행동'에 나섰다. 그는 건의서에서 '이화여대를 포함한 대학생들이 선언문이나 결의문에서 표명하고자 하는 것'에 대해 조목조목 나열했다. 그의 지적은 △정보수사기관의 지나친 간섭과 횡포, 거기에 따르는 불신풍조의 증대, 부정부패 △언론·집회·결사의 자유의 지나친 위축 △김대중 씨 납치사건에 대한 의심 등에서 오는 불신과 반발 △일본자본에 대한 지나친 의존에 관한 염려 △일본인 관광객에게 유린당하는 여권(女權)에 대한 울분 △빈부의 격심한 차이에 대한 의분(義憤) △구속·구류된 학우들에 대한 우정에 이르기까지 광범위하게 걸쳐 있었다. 당시 사회 분위기를 밑바닥에서부터 전한 용기에 찬 내용이었다. 김 총장은 사태해결을 위한 정부의 용단을 촉구했다.

여기서 우리는 교육계의 큰별이었던 김옥길 총장(1990년 작고)을 기억할 필요가 있다. 김옥길 평전 《자유와 날개》(이세기 지음·이화여대 출판부)에는 1973년 11월 28일 이화여대 시위에서 김 총장이 보여준 제자에 대한 사랑과 담대함이 이렇게 기술돼 있다.

'대강당 채플이 끝나자 4500여 학생들이 '유신 결사반대' '구속학우 석방'을 외치며 교문 밖으로 뛰쳐나갔다. …초겨울임에도 엄청나게 추운 날씨였다. …김 총장은 시위행렬의 맨 앞에 서서 학생들을 보호하고 있었다. 그 전해 10월 대규모 시위에서도 그는 정문을 뚫고 나가려는 학생들에게 "나가려거든 먼저 나를 밟고 나가라"고 소리쳤었다. 이화사(史)에 '남기고 싶은 말'로 기록된 이한마디는 학교 밖으로 맹진하려던 행렬의 속도를 일시에 중단시켰었다. 그러나 올해는 달랐다. 민주화를 쟁취하는 일은 민족감정의 분출이었고 이를 이룩하려는 학생들의 각오는 목숨을 건 사투였다. 시위 행렬은 순식간에 이화교를 벗어나 버

김옥길 이화여대 총장(오른쪽)과 동생 김동길 교수.

스가 다니는 큰길까지 내달렸다. 학생들이 기승을 부릴수록 경찰은 난폭하게 최루탄과 곤봉을 휘둘러대었다. …총장은 경찰의 진압을 온몸으로 막으면서 벌써 다섯 시간째 학생들의 아우성과 격분이 가라앉기를 기다렸다. 밤이 깊어지자 "이제 대강당으로 가서 철야기도를 하자"고 학생들을 달랬다. 그리고 밤 9시가 넘어서야 지칠 대로 지친 긴 대열을 이끌고 학교로 돌아왔다. '철야기도'를 내세운 총장의 순발력은 벼랑 끝에 서 있던 학생들에게 돌파구를 찾아준 것이었다.'

대강당을 가득 메운 이화여대 학생들과 교수 200여 명은 물 한 모금 마시지 않고 그날 밤을 꼬박 새웠다. 철야로 진행된 이날 기도회에서 김 총장은 내내 침묵으로 학생들의 의견을 경청했다. 그리고 새벽 5시가 되자 단상에 올랐다. 학생들의 환호성과 함께 기립박수가 터져 나왔다. 시위현장에서 자신들을 보호해주고 자신들의 말을 끝까지 들어준 지도자이자 스승에 대한 감사의 표시였다.

시위의 소용돌이에서 제자의 안전부터 챙긴 참스승

'이날 학생들의 희생과 피해를 줄일 수 있었던 것은 김 총장이 데모행렬의 선두에서 학생들의 진출을 저지했기 때문이고 학생들도 저

지선을 뚫지 않고 총장의 지시를 따라 준 결과였다. …아침에 경찰이 주동학생을 연행하러 왔을 때도 그는 학생회장 등을 총장 공관에 피신시키고 직접 서대문경찰서로 가서 자신이 모든 책임을 지겠다는 각서를 쓰고 나서 학생들을 구속되지 않게 막았다.'《자유와 날개》

김 총장의 단호하면서도 따뜻한 용기에 대해 당시 언론들도 '극도로 위급한 최악의 사태에서 한 사람의 희생자 없이 학생들을 보호하고 학교 안으로 시위를 유도한 김 총장의 지도력을 높이 평가한다'는 내용의 칼럼을 통해 칭송할 정도였다.

김 총장이 마냥 학생들 편을 든 것도 아니었다. 그는 교문 밖으로 뛰쳐나가는 젊은이들을 향해 '기다림'을 주문한 큰어른이었다. 당시 그의 어록 중 한 대목이다.

"오래 가꾼 나무에서 아름다운 꽃을 기대할 수 있듯이 기다림은 꿈이 있는 사람들만의 자랑스러운 특권이다. 눈앞의 손가락만 보고 멀리 떠있는 달을 보지 못하는 자에겐 꿈이 있을 수 없다. 국가는 한 독재자의 사유물일 수 없다. 국가가 비록 일시적으로 압제자의 폭압에 놓인다 해도 끝내는 정의로운 국민의 열망을 받아들일 것으로 확신한다. 승부 없는 싸움에 시간을 낭비하지 말고 '이런 시기'는 그저 지나가기를 기다릴 줄도 알아야 한다."

김 총장은 재임기간 내내 학생시위라는 소용돌이 한복판에 서 있어야 했지만 학생들을 거리로 진출시키지 않고 교내 비폭력 시위를 끈질기게 유도하면서 '때'를 기다릴 것을 촉구하곤 했다. 또 아우 김동길 연세대 교수가 1974년 4월 민청학련 사건으로 구속된 후에는 어머니처럼 누나처럼 투옥된 민주인사 가족들을 돌보기도 했다. 김지하 시인 가족과도 이때 알게 됐다. 김지하의 부인 김영주 토지문화관 이사장 이야기다.

"김 총장님은 김동길 교수가 민청학련 사건에 엮이면서 민청학련 사건 가족들과도 인연을 맺게 되었는데 그들을 물심양면으로 도와주셨다. 우리 식구들도 많이 챙겨주셨다. 박정희 대통령을 직접 만났을 때에는 '김지하는 결코 공산주의자가 아니다'라고 김 시인 변호도 해주셨고. 원보(김 시인의 맏아들)한테 맛있는 것도 사주셨다. 원보가 막 태어났을 때에는 옷을 한보따리 사오시기도 했다. 나중에 내가 김 시인 옥바라지를 하면서 폐렴에 걸렸었다. 나는 그냥 지나가는 감기라고 생각하고 있었는데 계속 기침을 해대니까 총장님이 기침 소리가 심상치 않다며 병원에 가자 하셔서 끌려가다시피 따라갔다. 진찰 결과 폐렴이었다. 9일인가 입원을 했는데 입원기간 내내 세심하게 보살펴주셨다. 나한테만 그렇게 해주신 게 아니다. 민청학련 관련자들, 가족들 중에 어려운 사람들에게 쌀도 사주시면서 소리 없이 도와주셨다."

대학가의 유신반대 운동이 뜨겁게 달아오르던 1973년 12월 7일 박정희 대통령은 돌연 유화조치를 내놓는다. '10월 2일부터 일부 학원에서 있었던 학원사태와 관련해 구속학생 전원을 즉시 석방하고 학칙에 의해 처벌된 학생들에 대해서도 그 처벌을 백지화한다'는 조치였다. 이듬해 민청학련 사건에서도 그렇지만 박 대통령은 잡아들일 때는 물불 안 가리고 잡아들였다가 이내 풀어주는 경우가 많았다.

이로써 대학가의 저항을 한풀 누그러뜨린 후 12월 개각을 통해 DJ 납치, 최종길 교수 고문치사 등으로 물의를 빚은 이후락 중앙정보부장을 해임하고 후임으로 신직수 법무장관을 임명하면서 국면전환을 시도한다. 그러나 수장이 바뀐 후에도 중앙정보부의 권력전횡은 계속된다.

유신헌법개정운동, 들불처럼 번지는 시국선언

 DJ가 납치됐다가 극적으로 살아 돌아온 날인 1973년 8월 13일 김지하는 마산병원에 들렀다 나온 뒤 마산항 부두에 서 있었다. 왜 갔는지는 기억에 없다고 했다. 갑자기 경찰관이 다가와 동행을 요구했다. 그는 경찰서에 와서야 잡혀온 까닭을 알았다고 한다. DJ가 돌아오자마자 전국에 비상경계령이 내려졌고 철도와 항만에서는 수상한 사람들을 조사했던 것이다. 김지하의 말이다.

 "참으로 우스운 일이었지만, 나는 내심 박 정권의 두려움이 극에 달했구나 느꼈다. 바야흐로 반(反)유신운동의 적기(適期)가 다가오고 있구나 하는 생각이 들었다."

 간단히 조사를 마치고 나온 그날 밤 그는 후배로부터 "미군 항공기가 납치범들을 위협해서 DJ가 풀려났다"는 소리도 들었다고 한다. 다시 그의 말이다.

 "박 정권은 서서히 포위될 것이고 반유신 투쟁은 불붙을 것이라고 생각했다. 그 과정에서 나는 죽어도 좋다는 생각이 들 정도로 결연해졌다. 그런 마음 한쪽에 새로운 민중의 힘과 새로운 지식인들이 리더십을 세워 이 사회를 바꿔야 하는데 세상을 바꿀 새로운 생각과 세력이 그렇게 쉽게 만들어질 수 있을까 하는 생각도 있었다."대학가에서 봇물 터지듯 시작된 유신반대 운동은 이제 사회각계로 번지기 시작한다. 박정희 정권의 통제 아래 숨죽이고 있던 언론계에서 가장 먼저 행동에 돌입했다. '진실보도'를 외면할 수밖에 없는 언론현실을 더는 두고 볼 수 없다는 자성의 움직임이었다.

 유신체제에 항거한 최초의 시위라는 역사적 의미에도 불구하고 1973

년 서울대 문리대에서 시작된 '10·2 시위'는 한국의 어느 신문, 어느 방송도 제대로 보도하지 못했다. 《동아일보》도 10월 3일자에 '문교부는 각 대학의 학생 처·과장들을 소집, 최근 대학생들의 움직임과 학생 지도대책 등을 논의했다'는 식의 모호한 기사를 실었을 뿐이다.

"학생들의 시위현장에 갔던 사건기자들은 학생들로부터 '기사는 한 줄도 못 쓰면서 취재는 뭣 하러 하느냐'는 비난을 듣게 됐다. 기자들은 심한 양심의 가책을 느껴야만 했다."(《동아자유언론실천백서》)

10·2 시위 닷새 만인 10월 7일 《동아일보》 기자 50여 명은 "보도가치가 있는 기사를 지면에 다룰 것"을 요구하며 편집국에서 철야농성을 했다. 기자들이 신문제작에 항의해 벌인 첫 번째 집단행동이었다. 타사 기자들도 가만있지 않았다. 1973년 10월 19일부터 12월 초까지 《경향신문》《신아일보》《조선일보》《중앙일보》《한국일보》《기독교방송》《문화방송》 등의 기자들이 철야농성을 벌이거나 기자총회를 열고 언론자유 수호를 결의했다.

11월 22일 《한국일보》 기자들은 사실보도를 다짐하는 '언론자유 확립 결의문'을 채택했고 11월 27일과 30일에는 《조선일보》《중앙일보》 기자들이 결의문을 채택했으며 한국기자협회도 11월 29일 △개관적 사실을 보도하고 △내외의 부당한 제재를 배격하며 △1971년 5월에 채택했던 언론자유수호 행동강령을 준수할 것 등 3개 항의 결의문을 채택했다. 12월 3일에는 《동아일보》 기자 369명이 기자총회를 열고 언론자유수호선언을 한다.

유신헌법 바꾸자! '개헌청원 100만인 서명운동'

재야인사들도 움직이기 시작했다. 1973년 11월 5일 계훈제 김재준

천관우 함석헌 김지하 이호철 법정스님 등
15명이 서울 종로2가 YMCA 커피숍에 모
여 '시국선언'을 한다. 시국선언을 하러 떠
나던 날, 김지하의 회고다.

"아침에 대문 밖까지 나와 전송하는 아
내에게 그날 있을 일을 간략히 얘기해 주
었다. 아내는 무표정했다. 며칠 지나야 돌
아올지도 모르고 몇 달 동안 구치소에 가 있어야 할지도 모르겠다는
말도 했다. 아내는 역시 말이 없었다. 아내는 내가 안 보일 때까지 문
앞에 그대로 서 있었다."

김지하는 "종로로 가는 내내 약해지려는 마음을 다잡기 위해 노력
했지만 아내 모습이 오래 잊혀지지 않았다"고 했다.

시국선언은 김재준 목사가 선언문을 낭독하고 내외신 기자들과 기
자회견을 하는 순서로 진행됐다. 그리고는 자발적인 연행을 선포하고
기다리고 있던 종로경찰서 경찰관들을 따라 트럭에 올라 모두 종로
경찰서로 갔다. 날이 완전히 어두워지자 종로경찰서장이 직접 일행을
면담했다. 김지하를 보더니 "〈비어〉 필화사건 때 마산경찰서장을 하고
있어서 선생을 잘 안다"고도 했다. 이날은 함석헌 김재준 천관우 셋만
남고 모두 방면된다. 김지하는 서둘러 정릉 집으로 돌아갔다. 아내의
안도하는 표정이 느껴졌다.

그로부터 19일 뒤인 1973년 11월 24일에는 한국기독교협의회 주최
로 천관우(언론계), 이문영(학계), 이태영(여성계), 안병무 고범서(신학계),
김재준 조향록 서광선(기독교계), 한승헌(법조계) 등 각계 대표 30명이
학원과 언론사찰 중지를 담은 '인권선언문'을 발표한다. 3일 뒤인 11월

27일 밤에는 서울 종로구 신문로 소재 새문안교회에서 대학생들이 시위를 하다 경찰에 연행됐고 28일엔 종로5가 소재 기독교회관 대강당에서 기독교 6개 교단과 한국기독교협의회가 주최한 연합구국기도회가 끝난 후 청년회 회원 20여 명이 시위를 하다 연행됐다.

그리고 마침내 12월 24일 유신체제에 대한 본격적인 저항운동이 닻을 올리니 바로 '개헌청원 100만인 서명운동'이었다. 유신헌법을 바꾸자는 전 국민운동이었다. 장준하 함석헌 김동길 천관우 계훈제 백기완 등 재야인사들은 이날 오전 10시 YMCA에서 모임을 갖고, 각계 인사 30인의 서명 아래 '유신헌법개정 청원운동본부'를 만들어 이날부터 100만인 서명운동을 벌이기로 한다고 선포했다.

이들은 "현행 헌법은 그 개정의 발의권이 사실상 대통령에게 속해 있는 것이기 때문에 대통령에게 헌법 개정을 요구하는 100만인 청원운동을 전개할 수밖에 없다"며 ①헌법개정청원운동본부의 서명자 30명 각자가 본부이며 ②민족의 성원이면 누구든지(대학생 연령층 이상) 참여할 수 있으며 ③연령과 시·도·군을 명기하여 개인 혹은 집단으로 운동본부 서명자 30명 중 누구에게나 보내주면 된다고 밝혔다.

이 운동을 주도한 이가 바로 《사상계》 전 발행인 장준하였다. 헌법 개정을 거론하는 것 자체가 금기시되는 상황에서 당시 서명운동은 열흘 만에 30만 명이 서명할 정도로 호응이 컸다. 성탄절이었던 이튿날 12월 25일 서울 명동 대성당에서는 '노동자를 위한 미사'에 참례했던 신도 100여 명이 거리시위를 벌이려다 경찰의 제지로 해산되는 일까지 일어난다. 상황이 심상치 않게 전개되자 김종필 국무총리가 직접 나섰다.

암흑정치에 경제난까지 덧씌운 1차 오일쇼크

김종필 국무총리는 1973년 12월 26일 밤 9시부터 10시 40분까지 1시간 40분에 걸쳐 전국의 TV 및 라디오를 통해 "헌법을 고쳐야 되느니, 가두서명을 하느니, 민주회복을 하느니 하는 일체의 행위는 삼가야 하며 세상을 시끄럽게 하거나 선동하는 것은 다스리지 않을 수 없다"는 대국민 특별방송을 한다.

그리고 12월 28일엔 문공부가 '언론자율규제 기준 3개항'이라는 것을 발표한다. 10월 유신 이념과 체제에 대한 부정이나 도전, 국가안보 및 외교상의 중대한 위험을 초래하는 사항, 사회불안을 조성하거나 경제안정기반을 와해하는 보도를 국가안보 차원에서 규제한다는 내용이었다. 또 개헌서명운동에 종교계 신자들이 포함된 것을 의식해 "종교가 종교를 빙자하여 사회질서를 파괴하거나 국가안보를 해치는 활동을 할 때는 관계법령에 따라 제재를 받아야 할 것"이라고도 했다.

이튿날인 29일 거리에는 호외가 뿌려졌다. 박정희 대통령이 김성진 청와대 대변인을 통해 특별담화를 발표한 것이다. 담화에는 '불순분자' '과대망상증' '황당무계' 등 감정적인 표현들이 동원되었다. 박 대통령의 심기가 매우 불편했음을 드러낸다.

"유신체제의 불가피성을 누누이 설명하고 절대로 경거망동이 있어서는 안 되겠다는 점을 국민에게 간곡히 호소한 바 있다. 그럼에도 불구하고 일부 불순분자들은 아직도 과대망상증에 사로잡혀서⋯ 이들의 황당무계한 행동이 자칫 국가안위에까지 누를 미칠까 염려하여 한번 더 냉철한 반성과 자제를 촉구하는 동시에 이제라도 늦지 않으니 소위 헌법개정 백만인 청원운동을 즉각 중지할 것을 엄중히 경고해두는 바이다."

73년 12월부터 신직수가 수장을 맡은
중앙정보부의 최우선 과제도 정권안보였
다. 신 부장은 박정희 소장의 법무참모로
서 5·16 한 달여 만인 61년 6월 20일 발표
된 중앙정보부법을 기초하고 박정희 정권에
서는 법무장관으로 유신헌법을 기초한 사

1차 오일쇼크
당시 연탄을 사
려고 줄 선 시
민들.

람이었다. 한마디로 '법' 전문가이자 박정희 정권에 깊이 관여한 사람
이었으므로 유신헌법을 앞세워 정권을 방어하는 임무에 가장 적합한
인물이었던 셈이다. 실제 신직수 중정부장이 전면에 내세운 것도 법질
서 확립이었다.

그런데 동서고금의 역사를 보면 민생이 안정되면 민중은 때론 독재
를 참아주기도 한다. 하지만 먹고사는 게 힘들어지면 독재정권 심판
의 주체는 더 이상 지식인들로 한정되지 않는다. 민생의 고통을 참아
오던 민중이 지식인들의 투쟁에 가세하게 되기 때문이다. 당연히 투
쟁은 격렬해지게 되고 정권은 큰 위기에 빠진다. 73년 말부터 터져 나
온 유신독재에 대한 항거는 민생의 위기와 맞물려 그 어느 때보다 강
도 높은 투쟁양상을 보인다. 당시 민생고를 가중시킨 가장 큰 요인은
미국의 경기침체와 함께 한국사회를 강타한 '1차 오일쇼크(석유파동)'였
다. 오일쇼크는 1973년 10월 6일 이스라엘에 대한 이집트와 시리아의
기습공격으로 시작된 제4차 중동전쟁에 따른 것이었다.

72년 배럴당 2.5달러이던 원유가는 73년 말 5.3달러로 급상승한 데
이어 74년에는 11.25달러까지 치솟았다. 야심 차게 시작한 중화학공
업화로 진입하는 길목에서 닥친 1차 오일쇼크는 한국경제를 매섭고

추운 칼바람 속으로 몰아넣는다. 당시 한국경제는 기름이 많이 드는 중화학공업 위주로 성장하면서 석유의존도가 높아지고 있었다. 게다가 68년을 전후해 주요에너지원이 석탄에서 석유로 바뀐 까닭에 72년도부터는 국내 소비에너지의 절반이상을 석유에 의존하는 상황이었다.

경제 비상조치, 긴급조치 3호 선포

오일쇼크는 물가폭등을 넘어 경제의 존립자체를 위협하는 외환위기로까지 이어진다. 국제수지는 적자행진을 이어가고 보유외환은 고갈되어 갔으며 순외화자산은 마이너스로 반전됐다. 79년에 닥친 2차 오일쇼크는 앞서의 '경험'이라도 있었지만 1차 쇼크는 생전 처음 겪는 것이어서 당시 충격은 97년 외환위기에 버금갈 정도로 고통스러운 것이었다.

도시에서는 영하의 날씨에도 불을 때지 못하는 아파트 주민들의 고통이 줄을 이었고 화장실 수도가 얼어붙어 오물이 집 안에 넘치는가 하면 기름값이 없어 발을 동동 구르는 사태가 벌어졌다.

당시 신문을 보면 '조기방학' '대낮 소등 생활화' '버스정류장 간격 조정' '택시 윤번제 실시' '공장 조업 단축' '목욕탕 영업시간 및 신규허가 규제'에서부터 불 꺼진 대합실, 기름을 사려는 사람들이 늘어선 주유소, 플라스틱 물건도 없어서 못 파는 가게풍경 등을 다룬 기사들이 연일 지면을 차지하고 있다.

대한민국 거리는 암흑으로 변했다. 가로등이 꺼지고 상점의 네온사인도 꺼졌다. 밤거리가 어두워지자 서민들은 귀가를 서둘러야 했고 가정에서도 전등을 한 개씩만 켜고 생활해야 했다. 석유가 모자라니 연탄파동까지 일어났다. 어렵사리 이룬 한국경제의 성취가 한순간에 물거품이 되고 나라가 부도나는 것 아니냐는 절망의 목소리가 여기저기서 터져 나왔다.

결국 박정희 대통령은 1974년 1월 '국민생활 안정을 위한 대통령 긴급조치 제3호', 이른바 '1·14 조치'를 선포한다. 총 9호까지 발표되는 긴급조치는 주로 정치적 조치가 대부분이었지만 3호만은 순수한 경제 비상조치였다는 점에서 다른 의미를 지닌다.

1·14 조치는 ①저소득층의 부담 경감과 생활안정을 위한 조세 감면 ②고소득층의 재산, 사치성 물품 및 과도한 소비행위에 대한 중과세 ③노사협조 강화와 부당 근로조건 악화 방지 ④유통과정에서의 가격 조작에 의한 폭리 방지 ⑤예산의 일부 보정 등이 핵심이었다. 다시 말해, 폭등하는 물가를 인위적으로 억제하고 서민의 세 부담을 줄여주는 한편 고소득 계층에게는 소비억제와 노사 간의 협조강화를 통해 위기를 극복하자고 강조하는 내용이었다.

이 조치를 입안 실행하는 사령탑을 맡았던 김용환 청와대 경제수석 비서관은 회고록《임자, 자네가 사령관 아닌가》에서 "사채동결 조치였던 8·3 조치 때와 마찬가지로 정책입안 관련자 모두로부터 보안을 준수하겠다는 서약서와 이를 지키지 못했을 경우를 가정해 사직서를 함께 받았다"고 전한다.

여담이지만 조치가 발표될 때는 웃지 못할 에피소드가 하나 있었다. 그의 말이다.

"14일에는 대통령 담화문도 함께 발표됐다. 사전에 오자 탈자 없이 수없이 퇴고를 했는데 국무회의에서 담화문을 통과시키려는 순간 민관식 문교부 장관이 '각하, 틀린 글자가 하나 있습니다. 心氣一轉(심기

일전)이 아니라 '心機一轉입니다' 하는 것 아닌가. 나는 가슴이 철렁 내려앉았다."

중요한 발표문에 실수를 했으니 혹시 호통이 떨어질까 했는데 박 대통령 말이 예상 밖이었다.

"통상 우리가 쓰는 한자는 '機(기)'가 맞지만 '氣'로 쓴 것도 좋지 않습니까. 마음과 기분을 한번 가다듬자는 의미인데 더 좋은 것 같습니다. 허허"

모두 대통령을 따라 웃으며 분위기도 누그러졌다고 한다. 김용환 비서관은 "경제관료들을 휘어잡는 박 대통령 특유의 용인술을 읽을 수 있는 대목이었다. 경제관료들의 노력을 인정하고 사기를 꺾지 않으면서 맡은 바 임무에 충실하도록 뒷받침해준 것"이라고 설명했다. 그러나 긴급조치까지 발표한 후에도 경제는 크게 개선될 기미가 보이지 않았다.

공포정치의 시작, 긴급조치의 시대 열리다

재야의 유신헌법 개헌 서명운동은 열기를 더해가고 있었다. 운동을 시작한 지 1주일 만인 1974년 1월 1일 서명에 참여한 인원은 5만 명을 넘어섰고 8일엔 10만 명을 넘어섰다. 격동의 1970년대에서도 가장 뜨거웠던 한해로 꼽히는 1974년이 그렇게 밝아오고 있었다. 74년은 한국현대사, 특히 민주화운동사에 있어 특기할만한 해다. 1월 긴급조치 1, 2호를 시작으로 이른바 '긴조 시대'가 열린 해가 74년이고 김지하를 포함해 수많은 민주인사가 대거 체포, 구속된 해가 또한 74년이었다.

박정희 대통령 역시 심상치 않은 한 해가 될 것임을 예감했는지 신년사를 통해 "유신과업을 수행하는 과정에서 무리와 착오가 없지는 않았음"을 인정하면서 "국민과의 대화를 통해 보다 더 밀접한 일체감을 갖고 착오를 시정하는 데 결코 주저하지 않을 것"이라고 말한다.

공화당 총재 시절의 정구영 (왼쪽)과 박정희 대통령.

정국은 새해 벽두부터 요동쳤다. 1월 7일 공화당 초대 총재이자 당 의장을 지낸 정구영(당시 78세)이 공화당 탈당 성명을 낸 것이다. 3선 개헌 이후 사실상 정계를 은퇴한 상황에서 당적만 유지하고 있던 그는 유신체제에 대해 한 가닥 희망을 버리지 않고 있다가 DJ 납치 소식을 접하고 희망을 접었다.

정구영 전 총재는 7일 오전 서울 북아현동 자택에서 예춘호 전 사무총장과 함께 다음과 같은 내용을 발표하며 탈당 기자회견을 한다.

"오늘의 사태는 당원으로서 소신을 밝힐 수 있는 최소한의 자유마저 잃은 채 조국의 안위는 백척간두에 서가고 있다고 하여도 과언이 아니므로 오랜 자책 끝에 당과 결별하기로 했다. 민주주의는 입법 사법 행정의 3권 분립을 전제로 하는 것인데 유신헌법은 이들 3권이 하나로 흡수된(吸收된) 삼권적(三權的) 유일체제다. 이 같은 비민주적이고 불법적인 권력의 전횡에 대해 공화당원으로서 환멸을 느끼지 않을 수 없다."

이어 재야가 벌이던 유신헌법 개헌 서명운동에 대한 기자의 질문에도 "당연히 할 일을 하는 것"이라며 지지의사를 표한다.

5·16군사쿠데타 후 박정희 국가재건최고회의 의장이 63년 공화당을 창당하며 삼고초려 끝에 모셔온 사람이 바로 대쪽 변호사로 국민

의 신망을 받고 있던 정 전 총재였다. 10여 년 전 박 정권을 일으키는 데 앞장섰던 그의 탈당은 박 정권에 대한 전면부정이나 마찬가지였다. 그는 탈당과 동시에 74년 11월 27일 재야세력이 총집결해 만든 범국민 비정치단체인 '민주회복국민회의' 고문단에 추대된다.

정 전 총재가 탈당선언을 한 7일 야당인 신민당은 정무회의에서 "민주회복을 위해 개헌투쟁에 나설 것"을 결의했다. 같은 날 이희승 이헌구 김광섭 안수길 이호철 백낙청 등 61명의 문인이 개헌지지 문인성명을 낸다.

정권에 대한 비판은 입도 벙긋 마라!

그리고 이튿날인 74년 1월 8일 오후 5시 유신헌법에 기반한 '대통령 긴급조치 1, 2호'가 선포된다. 이날은 어떤 의미에서는 한국현대사에서 역사적인 날이기도 하다. 이날을 기점으로 6년 뒤인 79년 10·26 사태로 박 대통령이 시해되는 날까지 한국사회는 말과 생각이 극도로 통제당하는 공포정치 하에 놓이기 때문이다.

긴급조치 1호는 '(유신) 헌법에 대한 어떠한 부정, 반대, 왜곡, 비방도 허용하지 않는다'는 것이 핵심이었고 2호는 1호를 위반했을 경우 영장 없이 체포해, 새로 만든 비상군법회의에 넘겨 15년 이하의 징역에 처한다는 내용이었다. 지금은 감히 상상도 할 수 없지만 70년대 중후반 한국은 "헌법이 잘못됐다" "바꿔야 한다"는 말을 한 게 발각되는 날이면 바로 붙잡혀 최대 15년까지 징역을 살 수 있는 사회였다. 시민들은 술집이나 식당에서 정치 이야기를 마음대로 할 수 없었고 굳이 하고 싶으면 소곤소곤 귀엣말을 나눠야 했다. 혹시라도 속을 터놓았다가 상대방이 경찰에 고자질하면 어쩌나 하는 의심으로 조마조

마해야 하는 시절이었다.

상상을 초월하는 인권침해 조치인 긴급조치는 박 대통령이 그만큼 유신에 집착했다고도 볼 수 있고 그만큼 당시 사회 분위기가 자신에게 유리하게 돌아가고 있지 않음을 실감하고 있다는 방증이기도 했다.

긴급조치 1호 위반에 따른 첫 구속대상자는 장준하와 백기완이었다. 두 사람은 '개헌 서명운동'을 벌이면서 유신헌법과 긴급조치를 비방한 혐의로 74년 1월 15일 오후 비상보통군법회의 검찰부에 구속 기소된 지 6일 만에 첫 공판을 받았다. 그리고 바로 다음 날 오후 각각 15년씩 징역이 선고됐다. 판사가 내린 형량은 검찰 구형량과 일치하는 이른바 '정찰제' 판결이었다.

긴급조치가 내려진 1월 8일 김지하는 서울 충무로를 지나다 라디오에서 흘러나오는 소리에 귀가 번쩍 뜨인다. 장준하 백기완 등 개헌서명운동을 주도한 사람들에 대해 체포령이 떨어졌다는 소식이었다. 그는 집으로 가지 못하고 아내에게 전화만 한 뒤 내설악을 거쳐 강릉에 있는 지인의 집으로 피신한다. 어쩌면 앞으로 다가올 일들은 이제껏 겪은 일에 비하면 아무 것도 아닐 것이라는 예감이 들었다. 그는 지인의 집과 여관방을 전전했다. 어느 날 바닷가 여관방에서 파도소리를 들으며 〈1974년 1월〉이라는 제목으로 시를 쓰기도 했다. 앞날에 대한 그의 불안과 울분이 녹아 있다. 시 전문을 소개한다.

1974년 1월을 죽음이라 부르자/오후의 거리, 방송을 듣고 사라지던/ 네 눈 속의 빛을 죽음이라 부르자

좁고 추운 네 가슴에 얼어붙은 피가 터져/따스하게 이제 막 흐르기 시작하던/그 시간/다시 쳐온 눈보라를 죽음이라 부르자/모두들 끌려가고 서투른 너 홀로 뒤에 남긴 채/먼 바다로 나만이 몸을 숨긴 날/낯선 술집 벽 흐린 거울 조각 속에서/어두운 시대의 예리한 비수를/등에 꽂은 초라한 한 사내의/겁먹은 얼굴/그 지친 주름살을 죽음이라 부르자

그토록 어렵게/사랑을 시작했던 날/찬바람 속에 너의 손을 처음으로 잡았던 날/두려움을 넘어/너의 얼굴을 처음으로 처음으로/바라보던 날 그날/그날 너와의 헤어짐을 죽음이라 부르자

바람 찬 저 거리에도/언젠가는 돌아올 봄날의 하늬 꽃샘을 뚫고/나올 꽃들의 잎새들의/언젠가는 터져 나올 그 함성을/못 믿는 이 마음을 죽음이라 부르자/아니면 믿어 의심치 않기에/두려워하는 두려워하는/저 모든 눈빛들을 죽음이라 부르자

아아 1974년 1월의 죽음을 두고/우리 그것을 배신이라 부르자/온몸을 흔들어/온몸을 흔들어/거절하자/네 손과/내 손에 남은 마지막/따뜻한 땀방울의 기억이/식을 때까지.

'사형' 포고령, 긴급조치 4호의 선포

서울지검 공안부는 1974년 2월 25일 서울을 거점으로 한 '문인 간

첩단'을 적발했다며 이호철 정을병 김우종 임헌영 장병희 5명을 반공법 위반 및 간첩혐의로 구속하고 언론인 천관우 등에 대해 조사 중이라고 밝혔다. 이들이 재일 공작지도원에게 포섭되어 문단 언론계 학계의 동태를 보고하고 반정부 활동을 선동하는 작품활동과 북한지령을 실천하기 위해 문인 개헌서명에 가담했다는 내용이었다.

그러나 서울형사지법은 10월 31일 선고공판에서 정을병에게는 무죄를, 이호철 임헌영 김우종 장병희에게는 징역 1년~1년 6개월에 집행유예를 선고해 모두 풀어주었다.

소설가 정을병은 1974년 《창작과 비평》 겨울호에 단편 〈육조지〉를 발표하는데 옥중생활에서 들은 수감자들의 체험담을 엮은 것이었다. 내용이 재미있다.

'집구석은 팔아 조지고(재판 비용과 생계비를 마련하느라 세간을 팔고), 죄수(수형자)는 먹어 조지고(교도소에서 사식이 들어오면 닥치는 대로 먹고), 간수(교도관)는 세어 조지고(틈만 나면 수형자 숫자를 헤아려 괴롭히고), 형사는 패 조지고(자백을 받기 위해 구타하고), 검사는 불러 조지고(구치소에서 소환해 신문하고), 판사는 미뤄 조진다(재판 기일을 미뤄 괴롭힌다)'는 현실풍자 글이었다.

긴급조치 1호와 2호라는 극약처방으로도 민주화 열기를 꺾을 수 없자 박정희 대통령은 1, 2호 발표 석 달 뒤인 4월 3일 밤 10시를 기해 긴급조치 4호를 선포한다. 4호는 순전히 '민청학련(전국민주청년학생총연맹)'을 일망타진하기 위한 조치였다. 특정사건 하나만을 겨냥해 만든 법률이라는 점에서도 초유의 법령이었거니와 내용도 경악할 만한 것이었다.

'민청학련과 이에 관련되는 단체를 조직하거나 가입 찬양 고무 동조

하거나 구성원과 연락하거나, 장소 물건 금품 기타의 편의를 제공하거나, 대학생이 출석 수업 시험을 거부하거나 집회시위에서 성토 농성한 자, 이 조치를 비방한 자는 5년 이상 유기징역에서 최고 사형까지 처할 수 있다'는 내용이었다. 드디어 '사형' 포고령이 내린 것이다. 4호를 위반한 대학생은 퇴학 정학은 물론이고 학생이 소속된 학교는 문교부장관이 폐교처분까지 할 수 있도록 만든 무시무시한 법령이었다.

신직수 중앙정보부장은 4월 25일 수사결과를 발표하면서 "민청학련은 공산계 불법단체와 조총련계 및 국내 좌파 혁신계 인사가 복합적으로 작용, 4월 3일을 기해 현 정부를 전복하려 한 불순 반정부세력"이라고 비난한다. 민청학련과 관련한 수사 대상자 수는 엄청났다. 1024명이 조사를 받았고 그중 745명이 훈계방면, 253명이 비상군법회의에 송치됐다.

민청학련 일망타진 전략

그렇다면 민청학련 사건의 실체는 무엇일까. 당시 변론을 맡았던 홍성우 변호사는 한인섭 교수와의 대담집 《인권변론 한 시대》에서 이렇게 말한다.

"(한마디로) 4월 3일 날 일제히 데모를 하려던 계획이 들통이 나서 긴급조치가 내려진 사건이다. 하지만 (발표내용을 보면) 데모를 주도했던 수괴 지도부가 있고 반국가 단체이니 군법회의에서 관할하고 처단한다는 것이어서 국민들이 느끼기엔 무시무시한 사건이었다. 법정

형도 어마어마한 중형이었다. …이철, 유인태는 완전히 간첩이고 민청학련은 공산혁명을 하기 위한 반국가 단체였다. 사건 관련자들은 1급 수배범으로 신문에 났고, 현상수배가 붙었다."

홍 변호사는 "관련자들이 하도 많다 보니 공소장에 '공소 외' 누구누구 이름만 나온 게 100명도 넘는다"며 "주요 피고인만 32인, 공소장은 549쪽, 판결문만 423쪽이다. 이때 등장하는 사람들을 인명색인을 만들면 1970년대 우리나라 민주화운동의 주인공들이라는 것을 알 수 있다"고 전한다.

실제 관련자들의 증언을 종합해보면 '민청학련' 사건은 홍 변호사 말대로 1974년 봄, 4·19처럼 전국에서 '데모 한판 크게 하자'는 기획이었던 것으로 보인다. 《실록 민청학련》(학민사)에 실린 민주통합당 유인태 의원의 회고다.

"유신에 맞서 새로운 차원의 학생운동이 필요하다는 여론은 73년 11월 말부터 여러 가지 형태로 구체화되었다. 재학생들은 물론 그전에 3선 개헌 반대운동(69년) 등을 하다 제명 제적되었다가 재입학한 선배 그룹과 군에서 제대한 복학생 그룹들도 73년 10·2시위에 고무되어 자신들도 뭔가 기여해야 한다고 느끼고 있었다. 이미 졸업한 선배들과도 긴밀히 연락하면서 도움을 구했다."

다음은 재야에서 유신헌법 개헌운동에 깊이 관여하고 있었던 김지하의 말이다.

"어느 날 꼭두새벽에 정릉 처가로 웬 대학생 한 사람이 찾아왔다. 이철 아우였다. 사연과 내력, 연고 등을 다 물어 확인한 뒤에 간단히 안팎과 주객관적 정세에 대한 이야기를 나눴다. 이철 아우는 유인태 아우와도 접촉하고 있음을 분명히 했다. 나는 이미 조영래 아우에게서 이철 아우에 대해서는 다 들어 알고 있었기 때문에 허심탄회하게 얘기를 나눴다."

민청학련 사건으로 사형을 선고받고 무기로 감형됐다가 1975년 2월 17일 석방된 이철 전 의원은 69년 3선 개헌 반대운동을 하다 제적되어 군에 징집되었다가 복학한 상태였다고 한다. 그는 첫 번째 반유신 독재 시위였던 '10·2시위'가 민청학련의 태동이었다고 말한다.(《실록 민청학련》)

"평소 학생운동에 미온적이었던 의대 공대를 비롯해 여학생들까지 나선 10·2투쟁을 계승 발전시켜야 한다는 여론이 일었다. 불길을 잘 만들어 전 국민적 항쟁으로 만들면 제2의 4·19혁명으로 일으킬 수 있다는 것이었다. 이듬해(74년) 신학기가 되면서 이런 의견들이 이심전심으로 공유되기 시작했다. 하지만 '누가 주도했다거나 일방적으로 리드했다'는 설명이 불가능하다. 서울대가 주도를 하긴 했지만 재야 선배그룹들은 물론 종교계까지 망라됐기 때문이다."

실제 민청학련 사건과 직간접적으로 연루된 운동권은 당시 운동권을 총망라했다. 69년 3선 개헌 반대투쟁으로 강제징집된 후 복학한 그룹(서중석 유인태 안양로 정윤광 이철 등)에서부터 학생운동권을 포함해 1970년 중반부터 교회운동에 투신한 기독학생회 그룹(서경석 나병식 황인성 등), 종교계 지학순 주교 및 원주팀(김지하 박재일)과 졸업생 그룹(유근일 김지하 이현배 장기표 조영래 등), 정계(윤보선 전 대통령 등), 재야 원로(함석헌 장준하 백기완 등), 문학계, 학계(김동길 김찬국 백낙청 등)까지 걸쳐 있었기 때문이다.

내란선동 사건으로 비화된 민청학련 사건

1971년 11월 2일 '서울대생 내란음모사건'으로 구속돼 1년 6개월을 선고받은 조영래는 1973년 5월 21일 대전교도소에서 만기 출소한다. 김지하는 그해 가을 조영래와 만난다. 그리고 '민청학련' 이야기를 꺼낸다. 그의 말이다.

"조영래를 만난 곳은 신촌 로터리 작은 찻집이었다. 얼굴은 창백했고 눈빛도 조용히 가라앉아 있었다. 이때를 생각할 때마다 나는 몹시 부끄럽다. 한마디로 염치가 없었다. 방금 감옥에서 나온 사람에게 또 다시 감옥 갈 일을 부탁했으니 말이다. 돌이켜보면 내 딴엔 열심히 일한답시고 그랬던 것인데, 그러나 그것이 조영래 아우에게 어떤 고통을 가져다주었는가? 이후 민청학련 사건으로 수배되어 7년여의 세월을 숨어 지내며 그중에 첫아들을 낳고 《전태일 평전》을 써냈으니, 나로서는 입이 열 개라도 할 말이 없다."

이때 김지하는 반(反)유신을 위한 전국적 학생조직의 필요성을 전하면서 조영래가 사령탑을 맡아줄 것을 권했다고 한다. 이즈음 조영래와 자주 만났다는 송철원 현대사기록연구원 이사장의 회고다.

"같은 동네인 갈현동에 살고 있어서 자주 만나 술잔을 기울이곤 했다. 조영래는 체질상 술이 잘 받지 않아 주로 내가 마셨다. 담배만은 죽이 잘 맞아서 앉은 자리에서 둘 다 한 갑씩은 보통이었다. 나는 그때 그가 무슨 일을 하고 있는지 묻지도 않았고 그도 말하지 않았다. 하지만 분위기를 보고 뭔가 일을 꾸미고 있음을 직감하고 있었다."

그러던 어느 날이었다. 그날도 두 사람은 집 근처 술집에서 만나 이런저런 이야기를 나누고 있었다. 그런데 조영래가 불쑥 "형님, 돈이

좀 필요한데요. 좀 많이요"라고 하는 것 아닌가. 다시
송 이사장의 말이다.

"나는 어디에 쓸 것이냐고는 묻지 않고 '언제 필요하
냐'고만 물었다. 그러자 '당장은 아니고 내년에 필요한
데 미리 말씀드리는 것'이라고 했다. 나도 궁한 때였지
만 그의 부탁을 들어주기 위해 출판사에서 청탁받아
놓고 있었던 취업용 영어책을 당장 써야겠다고 결심했
다. 그러면서 일본어에 능통한 조영래에게는 작은 일본
어 영어 참고서를 번역하도록 했다. 그야말로 번갯불에
콩 볶는 식으로 이듬해 3월까지 뚝딱 책을 만들어 냈다. 그때 나온
송철원 조영래 공저(共著) 《객관식 영어연습》이 그것이다(웃음)."

하지만 이 책은 인세(印稅) 지급이 늦어져 결국 조영래에게 아무 도
움이 되지 못했다고 한다. 오히려 민청학련 사건이 터지자 출판사만
수사기관으로부터 곤욕을 치렀다. 교도소에서 갓 출소한 조영래는 학
생신분도 아니었고 이미 노출된 상태로 수사기관으로부터 주목받는
입장이라 민청학련의 중심에서는 비켜나 있었지만 이처럼 물심양면으
로 후배들을 지원하고 있었다.

하루는 김지하가 시위자금이라며 120만원을 조영래에게 건넸다. 당
시에는 제법 큰돈이었다. 지학순 주교가 마련해준 돈이었다. 김지하
에 따르면 "지 주교에게는 돈이 누구에게 간다고 말하지 않았고, 조영
래에게 건넬 때에도 누구로부터 받은 돈이라는 말을 하지 않았다"고
한다.

그 무렵 김지하는 지 주교와 자주 시국을 상의하고 있었다. 어느
날 밤 두 사람은 청년학생이나 혁신세력과 가톨릭이 확실하게 연결만

되면 파괴력 강한 반유신 전선이 형성될 것인데 그 연결이 문제라는 걱정을 하고 있었다. 이때 지 주교가 한숨 섞인 한마디를 내뱉었다.

"결국 나로구나. 내 피를 마셔야만 가톨릭이 일어설 거야. 가톨릭이 일어서야 다른 종교와 시민들, 외국 여론이 일어서고… 자네, 각오는 돼 있지? 체포되거든 불어! 내가 구속돼야 해! 그래야 사제단도 주교단도 정신 차리고 수녀들 평신도회도 다 태도를 달리할 거야! 다시 고생 좀 하게. 나와 함께 한 번 더 고생을 해!"

사형, 무기징역… 민청학련의 천문학적 형량

1974년 1월로 접어들면서 민청학련 결성을 위한 이야기는 구체화됐다. 이철 전 의원의 회고(《실록 민청학련》)다.

"74년 1월 초 유인태 집에서 회합을 가졌다. 후일 중앙정보부가 '민청학련 결성일'이라 억지 지칭한 1월 10일 모임이다. 지방까지 포함해 10명에 가까운 숫자가 모였다. 구체적인 준비와 역할 분담은 3월 6일 다시 유인태 집 모임에서였다. 여기서 결정된 사항은 ①투쟁의 기획, 연락은 서울에서 맡는다 ②이철이 행동총책을 맡는다 ③명칭은 사용하지 않는다 ④유인물은 서울에서 일괄 작성, 공급한다 ⑤각 대학별 예비 시위를 조직하여 4월 초 일제히 거사한다 등이었다. 화염병을 쓰자는 문제가 거론됐으나 대부분이 반대의사를 표명한 것으로 기억된다."

이때만 해도 따로 단체명을 사용하지 않기로 하지만 나중에 여러 이름들이 거론되다 결국 '전국민주청년학생총연맹(민청학련)'으로 결정된다. '청년'을 붙인 것은 대학생들로 한정하지 않고 전 계층적인 투쟁이 돼야 한다는 데 공감대가 형성돼 있었기 때문이었다고 한다.

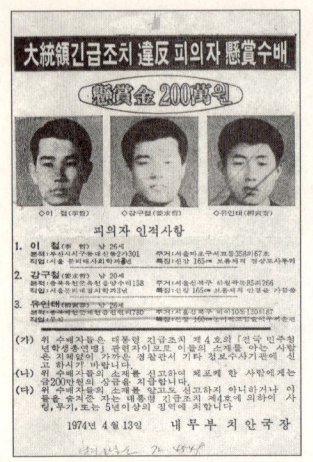

민청학련사건
주동자 1명에 2
백만원씩 현상
금을 내건 전
단.

하지만 실제로 뚜껑을 열어보니 참여는 저조
했다. 3월 21일 첫 봉화라 할 수 있는 경북대 시
위가 일어나지만 200여 명이 참여하는 데 그쳤
고 그나마 공권력의 강경대응으로 사실상 실패
로 끝난다. 서울에서는 3월 28일 서강대, 4월 1
일 연세대에서 움직임이 있었으나 서강대 역시
300여 명이 구내식당에서 대정부 결의문을 낭
독하는 정도로 그쳤고 연세대는 채플 시간에 시
국선언문을 낭독하다 주동학생들이 연행되면서
역시 불발로 그치고 말았다.

이대로 끝낼 것인가, 계속할 것인가 갈림길이었다. 게다가 2선으로
빠져 장기전에 대비하려던 서중석이 잠깐 들른 고향집에서 연행되고,
관련 인물들이 하나둘씩 잡혀가고 있다는 비보까지 날아들고 있었
다. 정보가 이미 샜다는 판단이 섰다.

승부는 이미 끝난 것이라는 데에 누구도 이견을 달지 않았다. 그러
나 내친걸음이었다. 싸우는 길 외에 다른 선택이 없었다. 4월 3일, 계
획대로 각 대학 학생들이 교문을 박차고 거리로 쏟아져 나왔다. 그리
고 그날 밤 긴급조치 4호가 선포된다.

주동자들에게는 모두 현상수배가 떨어졌는데 현상금이 1인당 300
만원까지 뛰었다. 간첩 현상금이 30만원이던 시절이었다. 이들에게
붙여진 죄목은 대통령 긴급조치 4호 위반 외에도 국가보안법 및 반공
법 위반, 내란예비음모, 내란선동 등 이름만 들어도 무시무시한 것들
이었다.

주동자들은 이내 검거됐다. 재판은 발언저지, 경고, 휴정, 퇴정명

령, 항의소동으로 뒤범벅이 됐다. 한 달 만에 심리를 끝낸 재판은 7월 9일 결심에 이르렀다. 검사는 8명에게 사형을 구형했다.

7월 13일 1심 선고재판 결과는 사형 7명, 무기징역 7명, 징역 20년 12명, 징역 15년 6명이라는 가히 천문학적 형량이었다. 법정에서 선고된 형량만을 합쳐도(무기, 사형 제외) 300년이 넘었다.

불안한 도피생활, 다시 영어의 몸이 되다

서울에 머물 때 김지하는 외롭고 쓸쓸해질 때마다 절두산 성지를 찾곤 했다. 마포구 한강가의 절두산은 천주교 신자인 김지하에게 특별한 의미를 지닌 곳이다.

예부터 나라의 역적을 목 베 죽인 곳이기도 하지만 1866년 병인박해 당시 천주교도들을 처형한 순교의 땅이기 때문이다. 우리나라 최초의 사제 김대건 신부의 목이 버려진 곳도 이곳이다. 상하이에서 돌아온 김옥균의 시신이 부관참시 능지처참당한 모래밭도 절두산 아래 강변이었다. 지금은 성당과 기념관이 자리히고 있지만 1970년대 초만 해도 아무 표지도 없는 산봉우리에 지나지 않았다.

1974년 2월 바람이 몹시 불던 어느 날, 김지하는 문화운동을 하던 후배들과 함께 이곳을 찾는다. 그리고 모래밭에 앉아 술잔을 기울였다. 당시 그는 후배들에게 이렇게 말했다고 한다.

"아무래도 나는 감옥에 갈 것 같다. 감옥은 나 혼자 가는 것으로 충분하다. 너희가 이제부터 할 일은 내가 하려다 못한 일, 하고 싶었지만 성공하지 못했던 일을 해다오. 바로 민중민족문화운동이다. 탈춤이나 마당굿, 풍물, 시나위, 판소리, 정악(正樂), 민화(民畵) 같은 것들이다. 힘을 모아라. 그리고 정치를 작품 안에서 표현은 하되 직접 정치에 뛰어들지는 마라. 부탁이다. 정치에 기울면 예술을 할 수가 없다. 정치는 나 한 사람으로 족하다. …나는 당장 감옥에 안 가더라도 틀림없이 수배될 것이다. 만약 잡히지 않으면 계속 지하에서 활동할 것이다. 정치조직은 다른 사람이 하겠지만 나는 그와는 또 다른 일을 할 것이다. 그리고 우리 부모님 좀 가끔 들여다봐다오. 집사람과 아기도 잘 부탁한다."

그해 1월 긴급조치 1호가 발동된 후부터 그는 거의 집에 들어가지 못한 채 도피생활을 하고 있었다. 밤이면 잠을 제대로 자지 못하는 불면의 날들이 이어지고 있었다. 어느 날엔가는 내내 꿈속에서 아내의 울음소리에 시달리기도 했다. 아내와 몰래 만난 날엔, "잘 참아 달라, 좋은 날이 올 것이다"라고만 말하고 이내 헤어져야 했다. 그러던 와중에 4월 긴급조치 4호가 발동된 것이다.

"아무래도 나는 감옥에 갈 것 같다"

당시 그는 영화판에서 일하는 모래내 친구 집에 몸을 숨기고 있었다. 어쩌다 거리로 나서면 구멍가게 문짝에 나붙은 이철 유인태 등의 현상수배 포스터가 먼저 눈에 띄곤 했다. 이때 지은 〈모래내〉라는 제목의 시에는 막막하고 불안했던 그의 내면이 잘 드러나 있다. 아기울음소리 환청으로 내내 잠 못 이루던 어느 날 새벽에 쓴 것이라고 한다.

목숨
이리 긴 것을

가도 가도 끝없는 것을 내 몰라

흘러 흘러서

예까지 왔나 에헤라

철길에 누워

철길에 누워

한없이 머릿속으로 얼굴들이 흐르네

막막한 귓속으로 애 울음소리 가득차 흘러 내 애기

핏 속으로 넋 속으로 눈물 속으로 퍼지다가

문득 가위소리에 놀라

몸을 떠는 모래내

철길에 누워

한번은 끊어버리랴

이리 긴 목숨 끊어 에헤라 기어이 끊어

어허 내 못한다 모래내

차디찬 하늘

흘러와 다시는 내 못 가누나 어허

내 못 돌아가 에헤라

별빛 서린 교외선

철길에 누워

철길에 누워

　김지하는 김수환 추기경에게 전화를 걸었다. 그리고 서울교구청을
조심조심 찾아가 추기경을 만났다. "만약 무슨 일이 터지면 아내를

잘 돌봐주십시오” 부탁하기 위해서였다. 추기경은 흔쾌히 부탁을 받아주었고 그는 다시 조심스럽게 모래내로 돌아갔다.

긴급조치 4호 선포 며칠 뒤인 4월 19일 맏아들이 태어났지만 김지하는 이 소식을 뒤늦게 감옥에서 듣는다. 아들이 태어나는 줄도 모르고 김지하는 아예 지방으로 몸을 숨길 작정을 하고 있었다. 마침 이만희 감독이 〈청녀(靑女)〉 야외촬영을 홍도에서 한다는 소식을 전해 듣고 따라나선다. 홍도에서 촬영이 끝나자 이튿날 목포 가는 배를 타기 위해 여관방에 묵고 있었다. 그런데 김지하가 묵고 있다는 사실을 어떻게 알았는지 웬 사내가 여관 방문을 열고 “실례합니다. 김지하 시인이지요?” 하는 것이었다. 흑산파출소 소속 경찰관이었다.

그렇게 김지하는 1974년 4월 25일 체포된다. 그는 경찰관을 따라 배에 올랐다. 수갑에 묶인 그의 손은 목포에 도착하는 내내 선장실 쇠창살에 걸려있었다. 머릿속이 복잡했다. 아버지 어머니 얼굴도 지나가고 아내 얼굴도 지나갔다. 내가 혹시 잘못 가고 있는 것은 아닌가, 영웅주의는 아닌가, 제대로 가고 있는 것인가…. 끊임없이 터져 나오는 기침과 함께 이런저런 생각으로 머릿속이 뒤엉켰다. 그는 고향 목포에 수갑을 차고 내렸다.

권총을 차고 호송하는 두 경관과 함께 서울 가는 고속버스를 탔다. 버스 안에서 신문을 보았다. 수십 명의 민청학련 지도부와 인혁당 관계자들 얼굴이 계보로 그려져 실려 있었다. 조영래의 얼굴도 눈에 띄었다. 만사가 모두 끝났구나, 허탈함이 밀려왔다.

김지하가 끌려간 곳은 그 무시무시하다는 남산의 '중앙정보부 지하 제6국'이었다. 그는 훗날(1975년 2월) 《동아일보》에 〈苦行(고행)…1974〉라는 제목으로 세 편의 글을 싣는데 여기에 제6국에서의 체험을 이렇게 쓰고 있다.

'저 기이한 빛깔의 방들, 악몽에서 막 깨어나 눈부신 흰 벽을 바라봤을 때의 그 기이한 느낌을 언제나 느끼고 있도록 만드는 저 음산하고 무뚝뚝한 빛깔의 방들. 그 어떤 감미로운 추억도 빛 밝은 희망도 불가능하게 만드는 그 무서운 빛깔의 방들. 아득한 옛날 잔혹한 고문에 의해 입을 벌리고 죽은, 메마른 시체가 그대로 벽에 걸린 채 수백 년을 부패해 가고 있는 듯한 환각을 일으켜주는 그 소름 끼치는 빛깔의 방들. 낮인지 밤인지를 분간할 수 없는, 언제나 흐린 전등이 켜져 있는, 똑같은 크기로 된, 아무 장식도 없는 그 네모난 방들. 그 방들 속에 갇힌 채 우리는 열흘, 보름 그리고 한 달 동안을 내내 매 순간순간마다 끝없이 몸부림치며 생사를 결단하고 있었다.'

정보부와 가톨릭교단 발칵 뒤집은 김지하의 자백

권위주의 시대 중앙정보부(중정·현 국가정보원)는 권력과 공포의 대상이었다. 언제부터인지 모르겠지만 국민은 한동안 중정 대신 중정이 있던 자리인 '남산'이라는 호칭을 중정 대신 썼다.

5·16 직후인 1961년 6월 20일 중정이 창설되었을 때 사무실은 서울 태평로, 남산 3호 터널 입구, 남산 북쪽 숭의학원 인근, 무교동 서린호텔 자리 등으로 흩어져 있었다. 본청은 동대문구 이문동에 있었

다. 남산 중턱(서울 중구 예장동 4-5번지 일대)에도 별관이 있었는데 이곳에 대공 및 국내 정치를 다루는 핵심부서가 모두 입주해 있었고 부장을 비롯한 간부들도 주로 이곳에서 근무했다. 현재 남아 있는 건물은 4개 동에 불과하지만, 1995년 서울 서초구 내곡동으로 국정원 청사가 이전하기 직전까지 남산에 흩어져 있던 중정 건물은 무려 40여 개 동이나 됐다.

현재 남산 북쪽에 자리 잡은 서울 유스호스텔, 서울시 남산별관, 서울종합방재센터, 문학의 집, 산림문학관, TBS교통방송청사 등은 지금은 서울시청 소속이지만 1995년까지만 해도 중정 건물들이었다.

2004년 이명박 서울시장이 리모델링을 시작해 2006년 개관한 서울 유스호스텔은 중정 건물로 쓰일 당시 1~6층에는 행정사무실이, 6층에는 중앙정보부장실이 있었다. 건물 오른편의 TBS교통방송청사와 서울시 재난본부는 고문 수사와 행정 기능을 병행하던 곳이었다. 재난본부는 유치장으로도 쓰였다.

유스호스텔과 나란히 자리한 서울종합방재센터는 1층짜리 낮은 건물로 지하 3층까지 이어져 있는데 이것이 바로 제6별관, 제6국이라는 이름으로 중정의 지하벙커로 쓰였던 곳이다. 이곳 지하 2층으로 내려가면 복도 양쪽으로 화장실이 딸린 4~5평 크기의 취조실이 10여 개 늘어서 있고 중앙에 대형 취조실이 있었다고 한다. 밖에서 안을 볼 수 있는 특수 창문도 곳곳에 설치돼 있었다. 중정 6국은 '특명수사국'으로 유신 이후 학원 언론 종교 등 12개과로 세분해 기구와 인원을 늘린 중정의 핵심부서였다.

제6국에서 조사를 받았던 김지하는 그곳에서 보낸 순간순간이 한마디로 '죽음'과의 싸움이었다고 했다. 잠을 재우지 않는, 사방이 흰빛이었던 그 방에서 그는 끝없이 기침을 하다 침묵하고 거부하고 침묵하고 거부하다 닷새가 지난 날, 나병식이 조영래에게 돈 받은 것을 고백했다는 것과 조영래가 아직 체포되지 않았다는 것을 알았다. 그리하여 엿새째 되는 날 새벽, 자신이 지학순 주교로부터 120만 원을 받아 유신철폐를 목적으로 한 시위자금으로 조영래에게 주었고, 조영래는 그 돈을 민청학련 지도부에 전달한 것으로 안다고 진술하기 시작했다.

김재규 "추기경님, 제발 각하와 충돌하지 마십시오"

'지학순'이라는 이름이 김지하의 입에서 튀어나오자 정보부가 발칵 뒤집혔다. 단순히 운동권 차원이 아니라 가톨릭이 개입했다는 것이 드러나면 사건은 일파만파로 커지기 때문이었다. 가톨릭 주교를 구속한다는 것은 상상조차 할 수 없었다. 전무후무한 일이었다. 게다가 주교가 어떤 자리인가, 가톨릭에서 교구의 대표이며 바티칸 교황청이 직접 임명하는 자리가 아닌가. 실제 민청학련 사건은 지 주교가 구속되면서 학생운동 차원에서 전 국민적인 저항운동으로 넘어가는 중요한 전기가 된다. 김지하의 회고다.

"6국장이 쉬조관을 통해 지 주교가 내게 준 자금 액수를 깎자고 세 번이나 제의해 왔다. 지 주교의 개입은 파장이 큰 것이라는 것을 온몸의 감각으로 느낄 수 있었다. 심지어 '지 주교에게 민청학련 사건을 덮어씌우려 하다니 너무하지 않으냐'는 따위의 말까지 했다. 나는 그들에게 코웃음을 쳤다. 그리고 '내게 돈 깎자고 흥정한 것까지 변호사를 통해 공개하겠다'고 맞섰다."

지 주교는 1974년 7월 6일 오후 4시 50분 김포공항에서 중앙정보부로 연행된다. 대만에서 열린 아시아주교회의 연합회 창립총회 참석

차 떠났다가 귀국하는 길이었다. 지 주교를 공항에서 기다리던 원주교구 신부들은 지 주교가 나타나지 않자 김수환 추기경과 주한 교황청 대사에게 "지 주교가 납치됐다"고 알렸다.

이날부터 한국 가톨릭은 미증유의 소용돌이에 휘말리게 된다. 지 주교 석방과 탄원에 앞장섰던 추기경은 당시 상황을 2004년 초《평화신문》에 연재한 회고록을 통해 상세하게 전하고 있다.

추기경은 이미 지 주교가 연행되기 며칠 전 원주교구청으로부터 "지 주교님이 민청학련 사건에 연루됐다고 하는데 분위기가 심상치 않다. 주교님은 지금 해외 출장 중"이라는 전화를 받는다. 불길한 예감이 든 추기경은 지 주교가 귀국하는 날인 7월 6일 주교회의 사무총장 신부에게 "공항에 나가 보라"고 한다. 아니나 다를까, 한참 만에 돌아온 사무총장 신부는 "지 주교가 비행기에서 내리는 것까지는 봤는데 그 후로 오리무중이라고 한다"는 원주교구 신부들의 이야기를 전한다. 사방에 지 주교를 수소문했으나 소재는 파악되지 않았다.

그로부터 3일 뒤인 7월 9일 김재규 중앙정보부 차장이 직접 추기경을 찾아왔다. 그는 "우리가 지 주교님을 모시고 있다"고 했다. 예감한 대로였다. 추기경은 바로 중정으로 달려가 지 주교를 면회했다. 다음은 추기경이 회고록에서 직접 털어놓은 육성이다.

"지 주교를 만나 얘기를 들어보니 유신정권이 주장하는 혐의는 납득할 수 없었다. 지 주교는 원주교구에서 농민과 탄광촌 주민을 위해 활동하는 김지하 시인을 통해 순수한 뜻을 가진 젊은이들을 도운 것뿐이었다. 나는 용공분자라는 올가미를 씌우려는 그들(정보부)의 음모를 파악한 이상 가만히 앉아 있을 수가 없었다. 주교회의를 소집했다. 전국 신부들 수백 명이 서울로 올라와 구국기도회를 열었다."

사태가 긴박하게 돌아가자 추기경
이 지 주교를 면회한 다음 날인 7월
10일 오전 김재규 차장이 추기경을
다시 찾아왔다. 그러더니 "각하와 면
담을 해보는 것이 어떻겠느냐"는 뜻

1974년 7월 김
수환 추기경과
박정희 대통령
의 독대.

밖의 제안을 한다. 추기경은 주교회의에 의견을 물었다. 참석 멤버인
12명의 의견은 정확히 반반으로 갈렸지만 추기경은 주교회의 의장 자
격으로 면담을 결정한다. 김재규 차장에게 "만나겠다"고 했더니 김
차장은 이렇게 말했다고 한다.

"추기경님, 환자는 딱딱한 음식을 소화시키지 못합니다. 그러니까
죽처럼 부드러운 음식부터 시작해야 합니다. 제발 부탁입니다. 각하와
충돌하지 마십시오. 그렇게 되면 사태는 걷잡을 수 없게 됩니다."

김수환 추기경과 박정희 대통령의 독대

김수환 추기경과 박정희 대통령의 면담은 7월 10일 저녁, 속전속결
로 진행됐다. 추기경은 저녁 6시 명동성당에서 서둘러 청와대로 향했
다. 지방에서 상경한 신부들과 수녀들은 철야기도를 하면서 면담 결
과를 기다리기로 했다.

추기경은 《평화신문》에 연재한 회고록에서 "청와대에 도착했더니
신직수 중앙정보부장이 현관에서 기다리고 있었다. '와 주서서 고맙습
니다'라며 허리를 90도 꺾다시피 인사를 하는 신 부장의 '과잉 환대'
에서 이번 사태를 온건하게 해결하려는 중앙정보부 수뇌부의 의지를

읽을 수 있었다"고 말한다.

이날 면담은 박 대통령이 먼저 시국에 관한 생각을 얘기하면, 추기경이 그에 대한 의견을 개진하는 식으로 1시간 반 동안 진행됐다. 추기경은 "서로 상대방 말을 경청하는 진지한 분위기였다. 그동안 역대 대통령들과 마주앉아 본 적은 많았지만 가장 대화다운 대화를 한 것이 그 자리였다"고 회고한다. 이날 대화록은 추기경의 회고록에 자세히 기록돼 있다. 이를 토대로 이날 대화를 재구성해본다. 먼저 박 대통령이 입을 열었다.

"종교란 마음의 정화를 위해 존재하는 것 아닙니까? 정치·경제 문제에 개입하는 것은 고유 영역을 벗어나는 일이고, 정교분리(政敎分離) 원칙에도 맞지 않습니다."

그러자 추기경은 "대통령께서 종교의 역할을 그렇게 보시는 것은 충분히 이해합니다"라고 전제한 뒤 이렇게 답한다.

"그런데 한번 달리 생각해 보십시오. 사람들이 종교나 교회에 가장 기대하는 것이 무엇이겠습니까? 개개인의 마음뿐 아니라 사회를 도덕과 윤리로 정화시켜 주길 원하고 있습니다. 사회가 윤리 도덕적으로 타락하고 부정부패로 썩어가는데도 교회가 수수방관한다면 직무유기입니다. …말씀하신 대로 교회가 정부 정책에 관여하는 것은 옳지 않습니다. 그러나 기본권이 유린당하거나 정의에 어긋나는 일이 있으면 '아니오'라고 말해야 합니다. 하느님 모상(模像)으로 창조된 존엄한 존재인 인간의 존엄성은 국가권력도 침범할 수 없습니다."

추기경의 회고록에는 대화 내용만 기록되어 있을 뿐 말하는 사람의 표정은 드러나 있지 않기 때문에 당시 분위기가 어땠는지 짐작할 수는 없다. 그러나 시종일관 두 사람의 대화가 진지했으며 진정성이 있었다는 것은 대화록만 보아도 쉽게 짐작이 간다. 박 대통령도 추기경의 말을 경청했고 추기경도 대통령의 입장을 십분 이해하면서 용기있고 담대하게 할 말을 다했다.

대화주제는 언론자유 문제로 넘어갔다. 대통령이 깊은 한숨을 쉬며 이렇게 말했다.

"사람들이 언론자유를 얘기하는데 서울에서 인쇄되는 석간신문이 그날로 평양까지 가는 걸 알고나 떠드는지 모르겠어요. 남북이 분단되고 공산주의 혁명 침투위험이 상존하는 상황에서 국가안보상 현 언론정책은 불가피합니다."추기경은 이 말에 깜짝 놀랐다고 한다. 어떻게 석간신문이 그날로 몇 백리 떨어진 평양까지 간단 말인가. 추기경은 "국가안보의 필요성에 대해 전적으로 공감한다"면서 이렇게 말한다.

"안보를 위해서는 무엇보다 강한 국력이 필요합니다. 그런데 강한 국력이란 무력이 아니라 애국심과 단결력에서 나옵니다. 지금 국민들은 심지어 시시비비를 가릴 줄 아는 신문이라는 《동아일보》까지 불신하고 있습니다. 쓸 것을 제대로 쓰지 못하기 때문입니다. 신문을 믿지 못하는 것은 정부에 대한 불신이 크다는 얘기입니다. 이는 국가안보를 해치는 결과를 초래합니다."

"오늘 밤에 풀어드리겠습니다"

대화는 노동문제로까지 넘어갔다. 대통령이 "종교가 왜 노동문제에 개입합니까, 개신교에 도시산업선교회(도산·都産)라는 단체가 있지요. 기업주들은 '도산'이 개입하면 (공장이) 도산(倒産)한다'고 아우성입니다"라고 말하자 추기경은 이렇게 말한다.

"저도 노동자들이 파업을 일삼는 것에 찬성하지
않습니다. 서로 존중해야 합니다. 그러나 노동자들
이 인간 대접을 받지 못하고 있습니다. '물질은 공
장에 들어가면 좋은 상품이 되어 나오는데 사람이
들어가면 폐품이 되어 나온다'는 말이 돌고 있습니
다. …가난을 몰아내고 인간이 인간답게 사는 나라
를 만들기 위해 5·16혁명을 하신 것 아닙니까? 대
통령께서도 노사분규 현장에 가보시면 노동자 편
을 들어주실 수밖에 없을 것입니다. 지금 교회가 하는 일을 대통령께
서 하셔야 합니다."

애기를 충분히 나눈 것 같았다. 추기경은 마지막이라는 생각에 '본
론'을 꺼냈다.

"지금 신부 수백 명이 명동성당에 모여 지학순 주교님 걱정을 하고
있습니다. 오늘 제 애기를 너그럽게 들어주셨으니 지 주교님을 풀어
주십시오."

박 대통령은 잠시 생각에 잠긴 듯하더니 "알겠습니다. 오늘 밤에 풀
어드리겠습니다"라고 대답했다고 한다. 추기경은 대통령의 시원스러
운 대답을 듣고 내친 김에 한 가지를 더 요청한다.

"민청학련 사건에 연루된 젊은이들이 사형선고를 받았는데 그들을
죽이면 안 됩니다. 국민과 국제사회의 비난이 빗발칠 것입니다. 관대한
모습을 보여주십시오. 그러면 국민의 존경심도 한층 커질 것입니다."

그러자 박 대통령은 "…그건 좀 생각해봐야 할 문제입니다"라고 답
했다. 하지만 며칠 후 국방부장관 이름으로 민청학련 관련자들에게
감형조치가 내려진다. 추기경은 며칠 뒤 이 조치를 접하고 "정말 다

행"이라고 생각했다고 한다. 추기경이 명동성당으로 돌아온 그날 밤 10시, 정보부로부터 지 주교를 데려가라는 연락이 온다. 성당 뒤 수녀원으로 주거가 제한된 가석방이었다.

지 주교는 가석방 뒤 양심선언을 준비하고 있었다. 죽음을 각오하고 독재권력과 싸우겠다는 결의를 굽히지 않던 지 주교는 추기경에게 이렇게 말한다.

"제가 젊은이들에게 돈을 대서 내란을 선동하고 정부전복을 기도했다는 게 말이 됩니까? 내가 빨갱이입니까? 죽는 한이 있더라도 양심선언을 해서 진실을 밝혀야 합니다."

추기경은 그런 그를 말렸다.

"주교님. 그건 안 됩니다. 건강도 안 좋으시고 사태도 더 악화시킬 뿐입니다. 만일 주교님께서 그런 선택을 하시면 구속은 물론이고 교회도 분열됩니다. 그러면 사태를 수습할 수가 없습니다."

하지만 지 주교는 7월 15일 "김지하에게 돈을 준 것은 사실이나 순수한 학생운동에 민주수호를 위한 기금으로 준 것이다. 액수와 돈을 준 시일은 기억에 없으나 100만 원 내외의 금액을 1973년 초겨울에 준 것으로 기억한다"는 내용을 발표한다. 그리고 다음 날 비상군법회의로부터 내란혐의가 명기된 공소장을 전달받는다. 추기경은 회고록에서 "민청학련 구속자 가족들이 찾아와 진실을 밝혀 달라고 조르는 상황에서 지 주교는 그들 목숨을 구하려면 당신 자신이 똑같은 죄목으로 감옥에 들어가야 한다고 생각했다"고 당시 상황을 전했다.

지 주교는 이어 7월 23일 "유신헌법은 무효이고 진리에 반대된다"는 내용의 양심선언을 발표하고 연행된다. 선언문에 타자를 쳐준 수녀, 영문 번역한 변호사, 현장에서 지 주교 체포를 저지한 신부들까지 줄줄이 연행됐다. 지 주교는 8월 12일 징역 15년, 자격정지 15년 형을 선고받고 법정 구속됐다. 전국에서 시국기도회가 들불처럼 번져 나갔다.

육영수 여사 흉탄에 지다

지학순 주교가 연행돼 징역 15년형을 선고받은 3일 뒤인 1974년 8월 15일은 광복 29주년 기념일이었다. 이날 오전 10시 6분 남산 국립극장. 박정희 대통령 내외의 입장을 알리는 장내 방송과 함께 대통령과 육영수 여사가 무대 오른쪽에서 나오자 모두 기립해 박수로 맞았다. 박 대통령은 오른손을 들어 박수에 답례했고 오렌지색 한복을 입은 육 여사는 활짝 웃음을 머금고 목례했다.

10시 13분, 대통령이 연설대 앞으로 나와 차분하고 낮은 목소리로 경축사를 읽어 내려가기 시작했다. 그리고 10분 뒤인 10시 23분, 청중의 눈과 귀가 모두 대통령에게 쏠려 있는 사이 관객석 뒤쪽 해외교포석 끝에서 검은색 양복에 안경 쓴 괴청년(문세광)이 불쑥 일어났다. 그는 무대 쪽 복도로 5m가량 뛰어나가더니 무대를 향해 오른손을 들었다. 권총이 들려 있었다. '타앙 탕' 하는 금속성 두 발이 장내를 뒤흔들었다. 범인은 다시 15도가량 경사진 통로를 17~18m가량 뛰어 내려가 오케스트라석 앞까지 이르렀다. 순간 대통령은 연단 뒤로 몸을 숙여 피했다. 그러자 범인은 연단 왼쪽에 꼿꼿이 앉아 있던 육 여사를 향해 두 발을 쏘았다. 육 여사가 좌석에 앉은 채 고개를 오른쪽으로 떨궜다. 대통령이 있는 방향이었다.

이날 총소리가 나자마자 무대 뒤에서 달려 나와 문세광을 향해 정조준하는 모습이 신문에 대문짝만하게 실렸던 박상범 전 대통령경호실장은

2011년 10월 필자와의 인터뷰에서 '그날 그 순간'을 이렇게 회고했다.

"커튼 뒤에서 대기하고 있었는데 갑자기 '땅' 하는 소리가 들려 바로 튀어 나갔지요. 문세광이 무대 쪽으로 총을 쏘며 달려오고 있었습니다. 각하께서 연설대 밑으로 피하는 동시에 앞으로 튀어나간 저에게 '우리 내자는 괜찮으냐'고 물었습니다. 당시 공개된 사진 중에 제가 정조준 상태에서 왼쪽으로 고개를 휙 돌린 사진이 있는데 각하의 말을 듣고 순간적으로 여사가 계신 쪽을 돌아본 모습이 찍힌 겁니다. 여사는 이미 총에 맞아 고개를 떨군 상태였습니다. 문세광은 현장에서 검거됐습니다. 이 모든 일이 불과 3~4초 사이에 일어났습니다."

육 여사가 쓰러지고 2분 뒤 문세광이 경호원들에게 양팔과 양다리를 들린 채 밖으로 끌려 나갔다. 그리고 놀라운 일이 벌어졌다. 박 대통령이 다시 연설대에 모습을 드러낸 것이다. 그는 보리차를 한잔 마신 뒤 청중을 바라봤다. 충격에 휩싸였던 객석에서 박수갈채와 "대통령 만세" 소리가 터져 나왔다. 잠시 후 조용해지자 대통령은 손을 들어 답례하고 "하던 이야기를 계속 하겠습니다"라고 말했다.

전국을 휩쓴 추모와 애도의 물결

10시 33분, 박 대통령은 기념사를 모두 마치고 여학생 합창단의 광복절 노래와 폐회선언까지 기다린 뒤 박수갈채에 손을 두세 번 들어

답하면서 극장을 떠나 곧 육 여사가 응급가료 중인 서울대 부속병원으로 달려간다.

당시 청와대 대변인을 지낸 김성진은 회고록 《한국 정치 100년을 말한다》에서 "자신을 겨눈 총탄이 부인을 쓰러뜨리는 장면을 연설대 밑에서 숨어 지켜본 뒤 다시 소란해진 장내를 가라앉히고 나서 그 특유의 카랑카랑한 목소리로 경축사를 끝까지 계속하는 대통령의 모습을 보고 '저분은 사명감의 불사조구나' 하는 생각을 갖지 않을 수 없었다"고 전한다.

범인 문세광은 23세의 재일 한국인이었다. 본적은 경남 진양군 대평면 산촌리 3-24, 살고 있는 곳은 일본 오사카, 여권은 일본인 요시이 이름으로 된 것이었고 비자는 관광비자였다.

대통령저격사건수사본부는 며칠 뒤 수사결과를 발표하고 "문세광이 조총련계 재일교포로 북괴 공작선 만경봉호에 승선했을 때 북괴 공작지도원으로부터 '박 대통령 저격사업은 김일성 주석이 직접 지시한 사업이니 생명을 걸고 성공시키라'는 지령을 받았다"고 밝혔다(《동아일보》 8월 23일자).

김수환 추기경도 비통과 충격에 휩싸인다. 그는 회고록에서 "육 여사가 수술을 받고 있다는 소식을 듣는 순간 대세(代洗·가톨릭에서 사제를 대신해 예식을 생략하고 세례를 주는 일)라도 주고 싶은 생각이 간절했다. 그날 경축연회장에서 만난 김종필 국무총리에게 '주선해달라'고 부탁했다. 김 총리가 상황을 알아보고 돌아와서는 '수술 중이라 접근이 불가능하다'고 말했다"고 전한다. 결국 육 여사는 깨어나지 못하고 49세 나이로 유언 한마디 없이 오후 7시에 운명한다.

여사의 시신이 옮겨진 청와대는 말할 수 없는 비통함으로 가득했다. 다시 김성진 전 대변인의 회고다.

"박 대통령은 조문객들이 있는 곳에서는 의식적으로 슬픈 표정을 짓지 않으려 애를 쓰고 있었다. 그러면서 혼잣말처럼 나직하게 심경을 털어놓았다. '항상 앞서 걷는 나에게 혼자서 먼저 가지 말고 같이 가자고 애기하던 그 사람이 나보다 먼저 혼자서 갈 줄은 참으로 몰랐다. 지금도 그 사람이 두 손을 내밀며 "이 손 좀 잡아 보세요. 나병 환자들과 악수한 손이에요"하며 저 문으로 들어서는 것만 같다'… 문상객들의 발길이 거의 끊기고 비서관들과 정부 측 인사 몇 명만이 남아 접견실에서 밤샘을 하고 있으려면 밤마다 안쪽에서 마치 호랑이 울부짖음을 방불케 하는 통곡소리가 들려왔다. 박 대통령이 여사의 시신 앞에서 홀로 목 놓아 우는 소리였다."

애도와 추모의 물결이 전국을 휩쓸었다. 할머니와 부녀자들은 분향소에 엎드려 마치 가족이라도 잃은 듯 애통해했다. 이틀 만에 일반 조문객 수는 10만 명을 넘어선다. 전국 도청마다 마련된 분향소에도 지방조문객들이 몰려들었다. 이런 추모 물결은 1976년까지 이어진다. 여사가 숨진 지 2년이 지난 76년 7월 3일에는 묘소를 참배한 인원이 1000만 명을 넘어섰다.

김지하는 필자에게 육 여사를 언급하며 이렇게 말한 적이 있다.

"김수환 추기경, 지학순 주교로부터 똑같은 말을 들은 적이 있다. '육 여사가 대통령감'이라는 거였다. '왜냐'고 여쭸더니 육 여사가 두 분을 각각 만났을 때 이렇게 묻더란다. '박 대통령의 가장 큰 오류가 뭡니까.' 추기경이나 지 주교나 답을 않고 가만히 있었더니 육 여사가 다시 이렇게 되묻더란다. '첫째 친일파, 둘째 빨갱이(남편의 남로당 경력을 말한다), 셋째 친미파라는 거죠?' 한마디로 시중에서 말하는 박 대통

령에 대한 비난을 먼저 지적하면서 두 사람에게 '대통령 좀 봐달라'
그 이야기였다. 그런 육 여사를 보고 두 분 다 보통 사람이 아니라고
생각한 거다."

청와대 속 야당 자처한 정치 감각의 소유자

박정희 대통령에 대해서는 평가가 극명하게 갈리지만 육 여사에 대
해서만큼은 비난의 목소리가 거의 없다. 오히려 시간이 지날수록 신
화가 더 굳어지는 느낌이다.

김대중 전 대통령의 부인 이희호 여사도 자서전 《동행》에서 "육 여
사를 생전에 세 차례 만났다. 따뜻하고 반듯한 성품을 지녔으며 남편
의 독재를 많이 염려한 것으로 알려진 청와대 속 야당이었다"고 표현
한 바 있다. 김수환 추기경도 회고록에 이와 유사한 평가를 남겼다.

"육 여사는 청와대 제1야당이라고 불릴 정도로 박 대통령에게 직언
을 하면서 약자 편을 들어주셨다. 중앙정보부 차장 김재규 씨에게 전
해들은 얘기지만 육 여사는 박 대통령에게 민심을 전달하면서 귀에
거슬리는 충고도 마다하지 않았다. 그러면서도 공인의 아내로서 덕을
잃지 않았으며 사회의 그늘진 곳도 자주 찾아다녔다. 국모(國母)다운
면이 많은 훌륭한 영부인이었다."

민청학련 사건으로 박정희 대통령과 독대하기 2년 전인 72년 2월,
추기경은 박 대통령과 비교적 긴 시간을 함께 보낸 적이 있었다고 한
다. 진해 해군사관학교 졸업식에 참석해 기차에서 7시간, 공관에서 4
시간을 박 대통령과 함께했는데 이날 만남을 주선한 이가 바로 육 여

사였다. 그러나 김 추기경은 "당시 박 대통령은 남이 말할 기회를 주지 않고 일방적으로 혼자 얘기했다. 그런 그분 모습에서 1인 독재체제가 장기화할 것임이 느껴져 우울했다"고 전한다.

육 여사는 국민의 눈에 비친 남편의 모습을 국민 입장에서 헤아릴 줄 아는 탁월한 정치감각의 소유자라고 할 수 있다. 당장은 남편 귀에 거슬리더라도 여론을 가감 없이 전해 '청와대 속 야당'으로 불리기도 했다. 육 여사의 삶은 아내로서, 어머니로서 한국 여인상의 표상이기도 하지만 더불어 지도자의 아내가 어떤 삶을 살아야 하는지, 또 사회지도층은 어떤 삶의 자세를 가져야 하는지를 말이 아닌 행동과 실천으로 보여준 시대의 큰어른이기도 했다.

육영수 여사의 삶

필자는 2008년 12월 육 여사의 삶을 간단한 평전으로 정리해 《신동아》에 기고한 적이 있는데 당시 쓴 원고를 바탕으로 여사의 삶을 정리해 보려 한다.

흔히 사람들은 육 여사 하면 아름다운 미소와 부드러움을 연상하지만 사실 육 여사는 겉으로는 온화해도 내적으로는 엄격한 자기관리와 절제로 자기 자신에게 매우 혹독한 사람이었다. 부모에게 순종하고 주변 사람들의 입장을 자기 일처럼 배려했지만 자기가 옳다고 생각한 일에 대해서는 물러서지 않는 사람이기도 했다. 이는 한 사람의 삶에서 가장 중요한 선택이라 할 수 있는 배우자를 결정하는 일에서 단적으로 느껴진다.

그는 박정희와의 결혼을 결심하면서 형제(1남 3녀) 중에서도 자신을 유난히 사랑했던 아버지의 뜻을 거역하고 아예 인연을 끊을 정도로 단호했다.

육 여사는 충북 옥천 갑부의 둘째딸로 태어나 유복하게 자랐다. 아버지는 자수성가한 지주였다. 또 미곡상, 금광, 인삼가공업 등 당시로서는 뉴비즈니스사업에 뛰어든 벤처사업가였다. 옥천군에서 가장 먼저 닛산 화물자동차를 소유했으며 그 시절에 무비카메라까지 갖고 있었던 신세대(?)였다.

그러나 그 세대 아버지들의 전형이 그러했듯 완고하

고 보수적이었다. 육 여사에게도 '여자가 시집이나 잘 가면 됐지 공부할 필요가 없다'면서 고교 졸업 후 전문학교 진학을 시켜주지 않았다. 그래놓고 선뜻 곳간 열쇠를 맡겼다. 둘째 딸에 대한 전적인 신뢰를 뜻하는 것이었다.

육 여사가 박정희 당시 육군 소령과 처음 만난 것은 전란의 와중이던 1950년 8월 하순경이었다. 외가 쪽으로 친척 오빠뻘 되는 송재천 소위(당시 육본 정보국 근무)의 주선으로 맞선을 본 것. 박 소령이 작업복 차림으로 육 여사 가족이 피란을 가 세 들어 있는 부산 영도의 일본식 2층 집을 찾았을 때의 첫인상을 육 여사는 훗날 어느 기자에게 이렇게 말하고 있다.

"군화를 벗고 계시는 뒷모습이 말할 수 없이 든든해 보였어요. 사람은 얼굴로써는 남을 속일 수 있지만 뒷모습은 남을 속이지 못하는 법이에요. 얼굴보다 뒷모습이 정직하거든요. 그 후 몇 번 만나니까 그 직감이 틀림없다는 것을 확인할 수 있었어요. 미덥고 소박하고 아주 정다운 분이에요."

박 소령은 맞선 보던 그해 9월 15일 중령으로 진급했다. 그리고 12월

12일 대구 계산동 천주교성당에서 혼례를 올린다. 이날 결혼식에 육여사의 아버지 육종관 씨는 없었다. 전란 중에 언제 어떻게 죽을지 모르는 군인에게, 그것도 여덟 살이나 나이가 많은(박 중령은 서른 넷, 육여사는 스물여섯) 사람에게 절대로 딸을 시집보낼 수 없다는 것이었다.

더구나 박정희는 전처소생의 딸까지 둔 이혼남이었다. 육 여사가 아버지와 절연하면서까지 세속적 기준으로 자신의 조건과 한참 못 미치는 배우자를 선택한 것은 다름아닌 박정희에 대한 존경심 때문이었다. 다음은 박근혜 대통령이 2000년에 펴낸 《나의 어머니 육영수》의 한 대목이다.

"가뭄으로 전 국민이 애를 태우던 64년. 입맛도 잃으면서 절박한 마음으로 농민들과 함께 비를 기다리시던 어느 날, 드디어 비가 퍼붓기 시작했습니다. …아버지는 반가운 마음을 진정시키지 못하고 어머니와 함께 지프차를 타고 한강변으로 나가 반가운 비를 흠뻑 맞았습니다. 줄기차게 퍼붓는 빗속에서 묵묵히 비를 맞고 서 있는 남편을 어머니는 자신의 남편이 아니라 이 나라의 지도자임을 다시 한번 절감했다고 합니다. 그런 남편의 모습에서 감동과 함께 신뢰를 가질 수 있었다고 하였습니다."

육 여사는 결혼 전에도 그랬지만 결혼 후 내내 남편이 하는 일은 무엇이나 정의의 편에 서 있다는 확신을 갖고 있었다. 영부인이 된 뒤 어느 인터뷰에서는 이렇게 말했다.

"월남파병 때는 일주일을 두고 고민하시는 것 같더군요. 막상 결정을 내리실 단계에서는 하루저녁에 담배를 네 갑이나 피우신 것 같아요. 한 번 재떨이를 비워 드렸는데 나중에 보니까 꽁초가 많이 쌓였더군요. 주위에서 많이 애를 쓰시고 조언도 하시겠지만 역시 모든 것을 종합하여 판단하시고 결정하셔서 책임지는 것은 이분 혼자이시지 않겠어요. 그런 걸 옆에서 볼 때 무척 안타깝기도 할 뿐더러 그분도 퍽 외로우신 것 같아 보일 적도 있어요."

3선 개헌을 묻는 국민투표를 사흘 앞둔 69년 10월 14일 오후 육 여사는 기자회견에서 국민투표에 대한 감상을 묻는 기자의 질문에 "감상이랄 게 뭐 있어야죠. 만약의 경우 나야 보따리 싸가지고 훌훌 나가서 가족들과 알뜰하게 살면 그만이지요"라고 담담하게 답했다. 그러면서 말미에 "앞으로 언젠가 이 자리를 물러나게 되면 그때는 진정 즐거움을 느끼며 살 수 있을 것 같다"고 말했다. 하지만 이 평범한 소망은 끝내 이뤄지지 못했다.

가뭄에 양수기 끌어안고 울어버린 육영수 여사

육 여사는 가난을 모르고 자랐지만 1950년 말 결혼 이후 1958년 박정희 대통령이 소장으로 진급하기 전까지는 전셋집을 전전했고, 때로 의식주가 어려운 때도 있었다. 늘 이웃의 어려움을 돌보던 그가 본격적으로 가난한 사람들의 형편을 살피기 시작한 것은 남편이 국가재건최고회의 의장이 되고 나서부터였다.

그 시절은 너나없이 못살던 시절이었으며 행정의 손이 미처 닿지 않는 '그늘'도 너무 많았다. 절망에 빠진 많은 민초(民草)들은 최고 권력자의 안주인에게 편지를 보냈다. 사람들은 행여 읽어주기나 할까 생각했지만 육 여사는 꼼꼼히 모든 편지를 읽고 자신이 할 수 있는 일을 찾았다. 이들은 진심 어린 여사의 반응과 행동에 놀라지 않을 수 없었다.

　박 대통령이 최고회의 의장에 선출된 해인 1961년 7월 3일 무더위가 막바지 기승을 부리던 어느 날, 여사 앞으로 한 통의 편지가 왔다. 절도죄로 교도소에서 형을 치르고 나온 전과범이 보낸 편지였다. '모범수였는데 나와 보니 일자리도 없고 장사할 밑천도 없어 막막하다. 손수레 하나만 사주시면 고맙겠다'는 내용이었다.

　여사는 비서를 통해 신원조회를 해보고 거짓이 아니라는 연락을 받고 그를 의장 공관으로 불렀다. 가족관계는 어떤지, 손수레가 있다면 무슨 장사를 하고 싶은지 세심하게 묻고는 봉투두 개를 건넸다. 그중 한 개에는 포도장사를 하고 싶다는 그를 위해 손수레 한 대 값과 포도 열 관을 살 수 있는 돈을 넣고 다른 하나에는 자신을 만나러 오는 데 든 왕복 여비와 점심 값을 넣은 것이었다.

　육 여사는 신문 사회면과 방송을 꼼꼼히 챙겨본 것으로 유명하다. 세상물정을 파악하고 어려운 처지의 사람들을 적극 돕기 위해서였다. 어느 날에는 이촌동 판자촌 박옥순이라는 여인이 아들을 낳았는데 미역국은 고사하고 쌀도 없어 굶어 죽게 생겼다는 기사를 보았다. 육여사는 산모를 직접 찾아 나서기로 한다. 그리고는 폐수와 오물로 넘치는 판자촌에서 어렵사리 집을 찾아 몸이 퉁퉁 부은 산모와 굶어 죽어가고 있는 어린 생명을 위해 직접 밥을 안치고 국을 끓여주었다.

영부인에 대한 국민적 지지는 진심이 통한 결과

　여사에게는 대변인도, 공보관도 없었지만 이런 선행은 입에서 입으로 전해졌다. 민초들이 보내는 신뢰와 애정은 깊어만 갔고 그 깊이에 비례해 편지도 줄을 이었다.

그렇다고 여사가 가난한 사람들에게 무조건 온정을 베풀기만 한 것은 아니었다. 어느 날은 삼양동 판자촌을 찾았다. 여사는 판자촌 청년들에게 "국수기계를 사줄 테니 국수공장을 해보라"며 조합을 만들 것을 권한다. 며칠 뒤 청년 일곱 명으로부터 "조합을 구성했으며 공장으로 쓸 건물도 물색해놓았다"는 답이 왔다. 여사는 꼼꼼하게 이들을 면접한 뒤 건물까지 확인하고서야 약속대로 국수틀과 밀가루를 사주었다. 요즘 '협동조합' 활동이 활성화되며 인기를 끌고 있지만 여사는 일찍부터 생활인들의 자활수단으로 '조합'의 역할에 주목했던 것이다.

생전에 여사는 "성의 없는 봉사나 구제는 상대에게 혐오 열등의식 의타심을 길러주어 도와주지 않느니만 못하다. 단지 베푸는 것만이 봉사와 사랑이 아니다. 진심으로 성의가 있어야 한다"고 했다. 요즘 복지가 화두인데 육 여사의 '진정성 있는' 실천이야말로 진정한 복지였다는 생각이 든다.

여사는 국민들의 아픔을 내 아픔처럼 여겼다. 1968년 여름 호남지방에 비가 한 방울도 오지 않는 폭염이 이어졌다. 대통령은 밤잠을 설치며 초조해했고 그런 남편을 지켜보는 여사의 마음도 마찬가지였다. 어느 날 대통령 부부는 가뭄이 가장 심하다는 전남 나주로 내려갔다. 논바닥에 양수기가 서있는 게 눈에 띄었다. 그런데 여사가 양수기 쪽으로 가더니 갑자기 페달을 밟기 시작하는 것 아닌가. 하지만 아무리 힘주어 밟아도 물이 나오지 않자 여사는 양수기에 얼굴을 묻고 울음을 터뜨리고 말았다. 이를 바라보는 주변은 온통 눈물바다가 되었다.

같은 해 서울은 집중폭우로 물난리가 났다. 서울 잠원동 주민 150

가구가 강물을 피해 인근 초등학교로 피신했는데 감기와 배탈 환자가 속출한다는 소식이 들렸다. 여사는 약품을 직접 챙겨들고 길을 나섰다. 국립묘지 근처까지 오자 한강은 이미 거대한 바다로 변해 있었다. 어둠까지 내려앉고 있어서 바라보는 것만으로도 공포심이 들었다. 하지만 포기할 육 여사가 아니었다.

여사는 뱃사공과 배를 수소문해 강을 건너 학교에 도착했다. 영부인이 늦은 밤에, 그것도 배까지 타고 와서 구호품을 전해 주느라 물속을 첨벙첨벙 걸어 다니는 모습을 바라보면서 다들 입을 다물지 못했다. 여사는 평생 '상대방을 진심으로 대하면 안 될 일이 없다'는 믿음을 갖고 있었다.

유신이 선포된 후 반(反)독재 시위가 절정을 향해 달리던 1973년 12월 24일 크리스마스이브에는 영등포 근로자 합숙소를 불쑥 찾았다. 국이라도 따뜻하게 끓여 먹으라고 동태를 건넸다. 여사는 난롯가에 근로자들과 둘러앉았다. 그러자 20대 청년이 "우리가 이렇게 못사는 것은 다 정치를 잘못해서"라며 불평불만을 늘어놓았다. 말투도 공격적이었다. 육 여사는 온화하고 진지한 표정으로 청년의 말을 끝까지 듣더니 청년이 말을 마치자 이렇게 말했다.

"남이 하기 힘든 말을 해주어서 고마워요. 그러나 정부에서 하는 일이 그렇게 모두 비뚤어진 방향으로 돌아가지만은 않을 거예요. 지금 시민들 애로가 많은 줄은 알아요. 하지만 민원창구나 정부에서 하는 일도 모두 고충이 있다는 것을 알아주셨으면 해요."

여사는 며칠 후 청년을 포함해 아홉 명의 근로자를 청와대로 불러 만둣국을 대접했다. 1971년 여사가 날품팔이 근로자들이 30원을 내고 하룻밤을 유숙하는 동대문 근로자 합숙소를 방문했을 때 적은 소감문은 이렇다.

"(이곳에 있는) 실업자들을 보며 이들이 하루아침에 구제될 수 있다고 생각하는 것은 아니다. 하지만 위정자 가족의 한 사람으로서 항상 미안한 마음이 앞선다. 그리고 나를 진정으로 반겨주는 데 깊은 감동을 받았다. 식당 난롯불을 가운데 끼고 앉아 오랫동안 이야기를 나누다 보면 그들은 원망과 불평을 제쳐놓고 건강한 미소와 순수한 정신을 내게 보여준다. 떠날 때 자주 오라고 손을 흔드는 모습에 눈물이 핑 돈다. 나는 그들에게 어떤 혜택을 줄 아무런 권한도 없다. 하지만 그들의 생각과 뜻을 열심히 들어보고 성의껏 그 뜻을 대통령께 전달하겠다고 다짐한다. 그것이야말로 나의 의무에 앞서 커다란 보람이다."

박근혜 대통령, '나의 어머니 육영수'

육영수 여사를 모르고는 박근혜 대통령을 이해할 수 없다. 박근혜 대통령을 엄하게 양육한 사람은 어머니였기 때문이다. 박근혜 대통령은 책 《나의 어머니 육영수》에서 어머니의 자녀교육철학을 한마디로 이렇게 말한다.

'저희들을 키우시며 가장 신경 썼던 일 중의 하나는 행여 대통령의 자녀라는 특권의식이나 우월감을 갖지 않을까 하는 것이었습니다. … 조금이라도 저희들이 편한 생활을 하려 하고 나의 노력 아닌 다른 사람의 도움으로 무슨 일을 해결하거나 물건을 갖게 되는 일을 엄하게 금하는 데 있어서 어머니가 아버지보다도 훨씬 엄한 분으로 기억되는 것은 아마도 이런 이유에서일 겁니다.'

간혹 친척들이 해외여행길에 산 것이라며 선물을 가져올 때면 여사는 기뻐하는 자식들의 표정에는 아랑곳없이 그 자리에서 친척을 나무랐다고 박근혜 대통령은 회고한다.

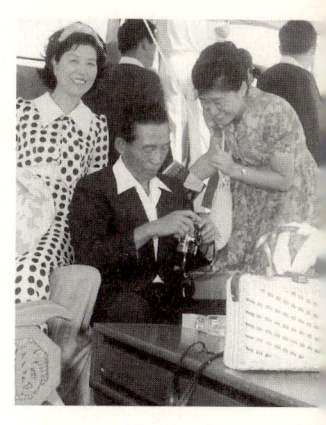

'친척이 돌아가고 나면 저희들에게 단단히 이르는 것도 잊지 않으셨습니다. 중류가정 정도의 아이들이 누릴 수 있는 환경 속에서 스스로 자신의 앞날을 개척할 수 있는 자립적이고 적극적이며 또 책임감 있고 성실하고 슬기로운 사람으로 자라야 한다, 부모의 지위에 대한 의타심을 버리고 가난한 한국 국민의 한 사람이라는 자각 속에서 겸손하게 자라야 한다는 말씀이었습니다. 당장에야 서운한 마음은 어쩔 수 없었지만 어머니의 뜻을 어렴풋하게나마 짐작할 수 있었기에 우리들은 어린 시절부터 아예 새로운 것, 좋은 것을 가지겠다는 욕심은 단념했었습니다.'

1967년도에는 이런 일도 있었다. 어느 비서가 아들을 일류 사립학교에 입학시키려고 제비를 뽑는데 확률을 높이려고 이웃 학교에 다니는 아이들 3명을 동원해 지원서를 제출했으나 다행히 아들이 뽑혔다며 육 여사 앞에서 자랑을 했다. 그러자 여사가 얼굴빛이 달라지더니 준엄하게 타일렀다.

"일이 정상적으로 되었으니 망정이지 동원된 아이가 당첨된 뒤에 그걸 물려받았더라면 위법뿐 아니라 인권유린이에요. 아이를 일류학교에 보내고 싶어 하는 어머니 마음은 다 같아요. 그러나 수단 방법을 가리지 않고 자기 자식만 넣으려 하면 이 사회는 어떻게 되죠?"

며칠 후 다시 육 여사가 비서를 불러 "내가 좀 과하게 말을 한 것 같다"고 사과하자 비서는 펑펑 울어버렸다고 한다.

"엄마가 너무 바빠서 미안해"

아들 지만 군이 초등학교 4학년 무렵에는 그림숙제를 위해 도화지로 사용할 종이를 비서실에서 얻은 것을 알고는 "종이 한 장도 국가 재산"이라며 돌려주었다는 일화도 있다. 필자는 2010년 광복절을 앞두고 박지만을 만나 《동아일보》 8월 16일자에 인터뷰 기사를 실은 적이 있다. 당시 인터뷰에서 그는 어머니에 대해 이렇게 말했다.

"예의범절을 강조하셨고 거짓말을 하면 호되게 꾸중을 들었다. 잘난 척하지 말고 남 무시하지 말고 어떤 사람이라도 존중해야 한다는 거였다. 남들의 부러움을 사지 말라고도 하셨다. 어렸을 때부터 남보다 좋은 장난감이나 학용품을 가져 본 기억이 없다. 학교 다닐 때도 될 수 있는 한 시내버스나 전차로 통학했다. 어머니는 늘 '언젠가 신당동 집으로 돌아갈 텐데 특별대우에 익숙해지면 안 된다'고 하셨다."

그는 "어머니가 밤늦게까지 서민들의 하소연이 담긴 편지를 일일이 읽고 답장을 하시느라 바빴다"면서 "'엄마가 너무 바빠서 미안해'라는 말씀을 자주 하셨다"고도 했다. 다시 그의 말이다.

"어머니가 재산 모으는 것, 사사로운 욕심을 채우는 말씀을 하시는 것을 한 번도 들어 본 적이 없다. 늘 어려운 사람들 이야기뿐이셨다. 서민들의 삶을 직접 보고 오실 때는 '가슴이 아파 그냥 올 수 없었다' '그렇게 어려운 환경에서도 희망을 갖고 사는 사람들이 대단하다' 하셨다. 그러면 아버지는 묵묵히 듣고 계셨고… 생활이나 다른 면에서는 아버지 뜻대로 하셨지만 정치를 둘러싸고 안 좋은 이야기가 들린다거나 아버지가 꼭 알아야 할 일이라고 생각하면 바로 이야기하셨다. 대개 아버지가 틀리고 어머니가 맞았다.(웃음) 큰소리는 아버지가 치셨지만 어머니는 당신이 원하시는 대로 아버지를 행동하게 만들었던 것 같다. 물론 모두 아버지와 국가를 위한 일이었다. 생각해 보면 참 지혜로운 분이었던 것 같다."

그는 "아버지는 어머니가 특히 나환자들을 만나고 돌아온 날, 자식들에게 '너희 어머니 정말 대단해, 대단해' 하시면서 자랑스러워하셨다"고도 전했다.

실제로 여사의 활동 중에 나환자 돌보기 사업을 빼놓을 수 없다. 그 시절을 지냈던 많은 사람들은 나환자와 악수하면서 미소 짓던 육 여사의 모습을 선명히 기억한다. 여사가 나환자한테 관심을 갖게 된 건 1965년 봄이었다. 식목일이 다가오자 몸은 비록 불편하나 꽃을 보며 마음을 환하게 가졌으면 하는 마음을 꽃씨 상자에 담아 나환자 마을에 보낸 게 시작이었다. 그 후 여사는 일반 목욕탕에 갈 수 없는 환자들을 위해 공중목욕탕을 지어주는 등 그들의 일이라면 발 벗고 나섰다.

한번은 나환자를 부모로 둔 아이들이 같은 학교 학부형들의 집단행동으로 초등학교에 입학하지 못한다는 소식을 듣고는 나환지촌 아이들 100명을 청와대로 초청해 아들 지만 군과 함께 식사를 하기도 했다.

어느 날 여사는 비서 한 사람만 데리고 경기 양주군 나환자촌을 찾았다. 얼굴은 찌그러져 있고 호미를 들고 있는 손도 마디가 떨어져 나간 흉측한 몰골이었지만 코를 흘리고 있는 아이를 덥석 안아 올리며 직접 손수건으로 코를 닦아주었다.

한 소녀가 드링크 한 병을 들고 여사 앞에 놓더니 고개 숙여 인사하고 도망치듯 달아났다. 어른들이 미리 연습을 시킨 것 같았다. 여사는 빙그레 웃으며 "이건 서울 가는 차 안에서 마실 테니 냉수를 한 그릇 달라" 하고는 맛있게 마셨다. 모두들 깜짝 놀라는 한편으로 큰 감동을 받았다. 자기들을 벌레 대하듯 하는 게 세상인심인데 영부인이 악수는 물론이요, 자기들이 쓰는 그릇에 담긴 물까지 맛있게 마시고, 뭉개진 손을 일일이 잡아주며 용기를 잃지 말라고 격려했으니 말이다.

육 여사 평전을 쓴 작가 홍하상은 "육 여사야말로 국민이 좋아할 수밖에 없는 일만 골라서 한 가장 정치적인 사람이었다"고 말한다. 정치란 것이 진정 국민을 위한 것이라고 할 때, 그의 말은 맞다. 시위하는 학생들을 감쌌고, 늘 가난한 사람들을 만났고 고통받는 이들과 함께 눈물을 흘렸으니 육 여사야말로 모든 정치인들이 본받아야 할 '롤모델'이라는 생각이 든다.

긴급조치 해제, 사형에서 무기로 감형되다

박정희 대통령은 1974년 8월 20일 오전 대국민 특별담화문을 발표한다.

"지난 광복절은 겨레의 축제일이었지만 뜻하지 않게 충격과 슬픔으로 보내지 않을 수 없게 된 데 대해 진심으로 국민 여러분에게 미안하고 죄송한 마음 금할 길이 없습니다. …전국에서 남녀노소와 신앙의 구별 없이 모든 국민이 본인의 내상(內喪)에 대해 정중한 조의와 애도의 뜻을 표시해준 데 대해 깊은 감사를 드립니다. 이에 보답하는 길은 대통령의 직책인 국가보위와 국민의 자유복리증진에 최선을 다하는 것이라 믿고 이 땅에서 폭력과 빈곤을 몰아내고 사랑과 희망이 가득 찬 행복한 생활을 우리 모두가 골고루 누릴 수 있도록 성실히 노력하는 것이라고 생각합니다."

필자는 박상범 전 경호실장을 인터뷰하며 "육 여사 사후 박 대통령이 얼마나 힘들어했는지" 물었다. 박 전 실장은 "많이 방황하셨던 것 같다. 약주도 좀 많이 하시고…. 몇 번 취하셨을 때는 '박 군아, 업어라' 하셔서 업어드리기도 했다"고 말했다.

아들 박지만도 필자와의 인터뷰에서 "어머니가 돌아가신 후 아버지는 패기가 많이 약해지신 것 같았다. 어두컴컴한 방에서 홀로 멍하니 앉아계신 모습도 많이 보았다. 항상 모든 일에 '어머니도 보고 계실 것'이란 표현을 많이 쓰셨다. 내가 육군사관학교에 입학하자 '하늘에 계신 어머니가 얼마나 기뻐하시겠느냐'고도 하셨다. …(내게는) 사춘기가 그때부터 온 것 같다. 게다가 어머니가 결국 경호 문제로 돌아가신 것이어서 돌아가신 뒤 경호가 무척 엄했다. 그때는 경호란 게 남의 눈에 띄지 않게 하는 것이 아니라 '눈에 띄게 하는 것'이어서 어딜 가나 주목을 받고 특별대접을 받는 게 싫었다. 내 친구들까지 나를 만났다는 이유만으로 주의를 받는 것도 어린 나이에 받아들이기 힘들었다"고 했다.

어머니의 급서로 삶이 가장 많이 바뀐 사람은 맏딸 박근혜였다. 당시 딸 근혜는 프랑스에 유학 중이었다. 74년 여름방학 중에 잠시 귀국해 어머니의 얼굴을 본 게 마지막이었다. 그가 쓴 《나의 어머니 육영수》의 한 대목이다.

'장례식을 치르고 한동안은 가슴이 뻥 뚫린 듯했다. 마치 가슴이, 심장이 나의 의지와는 상관없이 팔다리가 기계적으로 움직이는 것 같았다. 하루하루를 보내다가도 문득 바라본 하늘에 변함없이 찬란하게 떠 있는 태양을 보면 태양은 저리도 변함이 없는데 어머니만 세상에 계시지 않는구나, 차디찬 흙 속에 홀로 누워 계시는구나 하는 생각이 밀려들었다.'

퍼스트레이디가 되어서도 마찬가지였다.

'내게 남겨진 어머니의 모습에서 힘을 얻으며 지내다가도 문득 어머니가 안 계시다는 생각에서 밀려오는 외로움은 어쩔 수 없었다. 지금 나의 가장 큰 의무는 아버지로 하여금, 그리고 국민으로 하여금 아버지는 외롭지 않다는 것을 느끼게 하는 것이다. 소탈한 생활, 한 인간으로서의 나의 꿈. 이 모든 것을 집어 던지자. 기왕 공인으로 나서지 않으면 안 될 운명이라면 기꺼이 나서자 라고 다짐을 하지만 가슴에 뻥 뚫린 어머니의 자리를 쉽게 메울 수는 없었다.'

'먹방'에 감금된 김지하

육 여사의 사망이 박 대통령을 고독하게 만들어 유신체제를 강화시키는 데 결정타가 됐다는 증언과 주장은 많다. 김수환 추기경은 회고록에서 "육 여사가 그때 세상을 떠나지 않았더라면 박 대통령 통치 스타일은 한결 부드러웠을 것이라고 추측한다. 심리적 의지처를 잃은 박 대통령의 고독감이 정치에 어느 정도 악영향을 미쳤다고 생각하기 때문"이라고 말했다.

정치학자 전인권은 박 대통령에게 육 여사의 존재를 "심리적 안식처를 넘어 정치적 리더로 만든 당사자"라고까지 말한다. '인간 박정희'를 심리학적 상상력으로 복원한 《박정희 평전》에서 그는 "육영수는 심리적 고아였던 박정희에게 새로운 인식을 제공했다. 두 사람의 관계는 겉으로는 육 여사가 순종적이었지만 정신적으로는 박정희가 육 여사에게 의존했다고 봐야 한다"고 말했다.

실제 1954년 6월 미 육군포병학교 교육을 마치고 귀국하던 박정희 당시 준장은 배 위에서 이런 일기를 쓰기도 했다.

'나의 어진 아내 영수, 그대는 내 마음의 어머니이다. 셋방살이, 없는 살림, 좁은 울 안에 우물 하나 없이 구차한 집안이나 그곳은 나의 유일한 낙원이요, 태평양보다 더 넓은 마음의 안식처이다.'

한편, 육 여사의 사망은 당장 민청학련 관계자들에게는 한줄기 숨통이 트이는 계기를 마련한다. 박 대통령이 육 여사 서거 8일 만인 8월 23일 긴급조치 1호와 4호를 해제하는 유화조치인 긴급조치 5호를 단행하기 때문이다. 인혁당 관련자들을 제외한 민청학련 관련자들에게 사형은 무기로, 무기는 20년형으로 감형해주는 조치가 뒤따른다.

감형 후 민청학련 관련자들이 전원 항소를 포기하면서 형이 확정된다. 그러나 절대권력에 항거한 '죄인'은 교도소에서도 가혹한 대우를 받는 일이 많았다고 한다. 사형에서 무기징역으로 감형돼 영등포교도소로 이감된 김지하도 그중 하나였다. 수감 직후 그를 기다리고 있던 것은 먹방이었다. 먹방이란 글자 그대로 먹물을 뿌린 듯 사방이 새카만 방이다. 0.78평 크기에 밥그릇 들어오는 식구(食口)통만 열려 있는 폐쇄된 방, 이른바 징벌방이었다. 머리를 바바 깎이고 먹방에 갇힌 김지하는 당시의 고통을 이렇게 표현했다.

"하루 온종일 식구통만 바라보는 날들이 계속되었다. 식구통만 늘 열려 있어 새카만 속에서 네모난 하얀 외줄기 빛이 쏟아져 들어왔다. …개방된 장소에서 여러 사람이 집단적으로 노동하는 징역의 경우는 그렇지 않은데 먹방처럼 특수하게 감금된 상태에서 오래 외부와 단절

되어 있으면 현실적 평형감각이 사라진다. 현재가 무지 괴롭고 미래에 대한 희망이나 환상으로 고통을 보상받는 것조차 힘들기 때문에 오로지 추억, 과거 쪽으로만 생각이 기울어진다. 과거를 자꾸 되풀이해 기억해냄으로써 현재의 고통, 감각, 통증을 자꾸 잊으려 하는 것이다. 그런데 이런 상태가 오래되면 현실감각을 잃어버린다. 따라서 먹방 생활을 견디려면 나와의 싸움, 과거와의 싸움, 추억과의 싸움에서 이겨야 한다. 그 과정은 매우 집요하고 처절하다. 통증을 통증대로 인정하면서 고통 자체를 대담하게 바라볼 수 있는 능력, 이것만이 자기를 파괴하지 않고 인간성을 상실하지 않고 이겨낼 수 있는 거다."

그 무렵 처음으로 가족접견이 허락되었다. 실로 오랜만에 만나는 아내였다. 아내는 얼굴이 반쪽이 되어 있었다. 별다른 말없이 그저 울기만 하니 그게 더 가슴 아팠다. 세상에 나온 맏아들 얼굴도 그때 처음 제대로 보았다. 재판 때 잠든 모습을 한 번 보고 교도소에서 본 게 두 번째였다.

박정희 정권의 언론탄압… '동아일보 백지광고' 사건

박정희 대통령은 1974년 9월 18일 부총리 겸 경제기획원장관을 비롯해 재무 법무 문교 문공 교통 체신 건설 통일원까지 9개 부처 장관을 경질한다. 19개 부처 중 절반에 해당하는 대폭 개각이었다.

육 여사 서거 후 다소 분위기가 누그러지는가 싶더니 한 달이 채 안된 10월 8일 청와대에서 신문 방송 등 언론기관 대표들로부터 방위성금을 전달받는 자리에서 박 대통령은 "현재 국내외 여건으로 볼 때

현재의 유신체제에 대한 어떠한 형태의 도전
도 용납할 수 없다. 현 유신체제의 기본은 지
난번 국민투표로 확정된 현재의 헌법이다. 이
헌법의 절차와 헌법이 규정하는 것 외에 어떠
한 방법이나 형태로든지 유신체제에 도전하
는 것은 용납하지 않겠다"고 엄포를 놓는다.

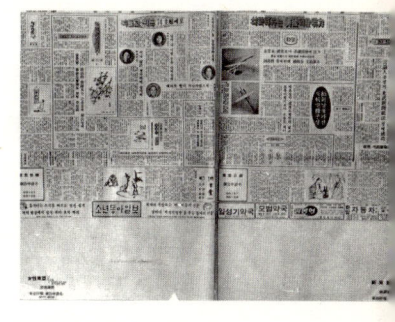

"현 사태를 난국이며 비상시국"이라고 규정한 박 대통령은 "국가의
여건이 허용하는 범위 내에서 최대한 언론자유를 보장하겠지만 안보
에 영향을 미치는 것에 대해서는 언론계가 자율적으로 보도나 논평
을 자제해줘야겠다"고도 했다. 특히 기자들의 취재태도에 대해 이렇
게 언급했다.

"요즘 갓 대학을 졸업하고 새로 들어온 기자들 중에는 난국의 본질
과 유신체제의 불가피성을 이해하려 들지 않고 취재를 한다면서 각
대학에 돌아다니며 학생들을 마치 선동하려는 듯한 행동을 하는 사
람이 있다고 들었다. 그런 일이 없도록 해줘야겠다."

하지만 이미 터져 나온 반유신 물결의 파고는 갈수록 높아졌다. 대
통령의 발언은 오히려 불에 기름을 부은 격이 됐다. 이틀 뒤인 1974년
10월 10일을 전후해 전국 거의 모든 대학이 휴교에 들어갔다. 문교부
는 각 대학에 데모 관련자를 제적 또는 무기정학으로 엄벌하도록 지
시했다. 투쟁은 언론계까지 확대됐다.

유신체제로 접어들면서 정부의 언론탄압방식은 상당한 변화를 보
이고 있었다. 유신 이전이 비교적 거친 방식이었다면 이후부터는 보다
정교하고 세련돼진 측면이 있었다. 수시로 날아오는 '협조' 형식의 통
제가 대표적인 예였다. 문공부장관으로부터 각 신문사 편집국장과 보

도국장에게 날아오는 주문도 ①학원 내 움직임은 일절 보도를 삼가고 ②학생들이 거리로 뛰쳐나왔을 때는 1단 정도로 작게 취급하며 ③연탄 문제 등 사회불안을 조성할 우려가 있는 기사는 작게 취급해 달라는 식으로 구체적이었다. 물론 기관원이 상주해 지시가 제대로 지켜지는지 감시하는 방식은 여전했다.

백지광고 사태에 국민 격려광고 쏟아져

1년 전 10·2시위 직후 철야농성, 기자총회 등을 통해 언론자유 수호를 결의했던 기자들은 74년 10월 24일《동아일보》편집국, 출판국,《동아방송》기자 180명의 '자유언론실천선언'을 시작으로 다시 한 번 언론자유 수호의 의지를 다진다. 이틀 사이 서울과 지방을 망라해 31개 신문방송 및 통신사가 선언문을 채택한다.

①신문·잡지·방송에 대한 어떠한 외부 간섭도 배제한다 ②기관원의 출입을 거부한다 ③언론인의 불법연행을 거부한다 ④불법연행을 자행하는 경우 기자가 귀사할 때까지 퇴근하지 않는다 등 4개항이 담겼다.

정부도 가만있지 않았다. 12월 16일부터《동아일보》를 향한 초유의 광고탄압을 시작한 것이다. 이날 오전《동아일보》광고국에 모 회사의 광고담당 간부가 전화를 걸어온다. "저희 사장님께서 어디서 들었다고는 말씀하시지 않고《동아일보》와《동아방송》에 대한 광고를 신중히 알아서 배정하라고 하신다"며 계약돼 있던 광고를 철회한다.

오후에는 또 다른 회사 간부가 신문사로 찾아와 "이유를 묻지 말아달라"며 광고동판을 회수해갔다. 그로부터 4일 뒤인 12월 20일부터 본격적인 무더기 광고해약 사태가 발생했다. 절정은 1년 중 광고가 가장 많이 몰리는 크리스마스이브인 12월 24일이었다.

급기야 《동아일보》 12월 26일자는 2개 면의 광고지면이 백지인 채로 발행됐다. 한 달여 만인 75년 1월 23일까지 대광고주 20여 개 사를 포함해 평상시 광고의 98%가 떨어져 나갔고 《동아방송》 역시 광고가 75%나 줄어든다. 정부기관, 국영기업체, 정부투자기관에서 74년 12월 25일부터 75년 1월 22일 사이에 《동아일보》에 광고를 게재한 곳은 단 한 곳 뿐이었다. 백지광고가 실리자 국내외 각계각층이 들고 일어났다.

야당인 신민당은 12월 26일 긴급당직자회의를 열고 '광고탄압은 새로운 수법의 언론탄압'이라 규정했다. 해외에도 알려져 이날 미국 인권단체 '프리덤 하우스'는 '《동아일보》 사태는 저명한 독립지인 이 신문을 괴롭히기 위해 배후에 정부의 입김이 서린 행위로밖에 볼 수 없다'는 성명서를 발표한다. 일본 《아사히신문》도 12월 27일자 조간에 《동아일보》 사태를 3면 사진과 함께 4단 기사로 다루고 다시 7면 톱으로 해설기사를 실었다. 천주교정의구현전국사제단도 성명을 발표했다.

독자들의 격려 전화와 격려 광고도 쏟아졌다. 1975년이 밝지 국민들의 정치적 항의는 아예 《동아일보》 광고란을 통해 폭주했다. 단체나 공동명의는 물론 개인명의에 이르기까지 각계각층의 분노와 성원이 광고로 표출됐다.

'•배운 대로 실행하지 못한 부끄러움을 이렇게 광고하나이다.(서울 법대 23회 동기 15인 일동·11일) •빛은 어두울수록 더욱 빛난다. 금반지 반 돈을 놓고 가면서…(동아일보를 아끼는 한 소녀·13일) •술 한 잔 덜

먹고 여기에 내 마음 담는다.(드라이브맨 안(安)·24일)' •시장 길서 만
난 우리들 빈 바구니로 돌아서며 조그마한 뜻 '거목 동아(巨木 東亞)'에
보냅니다.(주부 일동·16일) •동아(東亞)! 너마저 무릎 꿇는다면 진짜로
이민(移民) 갈 거야.(이대 S생·18일) •약혼했습니다. 우리의 2세가 태어
날 때 아들이면 '동아'로, 딸이면 '성아'(여성동아)로 이름을 짓기로 했습
니다.(이묵李默·오희吳姬·20일) •동아일보 보는 재미로 세상 산다.(서점
주인·11일)

국민들의 대대적인 지지는 정부의 광고탄압을 무력화시킬만한 것이
었다. 경영난은 피할 도리가 없었지만 언론과 국민이 한편이 됨으로써
박정희 정권을 더욱 고립시키는 결과를 초래한 셈이기 때문이다.

박정희의 폭탄선언 "투표에서 지면 하야하겠다!"

1974년 8월 육영수 여사 서거 석 달 뒤인 11월 15일 국민을 다시 충
격에 빠뜨리는 '북한의 도발'이 확인된다. 바로 '땅굴 발견'이었다. 땅굴
은 경기 연천군 고랑포 부근 비무장지대 안에서 지하터널 형태로 발
견됐다. 중앙분계선을 넘어 남쪽으로 1km나 내려와 있었고 콘크리트
로 굳게 다져져 있었다.

국가원수의 목숨을 노린 북한의 도발에 대통령 부인이 사망하는
사건을 목격한 국민들에게 땅굴은 또다른 공포로 다가왔다. 다음은
《동아일보》11월 18일자 보도다.

'땅굴은 군사분계선에서 남쪽으로 1.1km까지 폭 1m 높이 1.33m

콘크리트 슬래브로 단단히 구축되어 220V 전선에 60W 전등까지 달리고 수레차가 다닐 수 있도록 좁은 궤도까지 가설돼 있었다. 900m만 더 파면 바로 비무장지대 남방 한계선에 닿을 수 있어서 조금만 늦게 발견되었더라면 이 땅굴을 통해 수백 수천의 북괴 병력이 바로 남방 한계선을 넘어 침투할 수 있었을 것이라고 군사 전문가들은 보고 있다.'

그로부터 불과 4개월 뒤인 1975년 3월 20일에는 강원도 철원군 동북방 13km 지점에서 '2차 땅굴'까지 발견된다. 지하 50m 화강암을 뚫고 내려온 대규모 터널로 1차 땅굴과는 비교가 안 되는 엄청난 규모의 땅굴이었다. 이튿날인 3월 21일자 《동아일보》 보도다.

'1호 터널이 갱도의 폭 90cm 높이 120cm로 지하 약 46cm 지점에서 콘크리트 구조물 모습으로 발견된 데 비해 2호 터널은 폭 2m 높이 2m 지하 갱도가 험악한 중부전선 산악지대를 연결하며 지하 50~160m의 암석층을 남북으로 꿰뚫었다. 터널의 계획된 길이는 약 3.5km로 군 당국 실험 결과 이 정도 규모면 시간당 구보 2만4000명, 속보 2만 명, 도보 1만8000명의 병력이 침투할 수 있으며 차량은 물론 일부 야포까지도 충분히 통행할 수 있다고 한다.'

더 놀라운 것은 북한이 땅굴을 파기 시작한 시점이 1972년 7·4남북 공동성명이 나오기 이전부터라는 사실이었다. 1차 땅굴 발견 즈음 북한에서 귀순해온 김부성(35·노동당 연락부 7부 소속 전투원)과 소위 유대윤(29)이 내외신 기자회견에서 "직접 땅굴 공사에 참여했었다. 현재 전 휴전선에 걸쳐 북괴군 군단별로 남침용 땅굴 공사가 진행 중이며 이는 1971년 9월 김일성의 지시로 시작됐다"고 밝혔기 때문이다. 겉으로는 평화통일과 협력을 외치면서 속으로는 남한 기습을 노렸다는 이

중동부전선 철원 부근에서 발견된 제2땅굴.

야기에 국민들은 깊은 분노와 배신감을 느꼈다.

박정희 대통령도 1, 2차 땅굴 발견 당시 일기에 놀라움과 격분을 그대로 표현하고 있다.

'74년 11월 15일 맑음 …오늘 아침 7시경 전방 고랑포 부근 DMZ 안에 북괴가 남으로 지하터널을 뚫어 나오다 우리 순찰대에 발각… 북괴가 입으로는 평화 운운하면서 기실은 무력남침을 위해 이처럼 집요하게 수단 방법을 가리지 않고 광적으로 날뛰는데, 아직도 태평성세에 사는 것처럼 착각하여 국가안보를 위태롭게 하는 일부 인사들의 철없는 행위는 참으로 가탄(可嘆), 가탄!'

'75년 3월 20일 오후부터 강우 …어제 철원 북방 휴전선 안에서 북괴의 지하땅굴을 또다시 발견. 이런 판인데도 북한의 남침 야욕이 없다고 운운하는 이 나라 일부 정치인들의 그 무책임한 소리가 또 있을 것인가? …오, 신이여! 북녘 땅에 도사리고 있는 저 무지막지한 공산당들에게 제정신으로 돌아가도록 일깨워주시고 깨닫게 하여 주소서.'

'남침용 땅굴' 발견에도 잦아들지 않는 유신반대 투쟁

그런데 불행하게도 한쪽에서는 땅굴조차 믿지 않는 사람들이 있을 정도로 정권에 대한 신뢰는 무너지고 있었다. 청와대 대변인을 지낸 김성진의 회고(《한국정치 100년을 말한다》)다.

'명백한 북한 측 침략 의도가 확증으로 드러났는데도 불구하고 이것을 오히려 우리 정부가 꾸며낸 일이 아닌가 의심하는 외국 언론이 있었다. 나는 몹시 분통이 터졌다. 일부러 외신기자들을 불러와 보여주어도 그들은 그 터널이 북쪽에서부터 파 내려왔다는 사실을, 지면에 나타난 흔적으로 보고서 확인하고도 사실 그대로 보도하는 데 주저했다. 이유는 뻔했다. 김대중 납치 사건을 계기로 국내외에서 유신체제에 대한 비판이 증폭되어 나갔기 때문이다. 대통령의 긴급조치권을 권력남용의 방패로 삼은 일부 공무원들 때문에 민심도 이탈하기 시작했으며 인권유린 비난도 생겨났다.'

대다수 국민이 안보불안에 휩싸인 가운데에도 반유신투쟁이 수그러들 줄 몰랐던 것은 이런 상황이 반영된 탓이기도 했다.

1974년 한 해 동안 수백 명의 젊은이들이 쫓기거나 잡혀가 고문당하고 사형에 무기징역까지 무더기로 선고받으면서 민주진영은 좌절하고 비탄에 빠진다. 민주진영에는 대재앙이나 다름없는 위기상황이었다. 그러나 탄압이 거셀수록 저항도 거센 법. '이대로 주저앉아 있어서는 안 된다'는 각성이 기도회로, 언론인들의 자유언론수호투쟁으로, 문학인 선언으로, 구속자가족협의회의 결성 등으로 표출되고 있었다. 그 연장선상에서 탄생한 것이 재야민주화운동 세력의 결집체라 할 수 있는 '민주회복국민회의'였다.

1차 땅굴이 발견되고 2주일도 안 된 1974년 11월 27일 종교계 학계 정계 언론계 법조계를 망라한 각계 인사 71명은 서울 종로5가 기독교회관 강당에서 '국민선언'을 발표하고 민주회복국민회의 결성을 공표한다. 윤보선 함석헌 김재준 등이 서명한 국민선언은 ①현행 헌법을 합리적 절차를 거쳐 민주헌법으로 대체하고 ②복역 구속 연금 중인 모든 인사를 석방하고 언론자유를 보장하라는 등의 6개항을 천명했다. 국민회의는 이듬해 3월 초까지 7개의 시도지부 20여 개가 결성될 정도로 큰 호응을 얻었다. 정부 역시 좌시하지 않았다.

선언대회 사흘 뒤인 11월 30일 국민선언문에 서명한 경기공업전문
대 김병걸 교수가 학교에서 권고사직을 당하고 함께 서명한 안병무
문동환 박봉랑 서남동 이우정 교수 등에게도 경고조치가 내려졌다.
12월 9일에는 서명에 참여한 서울대 백낙청 교수까지 징계 파면된다.
김병걸 교수의 복직은 끝내 이뤄지지 못했고 백 교수는 1970년대 내
내 해직교수로 지내다 1980년 서울의 봄 당시 복직한다. 이듬해 1975
년 1월 17일에는 국민회의 대표위원 중 한 사람인 이병린 변호사(당시
63세)가 구속되고 3월 22일에는 운영위원인 한승헌 변호사가 반공법
위반혐의로 구속되는 등 정권의 보복이 이어진다.

아무리 내리눌러도 끝없이 일어서는 저항세력에 박정희 대통령도
심상치 않은 분위기를 감지한 듯 돌연 폭탄선언을 한다. 1975년 벽두
인 1월 22일 오전 10시, 유신헌법에 대한 국민 찬반투표를 실시해 부
결되면 물러나겠다는 실로 엄청난 '폭탄선언'이었다.

유신정권에 면죄부가 되고 만 유신헌법국민투표

박대통령의 유신헌법 찬반투표 제안은 재야는 물론 1974년 하반기
신민당의 움직임에 영향받은 바 컸다. 육영수 여사 서거 일주일 뒤인
8월 22일 서울 명동 예술극장에서는 4월 28일 결장암으로 세상을 떠
난 유진산 총재 이후 당권을 겨루는 신민당 전당대회가 열렸다. 이날
대회에서는 무능력한 '불임(不妊)' 야당의 이미지를 벗고 진정한 야당으
로 키우겠다는 선명성 경쟁에 불이 붙었다. 당시 학원 종교계 재야의
반유신 입김이 신민당에 거센 압력으로 작용하고 있었기 때문이다.

이날 승자는 김영삼이었다. 최연소(47세) 야당총재가 탄생하는 순간이었다. 선명야당을 내걸고 당권을 차지한 그가 제일 먼저 뛰어든 일은 유신헌법 개헌투쟁이었다. 11월에는 '개헌 대강(大綱)'을 마련하고 "개헌추진 원외투쟁도 하겠다"고 나섰다.

74년 말까지만 해도 수출의 날(11월 30일), 검사장 회의(12월 13일) 등을 통해 쉴 새 없이 "유신헌법을 수호하겠다"고 불퇴전의 의지를 밝혔던 박 대통령은 75년으로 접어들면서 입장변화를 보이기 시작했다.

새해 벽두부터 김영삼 총재가 개헌추진 지부 현판식을 다니며 바람을 일으키자 김종필 국무총리가 나선다. 《남산의 부장들》(김충식)에 나오는 한 대목이다.

'김종필은 정면 돌파밖에 길이 없다고 박 대통령에게 은밀히 건의했다. "드골처럼 국민투표를 해서 국민들이 유신체제가 나쁘다고 하면 고쳐야지요. 그러나 우리가 투표하면 이깁니다." "총리가 그런 식으로 물러서니 이 놈 저 놈 다 덤비는 거야." JP는 박 대통령이 겉으로는 그렇게 펄쩍 뛰면서도 뭔가 그렇게라도 해야 할 것 같다고 생각하는 듯한 표정을 읽을 수 있었다. 며칠 뒤 박 대통령이 말했다. "날짜는 언제가 좋을까. 국민투표에서 지지가 안 나오면 내가 그만두지."… 청와대 비서실과 정보부는 국민투표 완승 작전을 짜기 시작했다.'

1월 22일 "반대가 많아 투표에서 지면 하야(下野)하겠다"는 대통령의 특별담화와 함께 국민투표일이 2월 12일로 공고됐다. 불과 20일 뒤였으니 전광석화 같은 작전수행이나 마찬가지였다.

마침 미국을 방문 중이던 김영삼 총재는 '대통령의 기습'에 깜짝 놀라 서둘러 귀국한다. 김 총재는 대통령의 발표가 투표형식을 빌려 모처럼 달아오르고 있던 개헌열기에 찬물을 끼얹으려는 작전이라고 판단했다. 그는 현지에서 성명을 내고 "기만적인 정치 쇼다. 신민당의 당력을 집결해 투표 거부운동을 하겠다"고 밝혔다. 귀국 중에 잠깐 들른 일본 도쿄에서까지 "귀국 즉시 대통령을 만나 투표 중지를 요청하겠다"고 했다. 김대중도 김영삼과 긴급회동하고 공동회견을 통해 국민투표 거부 행동강령을 발표했다. 민주회복국민회의를 비롯한 14개 단체도 투표거부 공동성명을 내자 '투표 보이콧' 운동이 번지기 시작했다. 이에 정부는 강경책으로 맞섰다.

헌법에 대한 찬반토론은 허용되지 않았으며 내무부는 투표거부를 선동하는 행위를 엄단하겠다고 으름장을 놓았다. 투표 이틀 전인 2월 10일에는 전국에 비상계엄령까지 내려졌다. 드디어 투표 당일인 2월 12일이 왔다.

김대중 전 대통령은 이날 오전 7시 이희호 여사와 함께 명동성당에 도착해 금식기도를 한 뒤 정각 9시 성당의 종이 울리자 "이번 투표 결과는 군부독재에 대한 국내외의 비판을 견디지 못해 실시하는 것이며 미리 계획된 것을 발표할 것이므로 그 결과를 인정할 수 없다"는 내용의 성명을 발표한다.

그리고 다음 날인 2월 13일 정부는 유신헌법 찬반투표안이 79.8% 투표율에 73.1% 찬성으로 통과됐다고 발표했다. 박 대통령은 그날 일기에 이렇게 썼다.

'신은 나에게 또다시 중책을 맡기시다. 신명을 다해 중책 완수에 헌신할 것을 서약하다.'

사형선고 10개월만의 석방, "누군가? 미친 쪽은"

국민투표가 끝나고 3일 뒤인 2월 15일 박 대통령은 다시 특별담화

를 발표한다. 민청학련 사건 및 기타 긴급
조치 위반으로 구속됐던 민주인사와 학생
들을 일괄 석방한다는 내용이었다. 이른바
2·15조치였다. 대통령은 이렇게 말했다.

"현행 헌법질서의 역사적 당위성과 국민
적 정당성이 주권자인 국민의 총의로 재확

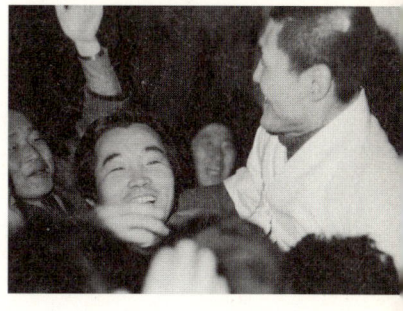

1975년 출감한
김지하를 행가
래로 환영하는
지지자들.

인된 이 시점에서 이들을 석방함으로써 이들에 대해서도 국민총화를
더욱 굳게 다지며 민족중흥의 역사적 과업수행에 참여할 수 있는 기
회를 부여하기로 결심했다."

이에 따라 이미 형이 확정된 민청학련 사건 관련자들 중 유인태 이
현배 이강철 등과 인혁당 사건 관련자들만 제외하고 대다수가 형 집
행정지로 석방된다. 김지하도 2월 15일 김동길 박형규 등 56명과 함
께 석방된다. 그가 석방되던 날, 서울 영등포교도소 문 앞에는 매서
운 칼바람이 불고 있었다. 거의 모든 내외신이 집결해 있었다. 이미
한참 어둠이 내리고 영하의 온도에 기자들이 얼어붙어버린 밤 9시,
드디어 머리를 박박 깎인 김지하가 나오자 여기저기서 플래시가 터졌
다. 김지하는 곧장 그를 둘러싼 사람들에 의해 공중으로 높이 행가래
쳐졌다. 그리고 그의 발이 땅에 닿자마자 질문이 홍수처럼 터졌다.

"소감은?"

"느낌은?"

"얼굴이 수척하다. 갑자기 밖으로 나온 느낌은?"

"앞으로 무엇을 할 것인가?"

"현 정부에 대해서는?"

"유신철폐운동을 계속할 것인가?"

"고문을 당했는가?"

"이번에 태어난 아들에 대해서는?"

"솔직한 지금 심경은?"

쏟아지는 질문세례가 끝나자 김지하가 입을 열어 이렇게 말했다.

"내가 미쳤든지, 세월이 미쳤든지, 둘 다 미쳤든지 하여간 알 수 없다. 사형에 무기징역을 선고하고 10개월 만에 석방하는 건 미쳤다고밖에 볼 수 없다. 누군가? 미친 쪽은. 이제부터 서서히 어둠 속에 갇혔던 잔혹한 사실들이 모두 다 터져 나올 것이다. 그 터져 나오는 순서에 따라 현 정권도 서서히 붕괴해가기 시작할 것이다."

한편 당시 현장에 있었던 기자들 중에는 훗날 한국 문단의 베스트셀러 작가가 되는 사람도 있었으니 바로 《칼의 노래》를 쓴 소설가 김훈이었다.

그 겨울 교도소 앞 풍경 속의 또 한 사람!

'(김지하가 풀려난) 1975년 2월 15일은 낮 최고기온이 영하 7도였다. 며칠째 퍼붓던 눈이 멈추고, 날은 흐렸다. 흐린 날이 저물자 기온은 영하 12도 아래로 떨어졌다. 얼어붙은 거리에 북서풍이 불었고, 그날 밤 서울 영등포구 고척동 영등포 교도소 앞 거리에는 라면껍질과 연탄재가 북서풍 속에서 회오리치면서 솟구치고 있었다.'

1973년 《한국일보》에 입사해 신문기자 생활을 시작한 김훈은 75년 그날 교도소 정문 앞에서 김지하의 출감을 기다리고 있었다. 당시 그의 경험은 산문집 《바다의 기별》(생각의 나무)에 수록돼 있다. 그의 글을 읽다 보면 김지하가 얼마나 당대 미디어로부터 주목받던 인물인지가 느껴진다.

'교도소 앞에는 대낮부터 기자들이 몰려들었는데 교도소 쪽은 김지하의 석방 시간을 예고하지 않았다. 예고했다 하더라도 정치범의 석방 시간에 관한 약속을 법무 당국이 번번이 지키지 않았고, 기자들을 따돌리기 위하여 출소자들은 새벽이나 심야에 교도소 뒷문으로 내보내는 경우가 허다해 기자들은 하루 종일 교도소 문을 지키고 있는 수밖에 없었다. 기자들은 나무토막이나 종이상자를 주워 모닥불을 때거나 인근 음식점에서 내다버린 구공탄 재에 남아 있는 불기 주변에 모여 언 발을 녹여가면서 교도소 정문을 주시하고 있었다. 언제 문이 열려 김지하가 나올지 알 수 없어 저녁을 먹으러 갈 수도 없었다. 마감시간이 임박해오자 기자들 사이의 분위기는 험악해지고 있었다.'

그런데 이날 김훈의 눈에 띈 한 여인이 있었으니 바로 장모 박경리였다. 그러나 박경리가 있던 곳은 교도소 정문이 아니라 교도소를 바라보고 멀찍이 선 언덕 위였다. 다시 김훈의 글이다.

'오후 다섯 시 삼십 분쯤 아니었을까. …교도소 정문 맞은편의 야트막한 언덕 위에, 웬 허름한 여인네가 포대기로 아기를 업은 채, 추위 속에서 웅크리고, 저물어가는 교도소 정문 쪽을 내려다보고 있었다. 그 여인네 옆에는 영업용 포니 택시가 한 대 정차해 있었는데, 그 여인네가 출소자를 마중하기 위하여 대절한 택시였다. 아마도 운전기사가 연료를 아끼느라고 택시 안의 히터를 꺼버린 모양이었다. 아이 업은 여인네는 자동차 밖에서 떨고 있었다. 그 여인네는 자꾸만 허리춤

을 들어 올려 미끄러져 내리려는 아이를 등의 한복판 쪽으로 끌어올리고 있었다.'

박경리가 맞는지 긴가민가하던 김훈은 기자들의 무리를 떠나 여인네 쪽으로 접근했다. 가까이 가보니 과연 박경리 선생이었고 등에 업힌 아이는 김지하의 갓 태어난 아들인 것이 틀림없어 보였다. 선생이 알아보지 못하게 위치를 잡은 김훈은 선생을 관찰하기 시작했다. 그러면서 당대 최고의 문학가인 박 선생에게서 예술가 이전에 한 사람의 여성, 어머니로서의 질긴 모성의 힘을 느낀다.

핏덩이 아이를 업고 서성이던 그 사람, 박경리

'그분은 담요로 만든 방한화에 버선을 신고 있었다. 발이 몹시 시려왔던지 이따금씩 방한화를 벗고 손으로 언 발을 주물렀다. 등에 업은 아이는 머리끝까지 온통 포대기로 감싸고 그 포대기 위를 다시 두꺼운 숄로 덮어서 아이의 모습을 볼 수는 없었다. 아이가 칭얼거릴 때마다 그 여인네는 몸을 흔들어서 아이를 얼렀다. 칭얼거리는 아이에게 그 여인네는 고개를 뒤로 돌려서 무어라고 말을 하는 것 같았는데 그 말은 나에게까지는 들리지 않았다. 나는 그 여인네가 그때 아이에게 한 말을 들을 수 없었다. 답답했다. "울지 마라, 아비 곧 나온다." 아마 이런 말이었을까. 그 여인네가 아기를 업은 포대기는 매우 낡아 있었다. 포대기는 누빈 포대기였는데 허리 부분을 넓게 접어서 아이의 등에 힘이 걸리게 바싹 조였으며 아이의 엉덩이 밑으로 포대기 끈을 여러 겹 둘렀다. 그래도 그 여인네의 야윈 몸으로부터 아이는 자꾸만 흘러내리는 것이어서 여인네는 자꾸만 몸을 추슬러 아이를 끌어올렸다. …그때 그 여자는 길섶에 돋아난 풀 한 포기보다도 더 무명(無名)해 보

였고, 자신의 존재를 드러내 보일 아무런 이유가 없는, 어떤 자연현상
처럼 보였다. 다만 사위의 옥바라지를 나온 한 장모였으며, 감옥에 간
사위의 핏덩이 아들을 키우는 팔자 사나운, 무력한 할머니의 모습만
으로, 오직 그런 풀포기의 모습만으로 그 교도소 앞 언덕에서 북서풍
에 시달리며 등에서 칭얼대는 아기를 어르고 있었다. 그런 그 여인네
의 모습을 훔쳐보면서, 나는 아무것도 생각지 않기로 했다. 시대도,
긴급조치도, 국가보안법도, 무슨무슨 혐의도, 성명서들도, 군법회의
도, 김지하도, 나는 아무것도 생각할 수가 없었다.'

마침내 밤 9시. 교도소 문이 열리고 김지하가 나왔지만 그는 지지
자들의 목말을 타고 〈우린 승리하리라〉를 부르며 사라졌다.

그제야 박경리가 교도소 앞 사람들 속으로 내려오게 되는데 사위
때문이 아니라 백기완 때문이었다. 74년 1월 유신개헌 서명운동을 주
도하다 긴급조치 1호 위반으로 구속 수감된 백기완도 그날 나오기로
돼있었다. 하지만 김지하가 나오고 한참이 지났는데도 모습을 드러내
지 않고 있었다. 기자들이 교도소에 물어보니 '긴급조치 위반 부분은
형 집행정지가 되었으나, 6년 전에 국민투표법 위반으로 벌금형을 선
고받은 전과가 있어서 벌금 십만 원을 납부하지 않으면 석방할 수가
없다'는 것이었다. 다시 김훈이 전하는 현장모습이다.

'즉각 백기완 석방을 위한 모금이 시작되었다. 그런데 이미 대부분
의 기자와 학생들이 김지하를 뒤쫓아 빠져나간 다음이어서 영 신통치
않았다. 그때 사람들 속으로 나타난 사람이 바로 박경리 선생이었다.
선생은 어느새 언덕에서 내려와 교도소 정문 앞 광장에 있었다. 그분
은 아이를 감싼 포대기의 앞섶을 뒤적거리더니 만 원짜리 지폐 몇 장
을 꺼냈다. 그러더니 가까이 있던 웬 대학생을 불렀다. "학생, 이 돈을

좀 보태시오"라고, 다만 그렇게 그분은 말했다. 그러고는 대절해온 택시에 몸을 실었다. 택시 안에서 등에 업었던 아이를 풀어서 무릎 위에서 재우고 있었다. 시간은 밤 열두 시에 임박하고 있었다. 만 원짜리 몇 장을 내놓고 그분은 다만 잠든 어린애와 함께 어둠 속으로 사라졌다. 아무도 그분을 뒤쫓아 가는 사람은 없었다. …춥고 또 추운 겨울이었다.'

김지하에 의해 폭로된 인혁당 고문조작 사건

김지하는 출옥 후 제일 먼저 천주교 서울교구청 김수환 추기경에게 인사를 하러 갔다. 당시를 회고하는 그의 말이다.

"방에 들어서자 추기경께서 한 잔의 위스키를 주셨다. 그것을 마시니 머리 속과 온몸이 후끈하게 달아오르며 한결 개운해졌다. 나는 조금 들떠 있었다. 가라앉지 않으면 실수할 것 같아서 인사만 드리고 재빨리 정릉에 있는 처가로 돌아갔다."

그의 말을 들으며 필자는 칼날처럼 서슬 퍼런 감옥생활을 마치고 나온 김지하에게 위스키를 권했던 추기경의 마음을 알 것 같았다.

김지하는 집으로 돌아간다. 그리고 몇날 며칠을 까무러친 것처럼, 마치 죽은 듯이 내리 잠만 잤다. 오래간만에 맛보는 따뜻함, 아내, 장모, 그리고 아들. 모든 것이 낯설었고 모든 것이 새로웠다. 그러나 비록 몸은 풀려났어도 그의 내면은 행복하지 않았다. 다름 아닌 인혁당(인민혁명당) 때문이었다.

그가 석방되고 두 달이 채 안 된 75년 4월 9일 인혁당 사건으로 8

명에게 사형이 집행된다. 피고들은 전날 대법원 판결에 따라 재심기회조차 갖지 못한 채 재판 18시간 만에 형장의 이슬로 사라진다. 사법사상 전무후무한 일이었다. 훗날 인혁당 관련자들에 대한 사형집행은 유신정권 당시 정치권력에 종속된 수사기관과 사법부의 불법과 굴종이 빚은 대표적 '사법살인'으로 평가된다.

출감한 김지하에게 위스키를 따르는 김수환추기경.

느닷없는 사형집행 소식을 듣고, 시신이라도 찾기 위해 몰려온 가족들은 모두 넋이 빠진 사람처럼 몸부림치며 울부짖었다. 시신은 시차를 두고 한 구씩 가족에게 인도됐다. 그리고는 이내 경찰에 의해 미리 지정된 장지로 실려갔다. 지방에서 올라온 가족들은 미사라도 드리고 장례를 치르고 싶다고 애원했으나 이마저도 거부된 채였다.

인혁당사건은 발생 시기에 따라 1차 인혁당사건(1964년)과 2차 인혁당 재건위 사건(1974년)으로 나뉜다.

1차 인혁당사건은 한일회담과 대일 굴욕외교 반대시위가 극심하던 1964년 8월 14일 중앙정보부가 발표한 '제1차 인혁당 사건'을 가리킨다. 당시 중앙정보부는 "북한의 지령을 받고 국가변란을 기도한 대규모 지하조직인 인혁당을 적발해 관련자 57명 중 41명을 구속하고 16명을 수배했다"고 발표했다. 이듬해 1월 20일 1심에선 기소된 13명 가운데 2명은 징역형, 다른 11명은 무죄가 선고됐다. 그러나 5개월여 뒤인 1965년 6월 29일 2심은 관련자 전원에게 유죄를 판결하고, 9월 21일 대법원은 항소심 형량을 확정한다.

2차 인혁당 재건위 사건은 그로부터 꼭 10년 뒤인 1974년 4월 중앙

정보부가 민청학련 사건 배후로 '인혁당'을 지목한 사건이다. 민청학련 주동자들이 1969년 이래 남한에서 지하조직으로 암약한 인혁당과 연계를 맺어왔고 궁극적으로 공산혁명을 기도했다는 것이 당시 중앙정보부의 발표내용이었다. 이 사건으로 8명

1975년 4월 8일 대법원 전원합의체의 인혁당 사건 재판 광경.

에게는 사형이, 15명에게는 징역 15년과 무기징역이 떨어진다.

대법원 판결 18시간만의 전격 사형, 사상 초유의 '사법살인'

'민주화운동기념사업회'가 2003년에 펴낸 《기억과 전망》 봄호에는 '인민혁명당 사건을 통해서 본 인권의 문제'라는 제목의 글이 실려 있는데 당시 사건 관련자들이 얼마나 혹독한 고문을 받았는지 기술돼 있다.

'고문은 주로 중정 6국 지하실에서 이뤄졌다. 수사관들은 전기고문과 물고문을 일삼았고, 지하실 사무실 등 장소를 가리지 않고 몽둥이질을 했으며, 피의자들에게 일주일 이상 잠을 안 재우기도 했다. 하재완은 폐농양증에 걸려 입에서 피를 토했고, 장이 항문으로 빠져나와 똑바로 앉거나 걷지 못했다. 박중기는 전기고문을 받는 도중 실신했다. 이수병은 소나 돼지도 그렇게 맞으면 죽을 정도로 몽둥이질을 당했다고 한다. 당시 피의자들 대부분은 물고문과 전기고문으로 반 실신되는 경험을 했고, 몽둥이질 후유증으로 부축을 받으면서야 겨우 계단을 올라 다닐 수 있었다. 서울구치소 안에서도 철창을 붙잡고 몸을 뒤척이면서 겨우 교도관들과 대화를 나눌 수 있었다.'

인혁당사건으로 사형당하거나 수감된 이의 가족들도 말로 다할 수

없는 고통을 겪었다. 부모, 형제, 부인들은 시장과 목욕탕까지 따라다니는 경찰들의 철저한 감시와 미행을 받았다. 이웃들에게 '빨갱이 가족'으로 찍힌 어린 자녀들은 학교 친구와 선생님에게 왕따를 당했다. 이사를 가도 경찰들이 '빨갱이가 이사

인혁당 사건관련 피고인 13명에 대한 첫 공판

를 왔다'고 이웃에 소문을 내 사생활을 보장받지 못했다고 가족들은 증언한다.

이후 2차 인혁당 사건의 피해자와 유족들은 의문사진상규명위원회의 조사결과 등을 바탕으로 재심을 청구해 2007년, 2008년 모두 법원으로부터 "유신정권 때 불법행위로 인한 희생자들"이라며 무죄판결을 받았다. 그리고 법원 선고에 국가가 항소하지 않아 선고 8일 뒤 모두 무죄가 확정됐다.

그런데 당시 사건이 세상에 알려지는 데 결정적 증언을 한 이가 있으니 그가 바로 김지하다. 김지하는 감옥에서 인혁당 관계자들을 우연히 만나 "사건이 조작됐으며 그 과정에서 말로 할 수 없는 고문을 당했다"는 사실을 듣는다. 그리고는 형 집행정지로 출감하자마자 1975년 2월 25일자부터 27일자 《동아일보》에 〈苦行(고행)… 1974〉라는 제목으로 세 편의 글을 연재한다. 그리고 이 때문에 다시 감옥에 끌려가 갖은 고초를 겪게 된다. 필자가 그에게 "그 힘든 감옥생활이 끝난 지 바로 얼마 안 된 상태에서 어떻게 다시 글을 쓸 용기가 생겼느냐"고 물었더니 그는 이렇게 되물었다. "감옥에서 인혁당이 조작됐다는 것을 안 이상 어떻게 가만있을 수가 있겠나."

그의 글 〈고행〉에는 당시의 심경이 잘 드러나 있다. 육신은 비록 해

방되었으나 넋은 아직도 감옥에 갇혀 있는 상태, 그게 김지하의 내면
이었다.

> 어둠 속에서
> 누가 나를 부른다
> 건너편 옥사 철창 너머에 녹슨
> 시뻘건 어둠
> 어둠 속에 웅크린 부릅뜬 두 눈
> 아 저 침묵이 부른다
> (중략)
> 철창에 걸린 피 묻은
> 낡은 속옷이,
> 숱한 밤 지하실의
> 몸부림치던 하얀 넋
> 찢어진 육신의 모든 외침이,
> (중략)
> 내 피를 부른다
> 거절하라고
> 그 어떤 거짓도 거절하라고
> 어둠 속에서
> 잿빛하늘 나직이 비 뿌리는 날
> 저 시뻘건 시뻘건 육신의 어둠 속에서
> 부릅뜬 저 두 눈

차마 외면할 수 없었던 '고행'의 길

그의 시 〈고행〉에서 말하는 대로 '잿빛 하늘 나직이 비 뿌리던 어느 날' 김지하는 감방 밖에서 누군가 가래 끓는 목소리로 그의 이름을 부르는 소리를 듣는다.

'삥끼통(감방 속 화장실을 뜻하는 은어)'으로 들어가 창에 붙어 서서 "나를 부르는 사람이 누구냐"고 큰 소리로 묻자 "하재완입니더"라는 목소리가 들렸다고 한다. 사상(舍上) 15방(房)에 있던 김지하와 사하(舍 下) 17방(房)에 있던 하재완 사이에 통방(通房·재소자들이 창을 통해서 큰 소리로 교도관 몰래 대화하는 것)이 시작됐다. 그가 다시 "하재완이 누굽 니까?" 물었더니 "인혁당입니더"라는 목소리가 돌아왔다. 다음은 〈고 행〉에서 김지하와 하재완과의 대화를 옮긴 부분이다.

인혁당 그것 진짜입니까?
"물론 가짜입니더."
그런데 왜 거기 갇혀 계슈?"
"고문 때문이지러."
고문을 많이 당했습니까?"
"말 마이소! 창자가 다 빠져나와버리고 부서져버리고 엉망진창입니더."

김지하가 "저런 쯧쯧" 하고 혀를 차는데 "즈그들도 나보고 정치 문 제니께로 쬐끔만 참아달라고 합디더"라는 말이 돌아왔다.

며칠 뒤 김지하는 하재완을 직접 볼 기회가 있었다고 한다. 구치소 내 의무과에서 실시하는 재소자 진찰을 위해 기다리고 있는데 근처

딴 줄에 앉아 있던 '키가 작고 양다리 사이가 벌어지고 약간 고수머리에 얼굴에 칼자국이 나 있고, 왕년에 주먹깨나 썼을 것 같은 사람'이 그를 툭 치며 "김지하 씨지예?" 하며 말을 걸어왔다. 그가 바로 하재완이었다. 그는 인혁당 사건으로 얼마 후 사형에 처해진다.

그날 하재완은 교도관 눈치를 열심히 봐가며 통방 때와 똑같은 내용의 얘기를 낮고 빠른 소리로 김지하에게 전했다. '마치 지옥에서 백년지기를 만난 듯이 김지하의 어깨를 꽉 끌어안고 한(恨)이 맺힌 귀곡성(鬼哭聲)처럼 무시무시하게 들리는 가래 끓는 숨소리와 함께 열심히 열심히' 자신이 당한 고통을 이야기했다.

그리고 며칠 뒤 운동시간에 또 한 사람이 김지하한테 다가오더니 "김지하 씨지요?" 물었다. 역시 얼마 후 사형을 당하는 이수병이었다. 그는 "어떻게 된 거냐"는 김지하의 물음에 "나라 위해 아무 일도 해보지도 못한 채 이리 끌려 들어와 슬기로운 학생운동 통칠하는 데에 어거지 부역이나 하고 있어 정말 미안합니다"라고 말했다고 한다.

다음은 필자와의 인터뷰에서 김지하가 한 말이다.

"그렇지 않아도 민청학련 사건으로 재판을 받을 때 법정에서 인혁당 사건으로 잡혀 들어온 경북대학교 학생 이강철로부터 인혁당의 '인'자도 들어보지 못했는데 잘 아는 것으로 시인하지 않는다고 검사가 보는 앞에서 전기고문을 수차례나 받았다는 말을 들었던 차였다. 그게 머릿속에 꽉 박혀 있는데 감옥에서 하재완 이수병을 만나 이야기를 들었으니 인혁당이란 것이 틀림없이 조작극이며 고문으로 이루어진 결과였다는 것을 확신할 수밖에 없었다."

"네가 인혁당 대변인이냐?"

김지하는 감방 벽에 기대앉아 괴로움과 분노로 몸을 떤다. 그리고 수없이 자신에게 이렇게 묻고 답한다. '내 피를 부르고 있는데 거절하라고 그 어떤 거짓도 거절하라고? 거짓을 거절하라고?' 김지하의 인혁당 고문조작 폭로는 처절한 고민 끝에 스스로를 버릴 결심을 하고 내린 결정이었다.

김지하가 〈고행〉 연재를 막 끝낸 1975년 3월 12일, 함세웅 신부가 그에게 '민주회복국민회의' 대변인을 맡아 달라고 제안한다. 그가 수락하자 함 신부는 "내일부터 대변인 이름으로 회의의 공식적인 결정들을 발표하겠다"고 했다.

그런데 바로 이튿날 아침 집으로 경찰관들이 들이닥친다. 그의 말이다.

"경찰차 안에서 왜 다시 잡혀가는지 이 생각 저 생각에 빠져들었다. 국민회의 대변인을 맡아서일까, 아니면 《동아일보》에 발표한 인혁당 관계자 발언들 때문일까."

이유는 후자였다. 다음은 1975년 3월 14일자 《동아일보》 보도다.

'13일 서울성북경찰서에 연행된 시인 김지하 씨(34) 일가족 중 김씨는 이날 오후 중앙정보부로 넘겨져 조사를 받고 있으며 처 김영주(30)와 어머니 정금성(53)씨는 귀가했다. 김영주씨에 따르면 13일 오후 4시반경 중앙정보부에서 나왔다는 사람들이 가택수색영장을 제시하고 집을 뒤져 책과 편지들을 압수해갔다. 영장에는 ①최근의 《동아일보》 사태(〈고행〉 연재)에 관한 조사를 위해서 ②김씨가 석방된 후 인혁당 사건이 고문에 의한 것이라는 허위사실을 유포 선동했기 때문에 가택수색을 한다는 내용이 적혀있었다는 것이다.'

이번에 김지하가 잡혀 들어간 곳은 중앙정보부 제7국이었다. 그동안 수배와 구속, 도피를 반복해 온 그였지만 이후 그토록 긴 세월을, 혹독한 감옥에서 보내게 되리라고는 그때만 해도 예상치 못했다. 다시 그의 말이다.

"내게 가해진 고문은 잠 안 재우기였다. 입안이 다 헤지고 입술이 부르텄다. 눈알이 뜨거워서 주체할 수가 없었다. 잠이 들면 깨우고 잠이 들면 또 깨우고… 눈을 뜨면 눈알 빠진 아버지의 환영이 오갔다. 그리고 환청까지 들렸다. 옆방에서 울음소리가 들리기도 했다. 울음소리는 이어졌다 끊겼다 들려왔다. 어느 날은 또 흐린 전등 불빛 아래 허공 위에 눈알 빠진 아버지의 검푸른 얼굴이 보였다. 아버지가 옆방에 끌려와 고문을 받고 있는 것인가?"

취조는 밤낮으로 계속되었다. 똑같은 질문이 끝없이 반복되다가 대답이 전과 조금이라도 다르면, 바로 그 다른 지점부터 파고들어 다시 시작하는, 이른바 악명 높은 '양파 까기'였다.

"네가 인혁당 대변인이냐?"

정보부 요원들은 "인혁당이 날조된 사건이라 선전하는 북괴의 활동에 동조해 반국가단체를 이롭게 했다"며 그를 빨갱이로 몰아붙였다. 또 〈장일담〉 〈말뚝〉이라는 제목으로 써둔 희곡 구상메모들을 강원도 원주 집에서 찾아내고는 프롤레타리아 혁명을 주제로 한 작품을 쓰려 한 것으로 보이며, 이는 "이적표현물 제작을 위한 예비행위"라고 주장하기도 했다. 다시 김지하의 말이다.

"그들은 끝없이 내 손가락에 인주를 발라 조서에 지장을 찍으면서 일주일 동안 잠 안 재우기를 계속했다. 결국 나는 잠을 재워준다는 조건으로 '가톨릭에 침투한 공산주의자'라는 그들의 주장에 반쯤 동의하는 형식으로 어물어물 취조를 끝냈다."

베트남·캄보디아 공산화, 반공 구호에 묻힌 민주화 열기

중앙정보부는 1975년 3월 19일 김지하를 반공법 위반혐의로 서울
지검에 구속 송치한다. 2·15조치로 석방된 관련자 중 재구속된 첫 사
례였다.

김지하가 다시 감옥에 들어가고 얼마 후인 4월 9일 인혁당 8명에 대
해 사형이 집행된다. 그리고 서울대 농과대 교정에서도 끔찍한 일이
벌어진다. "유신헌법 철폐와 박 정권 퇴진"을 요구하는 집회가 열리던
중 이 대학 축산과 4학년 김상진이 선언문을 읽고 난 후 등산용 칼로
자신의 배를 찌르는 사건이 일어난 것이다. 그는 군 복무를 마치고 4
학년에 복학한 26세의 청년이었다. 할복 직전 선언문에서 그는 이렇
게 외쳤다.

"무엇을 망설이고 무엇을 생각할 여유가 있단 말인가. 대학은 휴강
의 노예가 되고 교수들은 정부의 대변자가 되어가고 우리들은 어미
닭을 잃은 병아리마냥 반응 없는 울부짖음만 토하고 있다. …우리를
대변한 동지들은 차가운 시멘트 바닥 위에 신음하고 있고 무고한 백
성은 형장의 이슬로 사라져 가고 있다. 민주주의란 나무는 피를 먹고
살아간다고 했다. …들으라! 우리는 유신헌법의 잔인한 폭력성을, 합
법을 가장한 유신헌법의 모든 부조리를 고발한다. 학우여 아는가! 민
주주의는 지식의 산물이 아니라 투쟁의 결과라는 것을!"

김상진은 병원으로 옮겨지는 차 안에서 애국가를 불러달라고 애원

베트남 공산화 이후 부산에 상륙한 베트남 피란민들.

하다 결국 정신을 잃고 말았다. 두 번이나 수술을 받았지만 다음 날 아침 눈을 감는다.

그의 할복자살은 언론에 대대적으로 보도되지는 않았지만 입에서 입으로 전해져 널리 알려졌다. 3일 뒤인 4월 12일 서울대 농대는 휴교령을 발표했고 15일 민주회복국민회의도 추도성명을 냈다. 18일에는 명동성당에서 추도미사가 열렸다. 이어 24일 천주교 정의구현전국사제단도 추모기도회를 열고 '김상진 군의 죽음에 답하라'는 성명을 발표한다.

인혁당 관련자들의 사형집행과 김지하의 재구속, 김상진의 할복자살까지 대대적인 민주화시위를 촉발시킬 수 있는 뇌관이 잇달아 준비되고 있었다. 언제 터질지 모를 뇌관을 안고 아슬아슬한 시국이 계속되고 있을 때 또다시 불어닥친 안보공포가 한국사회를 강타한다. 1975년 4월 베트남과 캄보디아가 공산화된 것이다.

캄보디아는 1975년 4월 17일 급진공산주의 운동단체인 크메르루주가 수도 프놈펜을 함락함으로써 공산군에 장악된다. 1970년 3월 론놀 장군이 미국의 지원을 등에 업고 친미 쿠데타를 일으켰다가 크메르루주군과의 내전에 돌입해 전 국민의 10% 가까운 70여만 명이 숨지는 피의 전쟁을 벌인 끝이었다. 캄보디아 공산화 소식보다 더 충격적인 소식이 바로 4월 30일의 베트남 공산화였다. 베트남에 파병한 한국으로서는 남의 일 같지 않은 사태였다.

적화통일의 공포

더구나 베트남이 미군철수 이후 내부분열로 망해가는 과정이 언론을 통해 매일 생중계되면서 국민들은 대한민국도 어느 날 갑자기 적화통일되지 않을까 공포를 느끼고 있었다. 아비규환의 상황에서 줄을 이어 피란을 가는 베트남 국민들의 참혹한 모습을 보며 우리 국민들은 아직도 기억에 생생한 6·25를 떠올렸다. 신문들은 연일 대문짝만 하게 혼란에 빠진 베트남 상황을 전했다.

1975년 4월 30일 밤, 베트남 공산군 탱크가 사이공의 대통령 관저인 독립궁 철문을 부수고 들어가 깃발을 올리고 있던 시간에 박정희 대통령은 비장한 심정으로 이렇게 일기를 쓴다.

'참으로 비통함을 금할 수 없다. 우리 젊은이 30만 명이 파병해 8년 간이나 싸워서 월남 국민들을 도왔다. 이제 그 나라는 멸망하고 월남 공화국이란 이름은 지도상에서 지워지고 말았다. …자기 나라를 자기들 힘으로 지키겠다는 결의와 힘이 없는 나라는 생존하지 못한다는 엄연하고도 냉혹한 현실과 진리를 보았다. 남이 도와주려니 믿고 나라 지키겠다는 준비를 갖추지 못하고 있다가 망국의 비애를 겪는 역사의 교훈을 우리 눈으로 보았다. …이 강산은 조상들이 과거 수천 년 동안 영고성쇠를 다 겪으면서 지켜오며 이룩한 조상의 나라다. 영원히, 영원히 이 세상이 끝나는 그날까지 지켜가야 한다.'

이 같은 정세 속에서 김일성의 공세는 날이 갈수록 기고만장해졌다. 그는 75년 4월 18일, 14년 만에 중국 당과 정부의 초청으로 중국을 방문해 덩샤오핑을 만나 국제사회를 떠들썩하게 한다.

김일성은 캄보디아 수도 프놈펜이 공산군에 함락된 직후인 4월 19일 베이징에서 열린 환영연설에서 "만일 남조선에서 혁명이 일어난다면 우리는 단일민족이면서 같은 민족으로서 팔짱을 끼고 있지 않고 남조선 인민을 적극 돕겠다. 만일 적들이 무모하게 전쟁을 일으키면

단호하게 전쟁으로 대답하겠다. 이 전쟁에서 우리가 잃을 것은 군사
분계선이요, 얻을 것은 조국의 통일"이라고 기염을 토했다. 한 달 전 2
차 땅굴 발견으로 북한의 기습을 현실로 느끼게 된 국민들로서는 그
의 말이 단순한 엄포로 들리지 않았다. 심지어 당시 김일성은 처음엔
'4월 16일 방중'으로 발표했다가 '18일 방중'으로 바꿨는데 일부러 프놈
펜 함락에 타이밍을 맞추기 위해서였던 것으로 풀이됐다.

베트남과 캄보디아 공산화로 75년 상반기 한국사회는 서울을 사수
하자는 분위기가 조성되기 시작하면서 대대적인 반공 분위기가 지배
했다. 정부는 전국에서 안보궐기대회를 열어 학생과 시민을 동원했다.
전국 주요거리와 관공서 건물에는 '총력안보' 구호도 내걸렸다.

마침내 박 대통령은 김일성의 엄포가 있고 한 달이 채 안 된 5월 13
일 긴급조치의 완결판이라 할 수 있는 긴급조치 9호를 선포한다. 긴
급조치 9호는 79년 10·26까지 4년 6개월간이나 지속되면서 총 800
여 명의 구속자를 낳는 대기록(?)을 세운다. 김지하 본인은 물론 가족
들까지도 "이번에는 살아나가지 못할 것"이라는 불길한 예감에 휩싸
이기 시작했다.

민주화운동사의 숨은 조연, 민주교도관들

필자는 이 글을 쓰기 위해 다양한 사람들을 만나면서 한국 민주화
운동사에는 알려지지 않은 곳에서 민주화에 기여한 '보석' 같은 이가
많다는 사실을 알게 됐다. 그중에서도 '민주교도관'들의 활약은 대단
했다.

이들은 서슬 퍼런 독재시절, 공무원 신분으로 정권유지 수단이었던 교도소에서 '죄수'들을 감시해야 하는 임무를 부여받은 사람들이었다. 하지만 수시로 감옥을 드나드는 민주투사들을 가장 가까이에서 지켜보며 갖은 위험을 무릅쓰고 물심양면으로 돌봐주기도 했다. 이들 중에는 민주인사들을 도왔다가, 혹은 수배된 사람을 숨겨주었다가 발각돼 직장에서 쫓겨난 사람도 있고 심지어 감옥까지 갔다 온 사람도 있다. 이들의 이야기를 듣다보면 한국의 민주화는 몇몇 운동가의 헌신이 아니라 두터운 민중의 지지가 있어 가능했다는 것이 새삼 느껴진다.

1967년부터 1979년까지 13년간 서울구치소에서 근무한 전병용 교도관은 '민주교도관'들의 좌장 격이다. 87년 5·3 인천항쟁 당시에는 장기표 등을 숨겨준 혐의로 구속 수감되기도 했다. 홍성우 변호사도 "70년대에 감옥에 간 민주인사들 중에 그의 도움을 받지 않은 사람이 없을 정도"라고 전한다《인권변론 한 시대》.

전 교도관은 김지하와도 인연이 깊다. 민청학련 사건으로 수감되었을 때 김지하를 만났던 그는 김지하가 출감한 지 27일 만에 다시 붙잡혀오자 못내 가슴 아파한다. 그는 당시 김지하의 모습을 1990년에 펴낸 《감방별곡―어느 민주 교도관이 본 서울구치소》란 제목의 책에서 이렇게 전하고 있다.

'그동안 세 번째 투옥 경험이 있는 김지하는 다른 지식인들처럼 징역을 고달프게 살지는 않았다. 타고난 '광대기질, 건달기질' 때문이었는지는 모르지만 그 누구와도 쉽게 친했고 징역을 크게 힘들어하는 기색도 아니었다. 그러나 이번만큼은 달랐다. 무엇보다 (김지하 입장에서) 그전까지와는 다른 처우를 몸으로 확연하게 느낄 수밖에 없었

다. 우선 글자가 씌어 있는 책이란 책은 차입이 금지됐다. 교도소 당국이 넣어주는 성경마저도 허용되지 않았다. 변호인 접견 외에는 가족 면회조차 차단당했다. (여기에) 그를 감시하는 눈들은 곳곳에 수도 없이 배치됐다. …그래서 그랬는지 종

1988년 시설이 전과 함께 공개된 서울구치소 내부.

전과 다르게 심각하고 침통한 표정으로 깊은 고뇌에 빠져 있는 듯한 모습을 보여줄 때가 많았다.'

설상가상 김지하가 감옥에 있는 동안 검사의 공소장은 형이 가중되는 것으로 슬쩍 바뀌기까지 한다. 그의 변호를 맡았던 홍성우 변호사는 《인권변론 한 시대》에서 이렇게 증언하고 있다.

'처음 죄목은 반공법상 이적표현물 제작 예비죄, 이적표현물 제작, 선전활동에 동조했다는 것이었다. 그런데 반공법은 법정형이 7년 이하다. 징역을 아무리 주려 해도 7년이 상한이었다. 그러자 검사가 누범 가중 조항을 추가해 기소를 하는 식으로 슬그머니 공소장을 바꾼다. 김지하는 〈오적〉 사건 등으로 이미 반공법·국가보안법 위반 전력이 있어 누범이었는데 누범의 경우 최고 사형까지 할 수 있다는 법조문을 공소장 변경 형식으로 들이댄 것이었다. 더구나 1차 공판 기일이 인혁당 관련자들의 사형집행이 이뤄진 직후인 5월 19일이어서 김지하가 바로 재판을 받으면 죽을 수 있겠다고 생각했다.'

'민주교도관'들의 좌장 전병용

홍 변호사는 "법정에 드나든 지 20년이 넘었지만 그때처럼 마음을 졸였던 때가 없었다"고 회고한다. 당장의 궁지에서 김지하를 구해내기

위해 변호인단이 고심 끝에 찾아낸 묘수는 재판부 기피신청이었다. 피고인에게 불리한 편견을 지녔음이 명백한 사람이 재판을 맡은 경우 재판부를 기피할 수 있는 제도였다. 마침 김지하 담당 재판장이 인혁당 사건을 재판한 판사였다.

5월 19일 재판이 시작되고 인정신문이 끝나자마자 김지하가 입을 열었다.

"지금 내 앞에 앉아있는 재판장이 인혁당을 재판한 판사다. 인혁당 사건이 조작되었다는 내 발언이 문제가 된 이번 사건에서 사건에 대한 예단을 가지고 있을 것이 분명한 만큼 재판부 기피신청을 한다."

재판부는 허를 찔린 것이나 마찬가지였다. 기피신청을 받아줄 것인지, 말 것인지를 결정하느라 재판이 연기되면서 1차 공판이 끝났다. 그러나 안도의 한숨도 잠깐, 정작 사람들을 경악하게 한 일은 따로 있었으니 그즈음 중앙정보부가 〈김지하 반공법위반 사건의 진상〉이라는 제목으로 노란색 표지의 괴문서를 찍어 국내외에 대량 배포한 것이다.

괴문서의 내용은 김지하가 중앙정보부에서 작성한 자필 진술서였다. 여기에는 그가 스스로를 '맑스주의자'라 고백한 대목이 나오는데 이것을 읽다보면 누구라도 '김지하는 틀림없이 공산주의자'라고 생각하게 되어 있었다. 정보부의 강압에 따른 자백이었는데도 김지하를 국내외적으로 완전히 매장하겠다는 심산이었다.

정보부가 돌린 괴문서는 앞으로 다가올 위험의 실체를 피부로 느끼게 하기에 충분했다. 필시 무슨 일을 당하고야 말 것 같았다. 특단의 대책이 필요했다. 접견이 허용된 변호사와 성직자들을 통해 '김지하는 공산주의자가 아니다'라는 진실을 세상 밖으로 전할 수 있는 구체적 활로를 찾지 않으면 안 된다는 생각이 논의됐다. 그래서 나온 것이

'양심선언문'이었다.

　김지하가 옥중에서 자신의 결백을 담은 양심선언문을 쓰면 이것을 국내외에 배포해 광범위한 구명운동을 벌이자는 계획이었다. 문제는 교소도 밖으로 반출하는 방법이었다. 이때 결정적인 공헌을 한 사람이 바로 전병용 교도관이었다. 전 교도관의 《감방별곡》에 실린 한 대목이다.

　'내 역할은 김지하와 밖에 있는 사람들의 각종 서신 연락을 통해 양심선언을 보완하고 완성하는 작업을 돕는 것이었다. 또 작성경위와 감옥 밖으로의 반출 경로를 조작해 나중에 선언이 공개됐을 때 정보기관이 그 과정을 알 수 없도록 알리바이를 세우는 일까지 포함됐다. 어떻게 보면 단순한 것이었지만 내 직업이 직업이니만큼 상당한 위험도 수반되는 것이었다.'

　전 교도관은 야간근무 순번이 돌아올 때마다 수감자들이 모두 잠든 깊은 밤, 종이와 필기구를 김지하에게 건넸다. 그리고 김지하가 밤을 새우다시피하며 A4 크기 종이에 깨알 같은 글씨로 자신의 억울한 심경과 박정희 정권을 향한 비판을 쏟아내면 그 문건을 넘겨받아 다음 날 퇴근할 때 몸에 숨겨 밖으로 가지고 나왔다. 이 일은 수차례 반복됐다.

감옥으로부터의 서신, '양심선언문' 반출작전

　전병용 교도관이 숨겨 나온 문건들은 그날로 김지하 측근들에게 넘겨졌다. 당시 민청학련 사건으로 수배 중이던 조영래가 문건을 건네

받아 정리하는 일을 맡았다. 조영래의 손이 닿은 원고를 다시 김지하에게 넘겨주고 김지하는 이를 검토해 되돌려 보내는, 복잡하고도 위험천만한 과정이 모두 전 교도관의 손을 거쳐 진행됐다. 다시 전 교도관의 회고다.

'나중에 발각될 것을 대비해 종이와 필기구 출처를 확실히 해놓는 일은 김지하 옆방에 수감되어 있던 한 학생이 동의해 어렵지 않게 끝낼 수 있었다. 그때까지만 해도 시국사범이나 요시찰인에 한해 항소이유서 등을 방 안에서 작성하도록 했는데 그 과정에서 교도관들이 종이와 연필 등을 주었다가 회수하곤 했다. 나는 그 학생이 쓰다 남은 종이와 연필을 김지하에게 전했다.'

양심선언문을 바깥으로 반출하는 일도 큰일이었지만 세상에 공개되었을 경우 작성과 유출 경로를 어떻게 밝힐 것인지, 이른바 알리바이를 허위로 만드는 일도 중요했다. 그래야 피해자를 최소한으로 줄일 수 있기 때문이었다. 전 교도관이 궁리 끝에 꾀를 냈다. 마침 김지하가 수감돼 있던 사동의 청소(소제)를 담당하고 있던 소년수 한 명이 만기출소를 기다리고 있었다. '소제'는 행형성적이 우수하거나 만기출소를 얼마 남겨놓지 않은 재소자 중에서 선발하는데 각 사동의 청소나 기타 잡일을 시키면서 얼마간의 자유를 허용하는, 말하자면 수감자 중에서 선발된 자치대원의 일종이었다.

전 교도관은 이 소년수를 눈여겨봐두었다가 만기 출소하는 날 양심선언문 최종본을 맡겨 내보내기로 한다. 그래서 양심선언문 반출일은 소년수의 만기출소일인 1975년 5월 22일로 잡힌다.

이렇게 일이 한창 진행되고 있던 어느 날, 구치소 앞 버스정류장에서 누군가가 출근하는 전 교도관을 불러 세웠다. 김지하 모친이었다.

아들을 면회 다니느라 전 교도관을 잘 알고 있던 모친은 그에게 이렇게 말했다고 한다.

"아무래도 걱정이 되어서 말이야. 내가 어떤 사람을 찾아가 의논해 봤는데 그분 말이 양심선언을 하면 오히려 화를 입을 가능성도 무시할 수 없다는 거야."

자식 걱정 때문에 애 끓이고 있는 어머니 입장에서는 당연한 걱정이었다. 다시 전 교도관의 회고다.

'우리도 그런 걱정을 안 해본 것은 아니었지만 어머니 입장이라는 것이 어디 그럴 것인가. 당시 모친은 외아들이 빨갱이로 몰리는 상황에서 갖은 고초를 함께 겪으며 아들 옥바라지를 위해 동가식서가숙하면서 처지가 말이 아니었다. …모친께 확실한 대답을 드리지 못하고 헤어지고 난 후 그 문제를 골똘히 생각해 봤지만 아무리 생각해도 앉아서 죽음을 기다리는 것은 너무나 억울하다는 생각이었다. 무엇보다도 김지하 본인이 결단을 내리고 추진하는 일이니만큼 밀고 나가는 수밖에 없을 것 같았다.'

마침내 5월 22일이 왔다. 김지하가 미리 전 교도관에게 소개받은 소년수를 불러 종이뭉치를 쥐어 주며 이렇게 말했다.

"내가 집에 보내는 안부편지이니 밖으로 나가거든 명동성당으로 가서 윤형중 신부라는 사람을 찾아 전해 달라."

사실 김지하가 전해준 종치뭉치는 빈 종이였다. 양심선언문은 이미 전 교도관이 밖으로 반출해 발표시점만 기다리고 있었다. 영문을 모르는 소년수는 종이뭉치를 품속에 갈무리해 서울구치소 정문을 통과했다.

나라 밖으로 번진 김지하 구명운동

공개는 8월 일본에서 이뤄진다. 조영래 등에 의해 일본어와 영어로 번역된 문건을 8월 4일 '가톨릭 정의와 평화협의회' 소마 노부오 주교가 도쿄에서 기자회견을 갖고 공표한 것이다. 당시 소마 주교는 양심선언문이 발표되기까지의 과정을 이렇게 설명했다.

"이 양심선언은 금년 5월에 쓰여 만기 출감자를 통해 서울 명동대성당의 윤형중 신부님께 전해졌습니다. 그것이 윤 신부님을 방문한 외국인 선교사에 의해 미국의 시노트 신부님께 원문이 전달되었고 시노트 신부님으로부터 그 사본이 7월 상순 일본 '가톨릭 정의와 평화 협의회'에 송부되어 가급적 빠른 시일에 전 세계에 일제히 공표하여 달라는 의뢰가 온 것 입니다."

김지하의 옥중 양심선언은 곧 주요외신으로 타전됐다. 당시 공개된 양심선언문 전문은 김지하의 책 《남조선과 뱃노래》에 수록돼 있다. 김지하는 1985년 이 책을 통해 선언문을 재공개하며 "오늘 이 글이 재출간되는 것을 계기로 해서 분명히 밝혀두건대 일부에서 마치 내가 쓴 글인 양 주장하는데 나 혼자 쓴 것이 아니라 철저히 나와 고(故) 조영래 씨의 글이다. 내가 감옥 안에서 중요한 '스킴(scheme·계획)'을 다 작성했고 조영래 씨가 풀어서 쓴 것이 바로 이 글"이라고 명시했다.

'자유와 정의를 사랑하는 모든 이들에게 이 글을 보낸다'로 시작하는 글은 본문과 추신, '사제단 신부님들께 보내는 편지'로 구성돼 있다. 책에 수록된 쪽수만 해도 24쪽에 이르는 매우 긴 글이다. 김지하는 글에서 '내가 공산주의자인가' '민주주의와 혁명과 폭력에 관하여' '혁명적 종교에의 꿈―장일담'의 세계' '나는 반공법을 위반했는가'를 소제목으로 두고 힘과 열정을 다해 자신을 변호한다.

그의 양심선언문은 훗날 문학적 가치를 평가받는데 이는 개인적 한을 풀기 위한 항변이라기보다 독재에 대한 지성의 항의요, 탄압받고 있는 정치범들을 위한 집단적 변론의 성격이 짙었기 때문이다. 홍성우 변호사의 말이다《인권변론 한 시대》).

"한마디로 한 시대의 기념비적 명문이라 생각한다. 피고인의 절박한 사정이 절절히 들어 있고 거기다 해박한 지식과 감동을 자아내는 이 끌림을 갖고 있다. 언제 읽어도 가슴이 뛰게 하는…. 그걸로 싸움은 일단 승부가 난 거나 마찬가지다 할 정도로 아주 쾌거였다. 선언문은 급속히 퍼지기 시작했다. 김지하 사건은 재판 기피신청을 받아들일 것인지를 가리는 재판이 일단 재항고까지 해서 대법원에서 다 기각되었지만 그 과정에서 분위기도 반전되고 우리 쪽으로 주도권이 넘어왔다고 할 수 있었다. 일단 1975년 5월 분위기라는 예봉을 피하고 일방적 수세를 벗어나 시간을 벌면서 이제 재판 한번 붙자 이런 분위기가 되어 갔던 것이다."

마침내 양심선언이 발표되자 세상이 발칵 뒤집혔다. 서울구치소는 말할 것도 없었다.

종이도, 접견도, 운동도 금지된 처참한 감옥생활

서울구치소에서는 대대적인 색출작전이 벌어졌다. 대부분의 교도관이 중앙정보부로 끌려가 취조를 당한 것은 정해진 수순이었다. 다시 전병용 교도관의 회고다.

'예상했던 대로 정보부에서는 양심선언 반출 경위에 대해 집요하게 파고들었지만 아무것도 눈치 채지는 못했다. 그들은 사건 경위를 우리가 짜놓은 각본대로 믿을 수밖에 없었고 누구에게도 형사상 책임을 물을 수가 없었다. 한 가지 안타까운 사실은 그 일로 인해 (감시를 소홀히 했다며) 동료 교도관들이 파면되고 좌천당하는 불상사가 일어났던 것이다. 지금도 미안하고도 죄스러운 마음을 금할 수가 없다.'

출소 후 집에서 참선하는 모습.

선언문 반출 심부름을 맡았던 소년수도 정보부로 끌려가 고초를 겪긴 하지만 "편지뭉치 같은 것을 김지하가 갖다 주라고 해서 그렇게 한 것뿐"이라는 말에 정보부도 어쩔 수가 없었다.

정보부로 끌려가 조사를 받고 다시 구치소로 돌아온 김지하는 상상을 초월하는 혹독한 감시 하에 놓인다. 그가 수감된 곳은 바로 얼마 전까지 문세광이 있던 독방이었다. 김지하가 수감되자 그 층의 모든 방이 비워졌다. 다른 사람과 '통방'을 할 수 없도록 하기 위해서였다. 접견과 물건 차입도 일절 금지됐다. TV 카메라까지 설치돼 24시간 행동을 감시당했다. 심지어 '종이'라고 생긴 것은 용변에 쓸 화장지조차 반입이 금지됐다. 박정희 정권의 모진 보복이 시작된 것이다.

김지하는 24시간 불이 켜진, '절대 침묵'의 방에서 사방으로부터 감시를 받으며 지옥 같은 시간을 견뎌야 했다. 무려 일 년 반 넘도록 성경을 비롯해 모든 '종이'가 금지됐고 접견도 금지, 통방도 금지, 운동도 금지, 금지였다. 김지하는 결국 공상만으로 시간을 죽일 수밖에 없었다. 그의 말이다.

"낮 시간에는 3부로 나눠 시간을 죽였다. 1부는 아침부터 열두 시까지 '민족통일 문제 구상', 2부는 열두 시부터 네 시까지 20대에 '청맥' 부탁으로 쓰려다가 중단한 동학혁명 서사시를 구상하고 잊기 쉬운 뼈대들을 나만 아는 암호로 흰 벽 위에 젓가락을 갈아 만든 대꼬챙이로 긁어서 표시하는 집필 시간으로 보냈다. 그리고 3부는 저녁밥 먹고 나서 취침 때까지 서정시와 현대 한국의 '반골열전(反骨列傳)'을 머릿속으로 쓰거나, 아니면 추억하거나, 아니면 비판하거나, 아니면 그냥 멍청히 앉아 있거나, 아니면 귀를 기울여 창밖에서 오가는 도둑님들 통방 내용으로 미루어 도둑님들의 삶에 관한 내 스타일의 서사시를 구상하거나, 아니면 그것도 하지 않거나…. 뭐, 그랬다. 이것들이 나의 근 일 년 반 동안 대강의 일과였다."

노벨평화상 후보에 오르다

그가 환각을 경험한 것도 이 무렵부터였다.

"어느 날 꿈에는 박정희를 만났다. 그가 배를 타고 멀리 도주하고 있었다. 그런데 곁에 있던 사람이 칼을 던져 돛 줄을 끊어버렸다. 배는 돛들이 제멋대로 놀며 뱅뱅뱅 돌다가 마침내 구름 사이로 자취를 감췄다. …감방문 바로 위에는 텔레비전 모니터가 달려 있고 문 바로 옆에는 흰 벽이 깎이고 그 안에 아마도 녹음기로 보이는 무슨 시커먼 기계가 하나 들어앉아 있었다…. 문세광이 있던 방이라서 그랬을까. 한번은 일본 적군파에 속하는 키가 후리후리한, 검은 옷과 검은 복면의 닌자 두 명이 창살 사이로 슬며시 들어오더니 나를 프랑스로 데려가겠다고 말하는 환각도 나타났다. 또 그 다음 어느 날 한밤중에는 노 젓는 소리가 내내 들려와 창살 밖으로 내다봤더니 《보물섬》에 나오는 외다리 선장 실버가 조각배에 술과 담배를 잔뜩 싣고 창문가에

다가와 배를 대는 것이 아닌가! 우선 반가워서 술 한 모금에 담배 한 대를 맛있게 먹고 나서 가만 생각하니 이것은 체통문제라 실버에게 고맙지만 사양하겠다고 극구 사정하여 보낸 일도 있었다."

이런 환각은 대체로 밤에 일어났다. 그가 이토록 처참한 수감생활을 하는 사이 국내는 물론 세계 각지에서도 김지하 구명운동이 벌어지기 시작했다. 1975년 6월 29일 '아시아 아프리카 작가회의'는 제3의 노벨상으로 불리는 '로터스 특별상'을 수여하기로 결정하면서 '김지하 석방요구서'를 박정희 대통령에게 보내기도 했다. '김지하의 사상과 신앙을 보증한다'는 성명서에 독일의 신학자 요한 메츠와 위르겐 몰트만을 비롯한 제3세계 15개국의 신학자들과 사르트르, 보부아르, 촘스키, 카를 라너, 하버마스와 일본의 오에 겐자부로, 오다 마코토, 와다 하루키 등 국제적으로 저명한 인사들이 서명하는 놀라운 일도 벌어졌다.

마침내 김지하는 미국 일본 유럽 등지의 작가들과 지식인들에 의해 1975년도 노벨 문학상, 노벨 평화상 후보로까지 추천된다. 이와 관련해 박정희 정권 시절 스웨덴 대사관 해외공보관으로 근무한 최규장은 책 《언론인의 사계》(을유문화사)에서 이렇게 말했다.

'나에게는 은밀한 미션이 떨어져 있었다. 담시 〈오적〉을 쓴 김지하 시인의 노벨상 추천을 저지하라는 것이었다. '쳇, 노벨상을 타면 겨레의 영광인데 로비는 못할망정 저지는 또 무슨 저지란 말인가' 나는 속으로 그런 생각이 들었다. 역설적이긴 해도 그를 세계적인 시인으로 만드는 것은 시인 자신이 아니라 박정희가 아닌가 싶었다.'

양심선언이 발표되면서 재판은 맥이 빠졌고 김지하가 세계적인 인물로 주목받자 재판부도 난처해하는 기색이 역력했다. 재판은 지체되고 시간만 흐르고 있었다. 그러다 1심 구속기간이 만료되자 재판부는 형 집행정지를 결정했다가 다시 이를 취소하는 형식으로 그를 재수감하는 편법을 쓴다.

1975년 3월 서른넷의 나이로 다시 감옥에 들어간 김지하는 서른아홉이던 1980년 12월 11일에야 풀려난다. 인생에서 가장 빛나는 30대 청년시절을 감옥에서 '지옥' 같은 구금생활로 보낸 것이다.

중동 특수가 가져다 준 사상최대의 경제호황기

1975년부터 한국경제는 미증유의 호황을 맞보게 된다. 1973~1974년 사이 기름값이 4배나 뛰는 1차 오일쇼크를 경험하면서 한국경제의 허약함에 너나없이 절망하는 목소리가 팽배해 있었으나 얼마 지나지 않아 뜻하지 않은 '달러 박스'가 등장하니 바로 '중동 특수'였다.

1960년대 광부와 간호사들의 서독 진출이 순수한 노동력의 수출이었다면 70년대 중동 진출은 인력과 기업(건설업, 용역업) 기술력의 동반수출이라는 점에서 달랐다. 비록 외국회사의 하청이긴 했지만 한국 건설업체가 주계약자가 되어 공사를 따낸 것은 큰 발전이었다. 중동 진출 첫해인 1974년 해외 수주액은 2억6000만 달러였으나 이듬해 1975년에는 226.3%나 늘어난 8억5000만 달러로 껑충 뛴다. 해외진출 건설업체 수도 현대건설, 대림산업, 동아건설 등 무려 32개사에 달했다.

해외진출 기능사에게는 군복무 면제, 기능사자격증 부여, 최고연봉의 특전을 주는 등 중동 진출을 장려하기 위한 정책적 뒷받침도 이어졌다. 중동에서 한국 기업체와 근로자들은 번번이 화제가 되곤 했다. 묵묵히 일하는 성실함도 해외업체나 중동 사람들을 놀라게 했지만 일처리 속도나 실력은 타의 추종을 불허할 정도였다. 이를 바탕으로 한국 기업체들은 공기(工期)를 맞추는 데 그치지

1976년 이란에서 조선소 건설 중인 우리 기술자들.

않고 아예 완공일정을 단축함으로써 높은 신뢰를 쌓아나갔다.

중동 진출은 오일쇼크를 타개하기 위한 국가차원의 정책이었다. 이를 주도한 사람이 중화학공업화 등 주요 경제정책을 입안한 오원철 경제수석이었다. 그는 회고록《한국형 경제건설》'중동 진출' 편에서 이렇게 적고 있다.

'오일쇼크로 1974년 국제수지적자폭이 17억1390만 달러였다. 적자를 어떤 식으로든 메우지 못하면 나라가 부도날 판이었다. 대책을 마련해야 했다. 찾아오는 외국 손님들마다 붙잡고 "석유파동 대책을 어떻게 세우고 있느냐" 물으니 한결같이 이렇게 말하는 것 아닌가. "원유값이 올라 중동 산유국에 달러가 흘러넘치고 있다. 그 나라들이 지금 이 돈을 갖고 경제건설을 한다고 한다. 여러 나라가 뛰어들고 있지만 특히 일본은 6·25전쟁 때나 월남전 때 돈을 벌어들인 것과 마찬가지로 생각하고 중동에 나가려고 노력하고 있다." 나는 "옳다, 바로 이거다"라고 생각했다.'

반짝 호황 끝에 다시 휘청이는 한국경제

그는 74년 1월 30일 박정희 대통령에게 중동 진출 전략을 보고하며 이렇게 설명한다.

"우리에게는 세 가지 비교우위가 있습니다. 우선 중동은 고온이고 사막지대로 작업환경이 지구상에서 가장 나쁩니다. 그러나 한국은 우수한 인력을 갖고 있기 때문에 나쁜 조건은 지극히 유리한 조건이 됩니다. 둘째, 선진국 기술자들은 아무리 돈을 준다 해도 갈 사람이 없지만 우리는 군인정신으로 무장한 수십만 명의 제대 장병이 있습니다. 지금까지 우리 경제는 어린 여자 근로자가 수출을 해서 지탱해왔지만 이번에는 남자들이 나서야 하지 않겠습니까. 우리 남자 기능공 인건비는 선진국보다 훨씬 싸고 기술 수준은 후진국보다 월등히 높습니다. 셋째, 우리 건설업체는 이미 경부고속도로 건설을 통해 공기단축 기법을 익혔습니다. 세계 어느 나라보다 더 빨리 공사를 할 수 있습니다."

보고를 다 들은 박 대통령이 "오 수석, 소신이 있어 좋구먼" 하고 웃자 그는 내친 김에 한마디를 덧붙인다.

"각하! 중동에 진출하자면 뒷거래가 꼭 필요합니다. 우리가 또 이 방면에는 소질이 있지 않습니까."

박 대통령이 파안대소를 했다. 박 대통령은 74년 4월 25일 중동에 첫 번째 각료급 사절단을 파견한 데 이어 9월 18일에는 "오일쇼크로 인한 외환위기는 오일쇼크로 부자가 된 중동에서 처방책을 찾아야 한다"며 중동건설 진출 진흥책을 마련하라는 지시를 내린다. 이어 건설부와 중앙정보부에도 "중동 진출 업체들을 철저히 감독해서 부실공사가 나오지 않도록 하고 한국 업자끼리 부당한 덤핑 입찰을 하지 못하도록 하라"고 지시한다.

정부의 강력한 지원에 힘입어 중동건설 수주액은 1975년 7억5000만 달러에서 1980년 82억 달러로 크게 늘었다. 1975~1979년의 GNP

증가율 7.2%와 수출증가율 25.0%를 훨씬 뛰어넘는 연평균 76.1%의 성장률이었다. 오일쇼크로 신음하던 한국 경제가 다시 일어서기 시작했다. 1977년 대망의 수출 100억 달러를 돌파하고 경상수지 흑자까지 기록하면서 온 나라가 축제 분위기에 휩싸이게 된 것은 중동건설 붐에 따른 달러 수입에 힘입은 바 컸다. 실제로 76년과 77년 사이에 국내 투자율은 15%에서 27%로, 경제성장률은 각각 14%, 13%를 기록했다. 냉장고 판매증가율은 89%에서 148%로, 흑백텔레비전은 31%에서 46%로, 자동차는 65%에서 111%로 늘어났다.

중동 특수로 세계적인 기업으로 성장한 기업이 바로 현대다. 현대는 1975년 10월 바레인 아랍수리조선소 건설공사 수주를 시작으로 12월 사우디 해군기지 해상공사를 따냈다. 1975년 중동 진출 이후 1979년까지 현대가 벌어들인 외화수입은 6400만 달러에 달했으며 이는 회사 총 매출 수익 가운데 60%나 됐다. 76년에는 사우디아라비아의 주베일 산업항 공사를 9억3000만 달러에 수주하는 개가를 올리기도 했다. 경쟁사가 써낸 15억2000만 달러보다 6억 달러나 낮은 액수로 공사를 따내고도 훌륭한 성과를 냄으로써 '현대'라는 이름을 널리 알린다.

중동 특수를 발판삼아 비약적으로 성장한 현대는 1976년 미 경제전문지 《포춘(Fortune)》이 뽑은 세계 500대 기업에 등재되고 79년에는 78위로까지 올라간다. 하지만 75년부터 시작된 대호황기는 짧았다. 곧 인플레에 신음하기 시작한 한국경제는 중동건설경기의 급속한 냉각으로 부실 건설업체가 속출하고 1979년에는 1차 오일쇼크보다 더 혹독한 2차 오일쇼크까지 밀어닥쳐 휘청이기 시작한다. 《대통령의 경제학》을 쓴 이장규는 당시의 경제상황을 이렇게 설명하고 있다.

'돈이 시중에 흘러넘치고 여기저기서 새 공장을 짓고 고층 빌딩이 올라갔다. 당연히 물가가 올랐다. 정부가 발표한 1977년 소비자 물가 상승률은 10%였으나 믿는 사람은 아무도 없었다. 시멘트 공장도 가격은 포대에 810원, 대리점 고시가격은 900원이었으나 시장에서는 1900~2000원을 주고도 사기가 어려워 줄을 서야 했다. …호황의 끝이 코앞인 줄도 모르고 기업은 과잉투자에 열을 올렸고 79년 2차 오일쇼크가 터지면서 수출은 급속히 추락했다. 국내 기업들의 도산이 줄을 이었다. 정부와 대기업이 주도한 부동산 투기열풍에 국민들이 분노하기 시작했고 부가가치세 도입에 대한 조세저항으로 민심이 흉흉하게 돌아갔다. 정치는 차치하고 경제 쪽에서도 시커먼 먹구름이 밀려오면서 박 정권의 종말을 예고하고 있었던 것이다.'

경제위기는 쓰나미가 되어 박정희 정권을 향해 덮쳐오고 있었다.

'무작정 상경'한 누이들의 영화 전성시대

1975년부터 시작된 반짝 경제호황으로 국민소득이 높아지면서 향락산업도 고개를 들기 시작했다. '룸살롱' 접대문화가 우후죽순처럼 생겨났고 도시 뒷골목에는 사창가가 늘어났다. 급격한 산업화와 농촌 공동체 붕괴가 동반되면서 '무작정 상경'의 시대가 열렸고 그 틈바구니에서 몸과 마음과 영혼에 상처를 입은 사람들은 약자인 여성들이었다. 그 무렵, 서울 제일의 환락가는 무교동이었다. 현대 삼성 대우 같은 대기업이 사람들 입에 오르내리고 '샐러리맨'이라는 용어가 나오기 시작한 것도 그 무렵이었다. 접대, 회식 문화가 생기면서 옛 노래나 부르며 막걸리를 팔던 술집은 도시 변두리로 물러나고 맥주를 팔고 근사한 드레스를 입은 아가씨들이 접대를 하는 새로운 종류의 술집들이 생겨났다. 이름 대신 번호로 불리고, 저녁에 출근해 아침에 퇴근하는 '호스티스'가 생겨난 것도 그 무렵이었다.

이들에게 가장 먼저 주목한 것이 '영화'였다. 예술작품에 대한 통제와 검열이 극에 달했던 1974년과 75년에는 역설적이게도 70년대를 대표하는 한국영화와 주제가들이 쏟아져 나오는데 74년과 75년 공전의 히트를 기록한 영화 〈별들의 고향〉과 〈영자의 전성시대〉 모두 호스티스가 주인공이었다.

최인호 원작의 《별들의 고향》(1973년)은 이듬해 영화로 만들어져 4월 26일 국도극장에서 개봉해 105일간 장기상영을 하며 서울에서만 46만 명 동원이라는 기염을 토한다. 고등학교 시절 신춘문예에 입선한 '천재작가' 최인호는 일약 스타덤에 오르지만 훗날 그는 한 인터뷰에서 "체제의 반대편에 선 사람들에게는 상업주의라는 비난을 받았고, 체제를 수호하려는 이들로부터는 퇴폐주의라는 양날의 협공을 받았다"고 토로했다.

〈별들의 고향〉은 '오경아'라는 '순수하고 아름다운 처녀'가 각양각색의 남자를 만나 사랑을 하다가 매번 버림을 받고 결국 수면제 과다복용으로 비명횡사하는 슬픈 이야기다. 작가의 말대로 '경아는 우리들이 함부로 소유했다가 함부로 버리는, 도시가 죽이는 여자'였다.

초등학교 2학년 때 아버지를 따라 상경해 영등포 근처에서 셋방살이를 시작한 경아는 아버지가 죽으면서 불행이 시작된다. 음대 성악과에 들어가지만 가난 때문에 6개월 만에 대학을 포기한다. 생계를 위해 작은 무역회사에 취직해 '영석'과 사랑하는 사이가 되지만 뜻하지

1970년대 시대상을 반영한 영화 〈별들의 고향〉.

않게 아이를 갖게 되어 낙태를 하고 버림 받는다. 과거를 숨기고 전처와 사별한 중소기업 사장과 한 결혼도 과거가 탄로나 또 다시 버림받고 호스티스로 전락한다. 이후 미술학도 '문오'를 만나 동거하지만 그 역시 경아를 버린다. 경아는 결국 술집에서 만난 이동혁에 의해 철저히 돈벌이 수단으로 전락한다.

영화 〈별들의 고향〉은 당대 톱스타 신성일과 아역배우 출신 안인숙을 주인공으로 "경아, 오랜만에 함께 누워보는군" "아저씨, 추워요. 안아 주세요"처럼 아직도 예능프로그램 등에서 회자되는 명대사를 남겼다. 또 '쎄시봉'의 멤버이던 이장희가 〈나 그대에게 모두 드리리〉와 〈한 잔의 추억〉 등을 담은 OST를 만들어 영화음악의 새 장을 열기도 했다. 영화가 히트하자 전국의 술집 여종업원들이 '경아'로 이름을 바꾸고 남자들은 '경아가 불쌍하다'며 술잔을 기울이는 진풍경을 연출하기도 했다.

급격한 산업화와 향락산업 물결에 희생된 그들, 여성

〈별들의 고향〉 개봉 이듬해인 1975년 개봉한 영화 〈영자의 전성시대〉는 조선작의 소설(1973년)을 원작으로 김호선 감독이 메가폰을 잡아 그해 총 39만8000명의 관객을 동원한다. 〈별들의 고향〉에 버금가는 히트였다. 개봉 당시 포스터에는 이런 문구가 적혀 있었다. '우리가 만난 여자, 우리가 사랑한 여자, 우리가 버린 여자.'

산업화의 물결을 타고 무작정 대도시로 온 시골 처녀들의 인생행로가 흡사 다큐멘터리처럼 주인공 영자의 삶으로 묘사됐다. 부잣집 식모가 된 영자는 주인집 철공소에서 심부름하는 직공 창수와 사랑하게 되지만 창수는 군에 입대해 베트남으로 떠난다. 이후 영자는 주인집 아들에게 욕을 당한 뒤 쫓겨나 봉제공장 여공, 버스안내양 등을 전전하다 만원버스에서 사고를 당해 한쪽 팔을 잃고 '창녀'로 전락한다.

그렇게 3년이 흐르고 베트남에서 돌아온 창수는 목욕탕 때밀이로 일하게 된다. 그는 우연히 경찰서 보호실에서 영자를 발견하고 하루 빨리 돈을 벌어 함께 살겠다는 의지를 불태운다. 당시 여주인공 염복순의 '(등 전면) 노출 연기'가 화제를 모았는데, 영자의 등을 창수가 눈물을 흘리면서 밀어주는 장면은 한국 에로티시즘 영화에서 보기 드문 가슴 뭉클한 장면으로 기록됐다. 하지만 영자는 창수의 장래를 위해 그의 곁을 떠난 뒤 사창가 화재로 숨지고 만다.

〈영자의 전성시대〉는 당시 우리나라 교통문화의 중요한 축이었던 버스 여차장의 삶을 다뤄 특히 주목받았다. 두 갈래로 머리를 묶고 허리에 돈주머니를 찬 소녀들이 가녀린 팔로 억세게 사람들을 버스 안으로 밀어 넣으며 '오라이'를 외치던 모습을 그 시절을 살았던 많은 이가 기억하고 있을 것이다. 1961년 도입된 '여차장제'는 1978년 그 수가 1만여 명에 이를 정도로 화대되지만 '삥땅' '알몸수색' 등으로 수없이 도마에 오르기도 한 그 시절 대표적인 인권사각지대였다.

1974년 5월 25일자 《동아일보》에는 '人間以下(인간 이하) 대우 받는 버스안내원'이라는 제목으로 버스안내원 근로환경 개선을 위한 심포지엄에 연사로 나온 김선례 양의 사연이 소개돼 있다.

'보성운수 소속 시청 앞~구로동 버스안내양 김 양은 4년 동안 안내양으로 종사, 한 달에 최고 1만5000원의 월급을 받으면서 하루 18시간 이상 중노동을 해야 한다고 털어놓았다. 이틀 근무 하루 휴무로 새벽 4시에 일어나 (기숙사) 방청소를 하고 뛰어나와 종점을 떠나 다시 종점으로 돌아오기까지 걸리는 시간은 2~3시간. 중간에 3~5분 쉬는 동안 입금도 해야 하고 화장실도 다녀와야 하고 식사도 해치워야 한다. 화장실에도 스피커 장치가 되어 있어 빨리 나오라고 독촉받는다. 생리(生理) 때에는 처리할 여유마저 없다. 밤 11~12시에 종점으로 돌아오지만 자동차 청소를 마치고 나면 새벽 1시~1시 반. 이때부터 잠을 자는데 다시 새벽 4시가 되면 사감이 깨우는 소리에 일어나야 한다.'

당시에는 안내양이 직접 버스비를 받았기 때문에 돈을 숨겼다며 알몸수색을 당하고 도둑취급을 받는 일이 다반사였다. 기사에 소개된 김 양은 "하루 일과가 끝나면 의례적으로 감독에 의해 검신(檢身)을 당해왔다. 수입금이 적을 때는 검신은 더욱 엄격해지고 이 문제로 교도소에 가야 했던 동료가 줄잡아 40~50명은 되었다"고 밝혔다. 1976년 1월 5일에는 회사의 '삥땅' 추궁에 이영복 양이 할복자살을 시도하는 등 당시 신문에는 수치심을 못 이겨 자살한 안내양들의 기사가 심심찮게 등장했다.

1974년과 75년 대중문화 속에 비친 '경아'나 '영자'는 대한민국 산업화 과정에서 이를 악물고 가족을 먹여 살리기 위해, 혹은 오빠나 남동생을 대학에 보내기 위해 희생하고 헌신한 우리 '누이'들을 대표하는 이름이었던 셈이다.

개인 취향마저 단속하던 그때 그 시절, 유신의 추억

유신정권 시절에 청소년기를 보낸 사람들은 아마도 1970년대 학교

분위기와 사회분위기를 선명하게 기억하고 있을 것이다. 혼식 도시락 검사에서부터 국민교육헌장 외우기, 반공 웅변대회, 학도호국단 등 나라 전체가 '병영'처럼 답답했던 시절이었다. 지금 젊은이들은 기막혀 하겠지만 그들의 부모세대는 남자들은 머리가 길다고 바리캉으로 깎이고 여자들은 치마 길이가 짧다고 경찰서에 붙들려가던 시절을 살았다. 인기곡들이 금지곡으로 묶이던 시절이니 좋아하는 노래조차 마음대로 부르지 못하던 시절이었다.

인터넷을 뒤져보니 재미있는 글이 있어 인용한다. 유신이 선포된 1972년에 초등학교에 입학했다는 김학규 씨가 2012년 8월 12일 인터넷잡지 《레디앙》에 연재한 유신의 추억은 이렇다.

'74, 75년도쯤이니까 초등학교 3, 4학년 때였을 것이다. 평생을 농사꾼으로 살아오신 아버지께서는 북한 방송을 자주 듣는 편이었다. 당시는 무시무시한 유신시대였다. '새벽에 산에서 내려오는 자, 담뱃값을 물어보는 자' 등 간첩 식별법 10가지를 외우면서 '반공 민주정신에 투철한 애국 애족으로' 무장해 있던 나에게는 아버지의 그런 행동은 크나큰 충격이 아닐 수 없었다. 나는 아버지가 간첩일지도 모른다고 의심하기 시작했다. 학교에서 배운 간첩 식별법 10가지 중 하나인 '이불을 뒤집어쓰고 북한 방송을 듣는 자'에 해당한다고 판단되었기 때문이다. 물론 아버지는 이불을 뒤집어쓰기보다는 당당히 방에서 그냥 듣곤 하셨다. …(그 후 어른이 되어) 아버지에게 "그때 왜 그렇게 북한 방송을 들으셨어요?" 물은 적이 있다. 아버지의 대답은 복잡하지 않았다. "당시에 우리나라가 어떻게 굴러가고 있는지 알고 싶은데, 우리나라 방송에서는 강도, 도둑, 교통사고 이야기밖에 나오지 않으니 얼마나 답답하냐. 북한 방송을 들으면 남한 소식이 생생하게 나오니 남

한 사정을 알게 되는 거지!" 정부의 언론통제로 유신에 대한 비판이 금지되어 있던 시절의 이야기다.'

필자는 또 형형색색 '애향단' 깃발 아래 친구들과 함께 행진하며 등교를 했던 추억도 전한다.

'일요일이면 동네에 모여 동네 청소도 하고 화단 가꾸기도 해야 했다. 우리는 화단에 칸나도 심고, 코스모스 길을 단장하기도 했다. 만약 참석하지 않으면 명단이 작성되어 불이익을 당했다. 애향단 단장이 되면 팔뚝에 완장을 차고 동네별로 대오를 이끌 수 있었기 때문에 꽤나 어깨에 힘을 줄 수 있는 자리였다.'

장발단속, 치마길이 단속, 금지곡 남발…

'유신헌법'에 대한 비판이나 불만은 입만 벙긋해도 잡아가던 시절, 국민들의 자유를 옭아맨 대표적인 사례가 장발과 미니스커트 단속이었다. 지금은 코미디나 다름없는 우스운 이야기로 들리지만 당시 경찰들에게는 남자들의 머리카락 길이와 여자들의 치마 길이를 단속하는 일이 치안만큼이나 중요한 업무였다. 길에서 바리캉으로 남자들의 머리를 밀고 여자들의 치마에 자를 들이대는 광경은 일상이었다.

73년 3월 10일 개정 경범죄처벌법이 발표되면서 신문에는 '장발 일제단속으로 1만5000명 적발' '장발 가수 방송 출연 금지' '가두 삭발 않고 자진조발(自進調髮) 권장'과 같은 기사들이 흔히 등장한다. 그래도 장발유행이 사라지지 않자 76년 5월 14일 치안본부(현 경찰청)는 전국 경찰에 일제 추방령을 내리고 ①남녀의 성별을 구별할 수 없을 정도의 긴 머리 ②옆머리가 귀를 덮고 뒷머리카락이 옷깃을 덮는 머리 ③파마 또는 여자의 단발 형태 머리를 하는 남자들에 대해 '뒷머리 하

단은 이발기로 깎고 면도를 하며 옆머리카락 길이
가 귀 윗부분에 닿지 않도록 짧게 올려 깎으라'는
구체적인 지시까지 내린다. 서울에서는 툭하면 일제
단속이라는 걸 하면서 임시이발소까지 설치해 즉석
에서 머리를 강제로 깎아버리기도 했다.

박정희 정권의 두발단속은 1980년대 5공 시절에
도 변형된 형태로 지속되었는데, 87년 6월 민주항
쟁에 이어 일어난 노동자대투쟁 당시 현대중공업
노동자들의 요구조건 중 하나가 '두발자유화'였다고

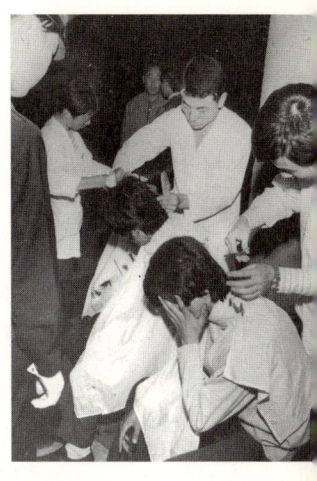

유신시대 장발
단속에 걸려
강제 이발당하
는 남자들.

한다. 여자들은 옷차림을 단속 당했다. 치마 끝이 무릎에서 17cm 이
상 올라가면 단속대상이 되는 일명 미니스커트 단속이었다. 1973년 3
월 10일자 《동아일보》 보도다.

'10일 오전 9시경 서울 명동 N다방 '레지' 강모 양(23)이 무릎에서
한 뼘 이상 올라간 초미니 스커트차림으로 다방근처 빌딩에 커피 배
달을 나갔다가 경찰에 적발돼 경범죄처벌법의 취지와 벌칙을 설명 받
고 훈방됐는데 강 양은 "맞춰놓은 옷이라 버릴 수도 없고 새 옷을 해
입을 돈도 없어 고민"이라고 울상을 지었다.'

73년 4월에는 '미니스커트를 입고 길을 걷던 김모 양이 즉결에 넘겨
져 이틀간 구류를 살았다'(28일자 《동아일보》)는 기사도 보인다. 이러다
보니 여자들이 미니스커트 길이가 괜찮은지 파출소에 물어보는 해프
닝도 있었다고 한다.

'유신의 추억'에서 '금지곡'을 빼놓을 수는 없다. 1975년 6월 21일 한
국예술문화윤리위원회는 공연물정화대책에 따라 〈잘 있거라 부산항〉
〈인정사정 볼 것 없다〉 등 대중가요 43곡을 1차 '금지곡'으로 결정하고

방송 및 판매보급을 금지했다. 이어 발표된(7월 12일) 2차 금지곡 목록에는 이장희의 〈그건 너〉〈한잔의 추억〉, 김성근의 〈생일 없는 소년〉등 당시 대중이 애창하던 인기곡이 대거 포함됐다. 〈그건 너〉와 〈한잔의 추억〉은 곡과 가사가 퇴폐 저속하고 〈생일 없는 소년〉은 지나친 비정과 비탄조라는 것이 이유였다. 74년 레코드가 100만 장이나 팔려나가 당시로선 놀라운 판매기록을 세운 신중현의 〈미인〉도 금지곡으로 묶였다. 가사나 곡 자체에는 문제점이 없으나 사회적으로 파급되는 영향이 좋지 않다는 희한한 이유에서였다.

김민기의 〈아침이슬〉은 '태양은 묘지 위에 붉게 타오르고'라는 가사 중 '붉은 태양'이 북(北)의 어떤 인물을 상징한다는 이유로 금지됐다. 75년 최고 인기가요로 꼽힌 송창식의 〈왜 불러〉도 대표적인 금지곡 중 하나였다. 이렇게 금지곡으로 지정된 노래는 75년 한 해에만 무려 225곡에 달했다.

'재야의 대통령' 장준하 의문사 이후의 민주화운동

김지하 옥중 양심선언의 충격이 채 가라앉기도 전인 1975년 8월 17일, 또 하나의 충격적인 사건이 터지니 장준하 선생의 추락사였다. 당시 장준하 선생은 유신헌법 개정 100만인 서명운동을 주도했다가 1974년 4월 대통령 긴급조치 제1호 위반혐의로 구속돼 징역 15년형을 선고받아 복역하던 중 지병인 협심증과 간경화 악화로 12월 형 집행정지로 출옥한 상태였다.

출옥 후에도 '박정희 대통령에게 보내는 공개서한' 등을 통해 정권과 맞섰다. 그러던 중 1975년 8월 17일 아침, 산악회원 40여 명과 함께 경기도 포천시 이동면 약사봉에 올랐다가 절벽 아래에서 사체로 발견된 것이다. 그의 최후는 의문투성이였다.

장준하는 황폐하고 절망적이던 한국의 지적 풍토에서 《사상계》를 발간해 지식인들의 영혼과 정신을 울렸던 지성의 보루였으며 한일회담 반대운동, 민족통일운동, 반유신 반독재 투쟁을 이끌던 '재야의 대통령'이었다. '박정희 천적'이란 소리를 들을 정도로 대통령에게 모욕감을 주는 극언도 서슴지 않았다. 1966년 삼성 계열의 한국

1967년 1월 1일 보석으로 출감한 《사상계》 발행인 장준하.

비료가 대량의 사카린을 밀수한 사건이 일어났을 때에는 박 대통령을 '밀수왕초'라 불렀고 1967년 4월 대통령선거에서는 베트남전 참전을 주도했다며 박 대통령을 '매혈자'라고 비난해 국가원수모독죄로 3개월 옥살이를 한다.

일제 때 반일민족주의를 표방한 그의 사상적 성향은 반공 반북을 견지한 자유민주주의였다. 독재에는 반대했지만 대북한 문제, 민족통일 문제에서는 적어도 이승만 노선이나 박정희 노선에서 크게 벗어나지 않았다. 박 정권을 향해 날 선 비판을 쏟아내면서도 7·4남북공동성명이 나오자 "모든 통일은 선(善)"이라는 환영성명을 내기도 했다.

생전에 청빈한 생활로 가족들이 큰 고통을 겪었다는 것은 잘 알려진 사실이다. 상중(喪中)에 대접할 쌀이 없어 문상객들이 각자 먹을 쌀을 가져갔다는 일화도 있고 셋집을 전전하던 가족들이 장 선생 부의금에 약간의 돈을 보태 겨우 전셋집을 마련했다는 이야기도 있다.

고인에게는 노태우 정부 출범 이후인 1991년 8월 15일 건국공로훈

장 애국장이 추서되었고 1999년 11월 1일 금관문화훈장이 추서되었다. 2013년 1월 24일 서울중앙지법 형사합의부는 그의 긴급조치 위반 혐의에 대해 무죄를 선고했다.

장준하 선생의 갑작스러운 죽음으로 재야의 구심점이 느닷없이 사라졌지만 반독재, 반유신헌법 투쟁은 사그라들 줄 몰랐다.

'3·1민주구국선언'으로 초토화된 재야세력

1976년으로 접어들면서는 전직 대통령과 정치권, 재야 명망가들이 총결집해 '3·1민주구국선언'을 발표한다. 국민들이 가장 선명하게 기억하는 기념일인 3·1절에 맞춰 시국선언을 내야 한다는 여론은 여러 갈래에서 일었다. 한 갈래는 김대중 전 신민당 대통령후보와 정일형 의원 등 정치권이었고 다른 한 갈래는 개신교 쪽이었다. 이들은 윤보선 전 대통령을 구심점으로 통합이 된다. 김대중 전 대통령은 1976년 3월 1일 명동성당의 성명서 발표현장을 자서전에 이렇게 기록했다.

'아내와 기도회에 참석했다. 미사가 끝나고 문익환 목사의 동생인 문동환 목사가 설교를 했다. "모세는 가나안으로 들어가기 전에 민족의 지도권을 여호수아에게 넘겨주었습니다. 그랬기에 가장 위대한 예언자라고 높이 찬양을 받았습니다. 박 대통령도 이 시점에서 물러선다면 한국 역사에서 높이 평가받는 인물이 될 것입니다." 신도들 낯이 변했다. 놀라는 빛이 역력했다. 이어서 키 작은 여인이 앞으로 나왔다. 이우정 교수였다. 그는 차분하지만 또렷한 어조로 우리가 준비한 성명서를 읽었다. 선언문이 낭독되는 동안 장내는 숨소리 하나 들리지 않았다.'

기도회는 조용히 끝났지만 이튿날부터 이 사람, 저 사람이 연행되기 시작했다. 이어 3월 10일 서울지검 서정각 검사장이 '3·1구국선언'을 '일부 재야인사들의 정부전복 선동사건'으로 규정하면서 관련자 20명을 긴급조치 9호 위반으로 입건했다고 발표했다. 서 검사장은 "일부 재야인사들이 반정부 분자를 규합해 계열별로 민주회복

1976년 '3·1구국민주선언' 사건 공판정 밖 연좌시위.

국민회의 또는 갈릴리교회 등 종교단체 또는 사회단체를 만들어 종교행사를 빙자해 수시로 회합, 모의하면서 긴급조치 철폐, 정권퇴진 요구 등 불법적 구호를 내세워 정부전복을 선동했다"고 했다.

하지만 눈엣가시로 여겨온 사람들을 한꺼번에 옭아매겠다는 의도가 뻔한 것이었다. 선언문 서명자는 10명이었는데 기소된 사람은 18명이나 되었고 3월 1일 행사뿐 아니라 1월 23일 원주 원동성당 신구 교회 연합기도회와 원주선언 사건 관련자들까지 함께 연루시켰기 때문이다.

'3·1구국선언'은 긴급조치 9호 선포로 세상이 숨죽이고 있는 가운데 전직 대통령과 제1야당의 유력한 대권후보, 현역정치인, 재야원로와 교수, 신구 교회의 중심인물이 총망라되어 반유신 선언을 했다는 점에서 국내외에 큰 파장을 불러일으켰다.

3월 19일 미 국무부 대변인은 한국의 인권문제에 강한 우려를 표명했고 라이샤워, 코언 교수 등은 《뉴욕타임스》 기고를 통해 미국정계 지도자들에게 "한국의 인권탄압 정책에 반대하라"고 촉구했다. 또 미 하원의원 102명과 상원의원 17명은 박 대통령에게 "이런 상태에서는 미국의 유권자들에게 남한에 대한 군사적 지원을 정당화하기 어렵다"는 서한을 보냈다.

김대중 전 대통령도 3월 8일 새벽에 끌려갔다. 자서전 중 한 대목

이다.

'나는 곧바로 서대문 서울구치소에 수감됐다. 푸른색 수의를 입고 독방에 갇혔다. 감옥 안은 무척 추웠다. (교통사고 후유증인) 고관절 변형으로 바닥에 앉아 있기가 무척 불편했다. 어떤 자세를 취해도 잠을 이룰 수가 없었다. 어떤 날은 너무 아파서 뜬눈으로 밤을 새웠다. 그럴 때면 병을 낫게 해달라고 하느님께 기도했다. 그러면 정말 통증이 멎는 것 같았다. 무릎을 굽힐 수 없으니 식사할 때 너무도 고통스러웠다. 나는 최소한의 의자와 식탁을 요구했으나 그들은 들어주지 않았다.'

1년 9개월가량의 옥고를 마치고 1977년 12월 18일 전주교도소에서 서울대병원으로 옮겨진 김 전 대통령의 연금 생활은 1년 뒤인 1978년 12월 27일 박정희 대통령의 제9대 대통령 취임을 기해 특별사면령이 내리면서 2년 10개월 만에 풀린다.

그리고 2013년 7월 3일 서울고법 형사8부(부장판사 이규진)는 '민주구국선언'이 긴급조치 9호를 위반했다는 혐의에 대해 36년 만에 무죄를 판결했다. 김 전 대통령뿐 아니라 선언에 참여했던 고 문익환 목사, 고 윤보선 전 대통령, 고 정일형 전 의원, 고 함석헌 선생 등 16명이 모두 뒤늦은 무죄선고를 받았다.

최후진술 "박정희와 중정요원들에게도 하늘의 은총을"

김지하는 재판부 기피신청을 한 75년 5월 19일부터 1년 반에 걸쳐 재판을 받았다. 김지하의 말이다.

"나는 이미 목을 떼서 감방에 두고 왔기 때문에 두려움은 별로 없었다. 다만 불쌍한 사람은 아내였다. 재판하는 날은 그동안 얼굴을 보지 못한 가족들 만나는 접견일이기도 했다. 아내 얼굴은 늘 반쪽이고 어린 아들 얼굴도 샛노랬다. 나중에 전해 들으니 재판이 열릴 때만 되면 아버지 보러 간다고 긴장해서 잠을 못 자곤 했다고 한다."

드디어 마지막 공판이 다가왔다. 76년이 다 저물어가는 12월 23일이었다.

이날 김지하는 오전 10시부터 오후 10시까지 12시간이나 이어진 재판에서 약 3시간 15분에 걸친 최후진술을 한다. 그의 최후진술은 나중에 모두 기록으로 남겨지는데 변호를 맡았던 홍성우 변호사의 말《인권변론 한 시대》이다.

"재판을 시작할 때 형사소송법상 등사·녹취할 수 있다는 규정을 들어 사건의 중요성이나 성질에 비추어 재판 전 과정을 그대로 기록했으면 좋겠다고 했다. 나랏돈이 없으면 피고인 쪽에서 비용을 대서 속기사를 대겠다고 했다. 이를 재판부에서 받아들였다. 그날 최후진술이 정확히 기록된 것은 우리나라 형사재판 사상 처음이었다."

김지하는 이날 원고도 없이 투옥과 투쟁으로 점철된 자신의 삶과 철학을 쏟아냈다. 다시 홍 변호사의 증언이다.

"재판정을 최고의 무대로 삼아 마음껏 자신의 생각을 펼쳤다. 어찌나 감동적이었는지 어떤 면에서는 한마디로 '참 대단한 배우'였다는 생각이 들 정도였다. 김지하가 연극 연출도 하고 마당극도 하고 희곡도 썼다는데 정말 배우로서도 아주 뛰어난 사람이라는 생각이 들었다."

그가 이날 한 최후진술은 그 몇 달 전인 8월에 발표한 옥중 양심선언과 함께 빼어난 문학적 성취이자 시대적 증언의 가치를 지니고 있는 것으로 평가된다. 20여 쪽에 달하는 전문이 그의 책 《남조선 뱃노래》에 수록되어 있다. 그는 이날 최후진술을 통해 먼저 중앙정보부가 자신에게 시도했던 회유공작을 고발하면서 정권에 날 선 비판을 멈추지 않았다.

"정보부의 고급 요원 둘이 내게 오더니 베트남 패망 이전에는 '당신의 석방 여부는 당신의 태도 여하에 달려 있으니 협조적으로 나올 수 없느냐'고 했고, '양심선언' 직후에는 '장관 될 의사가 없느냐. 고집만 부리지 말고 협조적으로 나오면 빛도 보고 출세도 할 텐데 무엇 때문에 모두가 손을 들고 있는 판에 당신만 끝까지 버티고 있느냐'고 했다. 나는 '안 나간다. 현 정권 마음대로 휘두르는 꼬락서니 보기 싫어서 안 나간다'고 그랬다. 10년이고 20년이고 징역 살겠다고 했다. …나는 징역 살 각오는 돼 있다. 그런데 중(重)죄수인 내가 장관도 되고 말만 잘하면 석방도 될 수 있다는데 도대체 죄가 있다는 것인지 아닌지, 또 공산주의자라는 것인지 아닌지, 인혁당이라는 것이 존재했던 것인지 아닌지 종잡을 수가 없다."

잔인한 수감생활 끝 징역 7년 선고

그러면서 자신이 걸어온 삶의 정체성은 "'시인의 삶'이었다"고 했다.

"현 정부는 내가 가난뱅이로 자라나 생래적으로 부자와 자본주의를 증오하는 악랄한 공산주의자가 됐다고 한다. 하지만 이 나라는 국민의 8할 이상이 가난한 민중이다. 가난하다는 이유 하나만으로 공산주의 우범으로 몰아세우는 정부라면 어떻게 국민의 정부라고 할 수 있겠나. …나는 시인이다. 시인이란 본래부터 가난한 이웃들의 저

주받은 생(生)의 한복판에 서서 똑같이 고통 받고 신음하며 그것을 표현하고 고통과 신음의 원인들을 찾아 방황하고 그 고통을 없애며 미래의 축복받은 아름다운 세계를 꿈꾸고 희망과 결합시켜 주는 사람이다. 그래서 우리는 참된 시인을 민중의 꽃이라고 부르는 것이다."

그에게 강요된 잔인한 수감생활도 공개됐다.

"저들은 나를 특수 감시상태 속에 집어넣고 접견, 통신, 독서, 운동, 세면 일체를 금지한 위에 심지어 6개월 이상 일체의 물품 구매를 금지시켰다. 하루 밥 세 끼밖에는 주지 않았다. 말하고 싶지는 않지만 휴지 구매마저도 금지했다. 밥을 먹으면 배설을 해야 되고 배설을 하려면 휴지가 필요한데 손가락으로 닦으라는 얘기인가? 분명히 말하거니와 '나는 나'이다. 나는 이 나라가 허리가 동강나고 가난하고 초라하기 때문에 더욱더 사랑한다. 이곳밖에는 살 데가 없다. 내가 쓰는 시도 모국어로밖에는 표현될 수 없는 예술 장르이다. …이 사회에는 양도론(兩刀論), 결정론, 흑백 논리만이 지배한다. 죽일 놈 아니면 살릴 놈이고, 빨갱이 아니면 파랭이(靑)이다. 이러한 양도론이 우리 생활 전체와 가치 체계와 우리의 정신 내부까지도 지배하고 있다. 이것이 모든 고통의 장본인이다."

지금으로부터 37년 전 우리사회의 분열을 질타하는 그의 목소리는 지금 들어도 울림이 크다. 다시 이어지는 그의 말이다.

"개인과 개인, 집단과 집단, 계층과 계층 사이에 압박과 착취와 상호 불신이 가득 차 있다. 이것은 일종의 정신병리이며, 또한 분열이다. 독재 권력과 국민 전체 사이에 화기어린 친교와 협동적 공동체를 실현시키기 위해서는 반독재 투쟁이 불가피하다. 현 정권의 제거 없이는 통일은 불가능하다. 이 점은 아무리 강조해도 지나치지 않다. 우리

출소 후 독서
와 글쓰기에
몰두한 김지하
시인

는 감옥에 던져질 것이다. 통일로 가는 길은 일차적으로는 그러므로 (내가) 서대문감옥으로 가는 길이다. 나는 감옥에서 행복해지는 비결을 안다. 영생과 부활에 대한 다소곳한 소망만이 나를 구원한다고 믿는다. 그러므로 나에게 무죄가 아닌 어떤 형벌이 주어진다 하더라도 행복하게 이 길을, 내 십자가를 지고 가겠다. 하느님의 은총이 이 불행한 민족 위에 폭포수처럼 쏟아져서 다시는 샛별 같은 이 나라의 청년들이 이 더러운 분단의 비극 때문에 법정에 끌려와 청춘을 시들게 하는 일이 없도록 끝없이 기원하겠다."

법정을 가득 메운 사람들 사이에서 흐느끼는 소리가 들려왔다. 이날 최후진술의 압권은 그의 마지막 말이었다.

"내일 성탄절을 맞이하여 여러분에게 모두 축복이 내리고 나를 박해하고 나를 미워하는 현 정부 최고 지도자 박정희 선생과 중앙정보부의 모든 고급 요원들의 가슴과 머리 위에도 흰 눈처럼 은총이 폭폭 쏟아지기를 빈다. 자비로운 은총이. 그래도 용서하시고, 모두 다 축복받기를 빌겠다."

재판부는 1976년의 마지막 날인 12월 31일 김지하에게 징역 7년을 선고한다.

감옥에서 생명사상을 깨치다

재판이 끝나자 책이 들어오기 시작했다. 김지하는 미친 듯이 책을 읽어댔다. 그는 "현재 내가 가진 지식의 거의가 그 무렵 수많은 독서의 결과"라고 말한다. 당시 주로 몰두한 책들은 생태학, 선불교, 테야르 드 샤르댕(프랑스의 가톨릭 사제이자 고생물학자였으나 진화론을 주장했다)의 사상 그리고 동학이었다. 자유로운 삶을 억압하는 것으로부터 해방을 꿈꾸었던 그는 감옥이라는 갇힌 공간에서 인간과 삶의 본질을 탐색하기 시작한다. 그의 말이다.

"처음에는 생태학을 파고들었는데 그것만 가지고서는 세계와 삶의 진화를 이해하기에 인간은 너무나도 복잡하고 심오한 것이었다. 나는 그 생태학 입문에서 자극을 받아 도리어 선(禪)과 불교에 관한 깊은 내면적 지식과 무의식적 지혜를 갈구하게 되었다. 선불교야말로 인간의 영적 깨달음과 영성적 소통의 철학으로 느껴졌다.《금강경》을 비롯한 여러 경전을 읽었고 외웠다. 고승들의 게송과 법어도 이백 수 가량을 달달 외우게 되었다. 그러다 동학을 만나게 된다. 내 머릿속은 며칠 동안 반은 정신이 나간 듯 밥도 먹는 둥 마는 둥 하고 동학의 모심(侍) 한 자로 꽉 차버렸다."

하지만 침묵과 절대고독이 지배하는 오랜 독방생활은 그에게 말할 수 없는 심적 고통을 가져다준다. 어느 날부턴가는 벽면증을 앓기 시작한다.

"대낮에 갑자기 네 벽이 좁혀 들어오고 천장이 내려오고 가슴이 꽉 막힌 듯 답답해서 꽥 소리 지르고 싶은 심한 충동에 사로잡혔다. 정신을 차리자 싶어 아무리 고개를 흔들어 대고 허벅지를 꼬집어봐도 마찬가지였다. 큰일이었다. 내 등 뒤 위쪽에는 텔레비전 모니터가 붙어 있어 중앙정보부와 보안과에서 일거수일투족을 스물네 시간 내내 지켜보고 있으니, 조금만 이상한 행동이나 못 견디겠다는 흉내라도 냈다 하면 곧바로 소위 '구월산' '면도날'(김지하가 자신을 수사하던 수사관들에게 붙인 별명)이 득달같이 달려와 '김 선생! 이제 그만하고 나가시지! 각서 하나만 쓰면 되는 걸 뭘 그리 고집일까?' 하고 꼬드길 텐데 말이다. 하지만 그럴 수(각서를 쓸 수)는 없는 일이었다. 무슨 (생각의) 결말이 나든 결말이 나야만 나의 태도에 전환이 있을 수 있는 것이었다. 그나마 천만다행인 것은 그 증세(벽면증)가 네댓새 간격을 두고 주기적으로 온다는 점이었다. 오는 시기를 예측할 수 있으니 그 고비만 잘 넘기면 네댓새는 괜찮았다. 그러나 근본적으로 무슨 방도를 내야지, 큰일 났다 싶어 매일 궁리를 해봤으나 별 뾰족한 수가 없었다."

그러던 어느 날이었다. 마침 봄날이었다.

인간은 무엇 때문에 고통 받는가?

아침나절 쇠창살 사이로 투명한 햇살이 비쳐들자 밖에서 날아 들어온 새하얀 민들레 꽃씨들이 햇살에 눈부시게 반짝이며 하늘하늘 춤추는 게 보였다. 쇠창살과 시멘트 받침 사이가 빗발에 파이면서 홈이 생기자 그 홈에 흙먼지가 날아와 쌓이고 멀리서 풀씨도 날아와 앉았다. 그리고 또 비가 오면 그 빗방울을 빨아들여 '개가죽나무'가 자랐다.

개가죽나무가 유난히 푸르고 커보이던 어느 날이었다. 그날 김지하는 운동을 나갔다가 붉은 벽돌담 위에서 무엇인가를 발견했다. 담 위에 점. 점. 점. 점. 점. 점들이 찍혀 있어 자세히 보니 풀들이었다. 풀마다 조그맣고 노란 꽃망울들이 하나도 빠짐없이 다 달려 있는 게 아닌가.

김지하는 곧 방으로 돌아와 앉았다. 그러자 가슴 속 깊은 곳에서 어떤 큰 덩어리가 올라오는 것 같은 느낌이 들었다. 그는 자신도 모르게 엉엉 울기 시작했다. 두세 시간은 족히 울었을까. 우는 동안 내내 허공에서는 '생명! 생명! 생명!' 하는 메아리가 계속 들려왔다고 한다. 당시를 회상하는 그의 말이다.

"순간, 이런 깨달음이 왔다. 저런 미물들도 생명이다. 그런데 '무소 부재(無所不在)'라! 못 가는 곳 없고 없는 데가 없으며 봄이 되어서는 자라고 꽃까지 피우는데, 하물며 고등 생명인 인간이 벽돌담과 시멘트 벽 하나의 안팎을 초월 못해서 쪼잔하게 발만 동동 구른대서야 말이 되는가. 생명의 이치를 깨닫고 몸에 익힌다면 감옥 속이 곧 감옥 바깥이요, 여기가 바로 친구들과 가족이 있는 저기가 아니던가!"

그는 감옥이라는 환경이 아니었으면 생명에 대한 본질적 천착도 없었을 것이라고 한다. 출옥 후 5년이 지난 1985년 한 인터뷰에서 그는 당시 경험을 토대로 자신이 생명사상의 씨앗을 갖게 된 배경에 대해 길게 이야기한 적이 있다. 인터뷰 내용은 그의 책 《남조선 뱃노래》에도 수록되어 있다. 다음은 책에 나오는 대목이다.

"내가 본래 생동하는 것, 역동하는 것, 뜀뛰는 것, 흐르는 것에 대한 추구가 강했다. 그런데 그런 것이 생각의 중심을 차지하게 된 것이 감방생활, 옥중생활의 경험이었다. 갇혀 있다는 것, 묶여 있다는 것, 그래서 자꾸 생각이 굳어지고 분해되어 버리는 것, 이런 것들은 실제로 한 인간의 파괴 과정이다. 감옥이란 게 괜히 있는 게 아니다. 20세기 문명과 문화를 자랑하는 인권을 소중히 여기는 이 시대에도 어째서 감옥이 위세를 떨치는지 한번 생각해볼 만하다. (감옥이란 것이) 수천 년 동안 있어 왔으면서도 아직도 대단한 위력을 갖는 이유는 그만큼 감옥이 사람에게 고통을 주면서 도둑놈이면 도둑질하고 싶어지는 그런 동기, 사상범이라면 자기의 일관된 신념, 자기 생명의 중심적 정신을 계속 유지하고 실현시키려는 그런 지향을 억제하고 파괴시키기 때문이다."

그는 "감방 안에서는 무언가 막혀 있는 것, 제한돼 있는 것, 부서져 나가는 것, 해체되는 것을 느끼는 그 무엇이 있다"고 말한다. 그러니 남들이 대수롭지 않게 여기는 것들, 평소에는 허투루 지나치는 모든 것들에 주목하면서 예민한 촉수를 갖게 된다는 것이다. 다시 그의 말이다.

"예를 들어 봄날 철창 밖을 보면 민들레 씨가 씨를 퍼뜨리기 위해 하얗게 날아다니는 게 보인다. 하지만 그것은 괜히 날아다니는 게 아니지 않은가. 생명의 일정한 법칙에 따라 씨를 퍼뜨려 종자를 번식시키고 생명을 확대하기 위해 날아다는 것 아닌가. 이렇게 보면 내가 밖에 있는 사람들과 만나지 못하는 것, 원래 만나서 이야기하고 함께 생활하도록 되어 있는데 갇혀 있기 때문에 그럴 수 없는 것, 그것은 생명에 반(反)하는 것이다. 지금에 와서는 자유라는 말까지도 속임수의 말로 전락하고 정의라는 말조차도 이데올로기 수단이 되어 오히려 생명의 근원적인 활동을 제약하는 도구로 전락했는데 그런 것보다도 더 근원적인 그런 가치는 무엇이냐, 인간은 무엇 때문에 고통받는가. 그 고통을 넘어 무엇을 해방시켜야 하는가, 감옥에 오래 있다 보면 이런 근본적인 생각에 집중하게 된다."

반목을 딛고
통합된 미래로!

역사의 주역은 민중이었다

카터 정부 등장 이후 고조되는 한미갈등

　1976년 말 김지하에게 '징역 7년'이라는 법원의 최종선고가 내려지고 그가 막 감옥생활을 시작하던 77년부터 박정희 대통령이 서거하던 79년까지는 긴급조치 9호가 지배하던 시대였다. '긴조 시대'가 장기화되면서 한국사회는 장기집권에 따른 피로감으로 지쳐갔다. 민심은 점차 정권에 대한 반감을 드러내고 있었지만 중앙정보부와 경호실로 대표되는 정권내부의 권력투쟁과 불통은 그 도를 더해가고만 있었다.

　유신체제의 위기가 본격적으로 시작되고 있었다. 1977년 120명이던 정치적 양심수는 1979년 1239명으로 급증했다. 무엇보다 큰 변화는 이전의 민주화시위가 대학생이나 지식인 중심이었던 데 반해 77년부터는 여성노동자들을 중심으로 한 노동자와 농민 등 기층민중이 생존권을 주장하며 목소리를 내기 시작했다는 점이다. 동일방직 똥물투척사건이나 함평 고구마사건이 대표적이다. 경제는 외형적으로 10%가 넘는 대호황을 기록하고 있었지만 살인적인 물가고와 오일쇼크에 따른 충격파는 빈부격차를 심화시키고 중산층을 붕괴시켜 경제의 근간을 뒤흔들었다.

게다가 '주한미군 철수'를 앞세운 미국의 압박마저 수위를 높이면서 대한민국은 그야말로 내우외환의 처지였다. 미국의 압박은 76년 11월 3일 민주당 대통령후보 지미 카터가 제39대 대통령으로 당선되면서부터 예고된 일이었다. 미국 대선은 외적으로는 베트남전쟁 패배와 국가재정 악화, 내적으로는 닉슨의 워터게이트 도청사건 후유증으로 정치권의 진실성과 도덕성이 이슈로 등장한 가운데 치러졌다. 카터는 도덕성 회복을 캐치프레이즈로 내세워 재선에 도전한 공화당의 제럴드 포드 대통령을 근소한 차이로 이긴다. 대선 당시 카터의 주요공약 중 하나가 '인권외교'를 전면에 내세운 주한미군 철수였다.

박정희 정부는 워싱턴 정가에서 존재감이 별로 없던 카터의 당선가능성을 낮게 보고 있었다. 설사 당선된다 해도 주한미군 철수가 현실화될 것이라고는 생각하지 않았다. 하지만 '설마'는 현실이 되고 만다.

카터는 77년 1월 26일 백악관에 입성하자마자 국가안보회의 산하 정책검토위원회에 주한미군 병력삭감 문제를 3월 7일까지 검토 완료하라는 지시를 내린다. 그리고 5월 5일 백악관에서 열린 국가안전보장회의(NSC)에서 '점진적 철수' 의견을 낸 다수 참석자들의 의견을 무시하고 즉각 철수를 공식 확정한다. 그는 왜 이처럼 철수정책에 단호했을까?

박정희 정부 시절, 청와대 대변인과 문공부장관을 지낸 김성진은 《한국 정치 100년을 말한다》에서 이렇게 추정한다.

"카터는 한마디로 '정치에서의 목사(牧師)' 역할을 자임했다. 이런 그로서는 주한미군을 철수시켜 월남전의 재판(再版)을 피하고 군비 절감을 한다는 정책구상에 인권문제를 결합시킨다는 착상은 자연스럽고 당연한 것으로 여겨졌을 것이다. 게다가 기존 미국 정치를 부정(不淨)한 것으로 보고 있었던 그에게 (철수는) 정치 목사로서의 정의구현이라는 책무를 완수한다는 일종의 사명감마저 갖게 했을 것이다.'

카터는 실제 독실한 침례교 목사의 아들이었다.

박정희 "미국은 내정간섭 마라"

'인권'을 중시하는 카터 행정부가 들어서자 미국 언론과 의회에서도 한국의 인권시비가 자주 다뤄졌다. 상원의원 맥거번은 카터 정부 출범 이전인 76년 9월 15일부터 이미 "유신헌법 찬반 국민투표는 사기극이었으며 박 대통령은 북의 위협을 국내정치 억압에 이용하고 개인 권력을 강화시키는 데 주력해왔다"고 직격탄을 날리기 시작했다. 이어 그는 박 대통령을 일러 "악명 높은 폭군에다 (한국 내) 유일한 판사이자 결정권자"라면서 "(미 정부가) 군사 원조와 신무기 제공으로 남한의 북한침략 계획에 휘말려 들고 있다. 주한미군은 박 정권의 인질이 아니다"라고 몰아붙였다. 미 하원 국제관계소위도 프레이저 의원이 낸 '3·1 민주구국선언' 사건의 피고인 윤보선, 김대중 등에 대한 형량 경감을 요구하는 대한(對韓) 결의안을 본회의에 상정했다.

10월에 접어들어서는 미국 정치계를 뒤흔드는 '코리아게이트'가 터진다. 76년 10월 25일자 《워싱턴포스트》지에 '한국인 실업가 박동선과 정보부 기관원들이 미 의회 의원들의 한국지지를 이끌어내기 위해 의원들에게 매년 50만~100만 달러를 뇌물로 주었다'는 기사가 실렸다. 사건의 배후에는 한국의 박 대통령이 있다고 신문은 보도했다.

미 언론들은 이 뇌물추문을 닉슨 정권의 '워터게이트'에 빗대 '코리아게이트'라 이름 붙인다. 코리아게이트는 2년 6개월을 끌다가 양국 정부가 공동성명까지 발표하는 우여곡절 끝에 1979년 중반에 가서야 간신히 봉합된다. 그러나 이 사건을 계기로 한미 간의 신뢰관계는 치명상을 입는다.

미 하원에서 '코리아게이트' 에 대해 증언 하는 김형욱.

코리아게이트가 터지고 한 달 뒤인 76년 11월 24일에는 미국 주재 중앙정보부원 김상근(주미대사관 참사관)이 미국으로 정치적 망명을 하는 일까지 벌어진다. 김상근이 미국정부에 폭로한 미국 내 한국 정보부원들의 움직임은 한국정부에 대한 미국정부의 신뢰를 깨뜨리는 결정타가 된다.

이 일로 76년 12월 4일 신직수 중앙정보부장이 해임되고 후임에 건설부장관이던 김재규가 임명된다. 3년 뒤 박 대통령을 권총으로 시해하는 바로 그 김재규의 전면등장인 셈이다.

77년으로 접어들면서는 또 다른 뇌관이 터지니 '김형욱 사건'이었다. 73년 미국으로 망명한 김 전 중앙정보부장은 망명 4년 2개월 만인 77년 6월 22일 미 하원 프레이저 청문회에 증인으로 나와 세상을 놀라게 한다. "김대중 납치사건을 지시한 것은 박정희 대통령"이라는 따위의 그의 증언들은 미국 내 박 대통령에 대한 반대여론에 기름을 부은 격이 됐다.

한미갈등이 최고점으로 치닫자 북한의 김일성이 움직이기 시작했다. 그는 카터가 취임하자마자 외무장관 허담 명의로 파키스탄 미 대사관을 통해 국무장관 밴스에게 "한국을 빼고 미-북 간 직접협상을 원하며 미국과의 대결을 원치 않는다"는 친서를 보냈다. 카터 역시 북한에 대한 여행제한 규제를 풀고 미국과 남북한 간 3자 회담을 시도하는 등 대북유화책을 펴나갔다.

이에 대한 박 대통령의 입장은 확고했다. "국내 실정을 잘 알지도 못하면서 남의 나라 국정에 이래라 저래라 하는 것은 내정간섭이다. 아무리 경제적 어려움이 크더라도 일절 미 의회에 매달려 애걸복걸하지 말라"는 지시가 떨어졌다. 한미갈등의 골은 나날이 깊어질 수밖에 없었다.

역대 최악의 한미 정상회담

카터 대통령이 추진한 주한미군 철수는 이뤄지지 않았다. 미국 내 반대여론이 갈수록 높아졌기 때문이다. (당시 김용식 주미대사는 86년 《동아일보》에 '외교 33년 회고록'을 연재했는데 여기에는 70년대 후반 한미갈등이 생생하게 소개돼 있다. 이하 내용은 당시 신문기사들과 그의 회고록을 축약 정리한 것임을 밝힌다.)

미국에서 주한미군 철수 반대여론을 이끈 사람은 주한미군사령부 참모장 존 싱글러브 장군이었다. 그는 《워싱턴포스트》 기자에게 "철군은 곧 전쟁발발을 의미한다. 카터 대통령의 철군정책은 북한의 군사력에 대한 '과거 정보'에 입각한 것"이라고 폭탄 발언을 한다. 비보도를 전제한 발언이었지만 신문은 장군과의 약속을 어기고 대서특필했다.

격분한 카터 대통령은 그를 워싱턴으로 소환한 뒤 좌천시킨다. 결국 싱글러브 장군은 78년 5월 25일 퇴역하는데 의회 청문회에 출석해서도 "미군과 한국군 고급장교 가운데 지상전투 부대를 카터 대통령이 표명한 스케줄대로 철수하는 데 동의하는 사람은 한 명도 없다"고 소신 증언을 한다. 그의 좌천 이후 철군반대를 주장하는 미 군부의 목소리는 잦아들지만 의회의 목소리는 갈수록 커졌다.

《워싱턴포스트》보도 직후인 77년 5월 하순 미 상원 본회의는 철군지지는 물론 철군비난 결의안까지 부결시킨다. 이듬해인 78년으로 접어들자 '미국의 철군계획은 한국의 정치적 안전에 좋지 않은 심리적 충격을 줄 염려가 있다'는 일본 방위백서가 공개된다. 워싱턴으로서는 신경 쓰이지 않을 수 없는 내용이었다.

그즈음 워싱턴에서도 미묘한 입장변화가 감지되고 있었다.

78년 2월 해럴드 브라운 국방장관은 하원 국제관계위원회에서 "예상외로 북한 군사력이 한국보다 빠른 속도로 증가되고 북한이 침략징후를 보이면 철군계획을 수정할 수밖에 없다"고 발언한 것이다. 이어 4월 초 하원 군사위 조사소위도 "카터 대통령의 철군계획은 국방부와 합참의 의견을 묻지도 않고 극동의 안전에 파급되는 영향을 고려함 없이 내려진 결론"이라는 내용의 보고서를 제출한다. 이런 상황에서 78년 11월 한미연합사가 창설되는데 이는 '미국이 한국을 저버리지 않는다는 결의를 분명히 한 것'으로 받아들여졌다.

79년으로 접어들면서 철군 분위기는 확실히 반전됐다. 1월 8일 미국 내 신문들은 '북한이 40개 사단과 2600대의 탱크를 보유하고 있다'고 보도했다. 이는 29개 사단과 2000대의 탱크를 보유하고 있다는 카터 대통령의 철군결정 당시의 상황판단을 무색하게 할 정도로 북한의 지상군 전투력이 남한보다 우세하다는 증거였다.

카터 대통령은 갈수록 고립됐다. 마침내 하원 군사위원들이 대통령에게 "철군계획을 중지하라"고 요구한 데 이어 상원의 유력의원들까지 미 제2사단을 계속 한국에 주둔시킬 것과 한국군 현대화 촉진이 필요하다는 연구보고서를 낸다. 결국 카터 대통령은 79년 2월 9일 상원의 권고를 받아들이는 형식을 빌려 "철군을 보류한다"는 성명을 발표하기에 이른다.

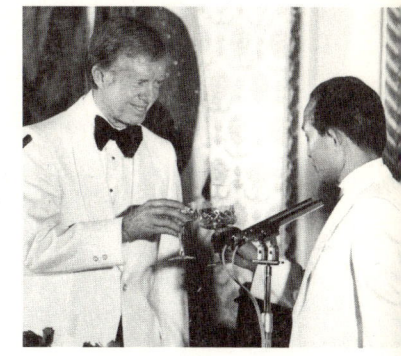

1979년 카터 대통령과 박정희 대통령의 만찬 장면

한국에 유리해지는 미국 내 철군반대 여론

그는 넉 달 뒤인 79년 6월 29일~7월 1일 2박 3일 일정으로 한국을 찾는다. 미군 철수와는 별도로 한미연합사 창설 당시 한미 양국의 협력을 위해 방한하고 싶다는 뜻을 친서를 통해 박정희 대통령에게 보냈는데 이를 박 대통령이 받아들여 이뤄진 방한이었다.

하지만 당시 한미 정상회담은 역대 최악의 정상회담으로 기록됐다.

카터 대통령 입국 첫날부터 분위기가 심상치 않았다. 그는 도쿄에서 경제 정상회담을 마치고 안개 낀 우중충한 6월 29일 오후 9시 30분 김포공항에 도착해 영접 나온 박 대통령과 처음 대면했다. 그러고는 박 대통령과 악수만 나눈 뒤 미 해병대 헬리콥터를 타고 동두천 미군부대로 가버렸다. 공식행사는 이튿날에야 여의도 광장에서 열렸고, 정상회담은 행사 직후 청와대에서 이뤄졌다.

문제는 사전에 철수 문제를 재론하지 말아 달라는 카터 대통령 측 요구에 아랑곳없이 박 대통령이 장장 45분이나 철군의 부당성을 지적하는 '안보강의'를 하면서 터졌다. 회담장에 배석했던 김 전 주미대사의 회고다.

"카터 대통령의 기색은 좋지 않아 보였다. 그는 펜을 들고 메모지에 무엇인가 쓰는 자세를 취했는데 박 대통령의 얘기를 경청하는 것 같지는 않았다. …카터 대통령이 이 자리를 얼마나 불유쾌하게 생각했던가는 당시 동석했던 밴스 국무장관 회고록에도 잘 나타나 있다. '박 대통령이 통역을 통해 말하는 동안 실내 분위기가 급격히 냉각되어가는 것을 느꼈다. 대통령과 브라운 국방장관 사이에 앉았던 나는 카터 대통령이 노기(怒氣)를 참고 있음을 느낄 수 있었다. 어떻게 할 도리가 없었다.'"

이어 김 전 대사는 "카터 대통령은 한마디의 코멘트도 하지 않았다. 두 사람 사이에는 철군과 관계없는 몇 가지 사항에 대해 의견이 교환되었을 뿐이고 그것으로 회담은 끝났다"고 말한다.

결국 정상회담은 이날 저녁 카터 대통령이 박 대통령에게 제시한 한국의 국방비 지출을 국내총생산(GDP)의 6%까지 올리는 안을 박 대통령이 받아들이고, 인권문제와 관련해서는 "긴급조치 9호는 치안에 관한 문제인 만큼 맡겨 달라"는 박 대통령의 발언을 카터 대통령이 받아들이는 식으로 '막판에 웃은 정상회담'으로 마무리되긴 한다.

당시 회담에는 작은 에피소드도 있었다. 바쁜 일정 중에도 여의도 교회에서 예배를 볼 정도로 신심이 두터웠던 카터 대통령이 떠나는 날 김포공항으로 가는 차 안에서 박 대통령에게 선교를 했다는 것이다. 김 전 대사는 박 대통령으로부터 들었다며 차 안에서 나눈 두 사람의 대화에 대해 이렇게 전했다.

"카터 대통령이 '각하의 종교는 무엇입니까'라고 묻자 박 대통령이 '집사람은 독실한 불교신자였습니다. 아이들 중에는 가톨릭에서 운영

하는 학교에 다니는 아이도 있습니다. 나는 특별히 종교가 없습니다'
말했다. 카터 대통령은 박 대통령에게 선교를 하려는 것처럼 보였다고
한다. …이날 저녁 박 대통령은 관계자들을 청와대에 불러 비공식 만
찬을 베풀었다. 그리고 차 안에서 카터 대통령과의 대화를 떠올리면
서 '그 친구 참~'이라고 중얼거리며 다소 의외였다는 표정을 지었다.
그러면서도 그런대로 당시 대화 분위기가 친밀한 분위기였음을 주변
에 느끼게 했다."

미국으로 돌아간 카터 대통령은 20일 뒤인 7월 20일 주한미군 철
수론자였던 안보담당특별보좌관 브레진스키를 통해 "주한미군 철수
를 81년까지 연기한다"고 발표했다. 2년 반 동안 한미관계를 냉각시켰
던 미군철수 문제가 막을 내리는 순간이었다. 그것으로 박 대통령의
오랜 스트레스는 해소되었으나, 사실은 더한 위기가 닥쳐오고 있었다.

수치로만 배부른 고도성장, 인플레이션

박정희 정권에 닥친 최대위기의 정체는 인플레이션이었다.

앞서도 말한 것처럼 한국경제는 1976년부터 중동특수 효과로 사상
초유의 호황을 구가한다. 경제성장률은 1976년 10.6%, 77년 10.0%,
78년 9.3%에 달했고 78년에는 1인당 GNP가 1000달러를 넘어섰다.
당초 계획보다 2년이나 앞선 GNP 달성이었다.

하지만 '수치로만 배부른 고도성장'(79년 4월 9일자 《동아일보》)이었다.
살인적인 물가고로 서민들의 삶은 갈수록 쪼그라들었다. 경기과열로
물자가 부족해지자 극심한 인플레이션이 일어났고 부동산 투기도 극

성을 부렸다. 신규 아파트 값은 분양 즉시 폭등했다. '복부인' '프리미엄'이란 신조어가 이때 등장했다.

78년 5월 29일자 《동아일보》 사설은 이렇게 전한다. '모자라는 것은 시멘트뿐이 아니다. 합판 철근 타일 등 건축자재 부족은 오래전부터 일어났고 요즘에는 중간 원자재와 내구 소비재 심지어 청량음료에까지 엄청난 수요가 일고 있다. …지금 같은 추세라면 연말께 가서 국내 경기는 당초 10.5%로 책정했던 경제성장률을 훨씬 앞질러 15% 선에 이르지 않겠느냐는 전망까지 나오고 있다. …정책 당국은 하루빨리 장기 계획에 입각해서 전면적으로 주요물자의 수급계획을 재검토해야 할 것이다.'

당시 서울대 교수였던 조순 전 서울시장도 《동아일보》를 통해 "(한국은) 고도성장에 대한 반성이라는 합리성을 회복하지 못한다면 마침내 국민경제의 성장잠재력 자체를 잠식할 우려가 있다"고 경고했다.

그렇지 않아도 비명을 지르고 있던 서민들에게 선거 직후인 78년 12월 제2차 오일쇼크까지 덮친다. 중동 산유국들이 이 시기부터 이듬해까지 다섯 차례에 걸쳐 원유가를 올린 데 따른 여파였다.

호황을 노래하던 유신정권의 경제기조는 삽시간에 흔들리기 시작했다. 당시 모든 물가를 통제하던 정부는 79년 3월에 국내 석유제품 가격을 9.5% 인상한 데 이어 7월에 다시 59%나 올렸고, 전력요금도 35%나 인상했다. 최종적으로 1979년 소비자물가 인상률은 21%나 됐다.

79년 4월 9일자 《동아일보》는 '과(過) 성장 16년 황(黃) 신호 걸린 한국경제'라는 제목으로 기사를 연재하는데 기사에 소개된 중견 섬유업체 기능사원 M(36)의 사연은 당시 중산층의 대표적인 삶으로 여겨진다.

'공고 졸업인 M 씨 봉급은 세금 등을 빼고 나면 월 15만 원. 이것으로 노모와 어린 두 자녀, 아내 그리고 고교생인 남동생 등 6식구 생계를 꾸려가면서 작년 봄까지만 해도 월 2만 원씩을 저축했으나 올해에는 저축은커녕 다달이 생계를 잇기조차 어렵다. 경제는 해마다 고도성장을 한다는데 어째서 물가는 엄청나게 오르기만 하는지, 왜 갈수록 살기가 어려워지는지 의문에 잠기게 된다. 고도성장에 회의를 품는 사람은 M 씨뿐이 아니다. 작년 이래 엄청난 물가고와 유례없는 투기 붐, 걸핏하면 빚어지는 생필품 파동에 시달려온 저소득 서민들은 누구나 과연 고도성장이 무엇을 가져다주는 것인가라는 의문에 잠겨 있다.'

자고나면 오르는 물가, 돌아서는 민심

자고나면 물가가 오르니 사재기도 판을 쳤다. 79년 7월 11일자 《동아일보》 보도다.

'유류 값 및 전기요금 인상에 이어 관련제품 값도 최고 48%까지 인상 발표되자 아파트 등 고급주택가 수퍼마켓 상가 등에서는 비누 화장지 설탕 식용유 등 생필품을 리어카와 용달차로 한 차씩 사들이는 '사재기'가 또다시 극성이고 버스요금 인상설에 자극돼 미리 쇠표(토큰)를 사두려는 시민들이 판매소에 줄을 이었다.'

게다가 고도성장의 열매가 고루 퍼지지 않고 있다는 노동자들의 항변이 갈수록 뜨거워지면서 기폭점(起爆點)을 향해 올라가고 있었다. 노동삼권이 제한된 엄혹한 환경이었지만 1972년 346건이던 노동쟁의는 1973년 666건, 1975년 1045건, 1976년 754건, 1977년 1864건, 1979년 1697건으로 폭발적으로 늘기 시작했다. 한국노총 산하 조합원 수도 1970년 49만 명에서 1979년 109만 명으로 늘었다.

안팎으로 정권을 흔드는 위기의 그림자가 짙어지던 78년 7월 6일 박정희 대통령은 '체육관 선거'로 불리는 통일주체국민회의에서 제9대 대통령으로 선출된다. 대의원 2578명 중 반대표는 단 한 표도 없었고 무효표만 한 표가 나온 선거였다. 하지만 5개월 뒤인 12월 12일 제10대 국회의원 총선거는 달랐다.

득표율에서 여당인 민주공화당이 31.7%, 야당인 신민당이 32.8%를 얻어 야당이 1.1%포인트 앞서는 헌정사상 최초의 이변이 일어난 것이다. 전국 154개 지역구에서 민주공화당이 68명 당선된 데 비해 신민당은 61명이나 당선됐다. 무소속 득표율이 28.1%나 되었으므로 제2야당이던 통일당(7.38%)과 합치면 얼마든지 여소야대 국회로 이끌어 갈 수 있는 기반이 마련된 셈이었다. 민심이 박 정권을 떠나고 있음을 이보다 명백히 드러내는 증거는 없었다.

시민들의 정치의식도 높아지고 있었다. 9대 총선보다 4.2%포인트나 오른 77.1%의 투표율이 시민들의 높은 정치참여의식을 반영하고 있었다. 서울은 9대 총선보다 무려 6%포인트나 높은 68.1%의 투표율을 보이기도 했다. 78년 12월 13일자 《동아일보》 보도다.

'과거에는 대도시에서 야당이 우세하고 지방에서 여당이 우세했는데 이번 결과를 보면 야당이 지방에서도 우세하여 소위 '여촌야도(與村野都)' 경향이 현저하게 변한 사실을 보여준다. 국토개발과 텔레비전 보급 확대로 지방의 정치의식이 상당히 변하고 있다는 사실을 말해주는 것이다.'

집권여당의 패배는 박정희 정부에게 큰 충격이었다.

"선거에 진 요인에 대해 김재규 정보부장이 이끄는 정보부와 당, 그리고 경찰에서 보고가 올라왔는데 김정렴 남덕우 김용환 장덕진의 경제정책이 잘못됐기 때문이라는 것이었다. 부가가치세 실시, 물가상승, 그리고 노풍(魯豊)이라는 새 품종 벼가 멸종되어 국민 불만이 커져 패배했다는 것이었다."(김정렴 회고록)

결국 김정렴 남덕우 김용환 경제팀이 경질되고 신현확 신임 부총리 겸 경제기획원장관이 지휘봉을 잡는다. 하지만 상황은 심상치 않게 돌아가고 있었다.

총선에서 힘을 받은 야당이 가장 먼저 전투태세로 돌입했다. '3·1민주구국선언'으로 구속 수감됐다가 서울대병원에서 연금생활을 하던 김대중도 박 대통령의 9대 대통령 취임식이 있던 78년 12월 27일 형 집행정지로 석방되면서 제일성으로 "민주회복을 위해 신명을 바치겠다"고 선언했다. 여기에 당 총재직에서 물러나 권토중래를 꿈꾸던 김영삼도 박 대통령과의 전면전을 벼르고 있었다.

박정희와 김영삼의 영수회담

김영삼 전 총재와 박정희 대통령 간의 감정의 골은 이미 1975년부터 깊어져 있었다. 시계를 그때로 잠시 돌려보자.

베트남 패망(75년 4월 30일)이 임박한 4월 23일 신민당 김영삼 총재는 박 대통령과의 회담을 제의한다. 총재 취임 8개월 만이었다. 베트남이 공산화될 경우 국제정세가 국내정치에 미칠 파급효과를 생각한

박정희 대통령
과 신민당 김
영삼 총재의
영수회담.

그는 "박 대통령과 흉금을 터놓고 의견을 나누려 한다"며 여야 영수회담을 취임 후 처음 제안한 것이다.

회담이 성사된 것은 그로부터 한 달 가까이나 지난 5월 21일이었다. 장소는 지금은 허물어지고 없는 일제 총독 관저, 당시 대통령 집무실이었다.

김 총재는 박 대통령과 단둘이 앉았다. 김 총재가 먼저 1년 전 타계한 육영수 여사에 대해 조의를 표하는 말로 입을 열었다. 김 총재는 2000년 펴낸 회고록 《민주주의를 위한 나의 투쟁》에서 이날의 대화를 이렇게 전하고 있다.

'박정희는 나의 위로인사를 받자 망연한 표정을 짓더니 창밖의 새를 가리키면서 "김 총재, 내 신세가 저 새 같습니다"라고 하고는 앞주머니에서 손수건을 꺼내 눈물을 닦는 것이었다. 느닷없는 행동이었지만 그 모습을 보니 나는 인간적으로 안됐다는 생각이 들었다.'

박 대통령은 울적해진 마음을 이내 추스른 듯 아시아지도를 꺼내놓고 김 총재에게 한반도와 주변정세를 설명하기 시작했다. 대통령의 설명이 끝나자 김 총재가 본론으로 들어가겠다는 어조로 "민주주의 합시다. 대통령 직접선거를 합시다"라며 "유신헌법을 빨리 철폐하여 멋진 민주주의를 하자"고 거듭 말했다.

그러자 박 대통령은 "김 총재" 불러놓고는 한동안 말을 끊었다. 그러고는 '놀랍게도' 이렇게 말했다는 것이다.

"김 총재, 나 욕심 없습니다. 집사람은 공산당에 총 맞아 죽고 이런 절간 같은 데서 죽기 살기로 오래 할 생각 없습니다. 민주주의 하겠습니다. 조금만 시간을 주십시오."

다시 김 총재의 회고다.

'박정희가 울지만 않았다면 나는 "그럼 언제 (민주주의) 할 거냐"고
따지고 들었을 것이다. 그러나 그의 눈물 때문에 그를 추궁하려던 나
의 마음은 다소 누그러져 있었다. "꼭 민주주의를 하겠습니다"라는
그의 말은 "이번 임기를 마지막으로 꼭 물러나겠다"는 뜻으로 들렸다.
그때의 분위기가 그랬다. 비명에 타계한 아내를 들먹이며 눈물을 보이
고 인생의 허망함을 털어놓은 뒤라서, 나는 그의 말을 진심으로 받아
들이기로 했다.'

"이 이야기는 우리 둘만의 비밀로 합시다"

박 대통령은 뒤이어 YS에게 "이 이야기는 절대 우리 둘만의 비밀로
합시다"라면서 이렇게 말했다고도 한다.

"조선 놈들은 문제가 있어요. 내가 정권을 내놓는다고 미리 알려지
면 금방 이상한 놈들이 생겨날 겁니다. 대통령으로 일하는 데 여러
가지 문제가 생깁니다."

다시 김 총재의 회고다.

'권력 누수를 우려한다는 말이었다. 나는 가만히 생각해 보았다. 유
신헌법으로 선출된 박정희의 임기는 당시(75년) 2~3년 정도 남아 있었
다. 나는 오랜 고통에 시달려온 우리 국민이지만 민주주의만 된다면
그 정도는 희망을 갖고 참을 수 있지 않겠나 생각했다. 그래서 "비밀
을 지켜주마"고 약속했다.'

김 총재는 이튿날인 5월 22일 중앙당사에서 열린 확대간부회의에
서 "국정 전반의 모든 문제에 대해 진지하고 격의 없는 충분한 의견교

환을 했다"고만 밝히고 "대통령과의 약속을 지키기 위해 이 자리에서 다 털어놓고 얘기하지 못하는 것을 미안하게 생각한다"고 했다. 당장 당내 비주류를 중심으로 총재를 향해 '밀약'이니 '야합'이니 하는 비난 이 나왔다. 다시 김 총재의 말이다.

'79년 10·26이 날 때까지 나는 당시 회담 내용에 대해 함구했다. 세 간에는 밀약설이 나돌았지만 나는 약속을 지켰다. …하지만 박정희는 "민주주의를 하겠다"라는 약속을 지키지 않았다. 그때 (내 앞에서) 흘 린 눈물이며 말(言)은 지금 생각하면 처음부터 나를 속이려고 꾸며낸 거짓이었다.'

"영수회담 때 보여준 박 대통령 모습이 진실이기를 기대했었다"는 김 총재의 기대는 이내 배신감으로 무너진다. 빌미는 영수회담 석 달 뒤인 75년 8월 23일 총재 취임 1주년 기념식에서 한 김 총재의 기자회 견 발언이었다. 이날 김 총재는 "개헌논의를 금하고 있는 긴급조치 제 9호를 해제하라"고 촉구했다. 그런데 검찰이 몇 시간 뒤 "발언 일부가 긴급조치 9호를 위반했으니 불구속 입건하겠다"고 밝히며 이튿날 바 로 출두요구서를 발부했다. 이어 9월 10일에는 비서실장 김덕룡까지 긴급조치 9호 위반으로 구속한다. 제1야당 총재에 대한 소환장 발부 와 비서실장 구속은 당시 분위기로서는 누가 봐도 청와대와 사전협의 없이는 불가능한 일로 보였다.

김 총재의 회고다.

'검찰은 내게 몇 차례나 소환장을 더 보내왔지만 나는 무시했다. 그 러자 하루는 유치송 사무총장이 집으로 찾아와 말하기를 "중앙정보 부 국장이 하는 말인데 한 번만 검찰에 자진 출두해 체면만 세워주면 김덕룡을 내놓겠다"는 것이었다.'

연말 성탄을 맞아 김덕룡을 면회하고 온 뒤 마음이 약해진 김 총재는 유 총장에게 "정말 틀림없나" 확인하고는 75년 12월 30일 검찰총장실로 자진 출두했다. 하지만 검찰은 김덕룡을 내보내기는커녕 오히려 김 총재를 이듬해인 76년 1월 21일 불구속 기소해 버린다.

김 총재는 이즈음 최대의 정치적 위기상황으로 몰린다. 영수회담 이후 반유신 투쟁의 날이 약해졌다며 비판을 받아오다 76년 9월 16일 열린 신민당 전당대회에서 당권을 빼앗기고 총재직에서 물러나게 되는 것이다. 2년 전 악전고투 속에서 쟁취한 당권을 허무하게 빼앗긴 그는 이후 당직이 없는 전직 총재에다 소수파로 하루아침에 나락으로 떨어진다. 이후 당 운영 문제에 대해 일절 함구하며 깊은 침잠의 세월을 보낸다.

그러나 그 사이 공고해 보이던 유신독재 체제는 서서히 균열이 가고 있었고 민심은 폭발 직전의 비등점을 향해 가고 있었다. 78년 12월 총선에서 신민당이 공화당을 사실상 이겼다는 소식은 김 총재로 하여금 새로운 결의를 다지게 했다. 그는 "이제 때가 왔다"고 생각했다.

79년 새해가 밝았다. 그의 예감대로 '때'가 오고 있었다. 박 대통령과의 재결전이 기다리고 있었던 것이다. 하지만 이번에는 쉽게 물러설 YS가 아니었다.

김재규와 차지철의 첫 갈등 '백두진 파동'

박정희 대통령이 김재규의 총탄에 맞아 서거한 1979년은 격동의 70년대를 마감하는 해이기도 하면서 한국사의 중요한 대전환점이 되는 해이기도 하다. 집권층에 대한 민심의 불신은 이미 그 전해 말 총선에서도 드러났지만 유신정권은 이를 정치적 위기로 받아들이기에 너무 경직됐고 오만했다. 하지만 여당인 공화당 안에서조차 이대로 가면 안 된다는 경고들이 공개적으로 나오기 시작했다.

78년 국회의원 총선거로 국회에 재등원하게 된 이만섭 전 국회의장은 회고록《나의 정치인생 반세기》에서 "헌정 사상 처음이었던 78년 말 공화당의 패배는 이미 예견된 것이었다"며 당시 분위기를 이렇게 전하고 있다.

'국회의원 선거를 앞두고 정부는 결정적 실책을 범했다. 안정적인 세원확보를 명분으로 갑자기 부가가치세를 도입하기로 하고 증권거래에 대해서도 거래세를 매기기로 한 것이다. 국민들의 거부감은 대단했다. 부가세에 대한 인식과 홍보가 부족해 세무서 직원들조차 빗발치는 납세자들 문의에 "뭐가 뭔지 모르겠다"고 답할 정도였다. 물가도 30% 이상 뛰어버렸다. 증권시장도 거래세가 신설되면서 주가가 폭락하고 말았다. 증세(增稅) 조치들은 그렇잖아도 바닥까지 인기가 떨어진 공화당이 자기 발등을 도끼로 찍은 격이 되었다. …(나는) 79년 3월 10대 국회가 공식 출범했는데도 신명이 나질 않았다. 오랜만에 국회에 들어갔는데도 정권은 동맥경화증에 걸려 우울하기만 했다. 당시 여당은 (78년 10월 총선에서) 야당에 득표율 1.1% 진 것을 쉬쉬하던 판이었다. 천하가 다 아는 일을 말이다. 나는 본회의에 나가 "정부 여당이 야당에 졌음을 솔직하게 인정해야 한다"고 마구 떠들었다. 야당 의석에서 "옳소" "잘한다" 소리가 터져 나왔다.'

3월 중순으로 접어들면서 정가(政街)를 뒤흔드는 때아닌 신호탄이 터지니 바로 '백두진 파동'이었다. '백두진 파동'은 박정희 대통령이 자신의 심복이었던 유정회(維政會) 의원 백두진을 국회의장에 내정하면서 시작된다. 총선에서 기염을 토한 야당에 밀리지 않기 위해 국회를 장악하려는 목적이 담긴 인사였다. 그런데 유정회가 무엇인가, 통일주체국민회의라고 하는 관선조직이 '체육관 선거'를 통해 의석의 3분의 1을 뽑는 국회의원 모임 아닌가.

한자리에 모인
윤치영 김영삼
백두진 정일권
(왼쪽부터).

신민당은 "지역구도 아닌 국회의원을, 더군다나 간접선거로 뽑힌 국회의원을 국회의장에 내정하는 것은 야당과 국민을 무시하는 처사"라며 즉각 반발하고 나섰다. 그리고 의장을 선출할 때는 아예 본회의장에서 퇴장하기로 한다. 여권은 "유신체제에 대한 정면도전"이라며 야당을 향해 "(만약 반대를 하고 싶다면) 퇴장 대신 본회의장에 출석해 반대하라"고 반대하는 방법까지 제시한다.

어처구니없게도 신민당은 여당에 굴복한다. 의사진행발언으로 백두진의 의장선출 반대이유를 밝히고 투표에는 참여한 뒤 투표 후 전원 퇴장이 아닌 일부 퇴장하고, 이를 여당도 양해한다는 암수(暗數·속임수)식 절충안을 받아들인 것이었다. 민심의 동향은 폭풍전야의 긴장감으로 팽팽했지만 야당도 그것을 감지하지 못하기는 매한가지였다.

"망조가 든 건지…"

'백두진 국회의장안'은 당시 차지철 경호실장의 구상이었다. 이를 박대통령이 받아들이면서 '백두진 파동'으로까지 비화하는데 이 과정에서 김재규 중앙정보부장과 차지철 경호실장이 처음으로 갈등을 빚는다. 따라서 '백두진 파동'은 곧 있을 두 사람의 치열한 권력투쟁과 10·26사태의 예고편이라고도 할 수 있다.

다음은 《남산의 부장들》(김충식)에 나오는 김재규 중앙정보부장의 비서를 지낸 사람의 증언이다.

'정치 전반을 떠맡은 정보부로서는 국회가 잘 풀리려면 의장이 야당의 인망(人望)을 사야 한다고 보았다. 그런데 초장부터 배척 운동을 받는 백 의원이 국회를 잘 끌어갈 리 만무한 게 아닌가. 그런데 차 실장은 막무가내로 '(백 의장이) 충성하니 밀어준다'는 식으로 갔다. 79년의 파탄은 그런 데서 시작되었다. 기구가 있고 인원, 장비가 방대한 정보부는 공작도 하지만 그 결과와 책임을 의식할 수밖에 없기에 김 부장으로선 신중할 수밖에 없었다. 그러나 차 실장은 공(功)만 있고 책임은 없는 처지니까 마구 들쑤시고… 김 부장보다 선수를 쳐서 (대통령에게) 보고하는 건수(件數)에만 신경을 썼다. 망조가 든 건지 총명하시던 박 대통령도 자꾸 차 실장에게 기울어져 갔다.'

어떻든 이틀간의 공전 끝에 3월 19일 여야 절충으로 본회의가 열린다. 신민당 의원들은 모두 퇴장하고 이철승 등 6명의 최고위원과 원내총무만 참석한 가운데 백두진이 국회의장으로 선출됐다. 비당권파 의원 16명을 규합한 YS는 "백두진의 지명은 국민을 능멸하는 처사"라고 비난하며 국회 본회의에 불참한다(백 의장은 몇 달 뒤 YS의 의원직 제명 과정에서 주도적인 힘을 행사한다).

YS의 강경발언에 박정희 대통령의 감정이 폭발했다. 그것도 다름 아닌 기자들 앞에서였다.

백두진이 국회의장으로 선출된 이틀 뒤인 79년 3월 21일, 청와대 안 상춘재(常春齋)에서는 박 대통령과 청와대 출입기자들과의 만찬이 있었다. 당시 청와대를 출입했던 《동아일보》 강성재 기자(전 민자당 성북을지구당 위원장)는 《김영삼과 운명의 대권》이란 책에 그날의 만찬장면을 생생하게 묘사해 놓고 있다.

이날 만찬은 YS에 대한 거친 언사를 포함해 흥미진진한 대화들이 오간 자리이기도 했지만 박 대통령이 말년에 갖고 있던 속내와 감정이 여과 없이 드러난 자리이기도 했다. 강 기자의 글을 읽다보면 박 대통령 역시 오랜 집권에 대한 피로감으로 심신이 지쳐 있다는 게 느껴진다. 다음은 강 기자의 회고다.

'영애인 근혜 씨를 대동하고 방으로 들어선 박 대통령은 미리 대기 중이던 30명 가까운 기자들과 일일이 악수를 나눈 뒤 자리에 앉았다. 4명씩 앉을 수 있는 7, 8개의 교자상에는 6, 7가지 안줏감이 차려져 있었고, 술 주전자도 놓여 있었다. 나중에 대통령의 설명으로 알게 됐지만, 이 술 주전자에는 김포 어느 술도가에서 특별히 만들어 배달한 김포 막걸리에 맥주를 섞은 혼합주가 들어 있었다. 마실 때는 부담이 적은 농주(農酒)지만, 한두 사발만 들이켜도 금방 취기가 오르는 술이었다.'

이날 저녁 상춘재 온돌방은 불을 너무 많이 지핀 탓이었는지, 방바닥이 뜨거운 편이었다. 방안이 더운 데다 다들 빈속에 독한 술이 들어가니 20분밖에 지나지 않았는데도 대부분 거나해진 얼굴이 되었다.

취기가 빚은 일화, 동아일보 기자 박치기 사건

이날 만찬은 박 대통령이 소탈하고 편안한 대화로 분위기를 주도했다. 다시 강성재 기자의 회고다.

'대부분의 기자들을 볼 수 있는 중앙의 교자상 한가운데 자리 잡은 박 대통령은 기자들이 피운 담배 연기가 자욱한 것을 보고는 금연(禁煙)을 화제로 말문을 열었다. 당시 목감기 기운이 있던 대통령은 "하루 3, 4갑을 태우던 담배를 최근 끊어가고 있다. 어제는 두 대를 피웠다"면서 담배를 끊을 자신이 있다고 했다. 담배를 많이 피울 적에도 집에 와서는 피우지 않았다면서 "TV 연속극에서 담배를 멋있게 태우는 탤런트들을 보면 피우고 싶은 유혹을 느낀다"고 솔직한 심정을 토로하기도 했다.'

한편 이날 기자들은 상춘재 방안에서 새로 도배한 장판지 냄새를 맡으며 바로 전날, 같은 자리에서 차지철 경호실장이 신임 여당 간부와 신임 국회 상임위원장들을 불러 축하만찬을 했다는 사실을 떠올렸다. 경호책임자에 불과한 사람이 여당과 국회 간부들을 초대해 만찬을 베풀었다는 것은 차 실장의 파워가 얼마나 대단했는지를 보여주는 상징적인 일로 받아들여졌다. 기자들은 어떻게 그런 일이 가능했는지 궁금해하고 있었다.

이런 기자들의 마음을 읽었는지 박 대통령이 먼저 "이 별채를 지은 뒤 집들이를 해야 되지 않겠느냐는 얘기들이 많았는데, 마침 며칠 전 국회 간부들이 새로 뽑혀 (차 실장에게) '여당 신임 간부들까지 합쳐서 네가 한잔 내라'고 얘기해 어젯밤에 축하만찬이 있었다"고 했다.

정작 기자들이 놀란 대목은 대통령이 차 실장을 향해 '너'라고 호칭하는 부분이었다. 마치 부자(父子)처럼 가까운 사이임을 느끼게 했기 때문이다.

차 실장에 대한 언급이 끝나고 바로 박 대통령은 작심한 듯 내놓고

YS를 비난하기 시작했다. 다시 강 기자의 회고록을 인용한다.

1979년 언론사 대표들과 환담하는 대통령과 큰 영애.

'취기(醉氣)가 상승작용을 했던 것 같다. 박 대통령은 거산(YS의 호)이 백두진 의원의 국회의장 취임을 반대했던 것을 겨냥해, "백 의장이 유정회 의원이기 때문에 반대한다면, 유정회 의원을 뽑는 통대(통일주체국민회의)에서 대통령도 선출된 만큼, 나에 대해서도 반대하겠다는 뜻이 아니냐"며 본심을 털어놓았다. (그러면서) 거산을 정면 공격하기 시작했다. "김영삼이가 유신체제를 뒤엎겠다고 나선다면 우리는 '예, 예' 손놓고 있겠느냐. 지금까지 (그가) 법(긴급조치)을 위반한 게 7건이나 되지만 야당 탄압이라는 오해를 받기 싫어 신민당 전당대회(5월 말) 전엔 절대 안 잡아넣는다. 김영삼이는 절대로 신민당 총재로 당선되지 않을 것이다. 내가 물러나고 김영삼이든 누구든 집권해서 국민이 행복하게 된다면 언론이 밀어주어도 좋다.'

당시 강 기자는 대통령과 조금 떨어진 자리에 앉아 있었다고 한다. 조금 뒤 난처한 상황이 벌어진다. 박 대통령이 여과되지 않은 언어로 YS를 비난하다 화제를 갑자기 언론으로 돌린 것이다. 강 기자는 당시 정부에 가장 비판적인 신문이 《동아일보》였으므로 불똥이 옮겨올 것 같은 예감이 들었다고 한다. 아니나 다를까, 갑자기 대통령이 "《동아일보》 강 기자! 강 기자 어딨어"라며 찾기 시작했다.

"동아일보 기자 어딨어?"

'(나는) 몸을 조금 움직이면서 "예, 여기 있습니다" 대답했다. 대통령은 약간 언성을 높여 "김영삼이 《동아일보》 같은 신문에서 가세해 주니까 힘을 얻어, 무슨 영웅처럼 정치적 발언을 하고 있는 것이 아니냐. 내가 물러나고 김영삼이 (정권을) 잡으면 《동아일보》가 행복하게 될 거 같애! 《동아일보》가 그러면 안 돼!"라고 말했다. 방안 분위기가 딱딱해졌다. 타 신문사 기자가 분위기를 바꿔보겠다는 요량으로 "이제 웬만큼 치안도 정착돼 있으니 야간 통행금지를 해제시킬 의향은 없으십니까" 묻자 대통령은 지체 없이 "(아예 자정 이후 야간 금지를) 밤 10시로 앞당기겠다"고 했다. 좌중에는 어색한 웃음이 번졌다. 농담인지 진담인지가 헷갈렸기 때문이다.'

박 대통령은 언론에 대한 질타(?)가 끝나자 몇 개월 전에 출간한 자신의 저서 《민족중흥의 길》 인세 문제를 화제로 삼았다. "인세가 1900만 원이나 되었는데, 모두 새마을 성금으로 기탁했다"는 것이었다. 그제야 냉정을 되찾은 대통령은 자신이 너무 말을 헤프게 했음을 의식한 듯, "이건 모두 '오프 더 레코드'(비보도)라고 못을 박고는, 근혜 씨에게 "아버지가 취해서 다 털어 놓기 전에 사인(신호)을 보내라"고 했다.

이날 저녁 박 대통령의 말은 깊숙한 정치 얘기부터 술 깨는 비결(?)에 이르기까지 다양했다고 한다. 모두 자리를 파하고 일어선 시각은 만찬을 시작하고 1시간 반가량이 지난 저녁 7시가 조금 넘어서였다. 결코 늦은 시간이 아니었지만 술을 못하는 몇몇을 제외하고는 상당히 취기가 오른 상태였다.

모두들 밖으로 나왔는데 또다시 의외의 일이 벌어졌다. 박 대통령이 청와대 정원 잔디밭에 서서 만찬을 마치고 나오는 기자들을 기다리고 있었다. 다시 강 기자의 회고다.

'대통령이 배웅할 태세를 취하자, 기자들은 자연스레 일렬로 서서 차례를 기다렸다. 평소 술에 약간 취해도 일어날 때는 당당한 자세로 사람들을 대하는 대통령이었는데 이날은 어쩐지 흔들리고 있다는 것을 목격했다. 그날 밤 대통령이 마신 주량은 알 수 없지만, 막걸리 세 사발 이상은 마신 것 같지 않았다. 왜냐하면 이날따라 다변(多辯)이어서 음주 시간이 짧았기 때문이다. (그러나) 요즘 대통령의 심신이 피곤해진 탓일까, (나는 이렇게) 생각하면서 네 번째인가로 몇 걸음 나아가 대통령 앞에 섰다. (그런데) 임방현 청와대 대변인이 무슨 생각에선지 "아, 《동아일보》 강성재 기잡니다"라고 새삼스러운 소개를 했다. 그러자 다소 흔들렸던 박 대통령은 순간적으로 중심을 잡더니 "뭐! 강 기자라고?" 하더니, 갑자기 머리로 내 앞이마를 들이받았다.'

순간적으로 일어난 일이었다. 다시 강 기자의 말이다.

'내가 어리둥절한 채 서 있는데, 대통령은 오른손을 들어 자신의 이마를 만지면서 "얼얼한데" 했다. 나 역시 대통령 표현대로 얼얼했지만, 취기 때문인지 아프게는 느껴지지 않았다. 대통령의 취기를 알아차린 대변인과 근혜 씨가 대통령의 양팔을 부축하고는 어두워진 본관 쪽을 향해 걸어갔다.'

멀어지는 대통령의 뒷모습을 바라보던 강 기자는 '한 나라 명운과 절대 무관하지 않은 국가원수가 저런 흐트러진 모습을 보이다니, 어쩐지 불길한 예감이 들었다'고 한다.

"대통령이 《동아일보》 기자와 박치기를 했다"는 소식은 다음 날 언론계에 쫙 퍼졌다. 그것이 정보 관계자들을 통해 부풀려지면서 사람들 입에 오르내렸다. 《동아일보》 기자를 청와대에 출입 금지시킬 것이라는 말까지 돌았다.

'박치기' 사건이 일어나고 10여 일 후 청와대 기자단은 상춘재 아래 잔디밭에서 다시 대통령과 만날 기회를 갖는다. 출입기자들이 모두 자리를 잡자 대통령이 엄숙한 어조로 입을 열었다.

"듣자 하니 지난번에 내가 실수를 한 모양인데, 이 자리를 빌려 강 기자에게 정식으로 사과합니다."

대통령의 진지한 모습에 오히려 놀란 것은 기자들이었다. 사건 당사자인 강성재 기자도 "그 정도 일 가지고 정식 사과까지 하다니 나는 오히려 좌불안석이 되었다"고 말한다. 다시 강 기자의 회고록을 인용한다.

'처음부터 분위기가 딱딱해지자 기자 한 사람이 와이셔츠 위에 걸쳐 입은 대통령의 스웨터를 가리키며 "각하, 입고 계시는 스웨터가 보기 좋은데요. 혹시 외제 아닙니까?"라고 물었다. 그러자 대통령은 머쓱한 표정으로 오른손으로 목 뒤 스웨터를 뒤집어 상표까지 꺼내 보여주면서 "아니야, 보다시피 국산품이야, 요새는 국산도 잘 나와"라고 말했다.'

강 기자 말에 따르면 박 대통령은 '박치기' 사실을 까맣게 몰랐다가 만찬이 끝난 며칠 뒤 《동아일보》 출입기자가 교체될 것이라는 말들이 정가에 나돌고 있다'는 정보 보고를 보고 그날 밤 자초지종을 물어 알게 됐다는 것이었다. 이 대목에서 그는 당시 가까이에서 본 박 대통령의 모습을 함께 언급한다.

'장기 집권(물론 이것이 치명적인 정치적 과오였지만)과 이에 따른 인권유린 및 정적(政敵)에 대한 가혹한 탄압, 그리고 만년의 여성 스캔들 등

에 대한 평가는 극히 부정적인 것이지만,
대통령의 생활태도는 질박, 검소하기 짝이
없었다. 수십 년 매고 있다는 혁대, 매년 더
운 여름철이면 꺼내 신던 백구두, 몇 벌 되
지 않는 양복, 김치 깍두기 등 너덧 가지 반
찬과 함께 내놓던 설렁탕, 그리고 화장지

하나라도 아껴 쓰려던 절약정신 등은 극히 인상적인 것이었다.'

한편, 상춘재 만찬 자리에서 YS에 대한 노골적인 감정을 표현한 일
에 대해서도 박 대통령 스스로 두고두고 마음에 걸렸던 것으로 보인
다. 그 일이 있고 2주일이나 지난 1979년 4월 5일 식목일 행사장 오찬
자리에서 자신이 먼저 "실언을 했다"며 고백한 것이다. 이날 대통령은
성남시에서 나무를 심은 뒤 막걸리를 곁들여 점심을 했는데 술을 마
시다 말고 동석한 기자들을 가리키면서 내무부장관과 산림청장에게
이렇게 웃으면서 농(弄)을 했다.

"기자들에게 술을 많이 따라 주도록 하시오. 그래야만 술에 취해
내가 설사 실언(失言)을 하더라도 못 쓸 것 아니오."

어떻든, "김영삼은 절대 안 된다"는 박 대통령의 본심을 '정확히' 간
파한 중앙정보부는 곧 있을 신민당 전당대회(5월 30일)에서 어떻게 해
서든 YS를 떨어뜨리기 위해 갖가지 정치공작에 들어간다. YS 회고록
《민주주의를 위한 나의 투쟁》(2000년)에는 이렇게 나온다.

'무엇보다 경선을 진행할 자금원이 완전히 봉쇄되었다. 20여 년간의
국회의원 생활로 지면(知面)이 상당히 넓었던 나로서도 속수무책이었
다. 그만큼 철저하게 봉쇄당했다. 지금은 고인이 된 김동영 의원이 선
뜻 나서 자신의 집을 저당잡히고 빌린 돈을 내놓아 겨우 경선을 준비

할 수 있을 정도였다.'

"정권에 도전하는 사람을 그분이 가만두겠습니까?"

정보부는 아예 YS 본인에게 직접 압력을 가해 후보사퇴를 강권하는 수법까지 썼다. 김재규 정보부장이 직접 나섰다. 다시 YS의 회고다.

'5·30 전당대회 며칠 전 밤중에 롯데호텔 객실에서 김재규 정보부장과 몇 시간 동안 단독면담을 했다. 면담을 주선한 사람은 나와 본(本)이 같은 김녕(金寧) 김씨 문중 사람이었다. 김재규는 나에게 "피는 물보다 진합니다"고 말했다. 자신도 같은 김녕 김씨임을 강조한 말이었다. 그러면서 총재 후보 사퇴를 끈질기게 부탁했다. "대통령 각하의 생각이 확고합니다. 김 총재도 생각해 보십시오. 정권에 도전하는 사람을 그분이 가만두겠습니까?" 그러면서 "총재 경선을 강행하면 결과는 불을 보듯 뻔하다"며 위협하기도 했고, 총재 출마를 포기하고 그들이 지원하는 모(某)씨를 지지하라 하기도 했다. …나는 "박정희가 보통(나쁜) 감정을 가지고 있는 게 아닙니다" "(총재선거) 결과가 어떻게 나온다고 해도 선거가 끝나면 100% 구속합니다" 하는 말까지 들었다.'

YS는 그의 제안을 앉은 자리에서 일축했다. 그리고 "어떤 일이 있어도 입후보해 반드시 총재로 당선되겠다"고 말한다.

정보부의 공작은 여기서 끝나지 않았다. 전당대회를 목전에 둔 5월 18일 경찰은 YS가 대의원들에게 배포하려고 준비하던 문건을 빼앗아 간 데 이어 측근들을 긴급조치 위반혐의로 입건했다. 상도동 집까지 대대적인 압수수색을 한다.

YS는 동교동을 찾아 DJ에게 지지를 부탁한다. 그때까지 줄곧 정당 바깥에서 반정부 운동을 하던 윤보선 전 대통령과 DJ도 침묵을 깨고

YS를 지지하기로 한다. DJ는 전당대회 하루 전인 5월 29일 열린 YS 지지 대의원 단합대회 장소에 나타나 열변을 토한다. 유신 이후 매스 컴에서 사라졌던 그의 얼굴을 본 대의원들은 함성과 흥분으로 그를 맞았다.

마침내 79년 신민당 5·30 전당대회장. 이날 행사는 정치가 쓸려나 간 폐허 위에 정치 열기를 불사르기 시작한 행사라고 할 수 있다. 야당과 재야, 정보부나 경호실의 관심만이 아니라 전 국민의 눈과 귀가 쏠린 정치행사였기 때문이다.

정보부의 갖은 공작에도 불구하고 이날 서울 마포 새 당사에서 열린 전당대회에서 YS는 2차 투표까지 가는 접전 끝에 재석 과반수인 376표보다 2표 많은 378표를 얻어 아슬아슬하게 이철승 후보를 누르고 총재에 재선된다. 대역전 드라마였다.

2년 8개월 전에 당권을 잃고 절치부심하던 YS가 47세라는 젊은 나이로 제1야당 당수직에 복귀한 것이다. 그의 가슴 속엔 박정희 정권을 향한 '칼'이 들어 있었다. 그리고 바로 두 달여 뒤 이 칼끝은 박 대통령을 정면으로 겨냥한다.

독재정권의 맨얼굴 드러낸 YH 폭력진압 사건

1979년 여름은 노동자들의 생존권 투쟁이 정치권을 뒤흔든다. 와이에이치(YH) 사건의 시작이었다. 'YH 무역회사' 노동자들은 79년 3월 30일 회사가 경영난을 견디지 못하고 폐업해버리자 넉 달 동안 노동청을 비롯해 관계기관을 찾아다니며 필사적으로 대책을 호소한다. 하

신민당사에서
폐업철회 농성
중인 YH무역
노동자들.

지만 아무런 성과가 없자 마지막 수단으로 "정상화가 아니면 죽음을 달라"며 재야인사들에게 도움을 요청한다.

그해 8월 9일 아침, 몇몇 재야인사들이 상도동 김영삼 총재의 집을 찾는다. "YH무역이라는 회사가 문을 닫고 오늘 아침 기숙사에서 여공들을 쫓아냈다. 마지막으로 신민당사로 찾아가는 중이니 호소를 들어보고 당국에 해결책도 촉구해 달라"는 것이었다.

김 총재는 선뜻 "야당 당사(黨舍)는 누구에게나 개방되어 있다. 찾아오면 이야기를 듣고 최선을 다해 돕겠다"고 말했다. YS의 회고록 《민주주의를 위한 나의 투쟁》(2000년)에 나오는 대목이다.

'사실 당시 신민당의 처지로서는 당사를 농성장소로 내준다는 것이 매우 어려운 일이었다. 하지만 나는 이 불쌍한 여공들을 내몰면 더 이상 갈 데가 없고 극단적인 사태도 올 수 있다고 우려했다. 어려운 사람들을 내가 보호해 주는 게 옳다고 생각했다.'

훗날 제14대 대통령에 당선되는 YS는 흔히 '감(感)의 정치인'으로 불린다. 민심을 읽는 본능적인 정치감각을 타고났다는 이야기다. 이름도 낯선 중소가발업체 YH 여성노동자들의 농성은 사건 자체만 놓고 보면 중소기업 노사문제에 불과했다. 그러나 YS는 뭔가 정국의 대격변이 오고 있음을 직감한 듯하다. 그러지 않았다면 선뜻 야당당사를 농성장소로 내줄 리 없었을 것이다.

YH 농성사건으로 그는 의원직에서 제명되는 운명에 처한다. 하지만 79년 박정희 정권의 장기집권을 종식시키는 정국의 중심세력이 되면서 국민들에게 '정치적 영웅'으로 부각되는 결정적 계기가 된다.

여성노동자들은 8월 9일 오전 9시 반, 당사 문이 열리자마자 일제히 안으로 들이닥쳤다. 이미 총재의 전화를 받은 직원이 그들을 4층 강당으로 안내했다. 모두 187명이었다. 오전 10시쯤 당사로 나온 김 총재가 총재단 회의에서 농성을 받아들이게 된 경위를 간단하게 언급한 뒤 4층으로 올라갔다. 충혈된 눈에 얼굴이 발갛게 상기된 20대 앳된 여성노동자들의 모습을 보고 있자니 저절로 감정이 북받쳐왔다. 김 총재는 이렇게 말했다.

"여러분들이야말로 산업발전의 역군이며 애국자인데 이렇게 푸대접을 받아서야 되겠습니까. 여러분들의 피와 땀과 눈물이 없었다면 오늘의 한국경제가 없었을 것입니다. 신민당사를 찾아준 것을 눈물겹게 생각합니다. 신민당은 억울하고 약한 사람의 편에 서서 끝까지 투쟁할 것입니다."

강당 안에 커다란 박수 소리가 퍼졌다. TV에서나 보던 야당 총재가 자신들에게 힘을 실어주다니, 때마침 배달된 석간신문에는 농성장 사진과 기사가 크게 실렸다. 라디오 뉴스로도 크게 다뤄지고 있었다. 노동자들은 '배고파 못 살겠다'고 적힌 머리띠를 동여매고 농성에 들어갔다.

"경찰이 들어오면 모두 투신자살한다"

다시 김 총재의 회고다.

'강당에서 자게 하고 모포 등을 사 주고 당사 앞 식당에서 설렁탕, 비빔밥 등을 시켜 끼니를 해결해주었다. …나는 보사부장관과 노동청장에게 해결책을 강구토록 했으나 아무런 대화가 이루어지지 않았다. 이튿날 10일 낮 여야 총무회담을 열어 국회에서 논의할 것을 제의토록 했으나 여당 측은 거부했다.'

'YH 여공들 신민당사 농성' 소식은 정국을 강타했다. 유신체제에 대한 민중들의 불만이 78년 말 총선 결과에 이미 반영된 후였지만 비로소 기층 민중들의 집단적 저항이 행동으로 표출된 사건이었다.

79년 상반기까지만 해도 겉보기에 세상은 평온했다. 이렇다 할 학생시위도 일어나지 않았고 두드러지는 재야의 움직임도 없었다. 하지만 유신체제에 대한 피로와 불만이 누적되면서 언제 뒤집힐지 모를 폭풍전야의 상황이었다. 누구도 깰 엄두를 내지 못하고 있던 강요된 평온을 가장 먼저 깨고 나온 사람들이 YH 노동자들이었다.

그러나 이 충격파를 흡수하기엔 유신체제는 너무 경직되어 있었다. 정부는 여성노동자들이 농성에 들어간 바로 다음 날인 10일 오전 강제해산을 결정한다. 일부 신중론도 있었지만 압도적인 강경론의 위력에 묻혀버렸다. 경찰의 작전명은 '101작전'으로 명명됐다.

8월 10일 밤이 깊어가고 있었다. 경찰이 곧 강제진압을 할 것이라는 소식이 신민당사에 퍼진 것은 밤 10시 40분경이었다. 여성노동자들은 긴급총회를 열고 "경찰이 들어오면 모두 투신자살한다"는 결의문을 채택한다. 일부 흥분한 노동자들은 창틀에 매달려 "뛰어내리겠다"고 울부짖었다. 일부는 실신해 병원에 실려가기까지 한다. 카랑카랑한 목소리로 결의문을 낭독하던 노조 조직부차장 김경숙도 실신했다가 깨어나 다시 농성대열에 합류했다.

밤 11시 20분경 2층 총재실에서 당원들과 함께 있던 김 총재는 농성장 상황이 급박하게 돌아가고 있다는 보고를 받고 급히 뛰어올라갔다. 그리고 흥분한 노동자들을 달랬다.

"결코 두려워 마십시오. '나의 의로운 손으로 너희를 붙들리라'는 성경 말씀이 있습니다. 여태껏 경찰이 야당 당사를 습격한 적은 없었습니다. 나와 의원들이 이곳을 지키고 있으니 안심하십시오."

그의 말에 노동자들이 안심이 되는지 하나둘 잠자리에 들기 시작했다.

자정을 넘기고 11일 새벽으로 접어들고 있었다. 그 시각 당사 주변에 경찰병력이 눈에 띄게 늘기 시작했다. 대략 1000명 이상이었다. 마침내 정·사복 경찰관들이 당사 주변 땅바닥에 매트리스를 깔기 시작했다. 소방차 헤드라이트가 당사를 비췄다. 그리고 새벽 1시 55분. 이순구 서울시경국장이 박한상 신민당 사무총장에게 "여공들을 내보내라"는 최후통첩을 하고 5분 뒤인 새벽 2시. 자동차 경적소리가 길게 세 번 울리더니 경찰 1000여 명이 한꺼번에 당사 담을 넘어 들이닥쳤다.

YH 여성노동자, 김경숙의 죽음

1979년 8월 11일 새벽 신민당사는 '생지옥'으로 변했다.

당원들은 현관 셔터를 내려 경찰 진입을 막으려 했으나 1000여 명의 경찰병력을 막기에는 역부족이었다. 한 무리의 경찰들이 2층 유리창을 부수고 복도로 뛰어 들어와 청년당원들과 난투극을 벌였다. 그사이 다른 경찰들이 셔터를 부수고 우르르 몰려 들어왔다. 당원들은 경찰관들의 곤봉세례에 쓰러져 '닭장차'에 실렸다.

진입에 성공한 경찰들은 2개 조로 나뉘어 한 패는 4층 농성장으로, 다른 한 패는 2층 총재실로 몰려갔다. 총재실에는 김영삼 총재와 국회의원, 당원, 기자 등 50여 명이 있었다. 경찰은 벽을 부순 뒤 벽돌을 던져대기 시작했다. 이윽고 "총재는 때리지 말라"는 명령이 떨어지

고 "키 작고 안경 쓴 놈이 황낙주다"라는 외침이 나오더니 원내총무 황낙주가 구둣발 밑에 깔렸다. 다시 잠시 후 누군가 "저놈이 박권흠이다" 외치자 대변인 박권흠 손이 뒤로 꺾이면서 얼굴이 피범벅이 되도록 난타당했다. 그는 이날 갈비뼈가 부러졌다.

당 청년국장도 실신할 때까지 두들겨 맞았다. 기자들도 예외는 아니었다. 신분증을 내보였으나 "기자고 지랄이고 입 닥쳐!" "신문기자 좋아하네"라는 욕설과 함께 곤봉과 발길질이 날아들었다. 카메라도 박살이 나고 필름도 빼앗겼다. 벽돌에 맞아 팔다리가 부러지는 사람이 속출했다. 대부분의 사람이 피투성이가 되어 끌려 나갔다. 김 총재도 끌려 나와 경찰 승용차에 실려 상도동 집으로 옮겨진다.

농성장이던 4층 강당은 여성노동자들의 비명소리와 연막 가스탄으로 뒤덮였다. 경찰들은 이들을 한 명 한 명 끌어냈다. 곤히 잠들었다 놀라 깨어 일어난 그들은 사이다병 등을 깨어 들고 울부짖으며 반항했다. 일부는 창문을 주먹으로 깨고 뛰어내리려다 제지하는 경찰에 붙들렸다. 농성자들은 진압 시작 불과 10여 분 만에 모두 당사 밖으로 끌려나와 '닭장차'에 쑤셔 넣어졌다. 진압작전은 총 23분밖에 걸리지 않았다. 야당 당사가 이렇게 노골적이고도 야만적으로 짓밟힌 것은 헌정사에 처음 있는 일이었다.

야당 당사마저 짓밟힌 야만의 새벽

오전 2시 반경, 마치 폭격을 맞은 듯 당사가 폐허로 변했다. 경찰의 진압작전은 성공한 듯 보였다. 하지만 작전을 마치고 현장을 수습하는 과정에서 참혹한 죽음이 발견되니 바로 김경숙이었다. 그는 당사 뒤편 지하실 입구 쓰레기통 옆에서 왼팔 동맥이 끊기고 정수리 부분에 길이 3cm가 파인 상처를 입은 채 발견된다. 곧 병원으로 옮겨졌지만 숨진다.

경찰은 사망원인에 대해 세 차례나 말을 바꿨다. 처음에는 "4층에서 떨어지는 것을 경찰이 받았다"고 했다가 "동맥을 끊은 뒤 투신해 병원으로 옮기던 중 사망했다"고 했다. 그러다 최종적으로 "동맥 절단 뒤 4층에서 뛰어내려 자살했다"고 발표한다. 김경숙의 시신은 경찰과 몇몇 유족만이 입회한 가운데 바로 화장터로 옮겨져 한줌 재로 변하고 만다.

2008년 진실·화해를 위한 과거사정리위원회는 부검보고서와 시신 사진을 근거로 "손목에는 동맥을 끊은 흔적이 없고, 손등에는 곤봉 같은 둥근 물체로 가격당한 상처가 발견되었다. 사인은 투신자살이 아닌 경찰의 강제 폭력진압 과정에서 추락사한 것"이라면서 "김경숙이 진압 직전 투신자살했다고 밝힌 당시 경찰 발표는 모두 조작된 것"이라고 했다.

2012년 7월 서울중앙지법은 고인의 어머니 등 24명이 국가를 상대로 낸 손해배상 청구소송에서 "위자료 2억5000여만 원을 지급하라"며 원고 일부 승소판결을 내렸다. "국민을 보호해야 할 국가가 오히려 가해자가 돼 위헌적 불법행위를 저질렀다"는 것이었다.

김경숙의 비극적인 삶은 그 시절 우리사회 가장 밑바닥에서 '공순이'라 불리며 멸시받고 조롱받던 전형적인 '여성 노동자'의 삶이었다.

그녀는 빈농의 딸이었다. 농사를 짓던 아버지는 빚보증을 잘못 서 그나마 있던 땅을 날려버리고 행상을 하다 그녀가 8세 때 세상을 등졌다. 김경숙은 어머니가 날품을 파느라 집을 비우면 세 살 터울의 남동생을 돌보며 자랐다. 그리고 15세가 되던 해 서울로 무작정 상경했다.

김경숙은 일기에는 "내가 배우지 못한 공부를 가르쳐서 동생만은 성공할 수 있도록 하는 것이 간절한 소원"이라는 글이 적혀있었다. 하지만 기대했던 서울 생활은 '꿈'에 불과했다. 그녀는 일기에 "혼탁한 먼지 속에 윙윙거리는 기계 소리를 들으며 어언 8년 동안 남은 것은 병밖에 없다"고 적었다.

한편 김경숙의 죽음이 가져온 충격이 채 가시기도 전인 며칠 뒤, 농성하던 YH 여성노동자들의 식사를 날라주던 당사 인근 식당여종업원이 자살하는 사건까지 일어난다. YS는 회고록에서 'K형에게'라는 글을 통해 그녀의 죽음을 이렇게 애도했다.

'음식점에서 종업원으로 일하던 그 처녀는 음식을 나르면서 보게 된 여공들의 참상과 끝내는 밤중에 경찰에 의해 개처럼 끌려가는 모습을 보고, 이 세상을 더 이상 보기가 싫어 몸을 던진 것이오. 이것은 비록 한 이름 없는 사람의 일이지만 이 세상에 이렇듯 이름 없이 자기의 뜻을 밝히는 사람이 어디 하나둘이겠소? 지금도 그 처녀의 일을 애처롭게 느끼는 것은 나 한 사람만 아닐 것이오.'

YH 노동자들의 농성을 진압하는 과정에서 경찰이 당원뿐 아니라 국회의원, 기자들까지 무차별 구타한 일은 전 국민의 공분을 샀다. 여기에 꽃다운 여성노동자까지 숨지자 이제 정국은 걷잡을 수 없는 소용돌이 속으로 들어가고 있었다.

　YH 사건 이후 김영삼 총재가 이끄는 신민당과 박정희 정권은 정면 대결을 시작한다.

　신민당은 당사에 공권력을 난입시킨 정권을 규탄하며 마포 당사에서 농성에 돌입한다. 그리고 농성 3일째 되던 79년 8월 13일 의외의 일이 터진다. 원외지구당 위원장 3명이 전당대회에서 김 총재 당선은 무효라며 직무집행 가처분신청서를 제출한 것이다. 이들은 자신들이 당원과 대의원 자격이 없는데도 전당대회에 참석해 투표했다며 자신들처럼 무자격 대의원들이 투표에 참가해 이루어진 YS의 총재당선은 무효라고 주장했다. 누가 봐도 '정치 공작'의 냄새가 짙은 행위였다.

　신민당은 발끈했다. "이 같은 작태가 과연 누구에 의한 것인지 국민은 알고 있다"며 18일 열린 당기위원회에서 가처분신청을 낸 3명을 해당(害黨) 행위자로 제명했다. 사건은 당내 갈등으로까지 이어졌다. 5·30 전당대회에서 김 총재와 맞붙었던 이철승계 사람들이 전당대회 결과가 무효라며 법원에 제소한 것이다.

　그런데 '설마'했던 법원이 전격적으로 가처분신청을 받아들이면서 YS는 벼랑 끝으로 내몰린다. 서울민사지법이 9월 8일 가처분신청이 이유 있다고 판결하면서 김 총재와 김 총재가 임명한 부총재단에 대해 직무집행 정지 조치를 내린 것이다. 정당 대표가 법원의 결정으로 직무집행이 정지된 것은 정당 사상 처음 있는 일이었다.

　법원은 아예 정운갑 전당대회 의장을 총재 직무대행자로 선임하기까지 했다. 사법부가 직접 나서서 야당 총재 대행자까지 선임한 것은 스스로 정권의 하수인임을 공개적으로 드러낸 추태라는 비난 여론이 드셨다.

　신민당은 "민주주의와 사법부 독립의 마지막 조종(弔鐘)이 울린 것이다. 정치재판에 승복하지 않겠다"며 정권과의 정면대결을 선언했다. 김 총재도 법원판결 이틀 뒤인 9월 10일 기자회견을 갖고 "박 대통령의 하야"를 거론하며 정권타도를 선언하는 성명을 낸다. 이 성명은 이후 YS의 행보에 뚜렷한 분기점을 긋는 유명한 성명이 된다. 그동안 정권에 비판적 메시지를 많이 발표하긴 했어도 '하야'를 공언한 것은 이때가 처음이었다.

　다음은 성명 내용 중 일부다.

　"나는 지난 총선에서 1.1%를 이겨 신임을 얻은 야당의 총재로서, 또 그동안의 투쟁으로 국민 절대 다수의 지지를 받는 공당의 총재로서 민주 회복을 바라는 모든 계층의 국민의 힘을 집결하여 범국민적 항쟁을 할 것이며, 박 정권 타도운동을 전개할 것을 선언한다. 나는 박정희 씨의 하야를 강력하게 요구한다. 그리고 국립경찰을 폭도로 전락시켜 심야에 신민당사를 습격하여 잠자던 여공들을 강제로 끌어내다가 김경숙 양을 죽이고 현역 국회의원과 취재기자들에게 폭행을 가하여 중상을 입혔는데도 국민 앞에 사과 한마디 없고 폭력경찰을 한 사람도 잡아내지 않는 불법 무법 정권이 박 정권임을 다시 한 번 지적한다."

총재직 박탈에 맞선 김영삼의 '박정희 하야' 요구

　이어 국민에게도 "깨어 일어날 것"을 주문한다.

　"국민들은 1인 체제하에서 18년을 살기에도 지쳤는데 일당 독재하에서 살기를 강요당하는 오늘의 중대한 국면에 처해서도 궐기하지 못한다면 우리 모두가 함께 역사의 죄인이 된다는 것을 잊지 말아야 할 것이다."

성명 발표 후 가진 기자회견에서는 아예 4·19혁명을 거론하며 정권을 압박했다.

"나는 이 땅에 다시는 4·19와 같은 비극적인 사태가 없어야 되며, 정치 보복 없는 사회가 뿌리박아야 된다는 차원에서 박 대통령 스스로 평화적인 정권이양 준비를 갖추라고 거듭 권고한다."

대통령이 물러나지 않을 경우 4·19혁명 같은 유혈사태가 일어날지 모른다는 초강수 경고였다.

정부여당 역시 김 총재의 날 선 공격에 격앙됐다. 정부 대변인 김성진 문공장관은 같은 날 아예 법원결정을 기정사실화하며 "신민당의 김영삼 총재는 이 시간부터 총재가 아니므로 의원으로 호칭한다. 정부는 김영삼 씨 발언을 지금부터 신민당의 전체 의지를 대표하는 것으로 보지 않는다"고 언명했다. 당이 도맡았던 대야(對野) 성명을 청와대 대변인이 발표했다는 것은 그만큼 박 대통령의 의지가 반영된 것으로 읽혔다.

여야의 칼끝대치로 정국긴장은 최고조로 끓어오르고 있었다. 서서히 학생들을 비롯해 종교계도 들고 일어났다. 김 총재가 기자회견을 한 날 서울대생 1만5000여 명이 교내에서 반정부 데모를 벌였고 전북 전주 중앙성당 기도회에서는 김재덕 주교가 "(YS가 아니라) 박 정권에 대한 직무집행 정지 가처분"을 주장하면서 참석자들과 함께 침묵 시위와 철야농성을 벌이기도 했다.

문제는 'YS 죽이기'가 총재직을 빼앗는 차원에서 그치지 않았다는 것이다. 아예 국회에서 그를 제명해 정계로부터 완전히 추방하겠다는 계획이 선 것이다. 정권이 빌미로 삼은 것은 9월 16일자《뉴욕타임스》에 실린 도쿄특파원 스톡스 기자가 쓴 YS 인터뷰 기사였다. 기사는 이렇게 시작한다.

'한국 정부에 대한 거리낌 없는 반대로 체포 직전에 있는 것으로 믿어지는 한국 야당의 지도자 김영삼 씨는 집에서 가진 회견에서 "미국은 국민과 끊임없이 유리되고 있는 정권, 그리고 민주주의를 열망하는 다수, 둘 중에서 어느 쪽을 선택할 것인지를 분명히 할 때가 왔다"고 말했다.'

기사내용 중 정치문제로 비화된 것은 다음 대목이었다.

'김 총재는 "이란은 미국의 크나큰 외교적 불행이었다"고 논평하면서 테헤란 주재 미국대사관의 실책(失策)을 언급했다. 이어 미대사관이 작년 팔레비 정부의 약점을 국무성에 경고하지 못한 점을 지적하면서 "나는 미대사관이 한국에서 이란과 같은 전철을 밟지 않기를 바란다"고 말했다. 김 총재는 "내가 (그동안) 미국 관리들에게 '미국은 공개적이고 직접적인 압력을 통해서만이 박 대통령을 제어할 수 있다'고 말할 때마다 그들은 '한국의 국내정치 문제에 간여할 수 없다'고 답했다. 이것은 납득이 안 가는 논리다. 미국은 우리를 보호하기 위해 3만 명의 지상군을 파견하고 있는데, (그렇다면) 그것은 국내문제에 대한 간여가 아니란 말인가" 반문했다.'

민중혁명이나 다름없는 이슬람교도들의 반정부투쟁으로 실각한 이란의 팔레비 왕을 예로 들면서 미국이 당장 '직접적으로' 개입해 박 대통령을 제어해 달라는 주문은 미국의 내정간섭을 용인하라는 발언으로 해석됐고 이는 대통령과 정부여당을 자극했다.

칼끝대치 속 마침내 닥치고 만 '제명전야'

YS의 인터뷰가 《뉴욕타임스》에 실린 것은 79년 9월 16일이었는데 그 전문(全文)이 국내 석간신문에 실린 것은 3일이나 지난 후인 19일이었다. 정부가 강경방침을 결정하면서 신문게재를 허용한 때문이었다.

정부와 여당은 YS의 인터뷰 내용이 "용공적인 이적행위이며 미국에 '민주화 압력'이라는 내정간섭을 요청하는 '사대발언(事大發言)'"이라며 "국회의원으로서의 품위를 손상했다. 사과와 해명을 하지 않을 경우 단호히 대처하겠다"고 밝혔다. 이에 대해 신민당은 "한국의 현실정치 상황에서 마땅히 주장해야 할 발언을 한 것이며, 충정어린 애국적 발언이었다"고 맞섰다.

제1야당 총재에 대한 직무집행정지 가처분신청으로 불붙은 여야 대치정국은 이제 '총재 의원직 제명'으로 확대돼 폭발일보 직전으로 간다.

마침내 공화당과 유정회는 9월 22일 160명 전체 여당의원 연명으로 '김영삼 의원 징계동의안'을 국회에 제출했다. 외국여행 중이던 여당의원들에게는 귀국명령이 떨어졌고 출국예정 의원들은 일정을 바꿔야 했다. 10월 1일 여권은 고위 전략회의를 열고 제명방침을 최종 확인했다.

이날은 연례적으로 대통령담화가 발표되는 '국군의 날'이었다. 다들 현 시국과 관련해 대통령 입에서 무슨 말이 나올지 귀를 쫑긋 세웠다. 하지만 담화내용은 시종일관 국가안보와 남북관계만 언급하고 있었다.

"과거 2~3년간 북한 공산집단의 군비가 급격히 증가하여 한국에 대한 기습공격의 가능성이 높아지고 있습니다. 지금 이 순간에도 휴

건설부장관 시절 김재규(왼쪽)와 박정희 대통령.

전선 곳곳에서 남침용 땅굴을 파고 있습니다. 우리는 그 증거를 갖고 있습니다. …최근 우리 사회의 일각에 이러한 현실을 잊고 비생산적인 공리공론(空理空論)으로 민심을 선동하고 사회혼란을 조성하려 하고 있으니 그 구태의연한 작태를 개탄하지 않을 수 없습니다. …다가오는 80년대 우리 대한민국이 명실공히 막강한 고도산업 복지사회로 등장하는 날 북한 공산주의자들은 승산 없는 도박을 포기하지 않을 수 없을 것이고 대화의 자리로 나오지 않을 수 없게 될 것입니다.”

팽팽한 대치정국이 몇 달째 지속되는 와중에 처음 나온 대통령의 견해표명이었음에도 불구하고 개헌문제나 긴급조치 문제 등 시국을 풀어나가겠다는 의지는 찾아볼 수 없는, 강경한 입장개진이었다.

물론 안보문제가 여전히 심각하긴 했다. 국군의 날 다음 날인 10월 2일 미 하원 군사소위원회는 ‘북한군 규모가 세계 5위로 남한보다 강하다’는 골자의 군사력 보고서를 냈는데 이는 박 대통령의 ‘남침위협’ 주장을 뒷받침하기에 충분했다. 하지만 여야의 극한대치가 이어지고 국내정세가 혼미한 상황에서 이에 대한 대통령의 생각을 듣고 싶었던 국민들로서는 강경입장만을 고수하는 대통령에게 답답함을 느낄 수밖에 없었다.

대통령의 강경기조는 이틀 뒤인 10월 3일 개천절 경축사에도 그대로 반복됐다. “부질없이 국론분열과 사회혼란을 조장하거나 국법을 어기고 공익을 해치는 등 지각없는 일부의 언동은 건전한 다수 국민의 지탄을 받을 것”이라며 반정부세력과 반체제세력을 향해 “긴급조치를 포함한 국법 준수를 하라"고 쐐기를 박은 것이었다.

김재규의 호소 "김 총재나 각하나 다같이 불행해집니다"

그해 추석이 10월 5일이었는데, 여당은 추석 전에 전격적으로 YS 의원직 제명을 처리한다는 방침이었다. 그런데 10월 3일 개천절 아침, YS는 김재규 중앙정보부장으로부터 뜻밖의 전화를 받는다. YS 회고록《나의 결단》에 나오는 대목을 인용한다.

'도청이 극성을 부리던 시절이라 나는 누군가가 내게 전화를 걸 때면 미리 정해놓은 암호를 대도록 약속해 놓았다. 가령 전화를 건 사람이 "가회동 김 사장입니다" 신분을 밝히면 비서가 나를 바꾸는 식이었다. 그날도 "가회동 김 사장"이라고 해서 전화를 받았더니 "저, 김 부장입니다" 하는 말이 흘러나왔다. "김 부장이라니, 누구냐"는 말에 "중앙정보부의 김재규입니다. 죄송합니다"라는 답이 흘러나왔다. (중앙정보부가) 내 전화를 완전히 도청해왔다는 방증이었다. 나는 가뜩이나 신경이 날카로워져 있던 터라 "김 부장이 무슨 일로 내게 전화를 하는가?" 쌀쌀하게 대꾸했다. 김재규는 (내가) 전화를 받게 하려고 자기 신분을 속인 게 계면쩍었음지 "죄송합니다"를 여발하면서 "총재님을 급하게 좀 뵈었으면 합니다. 시간을 내 주십시오"라고 했다. 그러고는 "대단히 급한 일이니까 곧 집으로 찾아가겠습니다" 말했다. "아니, 지금이 어느 판국인데 이렇게 사람이 많은 우리 집을 공개적으로 찾아온단 말이오, 할 말이 있으면 지금 전화로 하시오." 내가 전화로 용건을 말하라고 재촉하자 그는 "낮이라도 좋으니 꼭 만나서 할 얘기가 있습니다. 호텔이 어떻습니까?" 물었다. 나는 "당신을 만날 이유가 없소. 설혹 있다 해도 호텔 같은 곳은 세상이 다 아는 곳인데 당

신 만나는 것을 광고하러 다닐 생각은 전혀 없소"라고 거절했다.'

그러나 김재규는 끈질기게 요청했다. 결국 YS도 마음이 흔들렸다.

'굳이 그를 피할 필요가 없지 않은가, 그를 만나도 나쁠 게 없다는 생각이 들었다. 그래서 저녁식사 약속이 있으니 저녁 8시 이후에나 만날 수가 있다고 했다. 장소는 내 집이나 호텔은 피하고 어느 곳이라도 좋다고 했다. 김재규는 자기가 잘 안 쓰는 공관이 있으니 그리로 나와 달라고 했다. 그러나 나는 잘 알 수 없었다. 그러자 김은 저녁 8시 30분까지 장충체육관 앞으로 나오면 사람을 내보내 안내하겠다고 했다. 나는 이 사실을 아무에게도 알리지 않았다. 떠나기 직전에 아내에게만 "김재규를 만나러 간다"고 말했다. "이 무시무시한 판에 무슨 짓을 할지도 모르는데 왜 단둘이서 만나느냐"고 아내는 걱정을 했다.'

부마항쟁의 도화선, 김영삼 의원직 제명

1979년 10월 3일 밤 9시경 YS는 장충체육관 앞에서 기다리고 있던 요원의 안내를 받아 승용차로 채 1분도 안 되는 거리에 있는 한 양옥집에 도착했다. 김재규 부장이 입구에서 기다리고 있었다. 두 사람은 단둘이 앉았다. YS가 먼저 "무슨 얘긴지 말을 해보시오" 하고 말을 꺼냈다. 다음은 이날의 대화를 상세히 소개하고 있는 그의 회고록 《나의 결단》에 나오는 부분이다.

'김 부장은 "어제 (제가) 박 대통령과 만나 늦게까지 술을 마시면서 약 2시간 동안 총재님의 제명문제에 대해 얘기를 나누었습니다. 이제 공화당에도 제명명령이 내려갔습니다. 내일 오전 10시면 다 처리됩니다. 저는 대통령에게 제가 마지막으로 김 총재를 만나볼 테니 시간을 달라고 청했습니다"라고 말했다. 그랬더니 박 대통령이 마지못해 승낙하더라는 것이었다. 김재규는 나에 대한 박정희의 감정이 극에 달해 있다면서 박정희가 (나를) 제명·구속할 것은 물론 죽이려 들 것이라고 했다. "이대로 가다가는 총재님도 불행해집니다. 어떤 일이 있어도 막아야 합니다." 그는 시종일관 차분하게 이야기했다. (나는) "나보다 박정희가 먼저 죽을 거요. 김 부장도 조심하시오"라고 말했다.'

YS는 이렇게 단호하게 말했지만 김재규도 쉽게 물러서지 않았다.

'김재규는 나라와 나를 위하는 것이라면서 말을 이었다. "내일 아침에 국회에 나갈 때 잠깐만 기자실에 들렀다가 가 주시면 좋겠습니다." 기자들과 우연히 환담하는 척하면서 《뉴욕타임스》 회견내용이 와전되었다고만 해 달라는 것이었다. (그가) 말하지 않아도 다음은 언론을 완전히 장악하고 있는 중앙정보부의 몫이 될 것이었다. 나는 "절대 그럴 수는 없다. 《뉴욕타임스》 기사는 분명히 내가 한 말이고 사실인데, 왜 취소를 하나. (나는) 제명을 택하겠다. (이 정권이 나를) 구속한다 해도 전혀 두렵지 않다"고 말했다.'

그러자 김재규는 "현재 우리나라의 모든 정세나 정보를 나만큼 많이 아는 사람은 없다, 박 대통령은 김 총재를 국회에서 제명하는데 그치지 않고 구속까지 하려는 후속조치도 세우고 있다"고 했다. 이어 우리나라가 처한 국가적 상황과 국제적 움직임 등에 관해 길게 설명을 한 뒤 "결국 그렇게 되면 우리나라는 파멸입니다. 우리는 파국을 막을 책임이 있습니다. 어떻게 해서든 막아야 합니다. 그러기 위해서는 정부도 양보를 해야 할 것이고 김 총재도 조금 참아 주셔야 합니다"라고 말했다. 그러면서 거듭 "기자회견 내용이 와전되었다거나 과

자신의 제명
관련기사가 실
린 《동아일보》
보는 YS.

장해서 보도된 것 같다고만 해주는 방법이
없겠습니까? 그렇게만 해주시면 제가 제명
안 하는 방법으로 해보겠습니다"라고 했다.'

대화는 평행선을 달렸다.

'나는 김에게 "김 부장이 나를 잘못 본 것
같소. 당신이 지금 나에게 한 말은 결국 나
의 발언을 해명하라는 말인데, 나는 결코 그렇게 할 수는 없어요. 나
는 제명을 당하든 감옥엘 가든 아무것도 두려운 게 없소. (감옥에 가
면) 내가 일시 죽는 것 같지만 그것은 어떻게 보면 영원히 사는 길이
오. 김 부장이 분명히 알아 두어야 할 것은 이번에 나를 제명하는 것
이 이 정권의 종말을 재촉하는 것이라는 사실이오. 나는 지금도 박정
희 씨가 불행해지는 것을 원치 않소. 지금 박정희 씨를 구하는 길은
민주주의를 하는 길 이외에는 달리 길이 없소.'"

YS는 자리에서 일어났다. 시계를 보니 약 한 시간가량 지난 뒤였다.
김재규는 바깥까지 따라 나오면서 그에게 "한 번 더 재고해 주십시오.
일이 악화되면 김 총재나 각하나 다같이 불행해집니다"를 거듭 반복
했다.

YS 국회의원직 제명, 요동치는 부산민심

본래 회고록이란 것은 자기 입장에서 서술되게 마련이라는 점을 감
안하더라도 YS가 이날 대화에서 전하는 김재규의 말에서는 단순히
정보부의 공작차원을 넘어 어떻게든 최악의 사태를 피해보려는 노력
이 읽혀진다. 일각에서는 전통적 씨족관념이 강했던 김재규가 YS와
동성동본인 김녕 김씨라는 것도 YS에게 자신의 속내를 드러내는 일

단의 계기가 되었을 것이라는 분석도 있다. 어떻든 "대통령이 당신을 구속하려 한다" "이러면 대통령도 불행해진다" 같은 말들에서는 불행한 사태를 막아보려는 진심이 느껴지는 것이 사실이다. 하지만 당시 자료들이나 증언들을 종합해볼 때 김재규의 속내는 극소수의 가까운 사람들에게만 노출됐을 뿐 겉으로 볼 때는 어디까지나 박 대통령의 충직한 보필자였다는 게 중론이다. 김재규는 이 만남 뒤 꼭 23일 만인 10월 26일 박 대통령을 시해한다.

79년 10월 4일 공화당과 유정회는 여당의원 총회실로 본회의 장소를 옮겨 여당의원들만 참석한 가운데 'YS 의원직 제명 처리안'을 상정했다. 백두진 국회의장이 경호권을 발동함에 따라 국회는 이날 300여 명의 사복경찰과 50여 명의 국회경위들을 동원해 본회의장 출입구와 복도를 차단하고 야당의원들의 접근을 막은 채 18분 만에 제명 처리안을 통과시킨다. 159표 전원이 찬성한 의정사상 첫 국회의원 제명처리였다.

이에 대해 미국정부까지 나서 유감을 표명하며 주한 미 대사를 불러들인다. 미 국무부는 4일 "우리는 한국 국회가 야당지도자 김영삼 씨를 제명한 것을 깊이 유감으로 생각한다"고 논평했다. 《경향신문》 79년 10월 6일자는 이렇게 전한다.

'사이러스 밴스 미 국무장관은 윌리엄 글라이스틴 주한 미 대사를 워싱턴으로 소환했으며 이에 따라 글라이스틴 대사는 6일 서울을 출발한다고 호딩 카터 미 국무부 대변인이 5일 밝혔다. 대변인은 미국정부가 한국 국회의 김영삼 의원 제명사태에 대해 깊이 우려하고 있음을 4일 분명히 밝힌다고 말하고 국무부가 4일의 이 사태 논평에 뒤이어 5일 주한 대사에게 귀국을 요청했음을 지적해둔다고 말했다.'

신민당 의원들은 국회등원을 무기한 거부한다고 밝혔다. 10월 13일엔 소속의원 66명 전원이 국회의원직 사퇴서를 국회에 제출했다. 통일당 의원 3명도 동조했다.

YS 국회의원직 제명은 그의 정치적 근거지 부산을 흔들었다. 제명이 전격적으로 처리되고 꼭 12일 만인 10월 16일 부산과 마산에서 대규모 시위가 벌어지니 유신체제를 무너뜨리는 결정적인 계기가 되는 '부마 민중항쟁'이었다.

부산항쟁, 유신의 종말 재촉하다

1979년 10월 15일 오전 부산대 도서관. 중간고사를 앞두고 공부에 열중하던 학생들에게 난데없이 유인물이 배포됐다. '현 독재집권층은 유신헌법을 철폐하고 물러날 것을 요구한다'라고 적힌 '민주선언문'이었다. 이어 '도서관 앞으로 모이라'는 유인물이 뿌려졌지만 학생들은 모이지 않았다.

이튿날 16일 오전 10시 정광민(상대 2학년)은 인문사회관 306호 강의실로 뛰어 들어간다. 그리고는 40여 명이 공부하고 있던 강의실 뒤쪽에서부터 유인물을 나눠주며 이렇게 외쳤다. "학우 여러분! 드디어 때가 왔습니다. 저 유신독재 정권에 맞서 우리 모두 피 흘려 투쟁합시다!"

분위기는 어제와 딴판이었다. 마치 기다리고 있었다는 듯 학생들은 의자를 박차고 밖으로 몰려 나갔다. 전날부터 이상한 낌새를 채고 잠복하고 있던 사복형사들이 덮쳤으나 이내 학생들의 뭇매를 맞고 도망

쳤다. 인문사회관 앞에는 순식간에 100여 명이 모
였다. 자연스럽게 "독재타도" 구호가 터져 나왔다.
이때만 해도 100여 명으로 시작한 학생시위가 그
날 저녁 무려 5만 군중의 격렬한 가두시위로 발전
하리라고는 아무도 예상하지 못했다.

學생시위대는 금방 500여 명으로 불어났다. 학
생들은 어깨를 걸고 "독재타도! 유신철폐!" "학원
사찰 중지하라!" "구속학생 석방하라!"를 외치며
본관 쪽으로 내려가기 시작했다. 시위대가 운동장
을 한 바퀴 돌고 나올 때는 700여 명으로 불어나
있었다.

1979년 10월 20
일 계엄령이 내
려진 부산 시
내.

오전 11시, 시위대는 페퍼포그를 앞세우고 저지하는 경찰병력을 뚫
고 거리로, 시내 중심가로 진출한다. 오후 2시 부산 남포동 부영극장
앞에서 벌어진 시위는 마침내 '부산항쟁'의 도화선이 된다. 200~300
명씩 스크럼을 짠 학생들이 남포동과 광복동을 오가며 구호를 외치
자 오후 3시경 국제시장에는 2만~3만 명이나 되는 군중이 모여 구호
를 따라 외치기 시작했다. 시위대에 김밥, 우유, 달걀, 박카스, 담배가
줄지어 건네졌다. 시민들은 쫓기는 시위대를 가게셔터까지 내려가며
숨겨주는가 하면 건물 위에서 연탄재, 화분, 재떨이, 병 등을 경찰에
게 던지며 진압을 방해했다.

저녁 8시가 넘어서자 시위대는 걷잡을 수 없이 불어났다. 이윽고 남
포동 파출소가 불타고 경찰순찰차가 불태워졌다. 3만~5만 인파가 남
포동 일대를 가득 메웠다. "밤 10시부터 통행금지를 실시한다"는 당국
의 발표가 있었지만 시위는 새벽 1시까지 이어졌고 이 과정에서 파출

433

소 11곳이 불태워졌다. 명실상부 4·19혁명과 6·3항쟁 이후 시민들이 참여한 대규모 시민항쟁이었다.

마산으로 옮겨붙는 항쟁의 불씨

다음은 〈부산민중항쟁 자료집〉에 기록된 부산시민들의 증언이다.

'16일 저녁 7~8시경이 되자 고등학생, 퇴근하던 노동자, 국제시장 주변 주민 등 시민들의 자발적 참여가 늘었고 시청 앞은 해방공간이 됐다. 이날 마지막까지 투쟁한 사람은 서비스업에 종사하는 사람들, 룸펜, 빈민, 노동자들이었고 학생들은 맨 먼저 이탈했다. …다방 아가 씨와 술집의 호스티스까지 나와 박수치고 고함을 질렀다. 세상은 이미 달라지고 있었다.'

이날 저녁 8시, 부산대는 긴급 교수회의를 열고 무기한 휴교를 결정한다.

다음 날인 10월 17일은 유신이 선포된 지 만 7년이 되는 날이었다. 전날 부산대 학생들에 이어 동아대 학생들까지 시내 곳곳에서 합세했다. 오후 4시경부터 부산 시청 앞 남포동과 광복동에 몰리기 시작한 학생들은 경찰과 공방전을 벌이다 어둠이 깔리기 시작한 저녁 7시경부터 곳곳에서 산발적인 시위를 벌였다. 하지만 시위를 주도하는 세력은 전날처럼 시민들이었다. 넥타이를 맨 퇴근길 회사원들부터 노동자, 상인, 식당종업원, 재수생, 교복 입은 고교생들까지 나섰다. 시위 양상도 점차 격렬해지고 있었다.

엄청난 시위군중에 경찰은 속수무책으로 밀릴 수밖에 없었다. 저녁 7시 25분경 충무파출소를 불태운 시위대는 밤 9시에는 '언론자유'를 외치며 KBS부산방송국을 공격하고 세금인상에 반대한다며 서구청 부산세무서, 서대신 3동사무소 건물을 파괴했다. 그러나 파출소를 점거해도 무기고에 손대거나 흉기를 소지하는 시민은 없었다. 민간재산이나 병원 같은 공공시설도 훼손하지 않았으며 상점에서 물건을 약탈하지도 않았다.

박정희 대통령은 18일 0시를 기해 부산에 비상계엄을 선포하고 공수부대를 투입했다. 다음은 10월 18일자 《동아일보》 보도다.

'유신체제 출범 후 7년 만에 첫 계엄선포를 의결한 이날 국무회의는 자정이 임박한 밤 11시 30분에 열려 50분간 계속됐다. 당초 총무처가 밤 10시 30분경 국무회의 소집을 지시받고 국무위원들 자택으로 비상연락을 했으나 때마침 이날 밤 유신 7주년 기념 청와대 만찬과 방한 중인 이광요 싱가포르 수상 환영만찬에 참석하고 늦게 귀가했다가 갑작스러운 연락을 받는 바람에 밤 11시 30분이 돼서야 (국무회의) 성원이 됐다.'

박 대통령은 18일 오전 대변인을 통해 발표한 특별담화문에서 "오로지 악랄한 선동과 폭력으로 사회질서를 파괴하고 국리민복을 해치며 헌정기본 질서를 위태롭게 하는 불순분자들의 일체의 경거망동과 불법행위를 발본색원하자는 데 계엄선포의 목적이 있다"며 "안정과 번영을 바라는 대다수 국민들의 사회활동과 생활에는 추호의 불편이나 위축을 주지 않도록 할 것이며 모든 국민이 안심하고 생업에 열중하여 국력배양에 계속 기여할 수 있도록 최선의 노력을 다할 것"이라고 밝혔다.

궂은비가 내리고 어둠이 깔려 스산했던 18일 저녁 7시 55분쯤 남포동 동명극장 앞에 모여든 2000여 명의 시위대가 계엄군이 지키는 시청 앞으로 나아갔다. 그러나 대검이 장착된 M16을 휘두르며 최루탄을 쏘아대는 공수부대의 진압에 시위대는 흩어졌고 무수한 시민들이 부상을 당하면서 부산 시내는 다시 '강요된 침묵' 속으로 빠져들었다. 사흘에 걸친 부산 민중항쟁은 이렇게 끝나는가 싶었다. 그러나 이 불길은 마산으로 번져가고 있었다.

부산보다 격렬한 시민혁명, 마산항쟁

《동아일보》1979년 10월 18일자는 계엄령이 내려진 부산 시가지 모습을 이렇게 전하고 있다.

'18일 오전 부산시청 경남도청 전화국 등 34개 관공서와 신문 방송 등 언론기관 정문 앞에는 착검한 M16을 집총한 완전무장 군인들이 삼엄한 경비에 임하고 있다. 학생들의 소란이 가장 심했던 남포동 광복동 진입로 등지에도 무장을 하고 투석을 막는 방석모를 쓴 경찰관들이 배치돼 있다. 시민들은 이날 오전 7시와 8시 방송뉴스와 신문을 통해 계엄선포 사실을 알고 평상시처럼 출근하고 가게 문을 열었다. …군인들은 철모에 수통을 지닌 무장 차림으로 장갑차에 탑승해 만반의 준비태세를 갖추고 있다. 부산시경 앞에도 장갑차가 동원돼 있고 영도다리 쪽으로 난 육교 위에는 전투경찰관들이 올라가 경비에 임하고 있으며 중심가 골목마다 경찰관이 5~10명 단위로 순찰하고 있다. …16, 17일 학생소요가 가장 심했던 광복동 거리 양쪽에는 무장군인 1명씩이 경비에 임하고 있었다. 국제시장 주변에는 군인들의 경비 속에 상인들이 점포에 들어가려다 저지당하기도 했다.'

부산이 숨을 죽인 18일 오전, 마산 경남대가 "부산에 계엄령이 선

포되었다"는 소식에 술렁였다. 도서관 앞
나무와 게시판에는 "청년학도여, 거리마
다 우리의 맑은 피를 뿌리자!"는 격문이 붙
었다. "지금 부산에서는 우리 학우들이 유
신독재에 의해 피를 흘리고 있다. (1960년
4·19를 부른 3·15 부정선거 항의시위인) 3·15

1979년 10월 20
일 위수령이 떨
어진 마산 시
내.

의거정신을 잊었는가, 나가자!" 외침을 신호로 삽시간에 시위대 1000
여 명이 모였다.

경찰 저지선을 가볍게 뚫고 도심까지 진출한 경남대생 대열에 마산
대생들까지 합세했다. 마산항쟁 역시 부산과 마찬가지로 밤이 되면
서 점차 시민항쟁으로 번졌다. 식당종업원, 영세상인, 일용노동자, 무
직자, 구두닦이, 상점종업원, 고교생 등이 시위를 주도하기 시작한다.
마산시위는 부산보다 더 격렬했다. 여당인 공화당 당사가 부서졌고 시
내 여러 곳의 파출소가 습격당했다. 곳곳에서 박 대통령 사진이 떼어
져 짓밟혔다.

박 대통령은 18일 부산 계엄령에 이어 20일 0시를 기해 마산, 창원
에 위수령을 선포한다. 부산에서는 총 1058명이 연행돼 66명이 군사
재판에 회부되었고 마산에서는 505명이 연행돼 59명이 군사재판에
넘겨진다.

'부마 민중항쟁'은 누구도 그렇게 큰 시위로 발전할 줄 몰랐다는 점
에서 비조직적 항쟁이었다. 하지만 대학생이나 소수 명망가들이 주도
한 1970년대 그 어떤 반독재 민주화운동보다도 정권에 치명타를 입
혔다.

시민혁명의 동력, 경제위기에 따른 생계불안

우리는 이 대목에서 항쟁의 원인을 보다 심층적으로 짚어볼 필요가 있다. 항쟁의 원인으로 흔히 거론되는 것이 YS의 의원직 제명이고 이 사건이 항쟁의 도화선이 된 것은 사실이다. 그러나 시민들까지 광범위하게 참여하게 된 데는 생존을 위협하는 경제위기에 대한 불만과 불안이 작용했다고 봐야 한다.

부산과 마산은 YS의 정치적 기반이어서 1979년 여름과 초가을의 정치 사태에 다른 지역 사람보다 더 예민한 반응을 보일 수 있었고, YS의 의원직 제명에 대해서는 더욱더 그러할 수 있었다. 당시 앰네스티 부산지방 간사였던 허진수도 18일에 (부산에서) "김영삼 제명 철회!" 구호가 많이 나왔다고 증언했다. 그렇지만 항쟁 첫날 밤 10시쯤에 광복동에서 "김영삼" 연호가 터져 나오자 다른 한쪽에서 "여기서 김영삼이가 왜 나와? 우리가 김영삼 위해 데모했나?"라는 핀잔 섞인 반론이 나온 데서도 짐작할 수 있는 바와 같이 김영삼 제명에 분노해 항쟁에 참여한 시민도 있었지만 제명을 계기로 유신정권에 쌓인 불만이나 분노가 폭발한 시민도 적지 않았다.'(2009년 부마민중항쟁 30주년 기념 학술심포지엄)

당시 부산계엄사령부 합동수사반이 실시한 여론조사에서도 부마항쟁의 1차 원인은 경제침체에 따른 서민과 상인층의 불만이었고 YS 의원직 제명은 두 번째였다.

부산민심이 유신체제에 등을 돌리고 있다는 것은 이미 1978년 12월 총선에서도 여실히 드러났다. 10명의 국회의원 중 5명이 야당인 신민당 소속이었고, 한 명은 유신헌법에 반대하며 공화당을 탈당한 무소속 예춘호였다. 당선된 의원 가운데 6명이 야권이었던 것이다.

민심을 정권으로부터 돌아서게 만든 분노의 밑바닥에는 '경제'가 있었다. 특히 부산과 마산 두 지역은 1970년대 후반 불어 닥친 경기불황에 직격탄을 맞은 곳이었다. 2009년 발표된 학술심포지엄 논문에는 당시 부산의 경제상황이 자세히 소개돼 있다.

'부산 주민의 총생산 증가율은 1976, 1978년만 해도 각각 30.5%, 16.7%로 전국 국민총생산량의 증가율보다 월등히 높았는데, 1979년에는 5.6%로 급격히 떨어져 불황의 체감이 컸다. 지역별 임금격차도 부산이 대도시인데도 1979년에 서울을 100.0으로 할 경우, 74.3으로 전북의 67.6을 제외하면 최하위였다. …부도율도 아주 높아 1979년에 전국의 2.4배, 서울의 3.0배였다. 부산은 수출에 의존하는 경제인데도 1979년 수출증가율이 10.2%로 역시 전국 증가율 18.4%에 훨씬 못미쳤다.'

1979년 8월 현재 부산 사상공단에서 휴업 또는 폐업한 중소기업은 모두 77개 업체였다. 4100여 명이 하루아침에 직장을 잃었다는 얘기다.

마산도 마찬가지였다. 마산수출공업단지는 1979년 9월 현재 24개 업체가 휴업 또는 폐업에 들어가 5000~6000명이 한꺼번에 일자리를 잃는 사태가 벌어진다. 일본 《닛케이신문》은 1979년 8월 4일자에 '마산수출자유지역에 진출한 일본기업의 반 이상이 한국에서 철수의사를 표명하고 있다'고 보도했다. 또 8월 8일 마산수출자유지역기업협회는 '입주업체 102개사 중 10개 업체가 폐업했으며 나머지 92개사 중 46개 업체가 적자경영을 이유로 동남아 등 타 지역으로 이동할 움직임에 있다'는 조사보고서를 내기도 했다. 국내최대 규모의 중화학공업단지 가운데 하나인 창원공업지대도 불황의 몸살을 심하게 앓고 있었다.

민중은 하루아침에 직장에서 쫓겨나 절규하고 있었지만 정권은 그 목소리에 귀를 막고 있었다. 하지만 정작 박 정권을 무너뜨린 것은 '내부의 적'이었다

파국으로 가는 사다리, 차지철

중앙정보부장 김재규는 부산지역에 계엄령이 선포된 직후인 10월 18일 이른 새벽에 부산계엄사령부에 도착한다. 현장을 둘러본 그는 깜짝 놀란다. 며칠 뒤 10·26으로 체포된 후 제출한 '항소이유보충서'에 따르면 그는 부마항쟁의 성격과 민심을 정확하게 꿰뚫어 보고 있었음을 알 수 있다.

'부마사태는… 굉장한 것이었습니다. 순수한 일반시민에 의한 민중봉기로서 시민이 데모대원에게 음료수와 맥주를 날라다주고 피신처를 제공하는 등 데모하는 사람과 시민이 의기투합하여 한 덩어리가 되어 있었고, 수십 대 경찰차와 수십 개소 파출소를 파괴하였을 정도로 심각한 것이었습니다.'

그는 "서울로 올라와 바로 대통령에게 보고를 드렸지만 질책만 들었다"면서 이렇게 말한다.

'김계원 비서실장, 차지철 경호실장이 동석하여 저녁식사를 막 끝낸 식당에서였습니다. 부산사태는 체제저항과 정책불신 및 물가고에 대한 반발에 조세저항까지 겹친 민란이라는 것과 전국 5대 도시로 확산될 것이라는 것, 따라서 정부로서는 근본적인 대책을 강구하지 않으면 안 되겠더라는 것 등 본인이 직접 시찰하고 판단한 대로 솔직하게

보고를 드렸음은 물론입니다. 그랬더니 박
대통령은 버럭 화를 내시더니 "앞으로 부
산 같은 사태가 생기면 이제는 내가 직접
발포명령을 내리겠다. 자유당(4·19) 때는
최인규나 곽영주가 발포명령을 해 사형을
당했지만 내가 직접 명령을 하면 대통령인
나를 누가 사형하겠느냐"고 역정을 내셨습

1979년 초 박
정희 대통령과
차지철 경호실
장(왼쪽).

니다. 같은 자리에 있던 차 실장은 이 말 끝에 "캄보디아에서는 300
만 명을 죽이고도 까딱없었는데 우리도 데모대원 100만~200만 명
정도 죽인다고 까딱 있겠습니까" 같은 무시무시한 말들을 함부로 하
는 것이었습니다.'

　이어 김재규는 '항소이유보충서'에서 "박 대통령에 대해서는 누구보
다도 본인이 잘 압니다. 그는 절대로 말(言)만에 그치는 사람이 아닙니
다"라며 이렇게 덧붙인다.

　'박 대통령은 군인출신이고 절대로 물러설 줄을 모르는 분입니다.
더구나 10월 유신 이후 집권욕이 애국심보다 훨씬 강하여져서 국가
안보조차도 집권욕 아래에 두고 있던 분입니다. (제가 속으로) 이승만
대통령과 여러모로 비교도 하여 보았지만 박 대통령은 이 박사와는
달라서 물러설 줄을 모르고 어떠한 저항이 있더라도 기필코 방어해내
고 말 분입니다. 4·19와 같은 사태가 오면 국민과 정부 사이에 치열한
공방전이 벌어질 것은 분명하고 그렇게 되면 얼마나 많은 국민이 희생
될 것인지 상상하기에 어렵지 아니한 일이었습니다. 그런데 4·19와 같
은 사태는 눈앞에 다가왔고 아니 부산에서 이미 벌어지고 있었습니
다…'

차지철의 만용 "100만~200만 명 죽인다고 까딱 있겠습니까"

실제 부마민중항쟁이 진행되는 동안 대통령 주재하에 열린 청와대 비상대책회의에서는 강경론이 우세했다는 증언이 있다. 1978년 말부터 79년 10·26 전까지 박 대통령을 가장 가까운 거리에서 보좌한 김계원 청와대 비서실장이 회고록(《하나님의 은혜》·2013년)에서 밝힌 내용이다.

'군(軍) 계통과 중앙정보부의 현지 상황보고 내용은 "폭동화된 (부마)시위는… 현 정치판도에 대한 국민적 불신과 불만이 팽배한 원인"이라고 했다. 이에 비해 경호실, 공화당, 경찰 치안계통은 "야당의 선동책략에 밀려 현지에 투입된 진압부대의 소극적인 진압태도로 더욱 불안한 형국이 만들어지고 있다. 계엄을 선포한 이상 강력한 무력을 동원해서라도 엄중하게 시위대를 진압 해산시키고 YS의 국회의원직 박탈을 강행해야 한다"는 것이었다.'

이런 강경 분위기를 주도한 사람이 바로 차지철 경호실장이었다. 다시 김 실장의 말이다.

'차 실장의 주장에 누구도 반대하지 못했다. 온건적 자세를 견지한 그룹은 계엄사령관, 중앙정보부장, 공수특전단장 정병주 장군 등이었으나 안하무인인 차 실장에 의해 끌려가는 판이었다. 불행하게도 이러한 위기가 발생했을 때, 전후 양상에 연연하지 않고 매사 강경한 처리를 바라는 것이 대통령 성향이라서 (결국) 강경일변으로 회의 결론이 내려지고 말았다.'

당시 청와대 정무비서관으로 근무한 유혁인(1999년 작고)도 "그 당시 내가 본, 그리고 내가 아는 한 누구 하나 대통령 앞에서 소위 직언(直言)을 할 수 있는, 그리고 실제로 하는 사람을 한 사람도 보지 못했고 듣지 못했다"(유고집《만월홍안·滿月紅顔》)고 한다. 그의 말이다.

'현실적인 애로는 두 가지가 있었다. 하나는 절대적인 소신을 갖고 있는 대통령을 어떻게 설득하느냐 하는 것이었고 다른 하나는 과연 그 실체랄까 내용을 어떤 방향으로 정립해 나가느냐 하는 것이었다. (대통령을 설득한다는 것은) 결론적으로 바로 (유신헌법) 개헌을 의미하기 때문에 더더욱 어려운 것이었다.'

그는 이어 "당시 박 대통령은 무슨 일이 있어도 헌법은 손대지 않는다는 확고한 입장을 갖고 있었다"면서 72년 유신헌법을 만들 당시의 분위기를 다음과 같이 전한다.

'헌법제정 당시 시한을 설정해야 한다는 의견이 있어 '1980년까지'로 정하는 자구를 넣었으나 내부심의 과정에서 기각되었다. (나 역시) 대통령의 논리에 수긍이 안 되는 면이 있어서 시무룩하게 있었으나 그 뒤 (내가) 정치를 실제 운용하는 과정에 있어 보면서 그분(대통령)의 뼈저린 체험에서 나온 것임을 이해할 수 있었다. (박 대통령은 이렇게 말했다) "헌법을 고치고 체제를 고치고 하는 것이 필요하면 해야 할 일이다. 그러나 이런 어려운 국내 여건을 극복하기 위한 비상체제로 유신헌법을 만들지 않았는가. 이것을 언제 끝내고 내가 언제 그만둔다는 것을 내외에 선포하면 그날부터 내 말 듣는 사람은 없어지고 다음 차례가 누구인가, 또 그 다음 차례 사람한테 모든 것이 몰려가 결국 유신체제라는 것이 기껏 한 6년, 대통령 더 해먹기 위해 만든 결과밖에 되지 않는 것이 아닌가.'

유혁인은 "헌법에 손을 댄다는 것은 아예 입에 올릴 수 없는, 금기시되어 온 당시 분위기에서 내부적으로 '개헌'을 거론하고 제기한다는 것이 얼마나 어려운 일인가를 지금의 잣대로는 도저히 이해하기 어려운 상황이었다"며 이렇게 덧붙인다.

'초기에는 다소 방관 내지 비판적이던 여권인사들도 밖으로는 어떤 자세를 취했는지 모르겠고, 10·26 이후에는 완전히 딴소리들을 하고 있지만, 대부분 한 사람도 예외 없이, 대통령 앞에서는 강경론을 펴거나 (강경론을 주장하는 대통령에) 동조했다.'

불길한 갈등의 증폭

이즈음 박정희 대통령의 고민도 깊었다는 것은 여러 사람의 증언을 통해 확인된다. 1970년 겨울 청와대에 들어가 79년 10·26 때까지 사회담당특보와 대변인으로 일한 임방현의 증언(《내가 겪은 한국전쟁과 박정희 정부》+2011년 조찬강연)이다.

'78년 유신헌법에 의해 두 번째 대통령으로 당선됐을 때, 통일주체국민회의 사무총장으로부터 당선통지서를 받아든 박 대통령은 독백처럼 '혼자 나가서(출마해서) 1등하니까 쑥스럽구먼' 하시더니 방 모퉁이 테이블로 모두 앉게 했다. 그러면서 "80년대에 들어가면 바로 개헌을 하겠다"고 (폭탄선언을) 했다. (대통령의 말은) "첫째, 유신 정우회를 3분의 2 이하로 축소하겠다. 직능대표인데 원내 안정세력 운운하니까 대폭 감축하겠다는 것이다. 둘째, 대통령 후보는 정당공천 없이 자연인으로 등록하게 되어 있는데 정당공천을 하고 등록하도록 (헌법을 개정)하겠다. 셋째, 토론 없이 찬반투표만 하게 돼 있는 것도 상호 토론하고 연설할 수 있게 하겠다." (나는) 이미 (박 대통령도) 유신체제가 갖고 있던 민주 원칙상의 한계를 자인하고 있구나 여겨졌다.'

임 전 대변인은 "단순히 툭 나온 말이 아니라 흉중에 깊이 들어있던 생각이었다는 느낌을 받았다"면서 "이 밖에도 대통령은 말년에 혼잣말처럼 '6·3사태 때 어떻게 그걸 이겨냈는지 모르겠어. 지금 같으면 못할 거야' 하던 적도 있었고 또 어떤 때는 '그래, 강하면 부러지는 거지' 말씀도 하셨다. '은퇴하면 가끔 새마을강연을 하면서 돌아다니면 좋겠어' 소회를 피력한 적도 있었다"고 전한다.

10·26 현장에서 총상을 입고도 살아난 박상범 당시 경호실 수행계장도 2011년 10월 인터뷰에서 비슷한 증언을 했다. 10·26 한 해 전인 1978년 3월 박 대통령이 경북도 순시를 하고 구미 관광호텔에 하루 묵은 다음 날이었다고 한다.

"여느 날처럼 새벽 6시에 일어나 산책을 나가셨어요. 그날은 '박 군만 오라' 하셔서 저만 따라 나갔습니다. 한참 걷다가 벤치에 앉았는데 '앉으라' 하시고는 '집은 샀느냐' '가족들은 건강하냐' 물으셨죠. 잠시 침묵이 흐른 후 갑자기 진지한 표정으로 '내가 (집권이) 18년 됐지? 지금 정리를 하고 있는데…. 20년 되는 해에 전격 하야하고 떠나야겠다. 어때? 그러는 게 좋겠지?' 하시는 거예요. 생각난 김에 툭 던진 말이 아니라는 게 표정에서 다 느껴졌습니다."

79년 1월 대통령 경제담당특별보좌관으로 발령받은 남덕우 총리도 "정국이 심상치 않게 돌아가고 있다는 것을 느끼면서 대통령의 의중을 물어본 적이 있는데 대통령이 개헌과 은퇴를 언급해 놀랐다"고 회고록(《경제개발의 길목에서》)에 밝히고 있다.

'특보들은 대통령이 내려주는 각종 정보보고를 읽는 것이 일과였다. 나는 비로소 정국이 심각해지고 있다는 것을 실감할 수 있었다. …아무래도 이대로 갈 수는 없는 것 아닌가 생각 끝에… 어느 날 특보들

과 함께 식사를 하는 자리에서 조심스럽게 정국 이야기를 끄집어냈다. 그런데 대통령이 이렇게 말하는 것 아닌가. "내가 봐도 유신헌법의 대통령 선출방법은 엉터리야. 그러고서야 어떻게 국민들의 지지를 얻을 수 있겠어? 헌법을 개정하고 나는 물러날 거야." 나는 이 말을 듣고 크게 놀랐다.

1979년 10월 6일 박 대통령 생전의 마지막 생가 방문.

"집권 20년 되는 해에 헌법을 개정하고 나는 물러날 거야"

역사에 가정이 없다고 하지만, 만약 박 대통령이 시해를 당하지 않았더라면 개헌과 하야에 대한 생각을 과연 실행에 옮겼을까? 매우 궁금한 대목이 아닐 수 없다.

한편 좀 빗나간 이야기일 수 있지만 김계원 비서실장의 회고록을 보면 김 실장이 79년 대통령의 '재혼'을 제안했다는 대목이 나온다.

김 실장은 '변화 없는 무미건조한 생활' 속에서 외로움을 느끼던 대통령에게 휴가를 권하고 79년 4월 경남 진해 대통령 별장에 동행한다. 이 자리에서 "영부인께서도 돌아가신 지 상당세월이 지났고 모시는 저희들도 이제는 각하의 재혼이 논의될 때가 되었다는 의견이 많습니다. 국민들도 긍정적으로 생각할 것입니다"라고 말한다. 그러자 박 대통령은 "대통령인 나를 국민들이 용인할까?" 진지하게 받아들이는 듯하더니 불쑥 이렇게 말했다고 한다.

"그런데 김 실장! 근혜가 시집을 가주었으면 좋겠는데 엄마 대신 나를 돕는다고 절대로 시집은 안 가겠다고 저러고 있으니 어떻게 하오? …집안 친척 중에 혹시 자신의 결혼 이야기를 꺼내면 질색을 하고 그런 말을 하는 사람은 청와대에 들어오는 것조차도 싫어하니 어찌하오."

김 실장은 87년 10월호 《월간조선》과의 인터뷰에서는 "당시 박 대통령의 (사람) 접촉범위는 상당히 좁혀져 있었다. 옛날에는 학교동창 등 부담 없는 사람들과도 자주 만나 세상 돌아가는 이야기를 듣곤 했던 모양인데 말년에는 주로 차지철 경호실장이 일과 후의 상대역이었다"고 전했다.

문제는 차 실장의 전횡이 갈수록 심해지면서 김재규 중앙정보부장과의 갈등이 극에 달하고 있었다는 것이다. 다시 김 실장의 회고록을 인용한다.

'차 실장은 (대통령 앞에서) 김 부장에게 "그렇게 정보부가 약해빠져서 어떡하겠냐"며 노골적으로 빈정댔다. …그의 과도한 세(勢)를 부풀리는 처신은 대통령의 묵인에서 나온 것임을 아는 이상 설혹 내가 심사가 뒤틀리는 상황이 되어도 외면하는 것이 정도(正道)임을 알았다.'

나중에는 정보부장인 김재규조차도 긴급 보고할 일이 있으면 차 실장의 승인을 받아야 했다고 한다. 다시 김 실장의 말이다.

'국가 안녕에 직결되는 문제는 언제 어느 때든지 대통령에게 즉각 보고를 드려야 한다. …이러한 엄연한 규정이 있음에도 내가 비서실에 들어간 무렵에는 놀랍게도 김재규가 긴급하게 보고 드리는 일조차도 경호실장 승인이 떨어져야만 된다는 것이었다. 어느 날인가는 김 부장이 나에게 전화를 직접 걸어와 분한 목소리로 이렇게 말했다. "차 실장 저 개자식이 내가 각하를 만나 긴급 보고를 드릴 게 있다고 면담요청을 했는데 이 핑계, 저 핑계 대면서 청와대 출입을 지연시키고 있으니 실장님이 저를 좀 불러 들어가게 해 주십시오.'"

10 · 26 운명의 그날!

1979년 10월 26일은 구름 한 점 없이 높고 푸른 가을하늘이 청명한 날이었다. 박 대통령은 삽교천 방조제 준공식에 갈 예정이었다. 비서진은 평소보다 일찍 출근해 준비사항을 점검했다. 삽교천 방조제는 삽교천 하구를 가로막아 충청남도 4개 시군 지역을 대단위 전천후농지로 개발하기 위한 농업종합개발사업(1975~1983)의 일환으로 건설된 시설이었다.

김계원 비서실장은 늘 그랬듯 오전 8시에 시작하는 수석비서관 회의를 마치고 오전 9시 대통령 집무실로 가서 주요 업무보고와 결재를 마쳤다. 행사장으로 가기 위해 경호실에서는 3대의 헬리콥터를 준비했다. 탑승인원을 점검해 보니 김재규 중앙정보부장이 빠져 있었다. 차지철 경호실장에게 이유를 물었더니 "안전운항을 위해 중량부담을 줄이기 위해서"라는 답이 왔다. 어쩐지 찜찜했다.

세간에는 이날 대통령 공식일정으로 삽교천 준공식만 알려져 있는데 또 다른 공식행사도 있었다. KBS 당진 송신소에 들르는 일이었다. 최서영 전 코리아헤럴드·내외경제 사장은《관훈저널》2012년 9월호에 '큰 기폭제가 된 작은 불씨'라는 제목으로 당시 행사를 중요하게 다루고 있다. 그의 이야기다.

'나는 KBS 방송담당 이사로 있었다. …박 대통령의 그날 일정은 삽교천 방조제 준공식 참석이었지만 바로 서울로 온 것이 아니라 당진(唐津)에 있는 KBS 단파방송 송신소를 찾아 기념식수를 하고 대북(對北)방송 현황을 보고받는 행사도 포함되어 있었다. …이 행사가 (공식) 발표되지 않은 이유는 KBS 당진송신소가 공산권에 대한 심리전 방송의 기간시설이었기 때문에 국가보안상 밝힐 수 없었기 때문이다. 북한은 물론이고 시베리아와 먼 중앙아시아 공산국가(몽골, 우즈베키스탄, 카자흐스탄)까지 방송청취가 가능하도록 단파출력을 강화한 송신소 보강공사는 KBS와 중앙정보부 관계자들

마지막 공식행사로 기록된 삽교호 준공식.

이 몇 달 동안 철야작업을 해가면서 애써온 사업이었다. 나도 몇 번 현장을 가본 일이 있다.'

그런데 행사 전날인 10월 25일, 돌연 경호실로부터 연락이 온다. 최전 사장은 "대통령은 예정대로 참석하지만 정보부장이 빠지게 되었으니 방송사 측도 참석인원을 줄이라는 통보였다"고 회고한다. 다시 그의 말이다.

'그래서 KBS에서는 사장과 기술담당 이사만 참석하고 나는 빠지게 되었다. 중앙정보부가 주동이 되어 만든 시설 준공행사에, 그것도 대통령이 참석하는 행사에 정보부장이 빠진다는 것은 아무리 생각해도 납득이 잘 되지 않았다. …내가 듣기로는 김 부장이 당진송신소 행사에 참석하기 위해 온갖 준비를 다 해놓고 있었는데 갑자기 "참석하지 말고 부마사태에 대비하라"는 연락을 받자 책상을 내리치며 분개했다는 것이다. …역사에 가정은 무의미한 것이지만, 만약 그날 김 부장이 행사에 참석해 대통령으로부터 "수고 많이 했네"라는 칭찬과 격려의 말이라도 한마디 들었더라면 (그날 저녁) 궁정동 안가의 비극은 일어나지 않았을 것이라고 나는 확신한다.'

대통령의 마지막 공식일정

헬기에 대통령과 함께 동승한 김계원 비서실장에 따르면 "박 대통령은 이날 유난히 기분이 좋았다"고 한다. 그의 회고록에 나오는 대목이다.

'비행 중에 대통령은 쌍안경으로 관심이 가는 지상시설물을 일일이 살폈다. 반월공단 위로 날아가는 도중에 준비한 지도를 펼치고 각 공단 시설물 위치를 확인하시며 아산만의 굴뚝에 흰 연기가 피어오르는 화력발전소를 일일이 가리키며 나에게 변천된 국토의 모습을 감회 깊게 설명해주셨다. "각하! 아직도 초가집이 드문드문 보이는군요." 대만에서 돌아온 지 얼마 안 되는 나는(그는 중국대사 8년 임기를 마치고 78년 12월 비서실장이 되었다) 농촌의 놀랍게 변화된 모습을 오랜만에 직접 보면서 대통령께 화제를 돌리기 위해 이런 질문을 드렸다. (그랬더니 대통령은) "우선 큰길가 쪽 집부터 하고 있소. 김 실장! 이렇게 농촌의 지붕 하나 고치는 것도 참으로 어려워…" 했다. 대통령은 아산만 곡창지대 위를 지나며 상공에서 내려다 본 추수가 끝난 넓은 평야를 보고 흡족해하셨다.'

헬기가 방조제 기념식장인 당진군 신평면 운정리에 도착한 시간은 오전 11시 2분. 대통령은 주민들의 박수를 받으며 세찬 바람 속에 50m가량을 걸어서 단상 위에 올라 이렇게 치사했다.

"국토개발이 곧 국력의 원천입니다. 삽교천 방조제의 준공으로 농업종합개발사업이 끝나는 1983년부터는 홍수와 가뭄이 없는 살기 좋은 농촌이 될 것입니다."

테이프커팅을 위해 자리를 옮기던 대통령은 행사석 맨 앞줄에 갓 쓴 노인들을 보고 다가가더니 "연세가 제일 높으신 분은 나오셔서 저

와 함께 테이프를 끊으시죠"라고 청한다. 함
덕읍에 산다는 한 노인이 테이프커팅에 참석
했다. 대통령은 노인의 등을 어루만지며 안
부를 묻고 배수갑문을 여는 버튼도 같이 누
르자고 이끌었다.

오전 11시 40분, 대통령을 실은 헬기는
KBS 당진송신소 준공식장으로 향했다. 김재규가 모습을 보인 것은
이때였다. 육로로 천안을 거쳐 허겁지겁 달려온 것이었다. 김 실장 말
에 따르면 "김재규는 그때부터 이미 화가 단단히 나 있었다"고 한다.

대통령 일행은 온천이 있는 도고호텔에서 가볍게 점심식사를 한
뒤, 오후 1시 50분 귀로(歸路)에 올랐다. 그런데 헬기 이륙을 위해 운
항을 시작하는 기장에게 박 대통령이 돌연 "서울로 가기 전에 아산만
쪽으로 가서 현충사 상공을 한 바퀴 돌아주게"라고 말한다. 국사(國
事)의 어려운 고비가 있을 때마다 충무공 영정에 헌화하며 무언(無言)
의 대화를 나누었던 대통령의 평소 생활을 잘 알고 있던 일행은 별다
른 거부감이 느껴지지 않는 자연스러운 지시라고 생각했다.

오후 2시 30분. 청와대에 도착한 박 대통령은 2호기를 타고 먼저
도착해 대기 중이던 수행비서관들의 영접을 받고 환하게 웃으며 손을
흔들어 주었다. 다시 김계원 비서실장의 회고다.

'근간의 부마사태(부마민주항쟁) 등 국내의 소요로 인해 대통령의 무
겁고 어두운 표정이 오랜만에 밝은 모습이 된 것 같아 모시는 나의
입장에서도 청명한 날씨처럼 그동안의 피곤이 해소된 것 같아 기뻤
다. 훗날 혹자들은 이날 행사 이동 중에 불미스러운 일종의 사건들
(KBS 당진송신소 기념식이 끝나고 이륙 중 2호기 헬기가 갑작스러운 엔진고장

으로 30분 정비 끝에 먼저 청와대로 올라온 것과 점심을 위해 도고호텔에 도착했을 때 착륙장에 인접해 있던 사슴사육장에서 새끼 밴 사슴이 헬기 소리에 놀라 벽에 머리를 박고 죽은 일)이 이날 저녁 비극의 만찬을 예고한 것이 아닌가 했지만 (대통령을 태운) 1호기 헬기에 타고 있던 일행들은 전혀 알지 못한 내용들이었다.'

"오늘 차지철을 해치울까요?"

김계원 비서실장은 1979년 10월 26일 오후 공식일정을 모두 마친 대통령이 1층 집무실에서 2층 사저로 올라가는 것을 확인하고 사무실로 돌아왔다. 최영희 장군(당시 유정회 국회의원)이 기다리고 있었다. 두 사람은 막역한 사이였다. 최 장군이 "저녁을 사겠다"고 제안하지만 김 실장은 "각하께서 찾으실지 모르니 오후 4시가 지나야 알겠다"고 말한다. 그때 차지철 경호실장으로부터 "각하께서 저녁을 같이하자고 하신다. 6시까지 궁정동 김재규 부장 안집(안가)으로 오라"는 인터폰이 온다.

김 실장은 15분 전인 5시 45분경 도착했다. 김재규가 현관에서 뛰어나오며 "각하께서 피곤하셔서 그대로 쉬실 줄 알았는데 어인 일입니까?"라고 묻더니 이렇게 말했다. "정승화 장군이 참모총장으로 부임한 후 한 번도 식사를 같이하지 못해 다른 행사가 없으려니 생각하고 저녁초대를 해놓았는데 (차 실장 연락을 받고) 미루기도 미안해서 김(정섭) 차장보(정보부 국내담당)를 불러 같이 식사를 하라고 했습니다."

정승화 육군참모총장(2002년 작고)은 이 저녁자리 때문에 훗날 "시

452

해를 사전에 같이 모의했다"며 12·12 쿠데타세력에 의해 체포, 구속
돼 면직과 함께 예편을 당했다가 97년에야 사면 복권된다.

이 대목에서 정 총장의 증언을 들어보자(회고록 《대한민국 군인》).

"그날 낮 뉴스에서 대통령이 삽교천 방조제 준공식에 참석했다는
소식을 듣고 깜짝 놀랐다. 아무리 부분 계엄이지만 비상계엄 상태라
서 대통령이 지방출장을 갈 경우에는 나도 일정을 알고 있어야 하는
게 당연했다. 하지만 차지철은 자기 혼자 모신다는 핑계를 대며 그런
일을 제대로 하지 않았다. …뉴스를 접하고 나는 그날 약속되었던 예
편한 군 장성 송별연을 무기 연기하라고 부관에게 지시했다. 대통령
이 서울을 비운 때에 술자리를 갖는다는 게 모양새가 좋지 않았기 때
문이다. 그런데 퇴근시간 전에 김재규로부터 저녁을 함께하자는 전화
가 왔다."

그가 저녁약속을 수락한 배경은 이랬다.

"그와 나는 고향이 가까운 사이이고 군에서의 계급도 비슷한 선배
라 깊이 있게 사귈 수도 있었지만 그는 (자기)이름을 드러내기 좋아하
는 성향이라서(내가 3군단장으로 갔을 때 전임 군단장이었던 그는 도처에 자
기 이름을 넣은 비석을 세워 두었다) 왠지 잘 맞지 않는 느낌이어서 의례저
인 선(線) 이상으로는 가까이 하지 않았다. …(하지만) 얼마 전에도 김
재규의 초대를 받아 3군 참모총장과 연희동 술집에서 술을 마신 적이
있어 (이날도) 딱히 거절할 이유가 없어 그러자고 했다."

정 총장은 김재규가 오라고 한 궁정동 안가로 수행부관과 함께 나
선다. 다시 그의 말이다.

"대통령도 안 계신데 술집이 아니라 사무실이라고 하니 (오히려) 다
행이다 싶었다. 서울에 오래 살았지만 난 그때까지 궁정동이라는 동

네가 있는지도 몰랐다. 도착해 차에서 내리는데 뒤따라 승용차에서 사람이 내리더니 '김 부장이 대통령의 갑작스러운 부름을 받아 저녁을 하고 있다'면서 '곧 올 터이니 그때까지 대신 접대하겠다'고 했다. (자신을) 국내 담당 차장보 김정섭이라고 소개했다."

한편 김계원 비서실장은 "이날의 만찬은 대통령을 제외한 참석자 세 사람(김계원, 김재규, 차지철) 모두 사전에 예측하지 못한 것이었다"며 "육군참모총장으로 부임한 지 얼마 안 되어 부마사태가 터지고 그 지역이 계엄이 내려진 뒤라 정승화 총장도 매우 어려운 시간을 내었을 것"이라고 추측한다.

"대위밖에 안한 놈이 장군, 장관을 우습게 여겨?"

안가에 도착한 김 실장은 최영희 장군의 모처럼 저녁초청에 응하지 못한 것을 김재규에게 들려주며 대통령의 돌연한 저녁행사를 의아해했다. 김재규는 김 실장과 대화를 나누는 와중에도 정보부 박선호 의전과장을 불러 '대행사'의 준비상황을 물어보며 소홀한 점이 없는지 일일이 확인했다.

여기서 말하는 '대행사'라는 것은 소위 '연회'를 말하는 것이었다. 이는 박선호의 10·26 결심공판 최후진술에서 언급된다(《10·26과 김재규》).

"대통령이 희생된 연회장소라는 것은 오로지 대통령이 여인들과의 유락장소로 이용하던 장소로서… 보안에 철저를 기하였기 때문에 비밀장소를 알고 있는 사람은 김재규 피고인, 박선호 차지철 등과 남효주 사무관(관리인) 및 몇 사람의 심부름꾼이었다. 대통령이 이곳을 찾아오는 빈도는 월 10회 정도이고 상대하는 여자는 주로 TV 탤런트 연극배우 모델 등 연예계에 종사하는 처녀들로서… 10·26 그날 밤과 같이 여자 두 사람과 남자 3인 또는 4인이 모이는 행사를 '대행사'라 했다."

한편 김재규는 이날 "차지철의 연락을 받자마자 '대통령 시해'를 계획했다"고 항소이유서에 밝힌다.

"오후 4시 30분 남산 집무실에 있는데 차 실장으로부터 만찬이 있다는 연락을 받고 오늘이야말로 대통령을 제거할 적절한 시기라고 생각해 궁정동에 도착해 권총을 준비한 뒤 그곳 침대에 드러누워 혁명과업 수행을 생각했다."

안가에 도착한 김 실장을 앞마당 정원의 평평한 조경석으로 안내한 김재규는 부산과 마산 시위를 화제로 삼아 현장을 지휘한 공수특전부대장 정병주 장군의 부대운용을 칭찬하면서 이렇게 말했다고 한다(김계원 회고록).

"공화당의 실정(失政)과 시국을 강경하게 몰고 가려는 자들 때문에 각하의 판단이 더 흐려지고 있습니다. 특히 차 실장이 문제입니다. 모든 시국의 불안과 사태악화가 그로부터 기인한 것이 많으며 그가 무서워 당 간부들도 바른 말로 대통령께 진언 드리지 못하고 있습니다. 실장님, 부마사태는 단순히 야당의 선동으로 일어난 것이 아닙니다. 무조건적인 폭동 진압방식으로 제압을 하면 부산시민 전체가 일어나 봉기할 것입니다."

김재규의 얼굴은 상기되고 말투는 격했다고 한다. 이어 "실장님! 차지철 저놈 오늘 해치울까요?"라고 하더니 이렇게 말을 이었다.

"대위밖에 안 지낸 자식이 장군, 장관 알기를 우습게 여겨! 내가 하는 일을 모조리 사사건건 방해하며 각하께 바르게 보고하지도 않고 내게 무조건 불리하게만 말씀을 드리니 각하께서 중정이 올리는 보고를 통 믿으셔야지요."

대통령이 도착할 시간이 되어 가고 있었다. 김실장이 자리에서 일어나며 이렇게 말했다. "김 부장, 너무 격하지 말고 나도 생각이 있어. 내일 각하께 보고드리는 자리에서 말씀드릴 것이고, 또 민정수석도 내일 나와 같은 뜻의 보고를 올릴 테니 어디 좀 지켜봅시다."

훗날 법정에 선 김 실장은 김재규가 "차지철을 해치울까요" 묻는 대목에서 가타부타 반응을 보이지 않은 것이 시해계획을 알고도 묵인한 것이라는 의심을 받았다. 이에 대해 그는 "김재규가 차 실장의 월권에 심한 불만이 있다는 것을 익히 알고 있던 터에 그의 말을 새겨들을 가치가 있다고 생각하지 않았다. 신경 쓰지도 않았고 동의한 것도 아니었다"고 부인했다. 그는 최후진술에서 "김재규가 왜 나를 죽이지 않았는지 원망스럽다"며 자신에게 씌워진 내란미수 등의 혐의가 억울하다고 호소했다. 김 실장은 10·26 직후인 1979년 10월 29일 구속되어 계엄보통군법회의에서 김재규 등과 함께 사형선고를 받은 뒤 82년 5월 형 집행정지로 석방되었으며 88년 사면 복권된다.

유신의 심장을 겨누다

79년 10월 26일 저녁 6시 5분. 궁정동 안가 구관으로 박 대통령이 도착했다. 대통령을 수행한 경호팀은 안가에 도착하는 동시에 경호 업무를 중앙정보부에 넘기게 되어 있었다. 중정 사무관의 안내를 받아 차지철 실장과 함께 방으로 들어선 박 대통령을 김계원 비서실장과 김재규가 일어나 맞이했다. 실내는 반조명으로 좀 어두웠다. 상대방 얼굴이 흐릿하게 보일 정도였다고 한다. 온돌방 중앙에 놓인 직사각형 식탁 한쪽에 대통령과 차 실장이 앉고 맞은편에 김 실장과 김재규가 앉았다. 김 실장의 회고록을 인용한다.

'차 실장과 같이 입장한 대통령은 청와대에서 오는 차 안에서 나누던 이야기의 연속인 듯 김영삼 의원을 향한 불만과 부산사태에 대한 불쾌한 심정을 계속 피력했다. 대통령의 노(怒)한 심기에 차 실장이 옆에서 가세해 만찬 초반 분위기는 실내의 조명처럼 어둡고 무겁게 시작되었다. 대통령이 마주보는 앞에 앉은 나는 화제를 오늘 삽교천 방조제 준공식 행사로 초점을 맞추어 가급적 정치문제는 피하려 애를 썼다. 그러나 좀처럼 야당과 김영삼 의원에 대한 대통령의 비난은 수그러들지 않고 중앙정보부의 실책에 대해서도 연관하여 말씀을 하니, 차 실장은 내심 신이 난 것처럼 대통령의 말씀을 받아 첨언으로 질타를 더해 김 부장은 입장이 (점점) 난처해져갔다.'

다음은 김재규의 항소이유서에 있는 대목이다.

'박 대통령은 그날 저녁에도 "부산사태는 신민당이 개입해서 하는 일인데 괜히들 놀라가지고 야단이야. 오늘 삽교천 행사에 가보았더니 대다수 국민들은 그렇게 열심히 일하는데 부산데모만 하더라도 식당 뿌이나 똘마니들이 많지 않아. 그놈들이 어떻게 국회의원의 사표를 선별 수리하느니 뭐니 알겠는가. 신민당에서 계획한 일인데도 괜히 개각이니 뭐니 국회의장을 사퇴시켜야 한다느니 하면서. 중앙정보부는 수고는 많이 하는 줄 알지만 더 정확한 정보를 수집해야겠어"라고 말할 정도로 피고인의 정보보고를 받아들이지 않았습니다.'

이런 대화가 오가고 있는데 박선호 중정 의전과장이 들어와 기척으로 김 부장에게 표시를 했다. 그러자 김 부장이 잠시 나갔다 다시 들

10·26당시궁
정동 안가의
'그때그자리.'

어왔다. 다시 김 실장의 회고다.

'(다시 방으로 들어온 김 부장이) "각
하, 오늘 술시중을 들 여인들이 왔으니
들어오게 하겠습니다" 하더니 여인들을
대통령의 양쪽에 앉게 했다. 한 여인은
"인기가수"라며 심수봉을 가리켰고 다른
한 여인은 모 대학에 재학 중인 모델 지망생이라며 신재순 양을 소개
했다. 각하의 권유로 심수봉 양이 기타를 치며 노래를 시작했다. 대통
령은 평소에 술을 가리지는 않으나 경호실에서는 각하의 취향에 따라
최근에는 시바스리갈을 선호함으로 이날도 주전자에 시바스리갈과
물을 적절히 배합하여 드셨다. (대통령이) "김 부장이 술은 잘 마시지
못하면서도 술은 잘 만들거든"(했다). 술을 배합하는 것은 김 부장이,
대통령의 대작 상대는 나였다. 김 부장과 차 실장은 술을 거의 못했
다. 잠시 화제는 여인들을 향하여 요즘 연예계 동향 등을 물으며 바뀌
지는 듯하였으나 나누던 이야기가 조금 단절되면 대통령은 다시 정치
문제로 돌렸다. "지금 정부가 이렇게 국민들을 보다 더 잘살게 하려고
모든 노력을 다하고 있는데, 그 놈(YS)은 YH사건 그리고 부산 학생들
을 선동해 가지고는 이 나라를 뒤엎을 궁리만 하고 있어.'"

"오늘밤 다 해치운다"

대통령의 목소리는 조금 격앙됐다고 한다. 그러면서 시계를 보며 자
주 시간을 확인했다. 저녁 7시 뉴스를 기다리는 듯했다. 이날 삽교천
방조제 준공식 소식이 궁금했던 것이다.

"각하, 삽교천 방조제 소식이 곧 나옵니다."

김 부장이 텔레비전을 가져와 틀었더니 뉴스가 시작됐다. 다시 김 실장의 회고다.

'대통령은 TV에 나오는 자신의 기념식 모습을 보며 천진난만한 어린아이처럼 즐거워했다. "우째, 저렇게 나를 못생기게 찍었노." 좌중에 한바탕 웃음이 번졌다. 대통령이 상의를 벗자 우리도 함께 양복상의를 벗었다. 뉴스 시청이 끝나고 몇 곡의 노래가 연주되는 도중에도 정치문제 이야기는 다시 나왔다.'

문제는 중앙정보부의 능력부족을 꼬집는 말이 대통령과 차 실장의 입에서 계속 나온 것이었다. 김 실장은 "옆에서 듣는 김 부장은 유구무언 침묵으로 일관하여서 내가 민망하기까지 했다"고 전한다. 다시 그의 말이다.

'어떻게 해서든 화제를 바꾸어보려고 가수 심수봉의 경력과 가요계 소식을 물어보고 박 대통령이 애창하는 '대지의 항구'를 (그녀에게) 부르게도 하였으나 노기에 찬 대통령의 심기는 여간해서 가라앉지 않았다. 이 사이 김 부장은 자신이 앉은 자리가 바늘방석인 듯 두서너 번 중정직원들에게 무엇을 지시하는 것처럼 예전과 같이 방을 들락거렸다. 건강이 안 좋아 술을 삼가던 김 부장도 이날은 몇 순배 잔을 비웠다.'

방을 들락거린 김 부장은 밖에서 무얼 했을까. 10·26 사건 계엄사령부 합동수사본부의 수사발표는 이렇다.

'김재규는 7시 10분경 두 번째로 식당을 나와 별채인 본관으로 가서 이미 6시 35분경에 도착하여 식사 중인 정승화 육군참모총장과 김정섭 차장보에게 "내가 각하와 식사 중이니 식사가 끝나고 돌아올 때까지 기다려 달라"고 말하고 동 건물 2층 집무실로 가서 보관하고 있던 서독제 웰터 7연발 32구경 권총 1정을 양복 하의 뒷주머니에 넣고 만찬자리로 다시 돌아오면서 수행 중이던 의전과장 박선호와 수행비서 박홍주 대령에게 뒷주머니 권총을 꺼내 보이고 오른쪽 허리춤에 꽂으면서 "오늘 내가 해치우겠으니 방에서 총소리가 나면 너희들은 경호원을 처치하라. 각오가 되어있겠지" 하니 다소 주저하는 태도를 취하자 김재규는 "여기 참모총장과 2차장보도 와 있다"고 용기를 줌에 따라 박선호가 "각오되어 있습니다. 각하도 해치울 겁니까? 경호원이 7명이나 되는데요. 다음 기회로 미루는 것이 어떻습니까?" 되묻자 김재규는 "아니야, 오늘 하지 않으면 보안누설 때문에 안돼. 똑똑한 놈 3명만 골라 나를 지원하라, 다 해치운다" 하므로 박선호가 "그러면 30분만 더 여유를 주십시오" 말하자 "알겠다"면서 식당(만찬장)으로 다시 들어갔는데 이때 좌석은 부드러운 분위기로 전환되어 있었다. 7시 35분경 식당주방장 남효주가 김재규에게 와 "과장님이 좀 뵙잡니다" 하자 김재규는 세 번째로 자리를 떠나 옆방으로 가서 박선호로부터 "준비가 완료되었다"는 보고를 받는다.'

느닷없는, 그러나 예고된 종말

다시 정승화 육참총장의 회고다.

'김정섭과 함께 이런저런 얘기를 나누는데 김재규가 와이셔츠 바람으로 불쑥 나타났다. 7시 10분께였다. "정 총장, 정말 미안합니다." 나는 그가 이미 대통령 만찬에 가고 없는 줄 알았던 터라 적잖이 놀랐다. 김재규가 이제야 (만찬장에) 가는구나 생각하면서 그의 사과에

"개의치 말라"고 대답해 주었다. "김영삼이도 내가 다 손을 들게 만들어 놓았는데 제 말을 안 들어 이 지경이 되었습니다. 정치하기가 정말 힘듭니다." 김재규는 호들갑을 떨어가며 억지로 너털웃음을 웃고는 금방 돌아오겠다는 말을 남기고 나갔다. 다시 김정섭과 얘기를 나누다가 자리를 식당으로 옮겨 저녁을 했다.'

이어서는 김계원 실장의 회고록을 토대로 한 것이다(그의 증언은 수사발표 자료와 대동소이하지만 그때 그 현장에 있었던 마지막 생존자여서 그런지 대화가 더 구체적이다).

'(다시 자리로 돌아온) 김재규의 옆얼굴 표정은 무겁고 고통스러운 듯했다. 취중에도 대통령은 계속 부마사태를 김영삼이 자신의 고향사람들을 선동하여 일으킨 시위라며 불만을 토로하는데 차지철이 중정의 판단미숙으로 방관하며 사태를 점점 악화시킨 것에 원인이 있다고 맞장구를 치며 침묵하는 김 부장을 더욱 심한 곤경에 빠지게 했다.'

그러자 박 대통령이 이렇게 말했다.

"미국의 브라운 국방장관이 오기 전에 김영삼을 구속기소하려고 했는데 유혁인(정무수석비서관)이 말려서 취소했더니 역시 혼란만 커졌어. 한미국방회의고 뭐고 볼 것 없이 법대로 하는데 무엇이 잘못이라는 말이야. 미국 놈은 법을 어기면 처벌 안 하나."

그러자 김재규가 조심스러운 말투로 끼어들었다.

"김영삼은 사법조치만 안 했을 뿐이지 이미 국회에서 제명된 것만으로도 처벌했다고 국민들은 봅니다."

이 말을 대통령이 다시 받았다.

"중앙정보부가 좀 매섭게 해야지. 야당의원들의 비행(非行) 사실만 움켜쥐고 있으면 무엇 해. 딱딱 입건해 잡아들여야 될 것 아냐."

대통령의 빈 잔에 술을 따르며 김재규가 답했다.

"예, 알겠습니다. (하지만) 정치는 대국적으로 상대방에게 구실을 주고 나오라고 해야지, 그러지 않고서는 나오지 않을 것입니다."

그러자 차지철이 벌겋게 상기된 얼굴로 끼어들었다.

"신민당 놈들 그만두고 싶은 놈은 한 명도 없습니다. 언론을 등에 업고 반정부 선동해서 그렇지 문제될 것이 없다고 봅니다. 그 자식들, 신민당이고 뭐고 뛰쳐나오면 전차로 싹 깔아 뭉개버리고 말겠어요."

"각하도 죽어 주십시오!"

이때 별안간 김재규가 오른손으로 김 실장의 왼쪽 허리를 툭 치며 이렇게 말했다.

"실장님! 각하를 똑바로 모십시오!"

김 실장의 증언이다.

'그의 얼굴은 어두운 조명에서도 창백함을 넘어 엽기적이고 실성한 표정이었는데 앉은 자세에서 불쑥 오른손에 권총을 꺼내들고 차 실장을 겨냥했다. "차지철 이놈아! 각하! 이런 버러지 같은 놈을 데리고 무슨 정치를 하신다고 그러십니까!" 청천벽력으로 살기(殺氣)에 찬 김재규의 권총이 자신을 겨냥한 것에 당황한 차지철은 이렇게 외쳤다. "김 부장, 왜 이래! 어! 김 부장, 왜 그래!" 차 실장이 소리치며 총구를 손으로 내치려는 순간, 권총 방아쇠가 당겨졌다. 제1발은 그의 오른팔 손목을 관통하였다. 차 실장은 계속 소리를 지르며 대통령 오른쪽에 있던 화장실로 피신했다. "각하 앞에서 이게 무슨 짓들이야!"(김 실장) "뭣들 하는 거야!"(박 대통령) 나의 고함과 대통령의 고성(高聲)에 이미 이성을 상실한 김재규는 잠시 자신의 모든 행동을 멈추는 듯하였으나

돌연 작정한 듯 외쳤다. "각하도 죽어 주십시오!" 그
는 이렇게 절규하면서 대통령을 향해 제2탄을 발사
했다. 대통령은 식탁 밑에 만들어 놓은 발판 아래로
상반신을 왼쪽으로 기울이며 미끄러지듯 들어갔다.'

다음은 계엄사 수사발표 자료다.

'대통령 각하가 앉은 자세로 흉부에 관통상을 입고
왼쪽으로 쓰러지자 동석했던 심 양, 신 양은 쓰러지
는 각하를 부축하고 유혈이 낭자한 가슴과 등을 손
바닥으로 막아 지혈시키면서 "각하 괜찮으십니까?"

10·26 현장검
증에서 피격상
황 재연하는
김재규.

묻자 각하께서는 "나는 괜찮아" 하시면서 상반신을 숙이고 있었다.'

이 대목에서 동석했던 가수 심수봉은 육군본부 계엄보통군법회
의 검찰부의 참고인 진술조서에서 "차 실장이 화장실을 갔다 나오면
서 '각하 괜찮으십니까' 물었을 때 각하께서는 '나는 괜찮아' 하셨는데
본인이 옆에서 보니 호흡이 이상한 것 같아 '괜찮으시냐' 다시 물으니
'괜찮다'고 하셨는데 곧 앞으로 쓰러지셨습니다"라고 증언했다. 또 신
재순은 조갑제《월간조선》대표와의 인터뷰에서 '대통령의 최후'를 이
렇게 말한다.

"그날 밤 대통령께서는 좀 취하셨던 것 같아요. 하지만 몸을 가누
지 못하거나 말이 헛나올 정도는 아니었습니다. 인자한 아버지 같았
어요. 피를 쏟으면서도 '난 괜찮아'라는 말을 또박또박 했으니까요. 그
말은 '난 괜찮으니 자네들은 어서 피하게'라는 뜻이었습니다. 일국의
대통령이시니까 역시 절박한 순간에도 우리를 더 생각해 주시는구나
생각했죠. 그분의 마지막은 체념한 모습이었는데 허무적이라기보다
는 해탈한 모습 같았다고 할까요. 총을 맞기 전에는 '뭣들 하는 거야'

화를 내셨지만 총을 맞고서는 그 현실을 받아들이겠다는 자세였어요. 어차피 일은 벌어졌으니까요."

다시 김계원 비서실장의 회고다.

'나는 갑작스러운 차지철을 향한 총격에 처음에는 대통령이 그 밑으로 들어가서 피신한 줄 알았다. 근래에 대통령에 대한 원망과 주연(酒宴)에서의 꾸지람은 인내하기 어려울 정도의 고통이었다 하여도 설마 김재규 자신의 충성의 본체인 각하를 향해 총구를 겨눌 줄은 상상할 수도 없었다. "안 돼!" (나는) 김 부장이 대통령을 향하여 겨누는 모습을 보고 순간 그의 총을 손으로 밀쳤다. 그러나 이미 권총은 격발되었고 대통령은 쓰러지셨다. 김 부장은 계속 쏘려고 하였으나 권총이 장전되지 않자 당황했다. 계속 노리쇠를 후퇴시키고 반복하여도 되지 않자 현관 밖으로 뛰어나가더니 곧 다른 권총을 들고 다시 다가서며 3번째 총격을 가했다. 순간 전기가 끊긴 듯 실내조명이 전부 꺼져버렸다. 두 달 전 이곳에서 각하를 모시고 행사를 할 때에 대통령이 실내등을 끄라 해서, 내가 연회장의 전등스위치를 내린 적이 있었다. 그래서 (나는) 스위치 위치를 기억하고 문 밖 왼쪽에 있는 스위치를 향해 달려갔다.'

"총을 맞은 순간 대통령은 체념한 듯 보였다"

다음은 계엄사령부 합동수사본부의 수사결과 발표다.

'김계원은 (전기스위치를 찾겠다고) 현장을 피신하여 밖으로 나왔으며 방 안에서의 총성을 신호로 중정 의전과장 박선호는 응접실에 대기 중이던 경호처장 정인형과 경호부처장 안재송을 사살했으며 수행비서관 박흥주 대령, 경비원 이기주, 운전사 유성옥 등은 주방에서 대기 중이던 경호실 특수차량 계장 김용태, 경호관 김용섭을 사살하고 경호관 박상범에게 중상을 입혔다. 김재규는 화장실로 피신하는 차지철 실장에

김재규가 부관 박흥주 대령의 권총을 뺏어드는 장면

게 재차 쏘려고 방아쇠를 당겼으나 불발이 되자 쏘던 총을 버리고 다시 권총을 구하려고 정원까지 나와 박흥주 대령에게 총을 달라고 하였으나 실탄을 다 소모했다는 말에 다시 방으로 되돌아가다 마침 대기실에서 나오는 박선호를 복도에서 만나 박선호가 가지고 있던 38구경 리볼버 권총을 빼앗아들고 다시 방으로 들어갔다. 이때 화장실로 피신했던 차지철은 "경호원! 경호원!" 부르면서 나오다 김재규와 바로 마주치자 방구석에 있는 문갑을 잡고 피하는 자세를 취할 뿐이었다.'

　다시 김계원 비서실장의 회고다.

　"'각하가 계신다! 불을 켜!' 어두운 복도에 스위치를 더듬거려 찾는 중에 불이 다시 들어왔다. 연회장 밖에서도 계속된 총성이 들렸다. 다시 돌아 들어온 연회장 안에서는 차 실장이 구석에 놓여있던 사방탁자 문갑을 잡아들고 다시 자신을 향해 총구를 겨누는 김 부장을 향해 결사적으로 저항했다. "김 부장…" 차 실장의 목소리는 애원하는 듯했다. 김재규의 총에 불이 붙으며 차 실장이 가슴을 맞고 쓰러졌다. 김재규는 다시 식탁을 돌아 신재순 양이 안고 있는 대통령 옆으로 다가와 대통령의 머리를 향해 1발을 발사하였다. 순간 대통령을 부축하고 있던 두 여인도 비명을 지르며 뒤로 일어나 물러섰다. 모든 것이

어두운 조명 아래에서 꿈처럼 미몽 가운데 순식간에 일어났다. 방구석에 쓰러져 있는 차 실장이 신음소리를 내자 누군가 들어와서 그에게 확인사살을 했다. 밖에 요란하던 총소리도 그치고 김재규는 연회장 각 방을 들락거리며 총을 쏘아댄 자신이 도리어 공포에 떨며 당황하는 듯한 행동을 보였다. 얼굴은 새파랗게 질리고 눈은 완전히 정신이 나간 듯 초점이 없었다.'

육본인가 중정인가, 선택의 갈림길

김재규는 현관 밖에서 김 실장과 마주친다. 그러더니 "실장님! 각하 돌아가신 것을 최소 3일간은 절대 비밀로 해야 합니다"라고 말했다.

다시 김 실장의 증언이다.

'김재규는 맨발로 아직 총을 쥔 채 나를 쳐다보지도 않고 말을 뱉었다. "(시신을) 이곳에서 절대 옮기지 말고 그대로 두어야 합니다." "김 부장, 어떻게 각하까지 그렇게 했소?" 나무라는 조로 내가 말을 하였으나 그 소리는 작았고 무기를 쥔 그의 다음 동작을 알 수 없는 나로서는 참담하기까지 했다. "실장님, 이제 다 끝났습니다. 보안만 잘 부탁합니다." (나는) 각하를 빨리 병원으로 모시려면 시급히 그의 시야에서 벗어나야겠다는 생각뿐이었다. "김 부장, 알았으니 빨리 가봐." 누가 경호실 요원인지, 중정 요원인지 알 수 없었으나 사건현장 부근 사람들은 대부분 중정 요원인 것 같았다. 경호실 요원은 그들에게 전부 사살된 듯했다. 만찬장에 쓰러져 계시는 대통령에게 다가가 보니 아직 호흡이 계셨다. "각하! 각하! 조금만 참으십시오. 얘들아! 이리 빨리 들어와, 어서 들어와!" 안가에 있던 중정 요원들에게는 각하에 대한 저격까지는 차마 미리 지시가 안 내려졌는지 내 목소리에 놀란

요원들이 뛰어 들어왔다. 그중 가까이 다가선 한 명에게 각하를 업게 하고 대통령이 타고 온 전용차로 모시게 해 대통령 전담 의료시설이 있는 육군병원으로 향하게 했다.'

김 실장이 병원으로 나선 그때, 김재규는 별채에서 식사를 하고 있던 정승화 참모총장에게로 갔다. 수사 발표 내용은 이렇다.

'7시 43분경 김재규는 맨발에 와이셔츠 차림으로… 황급한 모습으로 땀을 흘리며 별채 안으로 들어와 경비원으로부터 물 한 컵을 받아 마시고 나서 정 총장의 팔을 잡고 "총장, 총장, 큰일 났습니다" 현관 쪽으로 끌고 나가면서 "빨리 차를 타시오" 하는 말에 정 총장은 김재규에게 "무슨 일입니까" 묻자 김재규는 "차를 타고 가면서 이야기하자"고 했다. 이때 정 총장은 김재규가 어떤 기습을 받아 도망 나온 것으로 생각하고 승용차 뒷좌석 중앙부위에 탔는데… 차중(車中)에서 정 총장이 "무슨 일입니까?" 다그쳐 묻자 "큰일 났습니다. 정보부로 갑시다" 하여 다시 "무슨 일이 일어났느냐?" 묻자 대답은 하지 않고 각하를 뜻하는 엄지손가락을 치켜들면서 저격당했다는 표시를 하였으며 (이를 본) 총장이 "각하께서 돌아가셨습니까?" 묻자 김재규는 "돌아가신 것은 확실하다" 대답했다. 김재규는 경호차가 따라오는지 수차 초조하게 확인하더니 "보안유지를 해야 됩니다. 적이 알면 큰일 납니다" 말만 되풀이 강조할 뿐 "외부 침입이냐, 내부 일이냐?"는 정 총장의 물음에 "나도 잘 모르겠다" 대답하면서 보안유지만을 거듭 강조했다. 승용차가 삼일고가도로를 향하고 있음을 의식한 정 총장이 "어디로 가는 것입니까" 묻자 김재규는 "정보부로 가는 것"이라고 하므로 정 총장은 만일에 작전의 필요 시 지휘에 용이하고 보호를 받을 수 있다고 생각하여 "육본으로 갑시다" 하자 김재규가 갈까 말까 망

설이자 앞자리에 앉은 박흥주 대령이 "육본으로 가지요" 하여 방향을 육본으로 향했다.'

이 대목에서 정승화 총장 본인의 증언(회고록)은 다음과 같다.

'(안가에 도착해 김재규를 기다리며) 포도주를 마시며 시국 이야기를 했다. 주로 김정섭이 이야기를 하고 나는 듣기만 했다. 그때 몇 발의 총성이 들렸다. 먼 것 같기도 하고 가까운 것 같기도 하고 잘 분간이 되지 않았다. "이거 총소리 아니오?" "글쎄요. 총소리 같기도 하고….' (나는) 총소리가 아닌 걸 잘못 들었다 생각했고 설사 총소리였다 하더라도 오발된 걸로 생각했지 다른 생각은 꿈에도 하지 못했다. 김정섭도 고개를 갸우뚱하더니 알아보겠다며 직원을 부르더니 근처 파출소에 가서 오발사고가 있었는지 알아보라 시켰다. 그리고 다시 아까 하던 시국 이야기를 계속하는데 갑자기 김재규 목소리가 들렸다. "정 총장! 정 총장!" 다급한 목소리였다. 내가 앉은 자리에서는 사각(死角)이라 김재규가 보이지 않아 (나는) 밖으로 나갔다. "큰일 났습니다! 빨리 갑시다!" 주전자 꼭지를 입에 대고 벌컥벌컥 물을 마시던 김재규가 허둥대며 고함을 질렀다. 나는 만찬 중에 대통령이 급히 나를 부르는 줄로만 알았다. 인민군이 기습해온 것 같지는 않고, 정치적인 이유로 파출소가 습격당했다거나 하는 일이 아닐까 생각했다. …나는 대기 중인 김재규의 차를 탔다.'

그의 증언은 수사발표와 일치한다. 다만 정 총장은 "대통령이 돌아가셨다"는 김재규의 말에 "내부 소행이라면 차지철 말고는 다른 사람을 생각할 수 없었다"고 증언한다. 그러면서 "육본으로 가자"는 자신의 말에 김재규의 부관인 박흥주 대령이 찬성한 이유를 이렇게 추정한다.

'나중에 추측건대, 그 부관(박흥주)은 남산으로 갔다가 충성심 강한 경호실 요원들이 중앙정보부에서 대통령을 죽인 걸 알고 몰려 들어오면 고스란히 앉아 당할지 모른다는 불안감 때문에 군 병력이 있는 육군본부로 가는 게 안전하지 않겠냐는 생각을 했을 터이고 게다가 내가 김재규와 함께 사건현장 가까이에서 저녁약속을 하고 함께 있었으니 모든 일을 나와 공모한 줄 알고 있었던 모양이다.'

비밀에 붙여진 대통령 서거소식

김계원 비서실장은 총에 맞은 대통령의 시신을 업고 병원으로 달려간다.

'안가에서 멀지 않은 병원으로 가는 그 시간이 왜 그리 길게 느껴졌는지… 각하의 생사가 촌각에 달려있었다. 내 무릎에 기대 누운 각하의 숨결이 약해져 가는 것을 느끼지 못하리만치 서둘렀다. 병원입구 검문에서 각하의 신분을 감추고 비서실장의 위급한 용무인 것으로 통과했다. 대통령인 것을 숨긴 채 각하의 전용 입원실에 강압적으로 명령하여 들여보냈다. 그리고 수행하여 온 2명에게 각하의 병실 밖을 경비하게 하고 일절 사람의 출입 및 접근을 못하게 지시하였다. 비상 연락을 받고 출두한 책임 군의관에게도 각하의 신상은 밝히지 않고 상태를 물으니 병원에 도착 직전에 이미 운명하셨다는 진단이었다. 재차 환자의 신원을 묻는 병원관계자에게 '각하'라는 사실을 고지하지 않았다. 다행히 그들도 당시에 사망진단을 내리고 하얀 천이 얼굴에 덮어진 후라 그 시신이 아직은 대통령임을 모르는 것 같았다. 엄중

히 보안을 유지할 것을 지시하고 병원 밖으로 걸어 나와 마침 지나던 택시를 잡아타고 청와대로 갔다. 청와대 정문에서 경비 중이던 경호실 요원이 거수로 나에게 경례를 하며, 나의 상의(上衣)에 붉은 피가 묻어있는 것을 보더니 흠칫 놀란 기색의 눈빛을 보였다. 정문을 통과하여 급히 청와대 나의 사무실로 뛰어 올라갔다. 쓰러진 각하를 안가에 그대로 두라던 김 부장의 부탁이 있었는데 내가 이미 병원에 옮긴 뒤라 이것을 안 그가 다음 어떠한 행동을 취할지 몰라 책상서랍에서 권총을 꺼내 실탄을 확인해 보니 장전되어 있지 않았다.

마침 옆의 경호실 경호5계장 전경환(전두환 당시 계엄사 합동수사본부장의 친동생)이 보이길래 실탄 6발을 가져오게 해 장전하여 허리춤에 꽂았다. 숨(호흡)을 의도적으로 여러 번 내쉬어 보고 머리를 도리질 쳐보니 몽롱한 상태에서 겪은 이 대참변이 현실로 느껴지기 시작하자, 오한이 나며 가슴이 막히고 나도 모를 눈물이 흘러내리기 시작했다.'

김 실장은 '제일 먼저 누구에게 이를 알려야 되나?' 생각하다 대통령 유고시에 헌법상 국가수반의 대리가 국무총리라는 것을 떠올리고 조심스레 최규하 국무총리에게 전화를 걸었다.

"이유는 묻지 마시고 지금 급히 청와대로 들어오십시오."

20분가량 지나자 최 총리가 도착했다. 김 실장은 그에게 "오늘 저녁 궁정동 안가의 '대행사'에서 차지철과 김재규가 싸우던 중 김재규의 총탄에 잘못되어 각하가 운명하셨습니다"라고 보고하고 곧바로 청와대 수석비서관들을 비상소집했다.

이어 총리의 부름을 받은 김치열 법무장관이 들어오고 청와대 경호실 차장인 이재전 장군이 들어섰다. 다시 김 실장의 말이다.

　'이때 나의 가장 큰 염려는 청와대의 안전문제와 북괴의 도발이었다. 만일 대통령의 서거소식이 아무런 준비 없이 알려지면 국가 대내외적으로 엄청난 불의의 사태가 발생될지 모르고 더욱이 중앙정보부와 청와대 경호실 양측의 대규모 충돌이 일어날 수 있기 때문이었다. …각하의 신변과 차지철 실장 행방을 묻는 최 총리의 질문에 나는 완고하게 '보안'이라 하였다. …오리무중, 한 치 앞도 예측할 수 없는 불안한 상태였다. 김재규가 어디서 무엇을 하고 있는지, 궁정동 안가에서 신발도 안신은 맨발로 이성을 잃은 채 허둥지둥 권총을 들고 뛰쳐나간 그가 지금 무엇을 획책하고 있는지 불안하였다. 비상으로 소집된 수석비서관들이 청와대로 모이기 시작했다.'

"총리께서 대통령 대행이십니다"

　그때였다. 김재규로부터 김 실장을 찾는 전화가 걸려왔다.

　"실장님! 제가 지금 육군본부 상황실에 있습니다. 여기에 육군 참모총장 정승화 장군과 노재현 국방장관(그는 정 총장의 연락을 받고 왔다)도 함께 있으니 여기로 건너오십시오."

　김 실장은 이렇게 말한다.

　"김 부장! 이곳에 총리께서 와 계시니 먼저 노 장관과 함께 이곳으로 와요."

　그러자 김재규는 "아이고, 실장님 내가 어떻게 거기로 갑니까? 이곳으로 총리를 모시고 서둘러 오십시오" 재차 말한다. 기분이 언짢은 목소리였다.

　김 실장은 전화를 끊고 최 총리에게 통화내용을 알리면서 이렇게 말했다.

"각하께서 유고이시니 지금부터는 헌법이 보장한 대로 총리께서 대통령 대행이십니다. 별도의 명령이 있을 때까지 비서실장으로서 명령에 따르겠습니다. …대통령을 시해한 김재규는 국방부장관을 비롯하여 각 군의 총장을 장악하고 향후 사태를 자신에게 유리하게 전개하려 할 것이며, 만일 여기서 남산의 중정과 경호실 간에 충돌이 생기면 내란으로 확전될 수 있습니다. 우선은 김재규의 체포가 제일 급선무이니 그를 체포하는 것에 극도의 보안을 유지하고 (우리가) 사태의 진상을 모른다는 듯이 국방부로 가서 사태수습을 강구하는 것이 좋겠습니다."

김 실장은 결국 총리와 함께 청와대에서 나와 육군본부로 향했다. 그리고 육군본부 지하벙커로 갔다. 김재규도 거기 있었다. 다시 김 실장의 회고다.

'벙커 안은 완전히 전시(戰時)를 방불케 했다. …국방부장관 노재현과 정승화 육군참모총장은 최규하 총리와 정부 관계자 일행을 모시고 지상에 있는 국방부장관실로 향했다. 나는 김재규를 데리고 가까운 화장실로 들어갔다. "이 사람아! 각하를 왜 그랬어?" "…." 내가 화를 내며 언성을 높이자 (김재규는) 묵묵부답, 이제 다 끝난 일 가지고 왜 그러냐는 식의 몸짓이다. "이제는 보안이 중요해요. 각하의 서거를 절대 발표하면 안 됩니다. 먼저 혁명위를 조직하고 계엄을 선포해야 합니다." 그는 아직도 대통령의 유해가 궁정동 안가에 그대로 방치되어 있는 줄 아는 모양이었다. 물론 이때까지도 대통령 시해를 아는 사람은 총리를 비롯한 극히 몇 사람뿐이었고 벙커에 모인 나머지 모두는 각하의 서거만 알지 시해를 당하였다는 그 이상의 사실은 모르는 듯했다. 비상국무회의가 소집되었다. 국방장관 대회의실 옆의 대기실에 모인 장관들이 심야회의에 몹시 불안해하며 자리에 앉았다. 끝내 각하의 서거를 전해들은 국무위원들은 비보에 침통해하며 몇몇 장관은 눈물을 흘렸다. 김재규는 나와 같이 대기실에 들어가 앉아 있는 동안 내 주위를 계속 맴돌며 살기 서린 눈빛으로 나를 감시하는 것이 느껴졌다. 회의가 개시되기 전부터 김재규는 국가안보상 시급히 전국에 계엄선포를 내릴 것과 대통령 서거소식을 유보할 것을 주장했다. 이 주장에 다른 국무위원이 반대를 표명하자 비장한 각오인 듯 큰 목소리로 강변을 했다. "다른 나라에서는 대통령의 유고시에 일주일 아니 보름 동안 발표를 유보하는 나라들도 있는데 왜 안 된다는 거예요?" 이 말을 들은 국무위원들은 말문을 닫아 버렸다.'

누구도 상상 못한 범인의 실체

육군본부 지하벙커에서 열린 국무회의가 시작되기 전 최규하 국무총리가 김계원 비서실장에게 "임시국무회의 소집의 사유를 말해줄 수 있겠느냐"고 묻자 옆에서 듣고 있던 김재규가 반발했다.

"비서실장이 가0에 무엇하러 들어갑니까? 그리고 무슨 이야기를 해요."

김 실장의 회고다.

'김재규의 반발에 총리는 말없이 회의실로 들어갔다. 김재규는 누가 내게 다가와 이야기하려는 기적이라도 보이면 신경질적으로 제지하며 그의 바지주머니 속에 숨겨진 권총을 만지작거렸다. 회의실 문이 닫히고 대기실에 있던 나는 김재규가 잠시 화장실에 간 듯 자리를 비운 사이 국방장관 보좌관을 불러 회의실 가까운 곳 조용한 빈방을 주문했다. 보좌관은 바로 옆 조그만 자신의 사무실을 내주었다. 나는 문을 급히 닫고 그에게 말했다. "조용히 회의실에 가서 국방장관과 정승화 총장을 이 방으로 오라고 하시오. 급하다고…."

이 순간을 기억하고 있는 정승화 총장의 회고는 이렇다(회고록).

'국방부 회의실로 갔지만 밤 11시에 열기로 했던 각료회의는 성원이 되지 않아 열리지 않고 있었다. 국방부장관실로 들어가려고 부속실을 지나가는데 김계원 비서실장이 장관실에서 나오다 나와 마주쳤다. 그가 "비어있는 조용한 방이 있으면 가서 얘기를 좀 하자"며 나를 끌었고 국방부장관 보좌관 조약래 준장이 "자기 방이 조용하다"며 안내했다. 이어 노재현 국방장관도 함께 자리를 했다. 그 자리에서 김 비서실장이 이렇게 말했다. "김 부장과 차 실장이 다투다가 김 부장 총에 각하께서 돌아가셨어." 나는 숨이 턱 막혔다. 김 비서실장은 내가 김재규와 공모한 줄로 알고 눈치만 보고 있다가 그게 아닌 걸 알고서는 은밀히 내게 얘기한 것이었다.'

다시 김 실장의 회고다.

'김재규가 범인이라는 나의 말에 조약래 준장 방 안에 모인 사람들은 깜짝 놀랐다. 나는 이들에게 "김재규를 체포하여야 할 텐데 그가 지금 권총을 가지고 있으니 조심하여야 하오. 특히 이곳에 그를 따라온 정보부 인원이 많으니 주의하시오" 말했다. 나의 이 말이 끝나는 찰나에 방문이 열렸다. 창백한 안색의 김재규가 들어왔다. "이 좁은 방에서 무슨 이야기들입니까?" "으음, 계엄을 선포하면 이 밤에 먼저 서울에 주둔해야 할 부대에 관하여 말하고 있었소." 나는 정색을 하며 이렇게 말을 하고는 정 총장과 국방장관에게 (마치 다른 이야기를 하고 있었다는 듯) "내 의견이니 그냥 참조해요. 조용히 잘 처리해야 되오" 말했다.'

김재규의 체포

범인이 김재규임을 들은 대목에서 정 총장의 회고는 이렇게 이어진다.

'김계원 실장은 내게 "어떻게 하면 좋겠느냐"고 물었다. "체포해야죠." (나의 말에) 국방부장관도 동의했다. 나는 김진기 헌병감을 육군본부 벙커로 불러내어 김재규를 체포한 뒤 전두환 보안사령관에게 인계하라고 명령을 내렸다. 내가 좀 보잔다고 해서 복도로 유인한 다음 커브지점에 미리 수사관을 대기시켜 놓았다가 불시에 체포하라는 구체적인 체포방법까지 일러주었다.'

노 국방장관과 정 총장이 밖으로 나갔다. 방 안에 김재규와 둘이 남겨진 김 실장은 아무 일도 없었다는 듯 김재규에게 이렇게 말했다.

"어디 갔다 왔소? 아무리 찾아도 없어서 우선 장관과 총장에게 계엄부대의 선별을 부탁했어."

김재규는 "참다가 참을 수 없어서 화장실에 갔었습니다" 했다. 다시 김 실장의 회고다.

'그의 말투도 예전 같지 않고 퉁명스러웠다. 경계의 빛을 늦추지 않더니 조금은 안정이 되어 보였다. 방을 나간 정 총장은 지하 방공호의 총장지휘소로, 국방장관은 다시 회의실로 들어갔다. 일각여삼추(一刻

475

如三秋). 김 부장은 자신이 불리하게 느껴지는 순간이면 오른쪽 바지 주머니에 감추어 놓은 권총을 꺼내 나를 향해 쏠 것이었다. (나는) 표정은 태연히 하려 했지만 등골에서 식은땀이 흘러내렸다. 궁정동 안 가에서 나를 살려준 것을 그는 지금 후회하고 있을지도 모른다. 나에게도 허리춤에 감춰진 권총이 있었지만 웬일인지 그것을 꺼내는 것조차 하기 싫었다. 잠시였겠지만 초조하고 몹시 긴 침묵이 흘렀다. 나는 자리에서 일어섰다. 김재규가 따라오지 않는다면 지하 지휘소에 있는 정 총장에게 내려가 보려 했다.'

김 실장이 방을 나서자 김재규가 따라가며 이렇게 물었다.

"실장님, 어디 가시려고요?"

"응, 각의가 시작되었나. 계엄선포를 빨리 하여야 할 텐데."

김 실장은 혼잣말처럼 중얼거렸다. 다시 그의 증언이다.

'방을 나와 대회의실로 걸어 들어갔다. 김 부장이 내 뒤를 따라붙었다. 회의장은 아직도 회의 개시가 안 된 듯, 총무처장관이 아직 도착하지 못한 국무위원들의 소재를 파악하느라 애를 쓰고 있었고 다른 장관들은 충격에 망연자실하고 있었다. 나는 "비서실장은 각의에 참석하지 못하는구먼" 어색한 몸짓을 보이며 다시 회의실 밖으로 나왔다. 김재규는 이제 나를 쏠 상황만 준비하고 있을 것이었다. 이때 내 뒤를 따라오는 김 부장에게 다가오는 다른 기척이 들렸다. "부장님! (정승화) 총장님께서 부장님을 잠깐 뵙고자 하십니다." 나는 뒤로 돌아섰다. 그 말을 전해들은 김 부장은 주머니에서 손을 빼고는 몸을 돌려 나를 쳐다보지도 않은 채 (말을) 전달한 부관과 함께 계단을 걸어 내려갔다. …대기실로 들어가 소파에 앉으니 큰 자괴감과 무기력함이 몰려왔다. (잠시 후) "실장님! 방금 무사히 김 부장을 체포하여 지금 헌병감이 헌병대로 이송 중입니다. 이제 안심하십시오." 나에게 다가와 정 총장이 상황을 말해주었으나 그 목소리가 아른하게 들려왔다.'

체포된 김재규가 보안사 자동차에 실린 시간은 10월 27일 새벽 1시 경이었다.

다시 김실장의 회고다.

'김 부장의 체포를 (내게) 통보하는 정 총장의 눈시울이 붉어지며 그도 마음이 몹시 아픈 듯 고개를 떨구었다. 나는 몸을 추스르며 대회의실로 들어가 최규하 국무총리에게 김재규의 체포를 보고했다. 총리 또한 착잡한 듯 깊게 한숨을 내쉬었다. 이때까지 모여 있는 국무위원들을 향하여 최 국무총리는 상황을 발표했다. "박 대통령이 어제 서거하셨고 각하 저격범은 김재규로 그는 방금 체포되었습니다. 각하의 시신은 현재 군병원에 안치되어 있습니다."

총리의 발표에 회의실은 술렁거리기 시작했다. 잠시 후 신현확 부총리의 제의로 국무위원들이 수도육군병원 분원으로 가 모두 비통한 심정으로 각하의 시신을 확인하였다.'

'인간 박정희'를 보내다

김재규 재판은 속전속결로 진행됐다. 12월 4일 첫 공판 후 18일 결심공판까지 14일 동안 8명의 피고인에 대해 9차례 공판이 진행됐다. 거기다 결심 후 이틀 만인 12월 20일 사형이 선고됐다.

변호를 맡았던 강신옥 변호사는 "역사적인 재판이 역사상 유례없는 졸속이었다"며 "항소이유서 작성을 위해 원심기록과 수사기록을 복사해 줄 것을 요구했으나 연필로 베끼는 것만 허용 받았다. 기록을 대충 읽어볼 수밖에 없는 상태에서 항소이유서를 작성했다"(96년 《신동아》 10월호)고 했다.

김재규의 사형집행은 전국에 비상계엄이 내려진 (5월 17일) 직후인 80년 5월 24일 이뤄졌다. 당시 그의 구명운동에는 김수환 추기경을 비롯해 윤보선 전 대통령, 함석헌 등 재야인사들이 대거 참여했다.

'각본에 따른 정치재판'이라는 비판도 있었지만 김재규는 재판과정을 통해 범행배경에 대해 충분히 설명할 수 있는 기회를 얻었다. 그는 시종일관 10·26을 "민주회복을 위한 국민혁명"이라고 규정하고 스스로를 '혁명가'라 주장했지만 대통령을 시해한 후 나라의 판을 어떻게 다시 짜보겠다는 준비된 계획도, 대책도 없었다는 것이 재판과정에서 확인되었다. 김재규는 항소이유서에서 "유신헌법에 문제가 많다는 것을 오래전부터 생각했다. 72년 내가 3군단장 시절, 군단을 방문했던 박 대통령을 연금시켜 놓고 하야시킬 생각도 했었다. 79년 4월에도 살해계획을 세웠었다"고 했다.

그런데 2005년 3월호 《월간조선》은 10·26 직전 김재규가 박 대통령의 생일(11월 14일)에 맞춰 최고급 명품시계를 프랑스에 주문했던 비화를 소개하면서 이 같은 증언에 의문을 던진다.

기사에 소개된 증언자는 10·26이 일어날 당시 주제네바 대표부에 근무하던 N 서기관으로 그는 79년 8월 하순 중앙정보부 비서실 김모 행정비서관으로부터 "세계적인 명품시계 제작업체인 파텍 필립사에 의뢰해 '근축 탄신 1979'라는 문구를 새긴 회중시계를 한 달 내에 만들라. 김재규 부장의 각별한 관심사항이니 차질 없이 처리하라"는 전문을 받는다고 한다.

"기일에 맞추어 제작하기 어렵다"는 현지인들을 겨우 설득한 N 서기관이 10월 중순에 받아든 송장(화물을 받는 사람에게 보내는 명세서)에는 무려 1만9000달러(약 2000만 원)가 찍혀 있었다. N 서기관이 이 송장을 발송한 시간은 현지시간으로 10월 26일 오전, 한국시간으로는 10월 26일 오후였으니 이미 궁정동 만찬이 잡힌 시간이었다. 《월간조선》은 '주인을 잃어버린 문제의 시계는 훗날 보안사를 통해 큰 영애(令愛)에게 전달됐다. (기사가 게재될) 당시 한나라당 대표였던 박근혜 대표에게 "시계 사진을 찍었으면 좋겠다"고 하니 "흉물스러운 물건이라 잘 보관하지 않았고 어디에 있는지 찾을 수 없다"는 답변을 들었다'고 밝히고 있다.

대통령은 김재규에게 은인이나 다름없는 존재였거늘…

N 서기관 말이 맞다면 생전에 시가 10만 원짜리 세이코 시계를 차고 다닐 정도로 소박했던 박 대통령이 과연 김재규가 준비한 값비싼 명품시계를 받았을지도 의문이지만 어떻든 김재규는 끝까지 대통령의 환심을 사려 했던 것 같다. 이런 사람이 대통령을 시해해 놓고 '민주혁명' 운운하는 것은 《월간조선》의 지적대로 앞뒤가 맞지 않아 보인다.

박 대통령은 김재규에게 은인이나 다름없는 사람이었다. 육사 2기 동기생이긴 했지만 김재규는 소위시절 면관까지 당한 일이 있어 진급이 늦었다. 박 대통령은 아홉 살 어린 그를 고향(경북 선산) 후배로 각별하게 챙겼다. 5·16이 성공하자 "이 나라 경제를 살리려면 농촌부터 살려야 한다"며 호남비료공장 건설임무를 주면서 그를 사장에 임명했다. 이후 군의 요직인 6사단장(수도권 외곽경비를 맡던 유일한 예비사단)과 보안사령관에 임명했고 중앙정보부 차장, 건설부장관을 거쳐 중앙정

보부장에 발탁했다.

박 대통령이 김재규를 매우 아꼈다는 증언
은 많다. 김계원 비서실장의 말(회고록)이다.

'1965년 4월 대통령이 제1군사령부 시찰차
원주에 오셨다. 서울상경 길에 "김재규 사단
이 여기서 멀지 않지? 오늘 저녁은 재규 사
단에 가서 한잔 하지" 하셨다. …저녁을 마치고 서울로 향하는데 대통
령이 이렇게 말했다. "재규, 저 놈 참 괜찮아. 저 친구 내가 장군이라
는 칭호로 불러줘야 되는데 버릇이 되어서 말이야. 꼭 고향집 집안 막
냇동생 놈 같으니 말이야. 참 착한 자요.'"

생전에 박 대통령을 향한 김재규의 충성도 대단했다. 김재규가 1년
간 대구 대륜중학교 교사를 할 때 스승과 제자로 만나 흉금을 터놓
는 가까운 관계를 이어왔다는 이만섭 전 국회의장은 "김 부장은 대통
령으로부터 전화가 왔을 때 벌떡 일어나 차려 자세로 전화를 받았을
정도였다"며 이렇게 말한다.

'그가 73년 예편해 9대 유정회 국회의원을 지내다 정보부 차장으로
발령이 났는데 내가 "군단장까지 지낸 국회의원이 어떻게 정보부 차장
으로 가느냐"고 하자 "각하 명령이라면 어디든 가야 한다"고 말했다.
더구나 당시 중앙정보부장은 신직수였는데 신 부장은 김재규가 5사
단 참모장으로 있을 때 법무장교(소령)로 데리고 있었던 부하였다. 하
지만 모든 자존심을 죽이고 부하였던 신 부장을 상관으로 깍듯이 모
셨다.'

한편 김재규는 70년대 말 어지러운 정국 속에서 상황분석만 했지
대안을 제시하지 못해 대통령의 신임을 잃었다는 말도 있다. 훗날 재

판정에서 김계원은 그의 성격을 묻는 검찰관의 질문에 "저돌적이었다. 추진력과 박력이 있었지만 뒷정리를 제대로 못해 매듭을 짓지 못하는 결점이 있었다. 하지만 의협심과 자존심이 강한 사람이었다"고 했다.

최서영 전 코리아헤럴드·내외경제신문 사장은 《관훈저널》(2012년 9월) 기고에서 KBS 보도국장 시절인 75년 9월 새마을지도자연수원에서 당시 건설부장관이던 김재규와 일주일 동안 한방을 썼던 특이한 인연을 소개해 눈길을 끈다.

'새마을운동이 한창이던 때여서 지도급 인사들이 번갈아 새마을연수원에 입교해 합숙교육을 받았다. …그때 김재규와 많은 대화를 나눴다. 내가 느낀 것으로는 그는 질서를 존중하는 전형적인 군인, 그것도 죽음의 미학을 찬양하는 일본 사무라이를 동경하는 그런 사람이었다. 내가 일본특파원을 했다는 사실을 알고는 세지마 류조(瀬島龍三·전 이토추 종합상사 회장·제2차 세계대전 당시 일본 만주군으로 참전했던 박정희 전 대통령의 직속상관이었다)에 대해 이것저것 질문해 온 것이 생각난다. …나중에 안 일이지만 김재규는 어릴 때부터 일본의 노기 마레스케(乃木希典) 대장을 존경해 왔다고 한다. 명치시대 군인인 노기 대장은 러일전쟁 때 뤼순(旅順)을 함락시킨 장군인데 명치천황이 죽자 아내와 함께 순사(殉死)한 일본 최후의 사무라이였다.'

"안녕히 가십시오, 나도 곧 뒤따라가리다"

1975년 3월 다시 감옥으로 들어간 김지하의 옥중생활은 79년 10월

만 4년 8개월째로 접어들고 있었다. 그해 여름부터 김지하는 100일 참선을 시작했다. 하루 30분 운동하는 시간 외에는 깨어서는 물론이고 잘 때도 가부좌를 틀고 잤다. 얼굴은 거의 '해골바가지'가 연상될 정도로 말라갔다. 가족과 변호사들이 번갈아 와서 건강을 걱정했지만 아랑곳하지 않았다.

그렇게 100일이 흘렀다. 김지하는 "다른 건 다 잊었어도 날짜 가는 것만은 속으로 꼬박꼬박 세고 있었다"고 했다. 그날은 79년 10월 27일, 유난히 맑고 푸르던 가을날이었다. 그날도 김지하는 참선에 몰두하고 있었다. 그런데 점심 무렵 구치소 방송에서 흘러나오는 소리 가운데 유독 그의 귀에 꽂히는 말이 있었다.

"고 대통령께서" "고 박 대통령께서" "고인께서"….

아니, 도대체 저것이 무슨 소리일까?

'고'라니? '고 대통령'이라니? '고인'이라니?

김지하는 서서히 일어나 문 쪽으로 가서 문짝에 바짝 몸을 붙인 채 (위에 있는 텔레비전 모니터의 시계·視界에서 벗어나기 위해 문짝에 몸을 바짝 붙이는 게 그의 버릇이 되었다) 교도관에게 물었다.

"저게 무슨 소리요?"

교도관이 사방을 둘러보더니 오른손으로 자기 목을 탁 끊는 시늉을 하며 이렇게 말하는 것 아닌가.

"탁!"

그리고 또 목을 끊는 시늉을 하며 반복했다.

"탁!"

"에엥? 누가?"

교도관은 오른손 엄지를 높이 세웠다.

"엇! 박정희가?"

김지하가 놀라 이렇게 말하자 교도관은 오른손을 얼른 입에 갖다 댔다.

"쉬잇!"

김지하는 아주 낮은 소리로 또 물었다.

"누구야? 누가 그랬다는 이야기야?"

박정희 대통령 의 유해를 실은 영구차 행렬

인생무상……

교도관은 입을 꽉 다문 채 아무 말도 하지 않았다. 박정희 대통령이 죽은 것이었다. 순간, 김지하의 머릿속에는 세 마디가 떠올랐다고 한다. 그의 말이다.

"내 속에서, 내 속 저 밑바닥에서 꼭 허공 중에 애드벌룬 떠오르듯이 그렇게 세 마디 말이 줄지어 떠오르는 것이었다. 인생무상. 첫 번째 마디였다. 안녕히 가십시오. 두 번째 마디였다. 그리고 나도 곧 뒤따라가리다. 세 번째 마디였다. 이튿날 12시 추모방송에 나온 김수환 추기경의 첫마디도 인생무상이었다. 그렇게 소름끼치는 경험을 하기는 그때가 처음이었다."

그가 말한 이튿날이란 79년 11월 3일이었다. 그날 서울에서는 건국 이후 최초로 국장(國葬)이 엄수됐다. 당일 《동아일보》는 1면에 이렇게 보도하고 있다.

'5·16 후 18년 5개월 동안 이 나라를 통치했던 박 대통령은 모든 사람이 일손을 놓고 슬픔으로 근조(謹弔)하는 가운데 말없이 유택(幽宅)에 묻혀 역사(歷史) 속으로 사라졌다. 이날 국장은 청와대 발인제로부터 시작해… 오전 9시 26분 국향(菊香)에 뒤덮인 고인의 유해는 15년

10개월 16일 동안 정들었던 청와대 본관을 하직했다.'

영구차는 사관생도들이 도열한 가운데를 지나 오전 9시 26분 대형 태극기가 교차 게양된 청와대 정문을 나섰다. 영구차가 나가는 동안 예순을 갓 넘긴 고인의 나이대로 62발의 조포(弔砲)가 울렸다.

오전 10시 전 국민이 1분간 묵념한 것을 시작으로 서울 중앙청 광장에서 거행된 영결식은 TV로 생중계 됐다. 육사생도인 지만과 근혜 근영 등 유가족과 밴스 미 국무장관 등 41개국 조문사절 및 각계 인사 등 3000여 명이 참석했다.

최규하 권한대행은 떨리는 목소리로 "아흐레 전 천지(天地)가 진동하여 산천초목이 빛을 잃었고 경악과 비탄으로 온 국민의 가슴이 메었습니다. 아직도 나라와 겨레를 위해 하실 일이 많은데 각하 자신마저 가셨으니 이 얼마나 망극한 일입니까"라며 조사(弔辭)를 읽었다. 마지막으로 "이제 영부인 곁에서 고이 잠드소서" 하며 울먹이는 대목에서는 참석자들도 함께 흐느끼는 울음소리가 장내를 뒤덮었다고 언론들은 전했다.

7분 동안의 조사낭독이 끝난 뒤 불교 조계종 찬불가대의 합창과 윤고암 종정의 영가법어(靈駕法語), 윤월하 총무원장 등 10명 법사(法師)의 독경이 있었다. 뒤이어 김수환 추기경의 기도가 시작됐다.

추기경은 "인생은 무상하며 주만이 영원하시니 주여 인자로이 주의 종 박대통령의 영혼을 받아주시고 광명의 나라로 인도하소서"라고 기도했다. 다음은 추기경 회고록 중 일부다.

'나는 "이제 대통령이 아니라 한 인간으로서 주님 앞에 선 박정희를 불쌍히 여기소서"라고 기도했는데 참석자들이 모두 깜짝 놀라는 반응을 보였다. 한 시대를 호령한 절대권력자를 불쌍히 여겨달라고 빌었기 때문인 것 같았다. …박 대통령을 생각할 때마다 애석(哀惜)의 정을 감출 수 없다. 그분이 쌓은 업적을 보건대 제3기 집권야욕을 꺾고 정권을 이양했더라면 지금쯤 국민의 존경을 받는 국부(國父)가 되어 있지 않을까 하는 생각 때문이다.'

영결식이 끝나고 쇼팽의 '장송행진곡'이 연주되는 가운데 낮 12시 19분경 영구차가 중앙청 정문을 빠져나갔다. 그동안에도 조객들의 오열은 계속됐다. 영구차가 지나가는 중앙청~세종로~시청 앞~서울역 ~국립묘지 도로변에는 이른 아침부터 수많은 애도인파가 몰렸다고 신문들은 전한다. 《동아일보》의 보도다.

'이날 중앙청과 정부종합청사 주변에는 새벽 4시 통금이 해제되자마자 시민들이 몰려나와 연도에 자리를 잡기 시작했으며 오전 9시경에는 애도인파로 빽빽이 들어찼다. 연도 요소요소에는 확성기가 설치돼 조가(弔歌)와 박 대통령의 육성이 수시로 흘러나왔는데 시민들은 아예 라디오까지 들고나와 고인의 육성에 귀를 기울이는 모습도 많이 보였다.'

박 대통령의 유해는 고 육영수 여사 묘소 오른쪽에 안치됐다. 이날 서울 하늘은 짙은 안개에 휩싸였다.

5년 9개월만의 석방

서울구치소 2층 맨 끝 한 귀퉁이에 김지하의 방이 있었다. 창밖을 내다보면 인왕산과 무악재가 훤히 보였다. 박정희 대통령이 서거하고 얼마 후 김지하는 김재규의 부관이었던 박선호(중정 의전과장)를 교도소에서 우연히 만난 적이 있다고 한다.

30대 청춘을 감옥에서 보낸 김지하. 1980년 석방 후 집 앞에서.

김지하는 "그와 운동시간에 만나 몇 마디 인사를 했는데 딱 한마디만 기억에 남는다. '(김재규) 부장님이 그(10·26) 며칠 전 미 중앙정보국장을 만났습니다. 반드시 어떤 조치가 있을 것입니다'라는 말이었다"고 전했다. 하지만 '어떠한 조치'란 것은 없었고 얼마 후 김재규의 사형집행 소식만 들려온다.

1979년 겨울 서울구치소는 들떠 있었다. 함께 복역 중이던 민주인사들은 통방을 하면서 "곧 전격적인 사태변화가 온다더라. 내각 명단까지 다 짜고 있다더라. 우리는 곧 석방된다"는 기대감이 팽배해 있었던 것이다.

하지만 김지하의 머리와 마음속은 편치 않았다. 앞으로 이 정국은 어떻게 될 것인가….

그러던 어느 날 밤이었다. 김지하는 지축을 울리는 굉음소리에 놀라 잠에서 깼다. 나중에 소식을 듣고 '12·12'(전두환 노태우 등 군부 내 사조직인 하나회 중심의 신군부세력이 일으킨 군사반란)라는 것을 알았다. 그는 이런 생각이 들었다고 한다.

"정말 복잡한 시절이 왔구나. 앞으로는 진정 근본적인 데에 토대를 두고 일을 해야 한다. 전략을 바꿔야 한다. 내가 언제 감옥을 나갈지 알 수 없으나 이제 사상과 이념에서부터 전략까지 전체를 수정해야 한다."

그는 다시 책에 빠져들었다. 눈은 책을 읽고 있었지만 마음속으로는 바깥세상이 진정 그리웠다. 창밖으로 보이는 새들을 보며 '나도 훨훨 날고 싶다'는 생각이 간절했다.

자유와 해방의 물결 속에 정국은 요동치고 있었다. 긴급조치 9호는 해제(12월 8일 0시)됐고 구속학생들은 석방돼 학교로 돌아갔으며 해직 교수들도 복직됐다.

79년 12월 6일 통일주체국민회의에서는 제10대 대통령보궐선거를 치르고 최규하 대통령을 선출했다. 국무총리에 신현확 부총리가 임명되고 21명의 장관 중 19명이 바뀌는 대폭개각도 이뤄졌다.

수배 구속 사형선고 옥살이로 점철된 김지하의 청춘

이듬해 80년으로 접어들자 '금단의 성역'으로 생각되던 유신개헌 논의가 정국을 휩쓸었다. 국회에 헌법개정심의 특별위원회가 구성된 것을 시작으로 전국 대도시에서 개헌공청회가 잇따라 열렸다.

추운 겨울이 가고 봄기운이 완연해진 80년 2월 마지막 날.

김대중 지학순 주교 등 총 687명의 민주세력 인사들에 대한 대대적인 복권조치가 단행된다. 최규하 대통령은 특별담화에서 "국민화합의 기반을 조성하고 국가발전의 대열에 공동 참여할 수 있도록 하기 위해 결정했다"고 밝혔다.

2월 29일자 《동아일보》는 '새바람 복권정국(復權政局)'이라는 제목으로 '2·29 복권'의 의미를 이렇게 보도한다.

'꽃 소식이 묻어오는 마파람과 더불어 '정치'가 풀렸다. 김대중 씨를 비롯한 민주인사들의 복권은 정치 계절의 개막을 의미한다. 다음 대통령 후보로 유력시되는 김종필 공화당 총재, 김영삼 신민당 총재, 그리고 재야의 김대중 전 신민당 대통령 후보 등이 지난 25일 저녁 인촌기념관에서 회동한 것이 정국 해빙을 예고한 것이라면 '2·29 복권'은 대권을 향한 경주의 신호라고도 볼 수 있다. 작계는 신민당 내에서의 대통령 후보 경쟁이 양성화되고 크게는 구체제와 신체제가 정권 다툼의 경쟁체제에 돌입하게 되며 정계는 작용과 반작용을 통해 서서히 재편 과정을 밟게 될 것이 분명하다.'

하지만 2·29 대상자에서 김지하는 빠졌다. 국가보안법과 반공법 위반자는 제외됐기 때문이다. 그는 실망과 서운함으로 좌절했다. 그나마 감옥살이가 좀 나아졌다는 게 위안이 됐다. 밥도 꼬박꼬박 들어왔고 운동시간도 한 시간으로 늘었다. 책도 거의 모든 종류가 허용됐다. 사방벽이 몸을 옥죄는 듯 환상에 시달리던 '벽면증'도 씻은 듯 사라졌다. 그의 말이다.

"동학사상 생태학 등에 대한 관심과 독서로 나의 영혼은 참으로 바쁘고 바빴다. 감옥이 바로 '광장'이었다. 머릿속에서 문득문득 시를 지어 외우기도 했다. 그러던 어느 날 밖에서 아내로부터 월간지가 들어왔다. 웬일인가 싶어 보니 지학순 주교 글이 실려 있었다. 신군부의 등장에 쐐기를 박고 '3김'에게 비판을 가하는 내용이었다. 지 주교는 또 학생들에게는 집단적 행동을 당분간 자제해 달라고 호소하고 있었다."

그의 석방은 80년이 다 끝나가는 12월 11일 이뤄진다. YMCA위장결혼사건의 박종태, 기독청년민주화사건의 송진섭, 김대중 내란음모 사건의 유인호 등 8명과 함께 형 집행정지로 풀려나는 것이다. 오탁근 법무부장관은 특별담화를 통해 "새 시대를 맞이하여 그동안 반공법 및 계엄법 위반으로 복역 중이던 사람 가운데 특히 개전의 정이 현저하다고 인정되는 8명을 석방키로 했다"고 밝혔다.

석방되었을 때 그의 나이는 만으로 서른아홉이었다. 민청학련 사건으로 74년 4월 구속되어 10개월 만인 75년 2월 석방되었다가 《동아일보》에 옥중수기 〈고행〉을 연재해 한 달 만에 다시 감옥에 갇힌 지 5년 9개월 만이었다.

대학시절 '문장가'로 이름을 날리며 7년 6개월 만에 대학을 졸업하고 스물세 살 때인 1964년 6·3항쟁을 주도한 혐의로 수배와 도피생활을 시작한 김지하, 70년 스물아홉 나이에 〈오적〉을 써서 당대 민중들의 영웅으로 떠올랐던 김지하…. 하지만 그의 20대와 30대 청춘은 고스란히 수배 구속 사형선고 옥살이로 점철됐다.

그가 풀려난 시각은 캄캄한 밤이었다. 구치소 정문을 피해 뒷문과 뒷골목으로 중앙정보부의 일종의 안가형태인 한 호텔로 옮겨진 그는 새벽까지 이것저것 당부의 말씀(?)을 들어야 했다. 새벽 먼동이 터오자 밖에서 기다리고 있던 지 주교 승용차에 올라탔다. 김지하의 말이다.

"한 잔인지 두 잔인지 주교님이 사주시어 소주를 마시긴 마셨던 것 같다. 무슨 맛이었는지도 기억에 없다. 다만 쓸쓸한 기분으로 집에 돌아와 마루 밑 댓돌과 벽에 쓰인 숫자와 글씨들을 보자 몸과 마음이 따뜻해졌던 일만이 기억에 훤하다."

그리고
남은 이야기

석방 후 김지하의 삶은 결코 평탄하지 않았습니다. 어떤 면에선 감옥보다 더한 고행(苦行)의 시작이었습니다. 누구보다 혹독한 감옥생활을 했지만 김지하는 초인적 의지로 버텨냅니다. 그러나 그는 바깥세상이 또 다른 감옥이라는 것을 이내 깨닫게 됩니다.

그는 출옥 직후 숱한 지인들과 후배들로부터 "데모대 선두에 서 달라"는 요청을 받습니다. 그때마다 "이제 정치가 아닌 다른 일을 찾고 있다. 더 이상 데모 안 한다"고 거절했습니다. 변절, 배신, 반동이라는 비난에서부터 '전열을 흩뜨리는 자' '전선을 이탈한 자'라는 욕설이 쏟아졌습니다. 환경과 생명운동에 본격적으로 나서자 '생명교 교주(敎主)'라는 비아냥이 거셌습니다. 시인(詩人)의 여린 감수성을 가진 그의 마음에 세상의 욕설과 비난은 그대로 화살이 되어 꽂혔습니다.

결국 심한 환청과 환영에 시달립니다. 그는 출옥 후 20여 년 동안을 정신분열증으로 고통 받아 10여 차례 입원과 퇴원을 반복해야 했습니다. 방 안에 멍하니 있다가 환영에 이끌려 집을 나가 행방불명되어 버리는 가장(家長)을 바라보는 아내와 자식들의 심정은 어떠했을까요. 그가 오랜 정신적 고통에서 벗어나 완치된 것은 불과 몇 년 전입니다.

마음고생이 심한 생활 한가운데서도 그는 지식인으로서 나서서 말해야 할 때 과감하게 나섰습니다. 대학생들의 분신자살이 이어지던 91년 5월 《조선일보》에 실렸던 '죽음의 굿판을 걷어치우라'는 제목의 글은 아직도 많은 사람들의 기억 속에 있습니다. 시인은 이 글에서 "말끝마다 '민중' '민중' 하는 사람들"의 이중성을 강렬한 언어로 까발립니다. "민중을 지도하겠다는 사람들이 목숨을 경박하게 버리는 반민중적 행위를 서슴지 않고 있으며 자기 스스로도 확신하지 못하는 (미래에 대한) 환상으로 민중들을 선동하려 한다"고 말입니다.

당시만 해도 도덕적 우위를 내세웠던 운동권을 향해 "맥도널드 햄버거를 즐기며 반미를 외치고 전사(戰士)를 자처하면서 반파쇼를 역설"하는 '철부지' '유령' '자살특공대' '테러리즘' '파시즘'이라 맹공하는 일은 결코 쉽지 않았을 것입니다.

지금 다시 그 글을 읽으니 모골이 송연해질 정도의 결기가 느껴집니다. 글이 나간 직후 민족문화작가회의는 김지하 제명을 결정했고 그의 집에는 한 달간 밤낮을 가리지 않고 비난, 욕설, 협박 전화가 걸려옵니다. 그렇지 않아도 이미 운동권으로부터 고립된 김지하는 그 일로 더 철저히 은둔합니다. 이후 '변절자'는 물론이요 '정신이상자'라는 말까지 들으며 감옥 아닌 감옥생활을 지속했습니다.

그가 다시 세간의 주목을 받은 것은 2012년 대선 당시 박근혜 후보를 지지하면서부터라고 할 수 있습니다. "용기 있는 결정"이라는 찬사도 많았지만 이번에도 역시 운동권 일부에서는 그를 향해 '변절자'라는 낙인을 들이댔습니다.

이번에 되짚어본 김지하의 삶은 한 번도 민중에 대한 애정과 시대의 고통에서 피해간 적이 없습니다. 그는 타고난 문장가이며 혁명가이자 실천가였습니다. 민주화투쟁에 대한 대가로 권력이나 돈을 탐한 적도 없었습니다. 또 그는 민주주의 이념을 넘어 삶의 근본철학으로 동학연구에 매진하는 지식인, 사상가의 길을 일관되게 걸어왔습니다. 이런 그에게 과연 누가 돌을 던질 수 있을까요. 이미 정치 세력화했으나 변질되어 버린 정치권 속 운동권들이 그를 향해 손가락질할 자격이 있을까요.

이번 집필은 2013년 1월 김 시인 인터뷰 기사를 계기로 그와 그의 시대를 더 상세히 알고 싶다는 독자들의 관심으로부터 시작되었습니다. 필자는 그와 100시간 이상 대화를 나누며 많은 사람들의 이야기를 들었습니다. 그의 삶은 '개인사'가 아닌 '시대사' 그 자체였습니다. 김 시인도 자신을 부각시키기보다 그 시대를 같이 살았던 많은 사람들을 부각시켜 달라고 했습니다. 그래서 제목을 〈김지하와 그의 시대〉로 정했던 것입니다. 이러다 보니 당초 길어야 60회로 예상했던 신문 연재

원고는 100회를 훌쩍 넘기게 되었고 책 또한 매우 두툼해졌습니다.

이 글을 마무리하면서 필자는 새삼 대한민국이 많은 영웅들을 갖고 있음을 깨닫고 자랑스럽다는 생각을 합니다. 취재하는 동안 필자가 그 시대를 살았던 사람들로부터 가장 많은 칭송을 들었던 사람이 있었으니 다름 아닌 고(故) 조영래 변호사였습니다. 이른바 좌, 우 양쪽의 누구도 그를 비난하는 사람을 만나보지 못했습니다. 한결같이 그의 인품과 헌신적 삶에 경의를 표했고 요절을 안타까워했습니다. 생전에 고인을 한 번도 본 적이 없지만 필자는 사람들의 기억 속에 각인되어 있는 그의 모습을 상상해보며 "민주화의 거룩한 영웅은 조영래였다"고 여러 번 강조했던 김지하의 말에 고개를 끄덕이지 않을 수 없었습니다.

독자들은 또 대한민국의 영웅 고 박정희 대통령에 대한 회상과 추억, 존경심을 강렬하게 표현해주셨습니다. 저는 60, 70년대를 관통했던 시대에 박 대통령, 육영수 여사야말로 최고의 영웅이었다고 말하고 싶습니다.

하지만 영웅 중의 영웅은 역시 우리 민중이었습니다. 박정희 육영수 같은 지도자도 민중을 보살피고 어떤 점에선 환심을 사기 위해 노력했고 김지하 조영래도 민중의 더 나은 삶을 위해, 민중의 지지를 얻기 위해 노력했습니다.

우리 국민은 지난 시절, 때로는 유신독재 치하에서도 정부가 경제를 잘 풀어가고 있으면 독재를 용인했습니다. 하지만 중앙정보부나 정치 모리배들이 도를 넘어 폭정을 하고 전횡을 할 때는 가차 없이 들고 일어났습니다. 중요한 역사적 전환기에 역사의 물줄기를 바꾸고 나라의 운명을 결정한 것은 국민이었습니다. 우리 현대사는 영웅과 국민이 함께 끌어온 자랑스러운 승리의 역사였습니다. '이석기류(類)'가 우습게 볼 대한민국이 결코 아닌 것입니다.

'민주화가 먼저냐 산업화가 먼저냐' 논쟁은 한 측면만 강조한 역사관입니다. 산업화의 영웅도 우리의 영웅이고 민주화의 영웅도 우리의 영웅입니다. 그리고 민주화 산업화를 주도적으로 이뤄낸 것은 우리 민중, 대한민국의 국민입니다.

집필을 시작하며 어떤 관점에서 어떻게 써 나갈까 고민이 많았습니다. 이념과 생각에 따라 호오(好惡)가 분명한 한국사회에서 겁 없이 나섰다가 곤란을 겪지 않을까 하는 걱정도 있었습니다. 그러면서 '두 가지 기피해야 할 역사관'을 먼저 정했습니다. 첫째는 이념과 계급이 다르면 상대를 적으로 모는 '계급주의 역사관'이요, 둘째는 국가를 이끈 지도자만 영웅으로 보는 '지배자 역사관'입니다. 결국, 분단이라는 특수상황에서 우리민족이 처한 위치를 넓게 보고 국민을 중심에 놓는 역사관을 택하기로 했습니다. 한반도라는 거시적 민족관점과 국제정세를 중요시해야 한다고도 생각했습니다.

한국사가 수능필수로 정해진다고 합니다. 우리는 참으로 오랜 시간 좌우대결 속에 '역사교육 없는 교육'을 하며 긴 세월을 보냈습니다. 역사를 모르는 국민은 죽은 국민입니다. 역사가 바로 설 때 민족정기가 바로 서고 정치도 바로 설 수 있습니다. 그래야 정치인들도 국민 앞에 더 겸허해질 것입니다.

그나저나 대한민국이 경제협력개발기구(OECD)에도 가입하고 선진국을 목전에 두고 있다고 하는데 왜 요즘엔 영웅이 눈에 띄지 않을까요? 시대가 격동적이지 않아서 그런가요?

동아일보에 연재된 〈김지하와 그의 시대〉를 읽은 각계인사들의 반응
을 모았다. 균형 잡힌 역사교육에 대한 강조가 많았던 인사들의 반응
을 그대로 소개한다.(게재는 무순)

기자가 전반적으로 당시 사회상을 어느 한쪽에 치우치지 않고 폭넓게
다루려는 노력을 했다는 인상은 받았지만, 아무래도 김지하 맞은편
인물이나 진영에 대해서는 기본적으로 비판적 기조가 느껴진다는 아
쉬움이 있다. _ 유종호 문학평론가(전 연세대 석좌교수)

방대한 분량의 현대사를 잘 정리했다. 사건들의 건조한 나열이 아니
라 숨겨진 얘기들을 재미있고 진솔하게 들려줬다. 편향된 시각이 아
니고 객관적으로 적은 것이 인상적이었다. 긴급조치 1호가 발동된
1974년, 꿈속에서 내내 아내 울음소리만 들렸다던 도피 생활, '내가
혹시 잘못 가고 있는 건 아닌지' 생각했다던 체포 당시 이야기 등에서

투사 이미지로만 알고 있던 김 시인의 '리얼한' 인간적 모습이 특히 와 닿았다. _ **염재호 고려대 행정학과 교수**

김지하와의 문우(文友)의 인연이 각별해 읽을 때마다 많은 기억을 떠올렸다. 김지하가 담시 〈오적〉을 쓸 때 "어떤 영적 흥분이 나를 사로잡았던 것 같다… 신명이 내 상상력에 불을 지폈다고밖에는 할 수 없다"고 말했다는 대목이 생각난다. 〈오적〉이 실린 1970년 《사상계》 5월호는 나의 등단 후 첫 작품인 〈땅〉이 같이 실린 잡지이기도 하다. 지금도 그 잡지를 간직하고 있다. 우리는 그 시절을 몸으로 살았던 세대다. 분노가, 눈물이, 상처가 몸에 새겨졌고 문인들은 그것을 글로 토해냈다. 온몸으로 겪어낸 그때의 기억이 생생하게 떠오르는 매일 아침이었다. _ **문정희 시인**

1970년대를 산 한국인으로서 김지하에게 부채감을 갖지 않은 사람이 누가 있겠는가? 김 시인과 그의 동지들의 살이 찢기고 뼈가 부서지는 투쟁이 아니었으면 우리 국민이 오늘날 이런 막강한 시민권을 누릴 수 있었겠는가? 이번 기획은 역사가 만들어지는 것임을, 수많은 사람들의 비전과 욕망, 현실과 이상, 권력자의 선택과 민초들의 반응을 통해 형성되는 과정을 보여주면서 우리 모두가 우리가 산 시대에 책임이 있음을 거부할 수 없게 드러내 주었다. 이제부터라도 허투루 살지 말아야 함을 자각시킨 기획이었다. _ **서지문 고려대 명예교수**

마지막 회 필자의 말처럼 우리는 '참으로 오랜 시간 좌우대결 속에 '역사 교육 없는 교육'을 받았던 탓에 각자 관점에 따라 역사가 화석처럼 굳어 있다. 하지만 어떤 일들이 드러나지 않고 보여지지 않았다 해서 없었던 일이 될 수 없을 것이고, 있었던 일들이 현재에 아무런 영향도 미치지 못하지는 않았을 것이다. 앞만 바라보며 달려가는 요즘 같은 시기에 한 번쯤 뒤돌아보는 것이 현재 우리가 어느 곳에 있는지를 알 수 있도록 한다는 것을 상기시켰던 의미 깊은 연재였다.

_ 박은주 한국출판인회의 회장(김영사 대표)

생동감 있게 잘 읽혔다. 마무리에 모든 사람들이 영웅이었다고 설명하지만 서로 갈등을 빚어온 사람들에게 화해와 '가치 통합'의 장으로서 '영웅 만들기'는 역부족이다. 청산되지 않은 과거가 있는 한, 화해는 불가능하다. _ 조지형 이화여대 사학과 교수

매일 기다리며 전편을 흥미진진하게 읽었다. 제일 재미있게 읽었던 편은 김영삼 신민당 총재의 등장과 YH사태인데, 당시 나는 중학생이었다. 우리가 힘들게 얻은 민주주의와 때로는 고통스러웠던 과정을 이해하게 되었다. 후속 작업이 기대된다. _ 이동우 백병원 정신건강의학과 교수

76학번인 내게 당시 시대배경은 내가 겪었던 시절이었다. 시리즈를 읽고 보니 막연하게 알았던 부분에 대해 제대로 알게 됐다. 박정희 전 대통령의 죽음을 감방에서 접한 김지하 씨가 '나도 따라가겠소'라고 말한 부분에 가슴이 뭉클했다. _ 양재호 대구가톨릭대 의대 약리학교실 교수

한국 현대정치사의 '산증인'으로 자부하는 나로서는 감회가 새로운 경험이었다. 다만 박 정권 몰락을 이야기할 때 '김영삼 회고록'에만 치중

했다는 인상을 받았다. 박 정권의 몰락 원인은 3선 개헌, 유신, 장기독재, 인권유린으로 볼 수 있지만 직접적인 원인은 부가가치세였다.
    _ 이만섭 전 국회의장

아직까지 김 시인의 생각과 행동에 동의하지 않는 부분이 많지만 그가 그럴 수밖에 없었던 인간적인 처지를 이해할 수 있게 됐다. 김수환 추기경이 정말 '큰 그릇'이었다는 점을 새삼 깨달았다. 추기경이 생전에 지키려고 했던 가치와 고뇌를 다시 한 번 생각하게 된 기회였다.
    _ 백경학 푸르메재단 상임이사

기획시점 자체가 좋았다. '박근혜 정치'를 이해하는 출발점이 됐다. 너무 빨리 끝나 아쉽다. 주로 정치적 사건 중심이었는데 그 시기의 경제적 부분도 다뤘어야 했다. _ 김용하 순천향대 교수(전 한국보건사회연구원장)

외국인들로부터 한국이 경제성장과 민주주의를 동시에 달성한 비결이 뭐냐고 질문을 받으면 어떻게 답할지 고민하고 있을 때 연재물을 만났다. 보수와 진보의 양 가치를 대한민국 역사라는 하나의 바구니에서 전하려는 시도에 동참할 수 있는 즐거운 여정이었다.
    _ 박상민 서울대 의대 통일의학센터 교수

정치인들에게 역사의식을 갖게 해준 훌륭한 기획이었다. 내가 지금 하는 행동, 말들이 이렇게 후대에 기록된다고 생각하면 정치인들이 더 국민들 앞에 겸손해질 것이다. _ 이훈평 전 국회의원

산업화, 민주화를 일구어낸 오늘날 많은 이들에게 시사점을 던져주는 기획이었다. 이념을 떠나 대한민국이 한걸음 더 나아갈 수 있는 통찰력을 제공해 주었다. 중요한 사료적 가치로 사용되기를 바란다.

_ 김충호 현대자동차 사장

우리가 누리고 있는 민주주의가 '공짜'가 아니었음을 느꼈다. 이 땅의 민주화와 산업화가 김 시인을 비롯한 선배 세대들의 피땀에 빚지고 있음을 다시 한 번 깨쳤다. 〈타는 목마름으로〉의 저항시인이 어떻게 생명사상에 눈을 뜨게 됐는지, 12·12 등 굵직한 사건들의 뒤안길 등 잘 모르던 뒷얘기들을 알게 된 것은 또 다른 수확이다. 젊은이들에게 일독을 권한다. _ 신승국 SK에너지 CR전략실장

김지하를 새롭게 보게 됐다. 자기 확신이 강하고 행동하는 지식인이란 느낌을 받았다. 미래를 예견하는 능력이나 통찰력도 뛰어났다. 핍박을 받으면서도 박정희 대통령의 죽음을 가슴 아프게 느끼며 국가의 앞날을 걱정하는 모습이 인상적이었다. _ 최순호 대한축구협회 부회장

74학번으로 '아, 그때는 그랬지' 생각을 많이 했다. 혼란스러웠던 시기를 잘 이겨내고 지금 이렇게 사회와 국가가 발전했다는 것이 대단하다는 것을 새삼 느꼈다. 그래서 역사가 중요하다. 젊은 사람들에게 제대로 된 역사를 가르치기 위해서라도 이런 연재물이 계속 나와야 한다.

_ 신치용 프로배구 삼성화재 감독

이익집단으로 타락한 '민주화 짝퉁'들의 천박함에 질려하던 사람들에

게 민주화 원조(元祖)의 진지함과 고뇌를 가감 없이 전달하는 증언이
자 내면의 고백이었다. 연재와 함께 나 역시 한 시대를 정리할 수 있
었다. _ 김경준 딜로이트컨설팅 대표이사

대립 반목 갈등이 이어진 험난한 시대였지만 역사적 사건들 속에 던
져진 개인들이 보이지 않는 조화를 이루면서 민주화가 진전되고 경제
발전의 씨앗이 태동했음을 보여주었다. 어찌 보면 험난했던 그 시대가
지금보다는 훨씬 인간적인 냄새가 물씬 풍겨난다는 느낌도 받았다.
  _ 유병규 국민경제자문회의 지원단장

인터넷으로 매회 보았다. 전혀 몰랐던 부모 세대 이야기에 충격을 받았
다. 대한민국이 자랑스럽고 부모 세대에게 감사하다는 생각이 들었다.
  _ 김민정 미국 퍼듀대 사회학과 4학년

"역사란 그 자체 때문에 기억되는 것이 아니라
그것이 현재에 말해주는 것 때문에 기억된다는 점에서
역사란 지적이고 실질적이기 보다는 감성적이다."

김지하와 그의 시대

1판 1쇄 발행 2013년 11월 5일 | 1판 3쇄 발행 2014년 1월 10일

지은이 허문명

발행인 김재호 | **출판편집인 · 출판국장** 권순택 | **출판팀장** 이기숙

아트디렉터 김영화 | **디자인** 박은경 | **교정** 문영숙 | **마케팅** 이정훈 · 정택구 · 박수진

펴낸곳 동아일보사 | **등록** 1968.11.9(1-75) | **주소** 서울시 서대문구 충정로 29(120-715)
마케팅 02-361-1030~3 | **팩스** 02-361-1041 | **편집** 02-361-0992
홈페이지 http://books.donga.com | **인쇄** 신사고 하이테크

ISBN 978-89-7090-972-1 03900 | **값** 18,500원

여러분을 저자로 모십니다
독자 여러분의 원고를 기다리고 있습니다. 좋은 책이 될 기획 아이디어나 원고를 메일(bookpd@donga.com)로 보내주세요.